战争预言者
荷马李著作选译

The Chinese Version of
War Prophet Homer Lea's Selected Works

〔美〕荷马李 著 | 陈 丹 译

社会科学文献出版社
SOCIAL SCIENCES ACADEMIC PRESS (CHINA)

作者简介

荷马李（Homer Lea，1876-1912），曾在斯坦福大学读书，研究军事史和政治，对中国兴趣浓厚。曾担任孙中山的军事顾问，与康有为、梁启超关系密切，并参与晚清改良和革命的诸多活动。荷马李的著作在日、德、英、俄等国产生了重要影响。

译者简介

陈丹，2008 年获北京大学历史学博士学位。现任兰州大学历史文化学院副教授，中国近现代史专业硕士研究生导师，主要研究方向为近现代中外关系史、近现代中外文化交流史等。曾出版《清末考察政治大臣出洋研究》（专著，社会科学文献出版社，2011 年）、《俾斯麦：凡人与政治家》（译著，中国法制出版社，2011 年）等。目前正在从事荷马李相关项目的研究；讲授课程有"中国近现代史"、"影视中的近代中国与世界"等。

本书由兰州大学"双一流"建设资金人文社科类图书出版经费资助

译 者 序

　　1876 年 11 月 17 日，荷马李出生于丹佛，从小体弱多病，形成了驼背。由于无法像其他普通小孩那样参加体育活动，他将大部分时间用来看书。他十分喜欢军事、历史，善于下棋和辩论。他对历史上那些伟大的军事将领非常感兴趣，这些人包括亚力山大大帝、恺撒、罗伯特·李将军及格兰特将军。他非常喜欢与朋友谈论这些将领所参加过的战役，对他们所拥有的高贵和荣耀由衷地表示敬佩和羡慕。他认为军事荣耀给人提供了获得伟大成就最便捷的途径。他的房间里挂着世界地图。他在这些地图上做满标记，在脑海里经常想象着各种各样的战争。①

　　中国爆发义和团运动的时候，荷马李来到中国，试图解救光绪皇帝，失败之后回国，途中曾在日本停留了至少三个月，除了参观游历之外，他还同当时日本的一些重要人物会谈，并保持友好关系。② "他显然有大量的机会去研究日本的制度。"③ 这些见闻，对其产生了比较重要的影响。荷马李曾回忆说："在中国的时候，我和山县有朋交谈过。这个人曾指挥一支日本军队，他们在萨摩藩（Satsuma）叛乱中，手持武士刀战斗。想象一下，那个时代的军队发展成现代的日本军队，会是什么情景。整个

---

①　Lawrence M. Kaplan, *Homer Lea : American Soldier of Fortune*, Lexington : University Press of Kentucky, 2010, p. 20.

②　Marshall Stimson, "A Los Angeles Jeremiah", *The Quarterly : Historical Society of Southern California*, Vol. 24, No. 1 (March 1942), pp. 7 – 8. 作者写道："他显然与日本的许多政要建立了朋友关系。我曾经见过伊藤侯爵（Marquis Ito）给他写的信。"

③　Marshall Stimson, "A Los Angeles Jeremiah", p. 8。

世界都知道，在过去的两年里，日本在世界民族之林中，处于一个什么样的地位。而且它的地位还会继续提升。"① 这些见闻，成为荷马李对中日美三角关系以及太平洋战略局势认识的重要来源。

当时的日本，实力已经不可小觑。日本从明治维新之后开始崛起，其改革的成效以一系列战争的形式向世人予以展示：通过甲午战争，日本打败中华帝国，成为中华文化圈的佼佼者；其后，日本通过与俄国一战，打败老牌帝国，其实力让世界震惊。1904 年开始的这场战争，吸引了当时世界许多人的目光，"自日俄开战以后，世界各国之报纸所记载者，皆此事也"②。美国的报纸甚至出现了因报道日俄战争而畅销的情况，"自日俄开战以来，美国各报纸销量骤增，各造纸场所出纸料供不应求，故从各国运来者为数不少，洛阳纸贵洵不须言"③。日俄战争从一开始便受到中国的密切关注，当时的报刊出现了关于日俄战争的专栏，大版面地报道和讨论了这场战争。战争的走向及结局牵动着中国人的神经，他们将战争的胜利解读为"黄种人"的胜利，"立宪政体"的胜利，这是与他们的政治诉求密不可分的。④

太平洋对岸的美国人对这场战争的解读与中国人不太相同，美国人看到日本力量的增长对美国的威胁。日俄战争之后，美国对日本的政策发生急速转变。战前，美国在远东的政策是支持日本，以限制俄国、英国和德国在远东的野心。而英日签订共同防卫协定，以及日本打败俄国，导致美国改变自己的政策。此时的美日关系处于日益紧张的局面。⑤ 1906 年秋发生在加州的日本移民被虐待事件，使得美日之间的关系进一步紧张。当时的《华盛顿邮报》登载了一篇题为《武装防备日本》的文章："尽管总统

---

① "Gloomy Foreboding of Gen. Homer Lea", *Los Angeles Times*, February 9, 1908, p. Ⅱ 1.

② 《论近日众论之无定》，《东方杂志》1904 年第 5 期，第 89 页。

③ 《国外纸贵》，《时报》1904 年 8 月 19 日，第 6 页。

④ 参见拙文《百年前中国人对日俄战争的认识》，《文史知识》2005 年第 8 期，第 31~37 页。

⑤ William L. Neunann, *America Encounters Japan: From Perry to MacArthur*, Baltimore: Johns Hopkins Press, 1963, pp. 121-127.

和他的顾问采取了最严密的措施，不让消息传出去，但事情已经泄露。日美关系已经到了一个最危险的时刻。根据总统的某位顾问所说，这两个国家似乎快速地朝着战争的方向迈进，为了应对可能导致战争的新态势，必须采取灵活而积极的外交手段。"① 随着日本在中国的势力扩张以及宣扬要从西方殖民者手中"解放"亚洲，美国人担心美日之间围绕太平洋问题会出现冲突，一时之间，"黄祸论"散布开来。荷马李的《无知之勇》就是在这样的背景下完成的。

荷马李的梦想是当一名将军，他从小就对军事有着狂热的兴趣。而荷马李的母亲常常对他说，"当你想成为将军的时候，你应该努力成为作家"。于是，在荷马李努力成为将军的同时，便开始尝试写作。荷马李刚开始的作品并不是很成功。当他完成他的第一部小说《硃笔》（*The Vermillion Pencil*）之后，拿给母亲看，询问母亲的意见。母亲说："它没有意思，但是从开头到结尾，行文越来越好，越来越顺畅了。你写的下一本书将会不错。"② 下一本书便是《无知之勇》。由于荷马李对军事、历史感兴趣，这样的爱好使他有一定的知识储备可以完成一部军事题材的著作；在中国、日本等国的实地考察经历，使他对当地的情况有了更深入、真实的了解。为了完成这部著作，他花了七个月的时间到美国的西部沿岸进行实地考察，一次考察中，还差点付出了生命的代价。在书的前言里，他说："在《朴茨茅斯条约》签订之后不久，这本书便基本上完成了。但是我把它放到一边，以便有足够的时间去验证或者反驳它的假说和结论。除了一些无关紧要的细节外，保持了大部分最初的内容。后续发生的事件已经证实我当时的想法，所以我认为现在是时候将这本书呈献给大众。"③

《无知之勇》在美国出版时，报刊上登载了一些宣传介绍该书

---

① "Arm against Japan", *Washington Post*, January 31, 1907, p. 1.

② "The Home Front", *Los Angeles Times*, March 24, 1942, p. A.

③ Homer Lea, *The Valor of Ignorance*, New York and London, Harper & Brothers Publishers, 1909, Preface.

的文章①，在一些公共图书馆中也能见到该书②，甚至出现了该书的读后感③或者依据书的内容所做的讲座④。《无知之勇》的出版给荷马李带来了一定的影响力，然而，当时读者对于该书的褒贬不一。

批驳的意见，或者认为该书过分地宣扬了战争，是对当时和平氛围的亵渎；或者认为美国的防御体系没有那么差，荷马李关于美国军事力量的论断是错误的。有人直接认为荷马李根本不是将军，他并没有专业的军事知识背景，故而他的著作只能算是小说。持这种意见的代表之一就是戴维·斯塔尔·乔丹。此人曾是斯坦福大学的校长，与荷马李有过一些接触，自认为对荷马李的身份很了解。在《无知之勇》影响力日益扩大的时候，他多次在各种场合试图"更正"人们对荷马李的认识，报纸是他用得最多的一种方式。乔丹在报刊上登载公开信，描述他对于荷马李的了解："这个年轻人，于 1876 年出生在丹佛，有一个非常有趣的职业——军事冒险家，但是据我所知，他与美国军队（或者任何其他被承认的军队）没有任何关系。1900 年他在斯坦福大学读二年级，就在那一年，他去了广东，参加了中国的革命。在中国待了几个月，经历了一些不为人知的冒险之后，他回国了，带着某个中国秘密会社给的头衔——'中将'。他是这部出色的恐怖小说《碌笔》的作者，小说针对的是在中国的那些传教士；他同时也是一部充满学生气的、鼓吹军人精神的著作《无知之勇》的作者，书中赤裸裸地展现了日本攻占加

---

① 这些宣传性的文章，包括节录书的内容，例如："Can American Resist Invasion?"，*Arizona Republican*，September 29，1909，p. 9；登载相关广告，例如：*New York Tribune*，December 3，1909，p. 3；*The Sun*，December 10，1909，p. 9；*New York Tribune*，December 10，1909，p. 4；*The Sun*，December 16，1909，p. 9；登载介绍性的文章，例如，"Other Books"，*The Sun*，November 6，1909，p. 10。

② 报刊上登载公共图书馆引进该书的消息，"New Volumes Added to Public Librauy"，*The Salt Lake Tribune*，January 2，1910，p. 22；"New Library Books"，*Deseret Evening News*，January 1，1910，p. 12。

③ "A Vivid War Warning"，*The Salt Lake Tribune*，November 3，1909，p. 6.

④ 荷马李本人围绕《无知之勇》做了相关讲座，参见"Will Meet at Redondo"，*Los Angeles Herald*，August 13，1910，p. 13，有人根据他的讲座，又做了一个针对性的讲座，见"To Address City Club"，*Los Angeles Herald*，August 26，1910，p. 13。

州的计划。和《砾笔》一样，它完全是虚构的小说。"① 这封信是乔丹在 1911 年 12 月 28 日写的，同样的内容多次出现在各种报刊上。② 乔丹经常与日本人接触，对于日本也有一定的好感。乔丹和荷马李，一个是和平主义者，一个是军事爱好者；一个是校长、老师，一个是学生；一个偏好日本，另一个认为日美之战不可避免。由于两个人这些理念的不同，使得我们可以从一个侧面去理解，为何乔丹一直批判攻击荷马李，直到他去世也不放过③。

赞赏《无知之勇》的人认为，这本书让美国人意识到战争即将发生的危险，意识到美国军事防御的薄弱，对美国人起到了一定的警示作用。④ 于是在该书出版之后，有请荷马李去做讲座的，有请他去实地调查并指导军事系统的。⑤ 荷马李被称为"军事天才"，他的书成为"一部引起轰动的著作"。而人们提到荷马李时，他被冠以《无知之勇》作者的名号。

虽然持有正反两方面的不同意见，《无知之勇》出版时已经具有了一定的影响力，但是有评论认为，该书并没有达到应该达到的效果，而只卖出去了 18000 册。结合当时美国整体的思想和舆论环境，这种销量其实也是让人感到费解的。⑥

---

① "Military Fiction", *The San Francisco Call*, February 18, 1912, p. 69.

② "'General' Homer Lea", *The Evening Standard* (Ogden City, Utah), May 4, 1912, p. 8. 该篇引用乔丹的信的内容与上面提到的 *Military Fiction* 那篇文章的内容一样。其他内容相同的报道还有："'General' Homer Lea", *San Francisco Chronicle*, January 3, 1912, p. 6; "'General' Homer Lea", *Arizona Republican*, January 28, 1912, p. 5 等。

③ "General Homer Lea", *The San Francisco Call*, January 25, 1913, p. 25. 该篇文章中写道："斯坦福大学的校长戴维·斯塔尔·乔丹在一封给《纽约晚邮报》(*The New York Evening Post*) 的信中，大量引用了旧金山一位中国改良运动领导人写给他的信，以证明荷马李同中国改良运动的关系大部分是想象的，而且，当他接受改良派的财政援助时，他是阻碍而不是促进了该改良运动。荷马李的遗孀对此做出回应，在同一份报刊上登载了一份通讯，为她的丈夫辩护。她刊登孙中山寄给她丈夫的书信和电报，以证明荷马李将军受到中华民国临时大总统的信任。"

④ "The Army Mobilization", *The Salt Lake Tribune*, March 14, 1911, p. 4.

⑤ "Mayor Inspects Sites for Forts near Harbor", *Los Angeles Herald*, August 25, 1910, p. 14.

⑥ W. D. Puleston, "Homer lea, The Valor of Ignorance" (Book Review), *Far Eastern Quarterly*, 2. 2 (February 1, 1943), p. 212.

相比于美国，欧洲（尤其是英国、德国）的反应则更为热烈一些。《无知之勇》在英国出版后立即引起了不小的反响，之所以会这样，似乎是因为"英国人害怕德国的入侵"①；有人认为"荷马李将军对于军事性和非军事性国家特点的描述，完全适用于德国和英国"，他的书甚至成为英国竞选当中的一个议题。② 英国罗伯茨爵士非常认同这本书，并向身居高位的人推荐，③ 还邀请荷马李到英国访问，并请他专门就英国的军事问题写一本著作。④ 德国由于自身的军事特点，对荷马李的书也非常感兴趣。加拿大人对《无知之勇》更加感兴趣，因为日本对北美的入侵，对加拿大而言，确实是一个非常现实的问题。⑤

作为假想敌的日本是如何看待这本书的呢？荷马李的书刚出版，便有一个日裔的美国作家写了一篇很长的文章，讨论美日之间不可能存在战争。他说，"年复一年，英文版的关于美日战争的故事日益增加，这些故事尽管非常具有娱乐性，却有一定的有害性。1908 年，当罗斯福先生派一支舰队环游世界时，一个匿名的德国作家在英国出版了一本名为《1908 年太平洋霸权争夺战》（*The War of 1908 for the Supremacy of the Pacific*）的小册子。其后不久，一个阐述得更加详尽的关于日美战争的故事《无知之勇》出自荷马李之手，他自封为一个没人知道的军队的'将军'。""纽约出版的《无知之勇》以及相类似的其他书，是否暗示美国将对日作战？如果是这样，那么东京出版的《日美战争之梦》（*The Dream Story of the Japanese-American War*）一定是在暗示日本准备与美国开战。事实上，荷马李的异想天开，代表了美国人民的一种白日梦，正如他们的日本兄弟一样。""然而，非常重要的一点是，日美战争的故事，起源于德国，是一种有组织的宣传，其目的一方面是离间日本和英

---

① *The Sun*, June 15, 1910, p. 7.

② *The Salt Lake Tribune*, December 25, 1910, p. 16.

③ "Lord Roberts's Approval of General Homer Lea's 'the Valor of Ignorance'", *New York Times*, January 1, 1910, p. 6.

④ *The San Francisco Call*, October 1, 1911, p. 23, "他的《无知之勇》使他成为罗伯茨爵士、汉密尔顿将军以及其他一些人的朋友。"

⑤ *The Sun*, June 15, 1910, p. 7.

美的关系，另一方面是让英美的关系变得疏远。"① 这种论点，暗含的意思是荷马李是不负责任的，他的书是荒谬的。但非常有意思的是，这本书在日本受到了热捧。在短短 30 天的时间里，日文版已经出了 20 版，那里的出版商预计在六个月内，它会出 100 版，"这在那个国家绝对是空前的"。② 而这种销量被美国解释为日本非常关注美国的文学③，问题是，究竟日本是关注美国的文学，还是关注美国的其他？ 在其中一个日译本的前言中，阐述了翻译这本书的原因："本书目前在美国是畅销书，是一本重要的军事著作，已经发行了数十版，并在英国等欧洲国家中流行。"④ 据说，这本书还引起了日本政府的关注。⑤ 日本人应该对美国人将自己当作假想敌感到欣慰和震惊。欣慰的是，他们可以明显地感受到自己实力的增加。1853 年，美国的佩里舰队打开了日本的大门，当时的日本是弱者，遭受强国的侵略。而 1909 年，日本居然成为美国想象中的敌对国，这种实力的对比，日本人应该对此感到高兴。日本人由此感到震惊的是，美国人居然预言了日本将进攻美国的本土，这是对日本发展趋势的一种预测，如果言中了，岂非是将秘密提前公之于众吗？

　　珍珠港事件之后，荷马李的预言应验了。迄今为止，美国本土只遭受过两次攻击，珍珠港是其中的一次。彼时，他的这本《无知之勇》再版并得到更多人的重视。人们惊呼，荷马李是预言家，是军事天才。在战时的氛围之中，有人甚至希望这本书能有更好的销

---

① "Kawakami Declares Sensational Book Work of Irresponsible Man", *Honolulu Star - Bulletin*, October 21, 1915, p. 7.

② "Japanese Study 'Valor of Ignorance'", *Arizona Republican*, Mar 12, 1912, p5. 此外还有多篇报道提到荷马李的书在日本的畅销情况。例如：*The Tacoma Times*, February 23, 1912, p. 4；*The Seattle Star*, February 21, 1912, p. 4；*The Tacoma Times*, February 23, 1912, p. 4 提到书在日本，30 天内出了 20 版。

③ *The Sun*, January 21, 1911, p. 8, "日本似乎在密切关注美国文学的动向，这一点已经在荷马李的书《无知之勇》这个例子中显现了。"

④ ホーマー・リー：《日米必戦論（原名無智の勇気）》，望月小太郎訳，英文通信社，1911，例言。

⑤ "Japanese Spies Get Details of Big Maneuvers", *The San Francisco Call*, August 23, 1912, p. 2.

量，这样后世的美国人就有福了。①

《无知之勇》让荷马李一举成名之后，他又应英国陆军元帅罗伯茨的邀请，写了他的第二部关于地缘政治、军事战略的书籍——《撒克逊时代》。在这本书中，荷马李继续阐述《无知之勇》中的观点，对英国面临的世界形势进行了具体分析，对英德、英俄矛盾进行了深入的论述，对国家军备、陆军和海军的发展问题提出了精辟的论断。

荷马李一生具有传奇色彩，他被孙中山先生聘为军事顾问，《无知之勇》《撒克逊时代》是其军事战略思想、地缘政治理论的集中体现。这两本奇书，对其后的历史做了精准的预言。荷马李关于地缘政治的观点，及其对太平洋局势、世界各大国之间关系的分析，至今仍有一定的适用性。读他的这两本书，一方面，我们可以借此了解孙中山的军事顾问荷马李将军的内心世界，了解他是如何凭借他的著作享誉世界，被称为军事天才，被康有为、孙中山任命为将军和顾问，另一方面，对于我们借鉴历史、分析当今局势、处理中美日关系以及应对太平洋角逐具有一定的意义。

陈　丹

2019 年 12 月

---

① W. D. Puleston, "Homer Lea, The Valor of Ignorance", p. 213.

目录

无知之勇

前言 ………………………………………………… 003

序一 ………………………………………………… 005

序二 ………………………………………………… 009

上篇
战斗精神的衰落与对西半球的掌控

第一章　真正的爱国主义 …………………………… 015

第二章　国家兴亡的法则 …………………………… 018

第三章　决定未来的因素 …………………………… 024

第四章　距离的日益缩减 …………………………… 030

第五章　战斗力与志愿军 …………………………… 036

第六章　财富与国家存续 …………………………… 046

第七章　仲裁与战争根源 …………………………… 054

第八章　常备军的必要性 …………………………… 063

第九章　领土的战略价值 …………………………… 071

第十章　种族异质的后果 …………………………… 079

第十一章　大众掌控的政府 ………………………… 086

下篇

战斗精神的衰落与对太平洋的掌控

第一章 美日战争爆发的概率 …………………… 095

第二章 美日战争的抑制因素 …………………… 099

第三章 战争的根源及导火索 …………………… 107

第四章 太平洋霸权的重要性 …………………… 115

第五章 日美海军实力的比较 …………………… 128

第六章 日美陆军实力的比较 …………………… 135

第七章 掌控夏威夷和菲律宾 …………………… 144

第八章 掌控华盛顿和俄勒冈 …………………… 153

第九章 掌控加利福尼亚南部 …………………… 161

第十章 旧金山的攻防及结局 …………………… 171

撒克逊时代

前言 ……………………………………………… 183

上篇

第一章 撒克逊人及其帝国 ……………………… 187

第二章 大英帝国与战争 ………………………… 190

第三章 撒克逊人与美国 ………………………… 201

第四章 撒克逊人与印度（一） ………………… 211

第五章 撒克逊人与印度（二） ………………… 217

第六章 撒克逊人与太平洋 ……………………… 224

第七章 撒克逊人与东亚 ………………………… 234

第八章 撒克逊人与俄国人 ……………………… 244

第九章 撒克逊人与欧洲 ………………………… 255

第十章 撒克逊人与德国人 ……………………… 261

下篇

第一章　英帝国与整个世界 ················· 275

第二章　海战的局限性（一）··········· 283

第三章　海战的局限性（二）··········· 288

第四章　撒克逊人生存斗争之俄国篇 ········· 295

第五章　撒克逊人生存斗争之德国篇 ·········· 304

第六章　备战与冲突 ················· 312

第七章　战斗力量的团结 ············· 320

附录

《无知之勇》附录 ·················· 329

《无知之勇》译名对照表 ············· 361

《撒克逊时代》译名对照表 ············· 372

战争预言者荷马李著作选译

无知之勇

Homer Lea
THE VALOR OF IGNORANCE

中译本根据 Harper & Brothers Publishers 1909 年版译出

前言

在《朴茨茅斯条约》（*Portsmouth Treaty*）签订之后不久，这本书便基本上完成了。但是我把它放到一边，以便有足够的时间去验证或者反驳它的假说和结论。

除了一些无关紧要的细节外，大部分内容保持了最初的原貌。后续发生的事件已经证实我当时的想法，所以我认为现在是时候将这本书呈献给大众了。

荷马李

1909 年 3 月

阿德纳·R. 查菲中将①（美国前陆军参谋长）

致读者：

万岁！——《无知之勇》！

认真读完手稿后，我们相信这本书出版之后，将有力地吸引联邦以及州政府官员，同时还会吸引社会各界的知识分子。

在美国出版的军事著作中，我们不知道还有哪本著作会比这本《无知之勇》更值得那些研究美国历史及战争的人注意了。况且，因为美国政府是"民有、民治、民享"的，让那些主管国家军事事务以及从事其他重要事务的人们去"认识自己"，它也是非常重要的。

那种认为美国不可能受到侵略的流行观点，完全是"胡说八道"（请允许我们用一个从目的出发、更适合的表达方式，而不考虑形式是否优雅的话）。简明扼要地说，没有任何一个国家比美国提供了更多被外国入侵的机会，一旦目标足够大到引诱他国备战，该国将在海上击溃我们的抵抗。世界是一个大舞台，这个大舞台上

---

① 阿德纳·R. 查菲中将（Adna R. Chaffee, 1842 – 1914），美国军官，于1861年参加美国联邦军队骑兵，后来升至美国陆军参谋长。他曾参加美西战争，并赢得西奥多·罗斯福的赞赏，在中国义和团运动时期，指挥美国赴华分遣队。——译者注

有很多玩家。在那个叫作"德州扑克"的纸牌游戏中,由"Ace"打头的同花顺,偶尔会被某个玩家拿到,于是就获胜了。随着时间的推移,没有人知道什么时候,或者多久之后,各国可能去"玩牌",也许在海外会发现一个"满堂红",压倒我们的三个"Ace"——海军、海岸防御工事以及民兵。

在世界的战争游戏中,我们的机动部队呈现如此荒谬的弱小态势,以至于它除了相当于一张废牌之外什么都不是!在战争的游戏中,正如在扑克游戏中一样,当到了要摊牌的时候(游戏中的这个时刻,一句"我欠你"将不值一个硬币),民兵将做些什么?冲进死神的嘴里去吗?请所有那些相信民兵在战争中将起作用的人翻到下篇的卷首引言处。为了省去这样做的麻烦,我们在这里引用如下:

> 对于现代战争中的紧急状况而言,常备军在防御和进攻中都是必要的,而且当尝试寻找替代品的时候,将会证明这种做法是虚幻且具有毁灭性的。
>
> 民兵永远不可能获得足以抵抗常备军的那些特质。真正的战斗中所需要的那种坚毅只有通过持续的训练和服役才能够获得。
>
> 我从未见过有任何一个事例可以证明相反的观点,而且我最真诚地希望,美国的自由——从物质角度来说——不再依赖如此不靠谱的防御。
>
> ——华盛顿(Washington)

正是出于对军事狂热以及这个国家民兵组织所具有的肤浅经验的充分了解,我们才引用了华盛顿的这段话,尽管这可能没有多大用处。但是谁也不知道那种让民兵组织持续运作的凝聚力,主要是一种社会型的,而不是那种更加坚定型的——出于对国家的责任。因为华盛顿在评论中着重提到了征召志愿者造成的士兵状况,在我们现有的为了战争而征兵的体系里,我们可以合乎情理地说,他的言论在今天正如他写作的那个时候一样是正确的。这种情况在那个时代是真实的,并且一直会存在着,直到华盛顿被真正地视为是一个不会欺骗其国民的人时,被视为一个根据自己的丰富经验以及对于人性的正确理解而明智地指出了未来危险的人时。

我们不认为华盛顿像如今所推崇的那样，是一个沿海防御工事的提倡者。他当时所拥有的那几个防御工事是有用的，正如我们现今所拥有的许多防御工事是有用的一样，为了转移敌人的注意力，让其在沿海登陆——那时并不是很难被发现，现在则可能被暴露。

所以，当敌人尝试入侵美国时，他们将会从沿海登陆，因为这是现今进攻方国家所具备的能力，除非比他们有着更大能力的上帝控制了海浪，无情地打击他们的努力。当那个时候到来之际（它可能到来），由于缺少在服役中受过专门训练的机动部队，没有什么能阻止敌人对于供给线的占领，而且是对美国一线城市以及具有防御工事的地方的迅速占领。这同样是世界上任何类似城市的命运。既然这样，那么当我们如今已经有了足够的海岸防御工事的时候，为什么还要将更多的钱用到无用的地方呢？继续建设的理由可能是，正如一个关心自己国家防御的军事天才曾经说的那样："海岸防御工事能很好地实现两个目的。第一，为了保存并提升制造大型枪支的知识以及经验；第二，为了检测军事工程师的技能。"

当我们得出这样的结论：依靠未经过训练且无纪律的队伍来进行严酷的战争，是错误的（所有的战争史能证明的确是这样的），我们很快就会发现，自从美国成为世界强国之后，这种依赖一般是因为美国在自然资源上极度富有，并且人为地变得日益富裕，大富豪们如此富有，能够支撑得起紧跟战争和拙劣贸易而来的对于金钱和生命的大量消耗（正如夜晚一定紧跟着白天一样），而且在所有的事件中他们似乎也有支撑的意愿。

在我们国家，人们普遍认为金钱是战争中的决定性因素，这种观点需要受到强烈批判，并应做大幅度地修正。正确的观点应该是所有的男人和女人都支持兵役，这是战争时期或和平时期都应尽的义务（现在的事实并不是这样，这是国家性的灾难）。

黑夜的阴影虽然如此深重，但还不至于封闭人们关于某些国家的记忆，这些国家财富不多，信誉很低，与比它们富裕得多的国家战斗，而濒于破产。当长远的战争目标（真实的或者幻想的）出现时，巨大的财富对有勇气的人们来说并不是威慑物，这样的例子就在身边。

海牙会议并不能终止那样的冲突，因为它对一个民族扩张权的反对是有限度的。

《无知之勇》的上篇探讨了战争起因问题，做出正确抉择的高超智慧如此显而易见，以至于市民和政府立法者通过遵循政治家（这些政治家脑子里装满了对于美洲人的世界及其对荣耀的理解）的建议就能更好地为国家服务。

判断一个苹果究竟是甜的还是酸的，最好的办法就是吃了它。也只有如此，人们才能判断这个苹果哪个地方出了问题。

我们认为，上篇的几个章节是用"渐进式方法"来获得对于那个"苹果"的看法，人们将在下篇中找到那个苹果。通过仔细研究正文，读者应该聚精会神地审视和判断那个苹果的味道。

很可能的情况是，因为整个国家普遍存在着对于军事漠不关心的态度——这很好地加深了人们对国家军队价值及其目的的无知状况——许多读者将发现苹果的味道是中性的，而且由于他们的无知之勇，对于根据美国实际的和可能的军事状况而做出精心准备的演示，他们将会以其惯常的方式去回应："尽管让他们来试试，你将会看到我们怎么做。"

政治家和专业人士更愿意审视拿破仑的一条座右铭："国家的边界要么是大河，要么是一系列山脉，要么是沙漠。在所有这些屏障中，对于一支行进的军队而言，最难征服的是沙漠，其次是山脉，最后是宽广的大河。"

我们认为从这本书中引用如下内容来结束这封信是最恰当不过了：

> 国家只不过是个人的聚合体，所有那些驱动个人或是成为个人一部分的事物，从更大意义上来说，会驱动国家或是成为国家的一部分。
>
> 要让国家避免错误，就需要去启迪个人。只有个人到达了善于接受事实的那种程度，一个国家才能避免由自负而导致的毁灭。

你的真诚的

阿德纳·R. 查菲

退休美军中将

序二

J. P. 斯托里（J. P. Story）少将（美国陆军，已退休）

《无知之勇》是荷马李完成的一部非常伟大的著作，有着引人注目的标题。然而，这个标题并没有充分显示出这部著作的视野，它是一本军事著作，美国的每一位知识分子和爱国市民都应该认真阅读它。

这本书由两部分组成：第一部分由哲学性推论组成，这些推论是建立在人类本性不变的基本要素之上，而历史的先例已经证明了这些要素。

人类在从原始的野蛮状态进化的过程中，遵循着一成不变的规律，正如地球引力的规律一样。没有任何国家会长期享有和平之幸福，除非能够用武力去捍卫这种幸福。一个国家在物质资源上越富有，就越容易成为另一个更好战民族的战利品。持续地享有和平以及国家的独立，常常会付出高昂的代价，但这是非常值得的。

少数理想主义者可能抱有这样的幻想：随着文明的进步，战争与其令人恐怖的惨状将会终止。文明并没有改变人类的本性。人的本性使得战争不可避免。直到人类的本性改变之后，武装冲突才会从地球上消失。赞美和平的言辞对于国家防御来说是毫无用处的，如果过于祈求和平的福音，可能使我们为应对军事需求所做的最好努力功亏一篑。

从久远的历史年代开始，中国人一直是最持续地热爱和平的人。中国如今正在收获"不计代价的和平"所带来的合乎逻辑的"奖赏"。中国成为一个"从属"的国家，从海岸上来的人夺走了它最好的物品。

在亚洲和非洲，欧洲最虔诚的基督教国家索要贡品已经有好几个世纪了，其残忍程度如同中世纪的那些强盗贵族①一样。

一本名为《无耻者的世纪》（Century of Dishonor）的书中指出，美国从不情愿的人那里将几乎每一寸土地都掠夺走了。

在十年的时间里，美国无情镇压了菲律宾的起义，而这场起义比我们光辉记忆里的那场革命更合乎情理。从菲律宾的角度来看，这场起义源于菲律宾人热切渴望从一个具有不同语言、习俗和信仰的外族控制之下解放出来。然而，从人的本性及人的利益角度去考虑，想要美国不采取镇压措施是不可能的。

荷马李先生著作的第二部分是将第一部分推论出的那些理论，合乎逻辑地运用到现实中的美国。如果荷马李先生公布的数据是正确的（这里似乎没有理由去质疑具有坚实基础的数据的准确性），德国（如果它在大西洋拥有海上霸权）可以在两个星期之内在我们东部海岸登陆一支由 25 万人组成的军队。

日本如今拥有太平洋的海上霸权。在战时，该霸权不可能受到挑战，直到我们建造了足够的运输船。日本可以在三个月之内，在太平洋海岸上登陆一支拥有 40 万人的军队，而且在遇到一点无关紧要的抵抗之后，占领西雅图（Seattle）、波特兰（Portland）、旧金山（San Francisco）和洛杉矶（Los Angeles）。

山脉和沙漠这样的屏障，使太平洋各州在抵抗来自东边的攻击时比较容易，只有从那个方向，美国才有希望收回它失去的领土。

如今在这个地球上，从没有一个地方，像菲律宾、夏威夷群岛、巴拿马运河、阿拉斯加以及太平洋沿岸各州那样，成为如此丰厚的奖励，而又如此无力保卫自己。

荷马李先生曾经在东方生活过，并仔细地研究过东方国家。对于"黄祸"的威胁，他看得很清楚；然而，美国来到未被地图标明

---

① 原文 robber baron，指中世纪对经过自己领地的旅客进行抢劫、勒索的强盗贵族。——译者注

的日本海岸边，一只手拿着橄榄枝，另一只手则拿着赤裸裸的剑，这个事件距今还不到 60 年。那时，潘多拉盒子打开了，对此，美国人民是热烈欢迎的。

非常令人惊奇的是，对于沿海工事在国家整体性防御中的真正价值，作者有着如此正确的理念。这些工事唯一的功能是防止港口受到来自海上的攻击。在抵抗一个强大到可以登陆的敌人时，海岸要塞没有任何防御价值，甚至可能成为一个弱点，正如俄国的亚瑟港一样。

荷马李为本国所做的贡献之一是，他重申了乔治·华盛顿针对战时依赖民兵的严肃警告。在最近的 125 年里，我们军队的灾难和耻辱已经充分证实了华盛顿的判断。

民兵的组织系统是摧毁其价值的毒瘤。期望通过改名字，民兵就能避免其固有的无效率诅咒，这是不可能的。

荷马李先生清楚地表明，我们遇到了可能危及我们国家安全、和平和幸福的境况。任何认真阅读过荷马李先生著作的坦诚之人，皆能得出这一结论。

希望这本书能够引起整个国家普遍的感悟，以认真全面地思考那个不应该再被忽视的问题。

J. P. 斯托里

退休美国少将

无知之勇

上 篇

▽

战斗精神的衰落与对西半球的掌控

……作为涉及美国权利和利益的一项原则……美洲大陆……今后不得再被任何欧洲强国视为将来殖民的目标……我们是开诚布公的，而且鉴于美国和那些国家之间存在着友好关系，因此我们宣告：如果欧洲国家企图将它们的制度扩展到这个半球的任何区域来，我们便把这看作是危及我们和平与安全的行为。

——门罗（Monroe）

第一章

真正的爱国主义

人类想法是如此千变万化，数不胜数，它们业已或者现在正杂乱地散布于地球之上；其持续时间不会多于一秒，然而就在那个短暂而破灭的时刻，存在着疑虑、肯定或否定。正是人类观点的这种不稳定且广泛的差异性，使得世界充满了这么多的争斗和罪恶；诸多的理想昙花一现，制造出难免有谬误的法律、宪法和诸神。

除了那些精确无误的科学之外，真相只能被接近。而接近真相的程度，取决于经验性知识的精准性以及在推理中避免错误（这主要意味着避免憎恶或者喜爱的情绪）。

正是在这样的限制性条件之下，我们来写作《无知之勇》这本书。所以，读者眼下必须同样地将他的憎恶和喜爱的情绪放在一边，因为我们将要写到的内容会唤起他的激情：基于他自身的观点，他可能支持或者暴怒。如果他不是平和的，那么他的偏见将曲解这些不受欢迎的真相，并继续掩盖使他们痛苦的源泉。

那些希望成为公正之人或者寻求完美的人，自身并没有一成不变的观点，但是他会尽可能地让人类的思想成为他的财富。他冷静地看待世界；看待所有昙花一现的制度，而绝不会由此产生激情。他对于所有人类都持有同样的尊重和敬意。

公正地研读任何一本著作，皆需要具备这样的心智状态，需要暂时地摒弃偏见或者喜爱等这样的一些先入之见，这些看法必然会对他的思想产生影响。

在《无知之勇》这本书中，可能遇到许多情况，貌似不可能或者令人难以置信，因为它们与那些迄今为止被视为完美的东西相悖。某些理念尽管是错误或者危险的，但是已经到了国民神话的地步，即便是拿真理去撼动它们，它们也经常变得坚不可摧。

总体来说，在几个属于人类或者由人类表现出来的美德中，爱国主义是最重要的一个，它到处被展示，并有着各种各样的广泛用途，也有可能会转化成各种程度的流氓行径。当它成为一种全国性的迷信，就不再是美德了。在以假借的名义形成的保护伞之下，它不但犯下罪行，而且背叛了国家，肆意地去掠夺；于是用老话来说，就是在爱国主义之下，流氓们找到了他们最终的庇护所。

除了成为流氓们的借口，爱国主义可以分为三种形式：两种是错误的但又很常见，一种是正确的但又极其稀少的。最常见的同时也是最错误的形式，通常表现为对于所有国家采取强硬且一概蔑视的态度，并对其中的某一个国家带有根深蒂固的偏见。第二个惯常的错误形式，表现为极度自负，不管是对于伟大的功绩或者是更甚的罪行；通过对于这种神话崇拜的赞美来宽恕或隐藏国家的错行。

真正的爱国主义将慢慢消亡，如果它仅仅存在于对他者的蔑视或偏见之中。

即便爱国主义是为了激发自豪感，但它也没必要去引起憎恨。

和平时期——而不是战争时期——正是判断一个人或者一个民族爱国主义价值的时候。那些在和平时期对其国家利益漠不关心的人，在战争时期将发挥不了什么作用；那些惯于掠夺公共财库资源和黄金，或者宽恕类似盗窃行为的人，战时会在爱国主义方面出现懈怠，因而不能将他们从消极叛国的圈子里剔除出去。

本质上，爱国主义是一种政治美德，这样它就与商业虚荣相对立。去吹嘘一个国家的富有，妄想这是爱国的，其实这对于爱国主义来说就是犯罪。

吹嘘并不能抵消应负的责任。

因为爱国主义在和平时期并没有消失，辨别爱国者的真假并不困难。两个特点使得爱国者能从其他人中脱颖而出，变得显而易见。而且，尽管他可能是卑微的、无人知晓的，但这两个特点使得他即便处于那些对自身荣耀和财富感到自负的人之中，也会变得卓尔不群。

为了自己的国家而献身——尽管并不比为了自己的国家活着而少一点爱国——绝不是有益的。但是正是这种战死的提议，让胆小鬼、流氓和叛国者们为他们的恶行找到了合适的借口。在和平时期，人们将他们的爱国行为推迟到战时，他们的拖延只是表明了他们的无能。

人死后再去判断他是懦夫还是英雄，这是毫无意义的，所以国家被打败之后，根据失败的原因再对其做出区分也是不可能的。整个世界以及胜利者都不会留意战后的解释。从实际上看，一个国家因为没有准备而战败，和因为战场上的怯懦而战败一样的糟糕。因此，在和平时期反对为战争做适当准备的人，同那些在战争中逃避责任、擅离职守的人一样，是不爱国的且对国家有害的。

对于那些内心怀有真正爱国主义的人们而言，这本书将唤起一种特有的激情，因为它正是他们自身想法的流露。对于那些因本书而引起愤怒的人们，我们建议，如果他们审视这种情感的源头就会发现，那些迄今为止被视为是爱国主义的东西其实连赝品都称不上。

当读者阅读这本书的时候，伴随着许多疑问的同时会产生很多激情，他需要记住的第三个要点是不要创造短暂的人类作品去对抗永恒的存在，因为这种短暂的作品仅存在于他的时代。

国家这种形态并不是一个民族由一个未知起点到另一个未知终点过程中的一个短暂篇章，并不是进入了睡梦世界中的一种古怪梦幻；相反，它自身就是生命的一种形态，受到同样规律的支配。

一些国家在经历那些本可以避免的情况时，却被摧毁了，而人类害怕对这些情况进行深思。这些国家宁愿选择逃避从而走向消亡，也不愿吸取那些已灭亡国家带给它们的特别教训。由于漠不关心以及无知之勇，这些国家连同自己的纪念碑和宪法一起，告别了曾经的浮华和诸神。

第二章

国家兴亡的法则

许多哲学家在其著作中，将国家的诞生、成长和灭亡与个人的生命史相类比，在整个过程中，它们从摇篮走向成年，增长智慧，积聚力量和精力，直到在适当的时候，它们变老了，死了，被遗忘，被深深地埋葬在由时间构成的广袤的骨灰盒里。

人类和国家生命的这种相似性是真实的，尽管不是那么精确。正如人类的身体是由许多无意识的分子组成，年老、生病、死亡的自然过程可以去摧毁它；国家政治体是由理性的人们聚合而成，这些"原子"具有理性推理的能力，如果他们遵从掌控国家生长和死亡的规律，他们应该能将国家的寿命延长许多年，并自然可以增加赋予这个国家的伟大性。

然而，这种类比包含了这样一个悲伤的事实：一个人或者一个国家只有持续地生长和扩张，才能滋养生命，驱走疾病和死亡。这种持续的生长和扩张，对人类而言，就是他们的童年、青年和成年；这种过程渐渐地停止，就是年老或者疾病；它的终止就是死亡。但是对于国家而言，尽管其发展过程以及终点与人类是相同的，但我们很少注意到这点，根本也不会这么去定义它。

对个人而言，身体的活力意味着健康；对国家而言也是这样的，而且正如人类一样，国家间的影响力展示了这种活力。对个人而言，聪明的头脑、灵巧的双手与人的健康或长寿没有任何关系。由此而言，智力方面的优势（例如由学者组成的国家）与延长国家的生存没有任何关系。

对个人而言，生命的持续取决于他同疾病、年老及其同类争斗的能力，结局是那些拥有最弱战斗力的人逐渐被淘汰，而那些保持最强战斗力的人则存活下来。对国家而言，同样是这样的。从第一个黎明开始就是这样，那时，原生态的细胞在苍白的天空中漂浮，彼此互相吞噬；在最后一个黄昏里，同样也会是这样：这些细胞（其进化程度甚至超越了人们现在的想象）进入了无尽的黑夜。

对于政治生活的开端，我们并非完全无知，尽管我们对其没有精确的认识，我们已经得到了这样的事实：从前，当原始人处于不断的个人争斗之中时，在前冰川期的森林里某个阴冷偏僻的地方，发生了一场对于人类而言极其重要的战斗。那时，旧石器时代最强壮的人杀死或征服了那些在他附近丛林中战斗或游荡的所有人，于是他确立了人对人统治的开端，同时还有社会秩序以及和平间隔期的开端。当他粗糙的斧头完成最后一击落下的时候，他在周围看到了死亡和臣服的人，他看到了第一个国家；自己是第一个君主；自己的石斧是第一部法律，据此，这个原始的进程穿越所有后续的年代，国家被创立或者被毁灭。

战争——胜利——国家诞生，战争——破坏——国家灭亡，这是国家生存过程的凄婉缩影，从人类社会的起初持续至今，都是如此。从六千年前野蛮的高地人自埃兰国（Elam）的高山上席卷而来，用剑和坚实的肌肉将突雷尼（Turanian）牧羊人塑造成迦勒底帝国（Chaldean Empire）民众，直到最近十年（日本的武士从东海的岛屿上涌现，试图为他们自己在亚洲大陆上建立一个新的帝国），这个掌控国家实体的形成和灭亡的必然规律，从未存在过任何中断或者偏离。

在这个地球上存在的王国、帝国等所有国家，都是由战争孕育的，它们的诞生发生在战争的疼痛和辛劳之中。这些国家同样也逃避不了这个永恒的规律，在这样的战场——位于由这些国家中没有抵抗力的领地所形成的残骸和灰烬中——灭亡。

人类的体力，是他在为了生存而奋斗的过程里所具有的力量，同样意义上，军事活力构成了国家的力量：典范、法律、宪政只是短暂的光辉，而且只有当这个力量保持活力时这些光辉才能存在。正如男子气概表明了人类体力所能达到的极限，同样的，一个国家的军事成就表明其物质活力所能达到的顶峰。对个人而言，体力的衰退预示着疾病或者年老，最终走向死亡。同样的，一个国家军事力量或者军事能力的恶化，表明了它的衰落；而且，如果国家没有复兴，衰败即将开始，最终结局只会是悲剧，而该结局已经降临到数不尽的已灭亡国家之上，这些国家对自身伟大性抱有虚荣心，它们只能预测到了世界末日而没能预测到自己国家脆弱大厦的倾覆。

对人类历史的分析表明，从公元前15世纪直到现在，在3400年一个周期的时间里，只有不到234年的和平时期。一个国家在替代另一个国家时，在它们的兴起、衰落和灭亡的过程里，有着惊人的相似性。所有的国家都是由将军充当建筑师、士兵充当泥瓦匠、刀剑充当泥刀而建立的，所用的石头则是由衰落国家的残骸化成。它们辉煌的时代完全与其军事威力以及由此而进行的扩张相重合。

当扩张停止时，这些国家的辉煌就到达了顶峰。正如一个人的生命是没有静止的状态一样，国家的生命也没有。国家的存在受到这个永恒规律的控制：一个政治体的边界绝不会——哪怕是片刻时间——处于静止状态，它们要么扩张，要么萎缩。正是根据这个国家扩张和萎缩的定律，我们标示着国家的兴起和衰落。

扩张达到顶点，或者换言之，随着国家从属于个人，国家便开始衰落。当帝国这种发展的力量衰落了，国家就让渡给了耗费生命的那些因子——社会和经济的寄生虫。正是因愚蠢的傲慢自负而变得无所畏惧，这个国家最终不光彩地（正如它的那些先行者一样）并永久地从人类历史中消失了。

对往日帝国的追寻，如今已经变成了隐士们的消遣，这些人发现，在栽有杨柳的河岸上，只存在着泥土构成的护堤以及一片寂静；在沙漠里，是木乃伊和金字塔；在海岸边，是一座神庙和一首歌。王国破碎的遗迹已经不多了，因为大多数消失的帝国，在它们消逝时，遗留给后代的，既不是破碎的大理石、托帕利宫（teopa-li）、阿尔罕布拉宫（Alhambras），也不是德鲁伊（Druid）的石头。根据游牧民的风俗，它们消失了，在身后的沙子里没有留下任何居住过的痕迹。

与这个观点相反，无意识的肤浅的理论家们，将中国从迷雾和她古老的神话中剥离出来，把她展现为创建并正在继续享受无尽和平的国家。不幸的是，这样的观点只是表露了他们巨大的无知。国家扩张或者萎缩的定律控制了中华帝国的发展，正如它控制了西方国家一样，这是根深蒂固的、不可改变的。

中国的政治发展史不仅与人类其他国家的发展史相似，而且在其内部，可能有着对世界政治前景的神圣预言。从其古老历史的晦涩年代开始，直到现代，在没有得益于世界上任何其他文明的情况下，中国完成了自己的进步，产生了自己的文明。然而，中国在其政治的进化和扩展中，一直受制于所有那些因素，出现了充满生机的以及衰落的周期，这些因素和周期也制约着那些各自相继繁盛的西方国家的命运。和每一个伟大的帝国一样，中国也是由很多政治单位分裂以及聚合而成的，在其存在的无数年间，交替出现了衰落和复兴。

当吵闹的埃兰山地人从他们的高山上下来，并在美索不达米亚的平原上建立了迦勒底帝国时，在现在中华帝国所在的位置，存在许多政治体，在其西面、北面和南面，环绕着一些欠发达的民族。现在的帝国是从一个位于陕西黄土高原的小国发展而来。这个从最初小国发展起来的广袤帝国，我们如今正看着它崩溃、消亡，失去往日的光辉；在这个过程中，人们孩子气的虚荣心以及时间都是蓄意的破坏者。

展现这个民族发展历程的兴衰周期，在原因和影响方面是相似的，尽管几千年的时间曾经割裂了其中的某个部分。这种相似的扩张过程可以与以下情形相类比：一池平静的湖水，投入一块石头，在湖面上泛起一道道涟漪，涟漪之间存有间距。这样就展现了中华民族由女娲之手撒在那里的一小部分人演化发展的历程。每一道涟漪都表明了一个发展的周期，每一处凹陷表明了衰落的时期，每一处都如此相似，除了它们的范围在不断扩展。

在中华帝国发展的各个不同阶段，战斗的那个亘古不变法则一直起着控制作用。帝国的政治进化，从某种程度上来说和欧洲国家的进化并没有什么不同，它是通过战争来实现的。帝国光辉的大厦正是由那些在帝国战争中战斗的人所建造的。在统治过中国的25个朝代中，每一个朝代都是由士兵建立，而且在适当的时候，每一个朝代都从周围的军队那里听到了预示终点慢慢逼近的令人悲伤的叩门声。

中华帝国经历漫长的岁月而保持强大，与其相比，几乎同样伟大的其他王国，似乎只能抵御大约 30 年（一代人）时间的侵袭，是什么原因以及条件能使得中华帝国有这么长的延续性，西方人显然对其并不知晓。通常所表述的信念与它没有一点关系。这些信念是充满想象的，或是具有推测性的，或者并非如此，但不管怎样它们都毫无价值。作为一个民族，汉族的法律或习俗，与维持他们的国家以抵御时间或者那个任性的因素——人——的消磨，是没有任何作用的。

中华民族能够延续几千年的时间，仅仅是由于这个民族开始其国家成长时所处的自然环境；在这个环境里，不可逾越的山脉成为其壁垒，不能居住的沙漠或者广大到没有船可以穿越的大海成为其城壕。在北方和西北部，有戈壁沙漠；其外边，是不可逾越的西伯利亚森林和草原，那里白茫茫一片。在西南方，是世界屋脊和喜马拉雅蓝黑色的峡谷。在南方是丛林和印度洋。在东方是广大而孤寂的太平洋——一片紫色的荒凉之地，仅仅是几年之前，人类的航船才找到穿越它的路径。

直到 19 世纪之前，中国在其隔离状态中如此安全，以至于在她的边界和欧洲国家之间似乎间隔着无尽的空间。对于其他的人类而言，中国是唯一一个神秘的契丹（Cathay）王国，坐落在某个充满宝石的东海岸。

然而，中国人以及他们的政府系统与其种族的延续没有任何关系。只有与世隔绝才是她穿越 50 个世纪的暴风雨而持续存在的原因。如果中国被其他强大的民族所包围，正如欧洲和中亚帝国那样，不论在古代还是现代，她将同那些国家一样在适当的时候崩溃，如今仅仅变成回忆，深深地埋藏在部落的历史传说中。

在经历 6 个周期的衰落之后，中国沦落到如此病态的腐败和内部荒芜之中，色诺芬（Xenophon）的 1 万军队就可能将其全部征服。但幸运的是，当中国陷入这些周期性的衰落之中时，除了遭遇过饥荒和北部边境以游牧为生的鞑靼人的攻击之外，没有遇到其他的威胁。然而，在每一个王朝的衰落和挣扎期里，中国很容易受到那些位于边境游牧人的攻击。在每一个复兴阶段的开始，交托给后继王朝的一个最大任务，就是将这些游牧人赶到帝国的边界之外。

自从那个昏暗的早晨中国人首次自己聚集起来，接受伏羲在陕西的平原上统治他们以来，中国人——既不是政府也不是王朝（因为王朝和政府只不过是人类的玩具或者暂时的工具而已）——如今必须面对降临到他们头上的、历史上的最危急时刻。

中国人作为一个民族，从这种旧式的内部争斗中存活下来，如今将奋发并进入第七个进化周期吗？或者他们将发出雷鸣般的余音，然后被历史湮灭——这种命运等待着所有衰落的国家？相比当今中国人要抵抗那些无情地滞留在帝国所有边境的欧洲人和日本人来说，以前的中国人要更加强大，更能抵抗游牧民族的进犯。

除非能从她内心的最深处产生另一个尚武和尚①的好战精神，否则那个静止的时刻即将到来，那时，这个最古老的王国将向人类庄严的敬礼，而人类在每日飞快前进的嘈杂声中对此漠不关心。

———————————

① 明朝的建立者洪武帝（Hung-Wu）朱元璋。——译者注

第三章

决定未来的因素

在这个浮夸的世界曾经轰然崩溃或渐渐消逝的帝国，它们的存在并不是没有价值。因为正如古代人能够在一定的月相循环周期之后，仅仅根据月食出现的自然规律就可以预测月食一样，我们根据反复发生的同样的原因和结果、同样的开始和结局等，就能够理解在国家运行的轨迹之上，交相呈现出光芒和阴影的永恒现象。

正是基于此，我们现在来探讨美利坚合众国的情况，它如此有力地屹立于国家之林，以至于对那些组成美国或者是美国一部分的人来说，它就像时间沙丘里的金字塔。这种民族的虚荣心是情有可原的，只要这个国家的广袤、它的宏伟以及它在人类社会进化中所扮演的角色（和任何其他国家一样伟大）能够继续存在。我们只是建议去审视这种无知之勇，因为它正试图去破坏伟大国家的真正基础，并用纸做的上层建筑去取代它。这些上层建筑就像狂欢节的艺术作品，在其镀金的涂抹而成的外表周围，国家被要求以夸张的傲慢姿态去跳舞，根本看不见也不关心其虚伪的外表或者它的脆弱之处。

正如个人无法预知自身的死亡一样，国家也不例外。尽管个人能够轻易地意识到伟人死亡或者其世界的灭亡是不可避免的，但他们尚不能知晓自己的死亡，即使他们已时日不多。对于国家而言也是这样；尽管它们之中最微小者也可以沾沾自喜地见证世界帝国里最伟大者死亡时的痛苦，但却全然不知相似命运会降临于己。

与其他曾经存在过的国家相比，美利坚合众国与时间的关系并没有什么不同，时间的力量也是一样的。同样的因素导致了它的诞生，同样的原因将延长或者缩短它的寿命，正如曾延长或者缩短了其他国家的寿命那样。直到目前为止，从导致其他国家诞生并控制它们成长和成年的那些基本要素来判断，这个合众国的历史上只出现过最微小的不同。

除了记住那个掌控国家产生及兴起的普遍规律的不变性之外，没有必要去回忆导致这个合众国诞生的那些战斗，或者其后那些标示其成长和扩张的战争。正如之前的其他国家一样，这个国家通过获取战利品及征服无抵抗力的部落而建立起来。同其他国家的扩张相比，美国的扩张并没有表现得更慈悲或者更残酷。与其他所有国家一样，那个不可阻挡的力量法则也一直支配着它。但是它所征服的国家和土著居民太弱小，而且无法在平等的基础上开战，因此它的战争是毁灭性的，而不是灌输平等的军事理念。美国在扩张时的恣意横行，导致关于其未来伟大性的真正基础被颠覆，这种的错误观念至今盛行。人们开始用一种错误的英雄式的方式去看待他们自己，用冷漠的态度去看待其他国家，他们还曾用这种冷漠来看待未开化的野蛮人，后者唯一的防御是他们荒凉偏僻的沼泽、森林，以及徒劳地发出警告的神灵。

美利坚合众国已经忘记了，在过去的几十年里，它和其他国家的关系已经完全改变了，不仅仅是因为它自身扩张的触角——根据国家成长的规律——到达了地球的其他部分，还因为交通和通信的现代手段已经将整个世界缩小到甚至比1830年的美国还要紧密一些。今天从最远的国家到华盛顿，比70年前议员们从他们各自的州到华盛顿，所花的时间还要少。因此，这个国家为了更进一步的强大，不能再通过从其基地出发花费几个月的时间去打败各个王国的方式实现，不能再通过吞并荒凉的合众国偏僻之地以及所有土著部落来实现，或者采用像把包裹在王权长袍里的熙德（Cid）① 尸体绑在马上，以吓走对手的战争手段来实现。

这个国家成立时取得成就的那个时代已经一去不复返了。然而，如同那些被它征服了的民族一样，这个国家继续保持几乎毫无防御的状态，对自己的命运掉以轻心，漠不关心地注视着有强大军力的国家无休止地把影响力渗透在自己的周围。或许只有到了那个

---

① 抗击摩尔人的西班牙民族英雄。——译者注

不可避免的时刻——那时这种可悲或乐观的自大将破灭——这个国家才会认识到虚荣心的恶果，并开始认识到这种结局是那条不可变更的定律导致的，这条定律毫不含糊，它的适用性也不会改变或者缺失。

为什么人类总是一代代地对这个掌控国家命运的不变的普遍性规律视而不见，这是因为人类相信在自己可见的短浅一生中，国家就会一直存在。但是直到他从繁杂的车水马龙和街道上匆匆行进的人群中抽离出来，到达这样的高度，即在那里大声呐喊却没有产生回音时，他就可以看到国家持续发展的进程，这些国家正在庄严且悲剧性地朝着它们既定的结局迈进。在生命的大道上，他只看到了构成他的祖国的那些微小元素（即个人），而不是这个国家本身；他只能理解人类的野心、人类为收获而做出的短暂奋斗，而没有留心注意，或者没有做出任何的努力，没有从整体上去理解他的祖国崇高或者悲剧性的命运。而尘土和传到上帝耳朵中的可怜哭喊声（人类在自鸣得意中相信这些哭喊能传到上帝耳朵中），将这种命运向人类隐瞒起来；但是实际上，人类的短暂奋斗所能到达的高度仅仅不会超过房顶。

在考虑这个合众国的未来时，人们要听取的，既不是来自政治家的会议室，也不是来自居住着狂暴群众的街巷和来自理论家和女权主义者，因为那些建议只不过是狂热的幻象，是国家生活中的病态和混乱。人们必须从普遍历史的高度以及与国家存在相关的经验性知识的角度去思考。对人类这一转瞬即逝的部族本身并不值得做短暂的考量，它们只能被看作构成一个人的身体器官的细胞。正如这些细胞的存在是为了去履行既定的功能，然后死去，被其他的细胞代替，这一过程无休无止、没有停顿，直到身体各机能停止运转，而人类在国家政体中也是如此，也必须同等看待。

这个合众国的未来不仅已经被上文提到的根本规律既定了，而且其过去的行为也揭示了它未来的道路。这种不可抑制的扩张使得它不再同低等国家接触，而是要同那些在扩张能力以及军事力量方面远超美国的国家接触。我们之前已经发现了这一事实，即现代的交通和通信条件使得世界变得如此紧密，以至于国家未来发展的道路不可能不打破从别的国家发出来的类似道路。如果这种事情发生了，那就是战争。

如果美利坚合众国想实现它的创建者希冀的那些伟大和持久，如果它想继续向海外传播宪政原则及法律上的平等，并由此提升人类的幸福水平，那么它必须意识到，只有获得超越其他国家——这些国家的野心和扩张势必将同美国发生碰撞——的能力和潜力，才能完成这些目标。世界联系变得越来越紧密，以及各个列强追逐的利益目标日渐聚焦，导致的战备竞赛会无休止地进行，而且会随着时间的流逝以及扩张的增加而相应地成比例增加。

在大多数国家的生命过程中，从时间上来说，其衰败期或多或少地与其成长及力量的消耗相关。军事力量的衰败以及随之而来的军事精神的塌陷，与国家的衰落同时发生。军队和军事精神退化完成的时刻，也就是这个国家毁灭之时。正是在美利坚合众国而不是其他国家的历史中，我们发现军事衰败进程与自然产生军事衰败的那些条件不相一致。实际上，我们发现我们国家军事的自然崩溃过程被人为地推动了，不仅仅是因为人们对军事事业的漠不关心，还由于人们对美国军备及其军事潜力进行有组织地破坏。

那些如今在美利坚合众国内哄闹狂欢的、由不同种族构成的大众，尽管他们的抱负或高或低，但是他们仅从寄生的意义上去看待这个国家，把它作为一块滋养壮大自己的沃土，不是为了美国的进一步伟大而开发积聚资源，而是为了满足那些依赖肥沃土地谋生的人们的贪欲。

如果存在一种值得拥有的爱国主义，它只与美国的最基本原则相关，只与这些人的军事爱国主义相关：他们以简单持久的英勇行为，将刀剑作为这座国家大厦的根基；他们在七年的战争之后，用自己的鲜血将13块殖民地聚合起来作为美利坚合众国存在的基础。这座大厦的持续存在，合众国的无休止扩张，其理想与成就的维持（从世界范围的意义上讲，也就是其创建者抱负的维持），构成了唯一纯粹的爱国主义。对于这种爱国主义，美国人可以宣称要去拥有它，去捍卫它，并为其献出自己的生命。

针对重商主义，我们已经说过或即将要说的观点，不应该被误解。在工业发展以及对土地潜在资源进行开发的过程中，如果工业主义被认为是国家发展过程中不可避免要发生的，而不是国家伟大性的目标，那么它就处在正当范围之内。工业主义只是一种手段，而不是目的本身。就像人类的身体是由食物提供养分一样，一个国家是由它的工业提供养分。人活着不仅仅只是为了食物，但是在他为完成其最终目标而奋斗前进时，要保证食物供给以维持身体所需。工业主义与国家的关系也正是如此。它是食物和维持物，构建了国家，并给予它力量，以维持它的理想；在各国林立的世界之中，去完成它的远大抱负；要比其他国家变得更强大，否则的话就是先于它们衰败。除非国家毁灭，否则工业主义不可能摆脱这种附属地位。当一个人终身没有什么抱负，没有任何想实现的目标，只是为吃而活着时，我们会厌恶和鄙视他。所以，当一个国家将工业主义作为最终目的，它就变成国家中的贪食者，粗俗、卑鄙而傲慢，这样的国家不会比在人类之中卑微生活的人生命持续更长的时间。这种无目的地贪吃——它是国家工业发展的结果——就是重商主义。国家工业和重商主义之间的区别在于，工业是人们的劳动以满足个人的需求，而重商主义则是利用工业以满足个人的贪欲。重商主义或许不能被称之为章鱼——它是依靠自己生存的，而应该被称之为一种真菌类的寄生物，它是工业退化的产物。正是这种重商主义已经掌控了美国人民，遮蔽国家抱负并倾向于摧毁其世界事业（它们已经对这个国家敞开怀抱），进而试图摧毁这个合众国。

另外，我们并没有从军事活动本身去认识它。正如工业主义一样，军事活动也是国家生活的一个方面，但是它们之间存在以下区别：尽管军事发展以及工业主义都从属于国家生存的终极目标，但军事精神在国家生存发展以及最终目标的实现过程中，成为一个最基本的要素；而工业主义的常规职能是给国家提供养料，它在国家生活中所担负过的唯一其他职能，就是通过退化成为重商主义，从而导致国家的最终衰落。

重商主义只是一种最原始的狼吞虎咽和干呕，当维持它的生存要素不再存在时，它就彻底消失了。此外，军事或者国家的发展，不仅是地球上所有国家形成的原因，而且会导致它们随后的演化以及人类的和平。它使得对人类而言，有了比最珍贵的生命更珍贵的原则或忠诚，而重商主义则没有丝毫歉疚地牺牲了每一种原则和荣耀，去争夺可以自我夸耀的最基本也最没任何意义的财产。

一旦一个国家变得过于富有和狂妄自大，与此同时，这个国家却没有相应的军事力量以捍卫财富或支撑自大，那么，它就会处于一种危险的境地。一旦一个国家的财富和奢侈同它的军事力量成反比，那么它遭受蹂躏的时刻——如果不是近在咫尺，也在慢慢逼近。当一个国家积聚财富却疏于军备，而另一个国家相对贫穷却军事强大，这种反差在它们的扩张轨迹碰撞时，就不可避免地带来战争，那时那个商业化的国家就会崩溃，并永远地消逝于人类历史之中。

第四章

距离的日益缩减

掌控国家发展的规律是简单且永恒不变的。人类智慧的日益增加以及人类社会政治存在形态的多变，只不过是将这一规律用不同的方式表达出来。只有当一个国家的军事力量比那些有着相同利益目标追求的国家或者邻国强大时，它才能继续扩张；而如果一个有野心的国家与比它更强大的国家发生冲突，或者其疆界阻挡了强国的扩张，那么就会如历史上曾发生过的那样被强国征服、吞并。

一个国家的边界从来都不是静止不变的；当面对军事更强大的国家时，其边界就会缩小，而当遇到更弱小的国家时，其边界就会扩张。军事力量的扩张、削弱或消亡，是由国家欲望和贪婪所决定的，是由自然资源的供给和需求所决定的，是由其民族无限膨胀的野心所决定的。

这个世界变得越成熟，并由于人类的发明而变得越来越紧密，那么国家间的这种争斗就会变得越紧张而且持久。任何强大的国家，都不可能再期望地理范围的扩张仍旧可以以牺牲原始部落或弱小王国为代价，因为它们如今已被纳入一些更强大国家的势力范围之内。

正是由于认识到这些规律，门罗才会发表宣言，宣称西半球神圣不可侵犯。通过将美洲大陆从欧洲扩张的范围中移除，他希望能阻止这些军事强国在美洲的扩张，从而使美利坚合众国的自然生长免于受到碰撞和干涉。来自这个国家或旧世界的任何政治家所发表的宣言，都没有比它更加真实地反映了对于国家生存本质的洞见。

在门罗时代，人们还无法预见其后的时代由于发明机械使世界政治发展方面出现的新变化。尽管人类的本质与那时并无丝毫差别，而且在无尽的未来中都会保持不变，但这个世界已缩小为一个微小的球体，且时间也被嘲弄了。辽阔的大西洋再也无法——像门罗时代曾经存在过的那样——将美洲大陆与欧洲分开。人类精巧的发明已经让大西洋变成了一条小河，欧洲列强的舰队可以穿越过去，其花费的时间比门罗从华盛顿到波士顿所花费的时间还要少。太平洋不再隐藏在无尽的紫色荒凉之中，它的海水再也无法肆意地泼溅到拥有瓷器和茶叶的弱小之国了。关于这片东方土地的神奇迷雾和神话，不仅仅已经消失了，而且这片土地已经被西方国家用刺刀进行了翻耕。这些国家在满足其对金羊毛①的贪欲的过程中，已经种下了孪生睡龙（Twin Sleeping Dragons）的牙齿，从中生长出来强大而可怕的军队和战舰，它们非常敏捷和残酷，正如俯冲下来的鸢鸟一样——这是它们勇猛的标志。

门罗没能预料到这种变化的可能性，尽管他的宣言在其发布时从原则上来说是正确的，但是却没有包含这样的内容——可以让它沿用至今仍然有效；如今，人类新的运输方式以及支配国际往来的那些军事和政治条件所发生的变化，已经使得《门罗宣言》无效了。但对普通美国人而言（正如对门罗而言一样），大西洋和太平洋仍旧如此广袤，以至于让他们认为没有任何敌人能够拥有这样的蛮勇，可以跨洋而来，因此美国没有与它的新责任和伴随而来的危险相匹配的海军和陆军，并希望不做战备努力仍旧可以保持安全和免受外国侵略的蹂躏。我们将在这一章中予以讨论的，正是这种自负，亦可称之为"距离之勇"。

从陆军或者海军意义上来说，距离不是用英里来计算的。拿破仑发现，欧洲各国的首都距离巴黎，要比英国的海岸线距离巴黎更近一些。另外，在布尔战争（Boer War）中，英国人发现，从朴茨茅斯港到开普敦的 5000 英里航程，要比从开普敦到比勒陀利亚（Pretoria）的几百英里用时短得多。

从军事意义上来说，将军队和武器从一个基地调动到另一个战

---

① 金羊毛（Gold Fleece）是古希腊神话中的稀世珍宝，它不仅象征着财富，还象征着不屈不挠的意志，以及对理想和幸福的追求，因此很多英雄和君王都想得到它。——译者注

区的基地或作战的部队，其间的距离是根据所花费的时间、难易程度以及运输最大容量来测量的。一支军队和其基地之间的距离，不是用英里计算的，而是由运输方式的速度、运输线免受攻击的程度以及从主要基地到战场的路线数量决定的。

两地距离 1000 英里，但有铁路相连接，与距离虽只有 100 英里但仅靠一条乡间小道相连的另外两地相比，显然花费时间少得多。如果海洋没有受到敌人的军舰干扰，那么它就提供了最好的交通方式，不仅仅是因为现代轮船的速度以及它们的装载能力，而且还因为海上的线路可以免遭攻击，线路的数量还可以同敌方海岸线上被己方控制的港口数量一样多。

那些认为美国远离欧洲从而可免受攻击的人，以拿破仑的莫斯科战役以及俄国在对日战争中的失败为例，将其失败都归因于长距离作战的结果。真实情况是，这两场不同战役中的距离因素并不是战败的主要原因。而且，莫斯科战役与现代或者将来的战争形势没有任何关系，与目前欧美之间的军事关系也毫无关联。从巴黎到莫斯科，军队需要行进几个月，武器运输也需要几个月的时间；而华盛顿、纽约或者波士顿，与欧洲各国首都只有 7 天的航程距离。日本通过海上线路将军队运输到美国，与其将军队运输到中国东北相比，不会更加困难。

古斯塔夫斯·阿道弗斯、腓特烈大帝以及其他许多伟大统帅指挥的战役，战争地距离他们的主要基地要走几个星期。拿破仑在意大利、西班牙、奥地利和德国发动的战役，发生在敌国的心脏地带，距离他自己的基地有许多个星期的路程，有些甚至是几个月的路程。在与墨西哥的战争中，美国军队的作战地点距离他们的物资供应基地有几个月的路程，而在内战期间，联邦军队发动战役和作战的地点，距离他们的仓库有几个星期的路程，比如，格兰特（Grant）指挥的维克斯堡战役，伯恩赛德挥师从路易斯维尔向诺克斯维尔挺进，谢尔曼指挥军队从查特努加市行军到亚特兰大，再到北方去；再如，班克斯①将军指挥在得克萨斯州的行军以及谢尔曼指挥横跨密西西比州的进军。位于新奥尔良的联邦军队，从 3600

---

　　① 即 Nathaniel P. Banks。——译者注

英里之外的纽约市获取物资乃至牛肉。

这些论述的重要意义在于，将其与美国同欧洲战争基地之间的距离进行比较，后者绝不会超过十天的路程。

格兰特在密西西比州时，从布朗伯格到维克斯堡行军用了 20 天。今天，一支同等规模的军队可以在不来梅登船，穿过大西洋，然后在这个合众国的海岸线上登陆，所花时间不到一半。

1865 年，联邦军队的第四军团从卡特车站被运往纳什维尔，距离是 373 英里，用了 1498 节车厢。而同等规模的军队，连同所有必要的辎重，可以用汉堡－美国运输公司或北德意志劳埃德运输公司的 5 艘轮船从德国运到美国。25 艘这样的轮船，可以将 75000 名士兵连同其辎重从德国运到美国海岸线，所需时间要少于格兰特率领同样数量的军队从华盛顿进军到阿波马托克斯所花费的时间。

德国可以在两个星期之内将 25 万名士兵运到美国。①

在 1864 年的弗吉尼亚战役中，给格兰特将军的 12.5 万名士兵提供物资的火车由 4800 节车厢组成，靠大约 2.5 万头骡子和马拉着前行。这列火车运输了 2 万吨物资。而这一重量的全部物资可以用"德意志"号、"亚美利加"号、"威廉皇帝"号或者任何一艘同级别的船只从欧洲运输到美国，所花时间比格兰特的火车从拉皮丹河的南岸到詹姆士河的北岸所花费的时间还要少，而且不会受到战争局势和战斗拖延的妨碍。

这就是美国这个合众国的孤立状态，实际上这一情况并不存在。这个国家唯一经得起吹嘘的孤立状态是由战舰和机动部队引发的。当战舰和机动部队不存在、不强大或者被摧毁时，这个共和国的防御也就彻底崩塌了。

为了保持国家的孤立，必须要拥有一支规模至少两倍于欧洲任何国家海军的舰队，以及一支规模至少是欧洲或亚洲最大常备军一半的现役部队。目前，仅英国一国就可以在大西洋部署相当于美国三倍的舰队，与此同时，英国在太平洋上的舰队数量是美国的十倍以上。德国和法国都可以在太平洋部署一支数量四倍于美国太平洋舰队的舰队，同时可以在大西洋上维持足够数量的军舰，以阻止任

---

① 根据德国总参谋部（German General Staff）的数据。

何一艘美国战舰从它们的大西洋驻地离开。在目前的海陆军条件下，假如这些国家之中的任何一个与美国进入了战争状态，我们就可以更清晰地理解上述对比。在东方，英国、法国或者德国不仅拥有领地，而且还拥有海军驻地、码头和军队。一旦发动战争，这些国家中的任何一个都可以预先在太平洋上调动一支数倍于美国的舰队，以确保将美国舰队摧毁。若要使美国在太平洋上的舰队力量得到增强，就只有减少其在大西洋的舰队数量，但这样就会使大西洋的舰队处于脆弱的状态从而容易遭到敌国在大西洋上的舰队的致命攻击而覆灭。由于对任何一个大洋中的美国舰队进行增援所需时间均不少于四个月，这将让驻扎在离大西洋海岸只有六天路程的敌国，通过陆路进攻而占领美国的海港和海军基地，从而阻止美国的舰队——它们本应当去缓解太平洋战事的压力——返回大西洋。

一旦美国太平洋舰队覆灭，菲律宾、夏威夷、萨摩亚群岛以及阿拉斯加将会落入敌人手中。太平洋海岸沿线的城市将被摧毁，美国的国旗将不会在这片广阔的海域上飘扬。

人类的聪明才智已经将这个曾经广袤的世界压缩为一个如此狭小的区域，以至于今天各国可以在世界任何地方发动战争，尽管以英里来计算，这些战场离它们的基地是多么遥远。运输的困难已经减至最小。大洋再也无法有效阻止来自远方敌人的侵略，且从另一方面来说，大洋使得这样的攻击成为可能。

让一支军队连同运输它们的列车和全部辎重行进250英里，这在战争史上从来都是一件艰难的事。但德国、法国、英国，可以在短时间内让这样的军队在美国海岸登陆。日本可以让一支陆军在加利福尼亚登陆，所用的时间要少于从洛杉矶行军到旧金山所花费的时间。

在固定的时间里，一艘"毛里塔尼亚"号或"德意志"号级别的军舰，从欧洲运往美国海岸的军队数量，都比独立战争或1812年战争时期，英国所有军舰运往美国海岸的军队数量要多。这个级别的军舰可以在六天之内，将一个旅的部队及其辎重，从欧洲运往美国。一旦宣战，德国或日本的全部商船可以立即变为运输舰，在一个月之内将超过25万人的军队运送到美国任何一条海岸线上。

那些受到麻痹，处于梦中安全的国家，皆因一片广阔的水域将之与拥有大量武器的列强分隔开来。但这些国家将发现，它们空中楼阁般的、不堪大用的防御工事将一一倒塌，它们的抵抗也只能以星期或月来计算。到了年末，它们的战旗将被收起并埋在地下，在耻辱的黄昏里干巴巴地腐烂。

横渡大西洋轮船的时速每增加一海里，海面的宽度就会变窄一点，欧洲武器横陈的边界就会离美国的海岸更近。一旦船只的大小或运输能力增加，海洋便会再次萎缩，远方敌国的军队就会靠得更近。

巨大的海洋屏障彻底消失了，留下的只有幻想。虚幻性防御与和平迷梦，将让位于战争中的人们所面临的境遇，也将让位于美国在西半球艰难地维护主权所耗费的物资和鲜血。

与门罗时代不同，跨洋过海再也不需要几个星期或几个月。船只再也不会同肆意的大风搏斗，或者被未知的洋流推来晃去。这些巨大的钢铁船只径直且坚定地穿过海洋，时间精准如天上星座的运行。脆弱的小船，再也不用承载着国家的命运，飘荡在未知的和难以言说的凶险的海洋深渊上。那曾经呼啸着穿过这些小船上破旧绳索的风，如今或附和着人们的谈话而喃喃自语，或因为 3000 英里之外君主的命令而惊声尖叫。

第五章

战斗力与志愿军

美国不但已经拥有了现代最重要的发明，而且在科技发明运用中处于世界领先地位。随着科技及各方面知识的发展，美国的经济状况已经发生了改变，社会和政治结构也出现了变化，但是其军事体系却没有任何改进。从这一点来看，人类社会及国际关系中产生的新状况没有对这个国家产生任何影响，就像云彩匆忙地掠过蔚蓝的天空，除了投下飞逝的阴影，可能无法留下更深的印记。

美国的现代观念认为，军事实力表现为最终导致胜利的一系列英雄事迹。这些梦境中的英雄主义，这些吹嘘者口中的英勇，不是基于过去军事胜利的真实历史，而是基于由它们所产生的幻觉。如同泡沫一般，这些最虚幻的军功被染上了不属于它们的彩虹色。

实际上，美国否认了军事科学也会出现改变和进化，正如人类活动的其他方面；美国固执地逃避着变化，仍旧紧紧地抓住殖民时代自由放任的军事系统不加改变，或者说是紧紧抓住其骨架不放，而使得这个军事系统有活力且有效率的个人好战精神如今却已全部消逝了。这种消逝是自然且合乎规律的。这些规律掌控国家发展及社会进化过程中战斗精神的维持或者消亡。

随着美国的社会、工业、道德和政治组织变得越来越复杂，人们的活动重心从国家成就的层面吸引或转移至个人成就的层面，因而就国家的军事能力而言，自我欺骗变得越来越占据主导地位且不切实际。正是这种全国性的自我欺骗，如今在美利坚合众国中如此疯狂地蔓延，因此我们将在这一章中探讨并展现那些影响国家军事力量增长和衰落的规律，这些规律同样还影响所有其他形式的人类进程。

　　如果一个国家没有规定国民强制实行兵役，那么随着其社会组织日益复杂、经济活动日益多样，该民族或国家的军事力量就会日益下降。

　　而随着国家实际军事力量的日益下降，关于该力量的自我欺骗就会相应地增加。

　　一旦国家的社会、政治和经济方面变得如此复杂，以至于国民的理想不再是为了民族的而只是为了个人时，我们就会发现与军事力量相关的全国性自我欺骗会达到巅峰。尽管上述复杂的形势与战斗精神是相违背的，我们却可以在其中发现——尽管可能很奇怪——军事欺骗达到了成熟的状态。在这种形势下，国家腐败到来了，而爱国主义则在静静地腐烂。

　　政治家们最首要且最艰难的任务是，在国民的优点中保持民族的军事本身不受侵害。不管这个想法有多么令人厌恶，然而就每个国家的诞生及其平安度过各种灾难而言，战斗精神是唯一可以依赖的东西。一旦这种战斗精神丧失了，那么该国家就注定会灭亡。

　　政治实体的形成使得人类的进化已经成为可能。人类所有的进步以及个人的自由正是由那些原动力取代人类雕琢而成的，而如今人们花很多工夫去摧毁这些原动力，但只要人们聚集起来形成不同的国家，这些原动力持续不断地决定着一个民族的伟大性，或者因为该民族缺乏伟大性而将整个民族及其制度送入历史的尘埃。

　　军事强大或者乏力的状况绝不是永恒不变的，而是几乎时时刻刻都在发生变化，就像温度计在记录着过去的冷暖一样。它和无数的因素相关；这些因素包括带着饥渴和嘈杂声音的人们，海洋、岩石和吹过它们的风，以及那些隐藏在裂纹之中未被洗涤过的灰尘。

　　战场的广度和深度，地形和气候，敌方的战斗意志、武器以及科技，还有影响人类短暂冲突的其他无数的条件，都决定了军事力量需要在数量、武器、纪律、策略以及后勤方面持续且不断地进行调整；同时还要跟进新的机械发明进度及科学发现——它们在每年都会或多或少地改变战争行为。一个有着刻板的军事体系（由国家宪法决定并由平民政治家控制）的国家，很快就会因为没有任何军事的力量、精神和能力而灭亡。

古代或是现代的战争从来不是——将来也绝不会是——一成不变的。战争绝不可能仅仅只依赖于武器。战士导致了战争的胜利或是失败。指挥官的知识及本能地对命令理解和服从，是决定战争成败的要素。一支由多种思想控制的军队，指挥它的思想数量越多，这个军队就会越无用。但人类没有意识到的是，随着机械以及科技发明对战斗形式的改变，战斗的军事精神也必定要做心理上的调整。随着战争的武器变得更加高端，纪律以及团队精神也必须相应增强。正因如此，志愿兵会随着军事科学的进步而变得越来越束手无策。

总体而言，人们并没有认识到一个民族或国家出现军事腐化堕落的原因。在远古时代，人们必须具备战斗精神，而当这种必要性逝去之后，依存于其上的战斗精神就会随之腐化堕落。在此后的某个时间里，这个民族或国家可能再次出现战斗的必要性，但是战斗精神却不可能随着这种必要性而同时回归。正是有这样的一些国家，其军事力量已经如此强大，并处于世界领先地位，似乎坚不可摧，而任由军事精神腐化堕落。当这种腐化堕落到达了某一个节点的时候，这个国家可能被一个微不足道但却好战的民族所摧毁，而这一切与前者的财富、面积以及人口多寡并不相关。

一个民族战斗精神变化的规律并不是由人类所掌控的，而是从属于大自然的原始法则，这些法则掌控着所有的生命形态——从充斥于海洋之中的单个原生动物到人类的帝国。

我们将战斗精神划分为三种不同的形态：

（1）为生存而战的战斗精神。

（2）为征服而战的战斗精神。

（3）为争夺霸权或者维持所有权而战的战斗精神。

正是在第一种"为生存而战的战斗精神"中，一个民族的战斗精神到达了它的顶点，因为这种战斗精神对所有的生命形式都是普遍存在的。而且，我们发现一个民族或者部落在同人和自然的战斗中，为生存而进行的战斗越艰难，他们的战争精神发展的程度就会越高。正是因为这一点，我们发现征服者往往诞生于荒无人烟的废弃之地或遍布岩石的岛屿之上。

这种为生存而战的战斗获胜之后，紧跟着出现的是第二种形态的战斗精神，那就是为征服而战，这时的战斗精神变成了一种积极而非消极的因子。正是经过从红色的虫茧中蜕化的变形后，这个民族凭借鹰的翅膀向上翱翔。

在第三个形态中，一个国家与生俱来的战斗精神衰落了。这种崩溃的过程会由于新的理想建立而加速。重商主义正是伴随着战斗精神的衰落而成长的，因为它自身就是一种形态的战斗——尽管是一种低级的形态——在这种战斗中没有荣誉感或英雄主义。在国家活动中，军事理想被搁置于一种次要的地位，其后人们会日益忽视军事效率，而军事精神——对构成战斗精神要素的直观理解——彻底消失了，且对于大多数国家而言，欺骗已经到达了如此无以复加的地步，以至于战斗精神再也不会回来了。

只有当一个国家致力于回归到以军事成就作为理想以及自我保护的战斗状态之中，它才能够意识到它和那种理想状态之间存在的深渊。它们几乎无法跨越这个由于忽视和蔑视而造成的巨大深渊。军事腐化堕落的最后阶段，就会随之出现一个寻找托词或者借口的时代，直至国家的灭亡。

如果判断这个国家在抵抗外来侵略时是否能产生有效的抵抗，只需从两个方面来考虑：其一，从其他国家中已经出现过的相似情况中去审视；其二，从这个国家现实存在的状况中去推导。

从国家形成直至今日，依靠民众武装以抗击外国侵略，这种想法一直都是一个普遍存在的骗局，是一种无法抹去的自大，岁月也没能将其侵蚀，因该想法而导致的血流成河也没能将它冲走。尽管所有时代或国家都曾有一段历史充满了侵略者胜利的马蹄声，事实是，在整个世界的军事历史中无法找到一个例证，以证明一个尚武民族的机动部队会被一个军事衰落国家的民众武装所摧毁或击败。这种武装战斗仅仅是人类的一种狂风暴雨形态，他们既没有指挥也没有头脑，在很短的时间内就会遭遇失败。

在人类的战争中，民众武装起义——按照这个词语的完整含义——只能对原始的专制统治有效果。随着政治的发展、个人的解放，文明扩散的范围越广，团结一致抵抗的可能性就越低。在大众的所有迷信中，抵抗侵略的想法尤为突出，这是由人们轻信和自夸造成的神话。这种民众武装起义只可能在远古时代存在，随着军队——它需要训练和凝聚力——的建立而消亡；因为随着科技越来越多地介入到战争行为之中，民众武装起义的作用会日益减弱。现代战争是将国家潜在的军事资源转化为实际能力，并随后以统一的既定方式，交由那些比律师、医生或者工程师受过更科学训练的人所用。

这个国家为了抵抗侵略，必须要树立一些目标，这些目标与那些如今身在国外却对这个国家妄自批评并进行煽动的人的目标非常不同。国家必须铸就士兵的精神，让这种精神闪耀并照亮国家发展过程中的深渊以及那些已经变得暗淡且被人遗忘的英灵之墓室。而这种精神的铸就需要的不是几个月而是几年的时间。整个部队都必须通过严明的纪律训练才能产生这样的精神，并通过对理想荣誉的追求去提升它，这样才能将他们与那些认为只要通过贸易就能变得富有或者那些用金钱就可以买到所有东西——除了那些需要用鲜血换来的东西之外——的人区别开来。

这种备战活动需要在和平时代进行。

一旦一个国家遭受侵略，政府机器——决定了团结一致对外的程度——被推翻，代表国家力量的所有兵工厂都分散于国土上，如同松散火药的散落颗粒被点燃了一般，抵抗变成了零散的星星点点，像小火焰一样无力地喷射，伴随着许多烟雾，带有硫黄的苦味。

如果有人说美国这个合众国在遭受侵略时不会有任何的抵抗，这种说法是不公正的，而且显然不正确。但是这种抵抗会与那些迄今为止与这个合众国种族不同但同样富裕的国家所做的抵抗相似。在无数的例子中，抵抗是阿拉莫式的（Alamodian）[①]、英雄式的，甚至是格拉古式的（Gracchian）[②]，但是最后它不比由风滚草[③]和巨大噪声构成的抵抗更持久。

为什么美国的民众仍旧坚信志愿军绝对可靠，这将是一个军事谜题，要不是人们已经知道每个这样的国家——那里人们的成就是

---

① 指的是时髦光鲜的抵抗。——译者注
② 格拉古是古罗马的平民政治家。——译者注
③ 戈壁植物，起风时常见它们随风滚动。——译者注

由转瞬即逝和无关紧要的东西来衡量的——都存在这样的情况。

志愿军完全是一种中世纪的产物，它只有在那个年代才能有效，因为那时战争中使用的武器与和平时期人们所使用的武器差别非常小，或者根本没有差别：实际上，在那个时候，战争的机制仍旧是粗陋的，战争的科学是不存在的，人们只是以最简单、最原始的肉搏方式进行厮杀。

直至内战过后的一段时间里，美国战争中所使用的武器，与和平时期人们在穿越森林或平原进行生存竞争、射击、打猎或杀戮时所使用的是相同的。在战时，这些人变成了军团，继续进行打猎和杀戮，但对象不是飞禽和走兽，他们在猎杀同类——这些人没有更好的装备，没有受到专业的训练，也不比他们更加勇敢。于是听到人们说这样的话就不奇怪了：这些人通过流血和创造英勇事迹成为爱国者，他们宣称在侵略事件中，他们将从角落里或者壁炉架上抓起挂在或闲置在那里的东西作为武器，然后径直地去杀死侵略者。我们不是怀疑他们的行径，而是怀疑这些坚定的不妥协的爱国者们到底能坚持多远。不幸的是，崇高的爱国主义并不能提升那些过时武器的原始性能，而在现代社会中，武器更新得如此迅速，以至于一个时代的士兵在其后时代的战争中会或多或少变得无用。

战争再也不是过去的那些悲壮的英雄行为了。现今和未来的军队，是一个巨大而沉闷的机器，缺乏所有的史诗般的英雄气概，但其自身却是最英雄式的、沉寂的和可怕的：这个机器需要耗费许多时间去形成它各个不同的部分，再耗费许多时间去将它们组装起来，另外还需要许多时间去让它们平稳且不可抗拒的工作。然后，当它开始运作起来，就没有什么能阻挡它，除非出现一个类似但更强更好的机器。

如今，战斗在宽广而荒凉的地域进行，直至胜利或者失败，整个过程中看不见任何士兵，只是这里或那里的小朵蓝色云彩和远处的噪声展示了现代军队无法用言语表达的英雄主义。尽管人类的想法可以让志愿军充满爱国精神和英雄主义，但是在这种千里之外的战争中，志愿军是没有任何用武之地的，因为他们对战争科学一点都不懂。他们被军官引向死亡谷，这些军官从未在战场上看见过军队，他们的军事知识只是来自于美国独立战争时期邦克山以及康科德的那些招之即来民兵的回忆。当好似偷来的子弹从天上掉落，开始肆虐所有队伍的精神和肉体时，谁会因为他们四脚着地爬到后方而去责备他们呢？

那是无助的死亡恐怖时刻。

志愿军的时代已经一去不复返了。那些希望在未来的战争中，通过匆忙招收志愿军以抵抗常备军的国家注定会遭受深重的灾难。

在四年的战斗以及夜行军的经历中，南北方能够保存下来的东西只有英雄主义和高尚的精神，这是自然的。但是这些迷人的地方无法让某些黑点——人们不喜欢去强调的那些点——在其光辉之下变得模糊不清，不论这些人的意图是多么友善。所以内战教给人们最有价值的经验已经被埋葬了，正如那些死者已经被埋到不会再被挖开的坟墓一样。对于它们，我们并不会做出亵渎行为，尽管这些行为是有益且合理的，是为了消除这个国家幼稚且脆弱的勇气。

内战中的志愿军，随着战争进入到危急阶段之后就立刻终结了，后来出现了众多的赏金、征募和应召入伍者，以及暴乱和初期反叛。针对联邦军队中的这些志愿军，我们只会做出两点论述，而在剩下的章节中则会做出一些预测。1861 年至 1865 年，联邦军队中因为无耻和无能而被免职或者解雇的军官，其数量比在战场中牺牲的军官多一些；更多的人因为"没有明确的原因"而被免职，其数量比那时因为疾病死亡的军官要多。换句话说，在这些年中，军官无耻或者无能而导致的折损率，比战争和疾病导致的折损率更高。

谁会去将那些征召士兵中一万个无名死者的凄惨花名册弄清楚？他们由那些无能的军官领着去赴死。然而我们不会对他们做出任何的指责，因为军官的罪责不是由他们自己造成的，而应归咎于那个仍旧存在的、无知且没有价值的军事体系。

他们从对市民平静生活的巡逻（这种巡逻是无规则且无纪律的）中突然被抽走，对军官的责任没有任何了解。这些人可能对人类很多领域的活动相当精通，然而他们对于庞大战争科学中无穷技巧的最基本原则一点都不了解；而这种科学是唯一无情的决定性因素，它不仅决定着国家的创立，而且还决定了国家存在的时间以及在地球上的伟大或渺小的程度，并在国家解体时针对国家的无能充当着无情的裁判。

军队拥有心脏和大脑，正如其他各种有生命的机体一样。一支军队的心脏和大脑是由其军官赋予的，而军队的灵魂则是由那些激励军官的精神所形成的。一支军队的价值必须主要由这种精神的状态来衡量。在志愿军中，这种精神至多处于萌芽状态，而缺乏这种精神的军队只是一群暴民。不管军队以及武器数量多么庞大，或者装备多么精良，这些都不重要，对他们没有任何益处。

士兵的战斗精神只能通过纪律、荣耀和战争行为来培育。它既不能通过命令的方式产生，也不能通过在 24 天内让平民志愿者穿上不合身的军服而产生，更不能通过金钱或民众短暂且高声地称颂去雇用并刺激士兵而产生。这种战斗精神的生成，需要经过年复一年的艰苦努力和训练，不仅会使士兵的双手起茧，汗水从眉间流淌下来，而且会使人类与生俱来的脆弱起茧，汗水从心里流淌下来。它是由无情的纪律所造就的，而且生命被草率而机械地甚至是毫无道理地耗费。从这些年的训练中，士兵们会认识到，战争中必须全身心投入并泯灭个性。只有在那个时候，他们才能达到人性至伟的顶点，在死亡中追逐荣耀。

第二个事实（我们有必要对其进行记载，从而据此判定美国志愿军的效率、勇气和忠诚度，这些人曾向我们保证在面对侵略军时会做全体一致地抵抗）致使我们再次提及内战时的记录，从中我们发现 1861～1865 年有 20 万人从联邦军队中逃脱，该数目是战争结束时军队人数的 1/5。在征召的每 12 个人中就有一个人是逃兵。在联邦军队中，逃兵的人数是战场上死亡士兵人数的近 4 倍。对这个可悲的信息作任何注解或评论都是没有必要的。这个合众国的人们应该去联想这些事实并由此预测严峻的未来，那时人们的自夸精神掩盖了这些事实，而那些没有武器的爱国者们的想象力涌现并摧毁了这个巨大而又可悲的混乱世界。

当科技融入战争之中，志愿军就退出了历史舞台。只有在他们不再是志愿者之后的第二年或第三年底，才能成为士兵；而民兵只有在他们将自己脑海中混乱纠结的错误观念去除之后（这将比新兵多花一年的时间），才能够成为士兵。

射击场击中靶心或者击落飞鸟，并不等同于军事上的射击术。

在 200 码～300 码（1 码 = 3 英尺）的距离内能熟练地猎杀动物的猎人，与那些能在超过 1000 码的距离熟练杀人的"猎人"是没有相关性的。前者靠的是技术，后者靠的则是科技。军事神射手必须在不同的天气条件和地形条件之下计算距离。当距离超过 1000 码的时候，他必须将温度、风力和湿度计算进去。如果他的枪初始速度是 2000 英尺，风正在以每小时 12 英里的速度吹着，那么他必须允许他的子弹有 18 英尺的偏差。温度每差 1 度，他必须允许子弹有 1 英寸的偏差，而对于湿度 15 度的差别，则允许有 14 英寸的偏差。但是仅仅依靠射击术自身，一个人根本不能成为一名战士，而且可以这样说，在构建一支有效且有威力军队的其他基本要素缺失的情况下，射击术绝不可能影响现代战争的结局。

步枪队、手枪队以及所有其他类似的平民组织，不但对国家是不利的，甚至是有害的，因为这些人误解了成为一名现代战士所必需的知识和责任。在正规的部队服役三年之后，不到 1/4 的人可以成为合格的神射手。这种认为平民生活中的机枪射击术在战争中是一个要素的想法，只是有着黄色火焰的鬼火，它是从由无知和民族虚荣心构成的迪斯默尔沼泽①（Dismal Swamp）中产生出来的。

在最终时刻降临到这个粗心而又嗜睡的民族身上之前，它应该意识到，在履行军事义务方面，没有什么可以替代那些必要的非物质因素；人们无法回避责任或寻找托词。

众多的人口以及许多的平民射手，可以被视为一个民族战斗潜在的有利因素，正如深深埋藏在山里的煤矿和铁矿一样，但是它们自身并没有用途，除非投入到有效的使用之中。美国这个合众国仅仅因为拥有丰富资源的虚荣而陶醉了，不会将它们与实际的力量区分开来。日本尽管资源匮乏，但在军事实力上则强大 40 倍。德国、法国或者日本可以在一个月内动员较多的军队（这些军队由那些受过教育的军官系统地训练过），其数量比这个合众国在三年里可以聚集的军队还要多。在普法战争中，德国人 5 天内在战场上集结了做好战斗准备的 50 万士兵、超过 15 万匹马以及 1200 门大炮。美国

---

① 这个沼泽位于美国弗吉尼亚州东南和北卡罗来纳州东北部沿海地区。——译者注

在三年里都无法动员类似数量的有效军队。而现代战争几乎不可能持续超过三年的时间。

这个国家不仅没有军队，而且没有军事体系；既没有武器，也没有装备；没有针对战争做任何准备。在给军队提供给养、保障或者运输等方面，不存在相应的组织、人员或者计划。而这个国家的战斗精神已经被夏日洪水用最迅速和最粗鲁的方式冲走了。

一个人的战斗精神是与生俱来的，但是战士是被制造出来的。然而，战士不是由机械或手工制造的，也不是由裁缝制造的，不可能在24小时里拼接出来。一名战士不能用演说里的客套话或者由虚荣心构成的勇气去创造出来；而是需要不少于十几个人花费36个月那么长的时间去锤炼他，让他具有其创造者的姿态，并让他能够胜任被赋予的责任。

一个应征入伍的人有权去要求他的那些军官们必须知道与其职务相应的全部职责，因为无数的生命由军官们掌控，但这些生命是奉献给国家神坛的，而不是为了满足个人的虚荣心。他们要在战场上与敌人而非与疾病作战：如果他们必须死亡，那么让他们被愉快地唱着歌的子弹杀死，而不是被他们指挥官的无知害死。

在平民生活中，一名屠夫不会被要求去施展一名眼科医生的技能，也不会让他从一只浑浊的眼睛里取走白内障；理发师不会被要求去做剖腹手术；农民也不会被要求去驾驶海上航行的船只；石匠不会被要求去挑战吧台；水手不会被要求去估计矿藏的价值；售货员也不会被要求去担任城市工程师。然而，在这个合众国的战争年代里，同样是这些人，和其他的人一起，在志愿军军官的指挥下前进，而这些军官则在一个月的时间里掌握了所有科学中最为多变的一种科学——战争科学。

世界上最胡作非为的杀人犯是一名无知的军官。他用子弹、疾病以及无知谋杀了他的下属；他让他们挨饿，让他们成为懦夫、逃兵和罪犯。由于军官的无知，那些死者成为大屠杀的牺牲品；而幸存者则是悲伤的幽灵，述说着军官的无能。

第六章

财富与国家存续

　　迷信财富的魔力，并不是什么新鲜事；这种观念和犹太人的历史一样悠久。在市民生活中财富就意味着权力的那些地方，这种观念盛行着，在那里，财富成为个人努力追求的最高目标。在任何一个国家中，如果财富成为所有权力的源泉，成为等级评判的准则以及社会卓越性的标杆，那么人们一定也会看到财富成为军事力量的根本源泉之一。如果人们能将爱国主义转化成为现金，将他们的灵魂转化成为利润，他们就不会再相信其他的东西。

　　如果一个国家富且自负，但同时没有得到相应的保护，就会引发战争并加速它自身的灭亡。这条定律如此古老且亘古不变，以至于人们忽略了它，就像人们忽略了地球的引力、大海的潮汐以及死亡是无法避免的一样。人们也没有意识到，一个国家在变得富有的同时就会变得骄傲，而在变得富有和骄傲的同时又会失去自卫能力。正如我们已经说过的那样，一旦一个国家变得不能自卫，它迟早都会遭受毁灭的惩罚。富有并不是一个国家力量的保证，反而很有可能成为导致其灭亡的最强有力因素。它没有增加一个国家的力量，只是增加了其统治者的责任，并必然要求该国更加注意防御。国家的财富是危机而不是力量的源泉，因为由它产生的骄傲只不过是希伯来式的，于是贸易、硬币和抵押被看作是比陆军或海军更重要的资产和力量的源泉。它导致了国家的羸弱和缺乏活力，于是产生了成群的理论家和女权主义者，而且事实上变得奢侈糜烂且腐化堕落。当财富成为人类所有野心、正义、报酬甚至是自身价值的衡量标准，那么腐败就到来了，爱国主义将会消失。

　　用类比的方法进行推理，经常会出现错误。实际上可以这样说，类比是无数错误观念的源泉之一，而且任何人如果经常做出推论或者试图仅仅通过类比推理来构建一个普遍性的公理，那么他迟早将陷入谬误的沼泽之中。当同一因素在各种不同且具有广泛差异性的条件下产生相同的结果时，推理才能够得出正确且无可辩驳的结论。所以我们几乎可以正确无误地去论断：不论是在意大利还是在爪哇岛，不论是在古代还是现代，火山以一成不变的方式升起了浓烟并喷出了熔岩。火山喷发的原因和效果，在所有的时代都是一样的，尽管在完全不同的地域或时间的条件下发生，但在火山周期喷发方面几乎没有区别。

而在涉及人类及其组织或习惯时，只要人类的基本要素本身构成了逻辑推理的基础，这种推理就能被认为是可靠的或者是真理的来源。每一个后继的时代都将认为它自己比之前的时代更加伟大，尽管在与古代的希腊和罗马文明、中国和印度文明比较时，它实际上可能是黑暗且堕落的，正如中世纪所表现出来的那样，甚至连近代也是这样的。同样，每一个后继的宗教都将前辈的努力视为徒劳，只有它自己的声音才能被上帝听到。每一个时代都认为它自己的习俗是合理的，而之前的习俗都是可笑的；它的道德更纯粹，它的公正更完美等，诸如此类不胜枚举。在经历了一系列转瞬即逝的虚荣（它们像是被写在流沙之上一样不稳定）后，在时间那无边无际的海洋中涌动着的最真实的泡沫和浪花，摇摇曳曳地进入了困惑和虚无缥缈之中。

只有从沙丘上反复出现与消逝的描摹图中，我们才能够发现人类不变的特性；这些特性导致人类形成政治实体，而且在适当的时间导致这些实体无法避免的消亡。这些特性自身就是人类的原始本能，但在总体上会受到理论或道德、潮流或宗教的短暂突变所带来的暂时性影响。正是依据这些人类所固有的反复出现的支配力量，我们可以对现在以及将来做出推论；而不是依据过去的沙丘，也不是依据那些塑造和摧毁沙丘的无法躲避的潮汐进行推论。

所以在这部简短的著作中，尽管无法审视每一个国家，无法详细地研究其形成、衰败以及出现可悲结局的原因，但是读者可以自己去判断──不用花费巨大的力气──财富对于国家的强大和持久所作出的真正贡献或占多少比重，去判断财富已经将国家的根基以及大厦的横梁破坏并侵蚀到何等的地步。

不似理论、道德、法典、宗教和习俗那样，财富在国家存在中所起的作用绝不是零星或短暂的，它既不是某个时代或种族的政治产物，也不会在地球上的任何地方、任何时代或任何人群中发生微小的变化。它的影响是必然的，无论应用到法老的帝国还是朝鲜、中国、罗马、印度、西班牙；同样必然的是，它会将自己沉重的双手落到这个国家之上。它发挥作用的规律是亘古不变的。

国家的财富作为战争中的一个因素，具有一定的潜能，但它完全是从属性的力量——它自身貌似战争中真正的克敌之力，但实际情况却恰恰相反。财富和军事力量之间的战斗只有一个结果，这已经由波斯帝国古老的厄运予以证明。这样的冲突只如无用的军事甲胄和一个真正的战士之间的争斗、华丽装扮的熙德尸体和一个活着的摩尔人之间的争斗；一边是打雷和烟雾，另一边是闪电和火焰。伊苏斯战役（the Battle of Issus），以及对罗马、马伦戈（Marengo）、色当（Sedan）、辽阳（Liaou Yang）的劫掠，都是为黄金对钢铁、肥胖对肌肉、自大对纪律所写的无休止的墓志铭。

与迈达斯（Midas）① 一样，过度屈从于财富的国家，很快就会乞求脱离其束缚。但是谁也没有向它们指明可以到帕克托罗斯河水中将财富冲去。实际上，只有从其国家的心脏中流淌出来的河水，才能将它们愚蠢的财产冲去。

在战争时期，不论财富多么无穷无尽，只能用于提供武器、军火，付给士兵薪水，为他们提供吃的、穿的和运输条件。无穷的黄金不能给他们买来勇气，也不能买来自我牺牲精神、忍耐力、纪律和军事知识。用金钱购买的英勇只是一个幻想，只对那些沉浸在重商主义最深处的国家而言是可能的。实际上在人类所有的历史湍流之中，没有哪种英勇行为曾经是通过金钱酝酿并予以达成的，不论是在以前还是在今后。黄金可能诱导人们去开战，但是当他们面对的是那些纪律已经深深地揉进了骨髓以及心房之中的敌人时，黄金绝不可能让他们克敌制胜。

---

① 希腊神话中的国王，他碰到的所有东西都变成金子，后来通过在河水中沐浴才从这种能力中解脱。——译者注

对于任意两个国家而言，尽管武器的价格可能是相同的，但是战争的代价却不可能是一样的。战争的花费与一个国家所具有的财富成正比。英国或美国进行战争的成本，要比其他任何国家进行战争的成本高许多倍。如果现今的美国被迫将同样数量的军队投入战场，正如日本在同俄国进行战争时那样，在相同的时间和同样的情况下，那么仅仅薪水这一项，就几乎等同于日本在整个战争中的花销；因为美国的财富比日本多很多，于是总的花销相应成比例地会比日本高得多，此外还得加上伴随而来的腐败行为。

在美国内战中，仅仅奖金一项就用了将近两亿美元。考虑到美国这个国家如今的物价与那个时期的相比已经高涨了许多，于是在这个项目上的花费将变成三倍，也就是说仅仅这一项就相当于日本与俄国战争的整个开销。另外，那个时候非美裔的民众相对而言无足轻重，然而现今非美裔的民众已经超过了 50%。因此，将这些人征召进入痛苦的流血战争之中，哄骗他们放弃能致富的劳动而为这片土地——他们只是把它看作是一片宽广肥沃的可提供收获的土地——流血牺牲，那将需要多少金钱呢？

一场战争的费用，不但与一个国家的富有程度成比例，而且花费在每一个士兵身上的实际费用是与生活的成本及工资的水平成正比的。一个石匠工资的水平会依据一个国家富有或贫穷的程度而有差别，在美国是一天 4 美元～5 美元；在日本是 45 美分；在欧洲大约是 90 美分，其他工作的工资具有类似的比例。一个富有国家生活的成本高，不仅使得高工资成为必然，而且反过来会导致所有食物和军火（用在战争以及和平时期）等物资价格成一定比例的升高，也可能由于托拉斯垄断而涨得更高。

因此，欧洲国家在和平时期可以维持一支由 35 万～40 万官兵组成的军队、一支 200 万～500 万的预备队，以及相应数量的马匹和枪支；对于同样的资金，美国只能用于维持 5 万人的军队，且没有任何的预备队。日本可以支撑一支维持和平时期治安的军队，其数量超过了 100 万人，而对于同样数额的资金，美国这个合众国如今只能供养 5 万人。这个在和平时期存在的比例，在战争时期会变得更加可怕；因为一旦一个国家被卷入到战争之中，在其所有的备战环节中就会出现浪费行为，而这种浪费行为同样与国家的富裕程度成正比。

在过去几年的和平时期（从 1901 年至 1907 年），美国联邦政府已经在陆海军上花费了超过 14 亿美元，这个数字超过了日本对华和对俄战争以及其在两次战争间的和平时期维持整个部队的费用总和。然而，现今的美国并没有陆军，且海军只有防御其海岸线所需规模的一半。

贫穷绝不会产生奢侈，而节俭绝不是富有的产物。贫穷会促使每个人发奋努力，而富有则是各种形式的腐败之源。在和平时期越富有的国家，在战争时期就越贫穷。

腐败的程度与一个国家富有的程度成正比，而且如果一个国家处于衰败的状态之中——正如印度、中国和西班牙那样——那么存在腐败的比例还会更高。尽管一个国家的富有程度可能下降，而腐败程度会继续与昔日财富的最大值成正比。

一个国家虽然可以变得如此富有，但它的财富却会使它在与一个贫穷但节俭且好战的国家作战时崩溃。

国家的过度富有，会使尚武措施完全无法施行，甚至使国家在战争中崩溃——奢侈、女权主义以及各种主义导致国家的衰弱，或好战性和军事能力的衰退。这一点迟早都会在生活的方方面面显现，从国民议会到辩论社团、共产主义、理想主义、普世主义（U-niversalism）等，它们像鲜艳而又荒诞的织锦——是由心灵手巧的人用人类的梦想和愚蠢编成的经纬线织成的。

对于一个国家海军以及陆军军力而言，国家财富可以成为一个有利因素，但只有真正地将其置于从属性地位时才能是这样：它可以用来建造战舰，但不是与舰船直接进行战斗；可以用来购买武器，但不是勇气；可以用来生产火药，但不能生产爱国主义。然而，一旦财富在一个国家的生活中变得如此重要，以至于成为个人努力追逐的主要目标，财富就不再是构成军事力量的有利因素。

一个国家在战争中所遭受的唯一贫困是由过度富裕而导致的。

只有当财富完全从属于公共荣誉和集体抱负时，它才能有利于增加一个国家的伟大性；而且只有当一个民族的骑士精神和美德与它无关时，这个国家才能被认为是自由或富裕的。然而，一旦财富占据了主宰地位，那么将无法用精确的言语去描述这个国家的贫穷程度。

财富无力捍卫自己，如果对这个事实进行沉思，会让人觉得痛苦，所以，个人和整个民族都逃避对财富这个无能特点的认知。重商主义的可悲诡辩，指向了被奢侈品和艺术品装扮的大型城市，指向了无数的工厂、工艺和科技；指向了教育、轰鸣工业、百万富翁、宪法以及统计数据，它们展现财富所具有的能量和资源。于是按照这样的逻辑，任何一个缺少这些包含文明和政权无限潜能的条件的国家、民族或团体，在战争中除了灭亡之外还能预期什么呢！

所有这些是多么可悲啊！然而人们一直都在有意地隐瞒战时的军力与和平时的军力并不完全相同的事实，不但欺骗别人，而且还欺骗自己。实际上，对一个时期来说是必要的东西，对另一个时期来说却并非如此。战争的特征与和平的特征之间没有任何关系，正如潮水与被其冲走的沙堆、雷电与那个它一秒钟就彻底击毁的百年橡树的生长之间没有关系一样。

敏锐的经商能力对于财富的聚集是必需的，但是该能力并不具有最微弱的力量，可以防止大厦或积累的财富被破坏。而且，财富使得人们变得如此愚钝，无法认识它的局限性，进而导致自我毁灭，除非交战双方都由于这样的错误观念而患上同样的萎黄病，否则富有的程度只是增加石棺的豪华程度。

在希腊的大理石城市，或者在大流士、埃及、印度的帝国中，有谁能在那里，与他们的财富、贸易、学者、商人、理论家和镶金的士兵一起，预见到从伊庇鲁斯（Epirus）荒野高地、马其顿光秃秃的山脚来的乳臭未干的年轻人，去征服了不是一个，而是上述所有国家？

在穷奢极欲的亚洲王国中，有谁曾害怕过穿着兽皮的匈奴人；在罗马，有谁曾害怕过长有尖牙的哥特人和汪达尔人？这些人所拥有的财富不会大于他们所穿兽皮、所拿矛与剑的价值，他们的收入仅仅来自于森林的树叶、天空的响雷以及地上的燧石。

在大约 1300 年前，谁能够预测到一个可怜的癫痫病患者可以在沙石及阿拉伯的游牧民族之中找到一种力量，将世界上最强大的帝国碾成细小的粉末；并摧毁了从印度至法国的国家政府，改变了它们的法律、习俗和宗教？然而这些事情发生了，由财富构成的脆弱大厦在一天之内就倒塌了，而且贸易决算表穿过大厦咆哮着的烟囱，像废纸一样消失了。

在中华帝国、印度、波斯以及整个亚洲这些极度富有的帝国中，谁会预测到上帝之鞭（the Scourge of God）会从有几分神秘的亚洲北方游牧部落深处产生？然而，在阴沉的某天里，它也发生了，那时，在亚洲北方荒凉的沙洲上，成吉思汗从沙漠戈壁的9个荒无人烟的地方，将带着有牛羊味道的旗帜聚集起来，横扫了大半个欧亚大陆。他的军队人数比他征服过的城市还少，他所拥有的财富只是天赋、养马人的勇气以及沙漠里母马的乳汁。

一个世纪之前，欧洲人得意扬扬地看着法国自我毁灭。君主被谋杀；贵族被砍头；贸易被荒废；制造业被毁；而乡村则是一个复杂的丛林，由半饥半饱和衣衫褴褛的人们主宰。在共和国燃起的篝火中，国家的财富慢慢增长。突然，一个矮小苍黄的男人掌控了这些极度饥渴的人们，这个国家没有贸易制造业和财富，但却凭借贫穷，征服了对它持有怀疑态度的整个欧洲。

仅仅几年后，在一些多山的岛屿上，一个不知名的民族用围困特洛伊时所使用的类似原始武器在内部进行混战。他们全部的收入比美国一个城市的收入都少，整个国家的可耕地面积连伊利诺伊州面积的一半还不到。突然，他们也开始奋起，并凭借长期穷困所赋予的力量，在不到十年的时间里，接连取出了地球上两个最自负、最广袤帝国的心脏。这个新太阳伴随着一个不知名小彗星的突然出现而升起在了东边的海域，对此整个世界带着沉重而老式的惊愕窃窃私语。

从这些完全不同的历史事件中，我们可以发现，那种认为财富至少是构成军事力量的要素的看法是多么的无益。无论东方还是西方，过去还是现在，每一个拥有不同武器的时代，以及人类发展的每一个社会学和人种学阶段，都证明了该结论的正确性。这是因为，无论财富多么富足，都不可能为一个国家提供征战所需的真正资源。世界上的所有财富既不能提供战斗所需的民族团结一致的行动，也无法提供锲而不舍的精神，这两样都是不惧灾难的。然而，在进行征战所必需的资源里，绝不能缺少团结一致行动以及为目标勇往直前这两种品质。

在一个被财富掌控的国家里，不但人们及其灵魂会成为财富的贴身仆人，而且国家自身会对其俯首帖耳。政府用错综复杂的方式追逐着财富：数不尽的个人利益比国家利益更重要，国家的野心不复存在。国家在保护个人利益时，诉诸权宜之计——它们就如同设计者的生命那样短暂。然而，由于这些短暂的行为，整个国家的伟大性就被牺牲了。当战争降临时，这样的国家就四分五裂了。如果以达成和平时期商业目标的那种极具才华的相同方式去进行一场战争，那么崩溃、灾难和毁灭就会随之而来。

另外，在一个军事强国中，个人仅仅被视为实现国家伟大性的工具；国家极度专注于自己的目标，不知道挫折是什么；它径直朝着目标迈进，没有任何犹疑；它的能量非常可怕，不知倦怠。财富或者个人都不能干扰它的深思熟虑。它行事有计划，在做计划的时候很简单，而在执行的时候却百折不挠。它不会对财经理论产生惊叹之情；也不会日益看重收入和贸易；百万富翁和经济学家的言论都不能使它内心产生任何恐慌，因为它所征收的消费税和印花税，不是来自于物质资源，而是来自于人们的精神、激情和抱负。这些资源是无穷无尽的，然而一旦国家无视这些事实，那么它必然会受尽苦难、被征服从而走向灭亡。

第七章

仲裁与战争根源

从远古直至现代，在有关国家的历史记录中，可以找到某些永恒不变的因素，它们就是政治实体的本质特点，不管这些政治实体是伟大还是渺小，是野蛮还是文明；尽管它们诞生和解体的方式和方法会随着时代不同而出现变化，但是它们发展的过程以及衰败的原因是相同的。

正如对于其他各种生命形态，人类总是试图扮演着改良的角色一样，在国家和民族发展中，人类总是将他们自己那些短暂而多变的特点附加于基本的要素之上，然而这些要素是永恒不变的，除非经历无穷无尽的时间。人类的判断不是根据事实本身，而是根据他们希望事情发展的趋势。他们在成吨的好麦子里翻找，只为发现三粒谷糠，如果那些谷糠有助于支撑他们的信念和论点的话。他们不是想让其他人认识到真相，而是想让其他人相信他们所相信的事情。除此之外，他们不关心任何事情。人类的幻想通常成为他们评判事实的标准。同时，他们的判断被最为琐碎的外表所支配：一个活着的民兵将军，绝对比死去的恺撒伟大得多；一个自满的、穿着男式大衣、戴着大礼帽的资本家的权威意见，是不会被反驳的。

能演化出人类所有行为基本要素的数量是很少的，而且经历很长的时间也只会出现微小的变化。而气候和地形条件，文明的程度和形态，法律、习俗以及生命其他无数局部短暂形态，可能出现无穷变化。人类描绘这些基本要素，倾向于将他们的判断基于一些最为琐碎的表现形式，并将这些视为基本要素，尽管它们不会比鸟类夏天的羽毛或者季节的栖息处存在更长的时间。于是，人类的基本特点被视为是变化的，时代的经验性知识被认为是无用的。

人类绝不可能意识到像蚂蚁一样勤奋劳作，用人类的公式和法令去填补这个世界的裂缝是多么的无用。然而他们如此自负，以至于以最冷静的态度对待这项任务，似乎这是最不值一提的事情。正如他们曾冷漠地命令太阳在吉比恩（Gibeon）① 的上空停留一会儿一样，他们再次蔑视自然，将自己的公式应用到那些掌控国家兴衰（就像潮汐的涨落一样）的力量之上，以为这些潮汐可以被阻止，从而变得像死海那样毫无波澜，且永久地这样存在。

个人或国家至多能做的事情，就是遵从那些不可违抗的规律而生活。尽量远离痛苦，改善生存环境，推迟那个无法避免的死亡时刻最终到来。为了这样生活，不管是个人还是国家，必须不停地努力，不是去阻挠，而是去理解并遵循这些规律——这些规律并不认识他以及他的那些自负的子孙。

仅仅凭借经验，人就能够探知规律如何发挥作用。于是，发明家并不是发明，他们只是用一种新的方式应用规律，而那些规律从时间原点开始就已经存在了。化学家并没有创造，他们只是让人们认识到在自然界中已经存在的元素和条件。因此，哲学家、理论家以及所有类似的人们，在人类的历史中，并没有给人类留下任何真正的遗产，而且正是因为这个原因，他们无法创造出被那些规律所否认的东西；也无法凭借他们病态头脑里的朦胧意识，试图去创造大自然所不能领会的元素。只要涉及这个世界，他们最好还是成为野鸭背上的虱子，而这只鸭子正在度过暴风雨的夜晚。

正是根据这些掌控政治实体形成、发展以及解体的规律，我们来讨论国际仲裁和裁军。并不是它们自身值得花费言辞，而是它们虚幻的理念所导致的灾难需要被评论。尤其是在美国这个合众国中，这里的教育虽如此发达，但用来分辨真理和谬论的知识和能力则相应地缺失了。有些人受过足够的教育可以读书，但是没有获得足够的知识以分辨对错，没有人像他们那样抱有如此的幻想，也没有人比他们更固执地紧紧抓住那些虚无缥缈神灵的上衣后摆。由于在美国教育中盛行一知半解，每一种主义都有它的信仰者，每一种形式的宗教狂热都有它的圣殿和信徒，每一种幻想都有它的喜好

① 巴勒斯坦古都。——译者注

者；而不论它们多么荒谬，都有自己的追随者。通常这种幻想只是对个人有害，所以不值得关注，但是当幻想被如此广泛地接受以至于影响到国家利益时，那么是时候指出他们所期望的东西是徒劳无益的，而且他们的抱负已经将其置于危险的境地。我们将国际仲裁家和裁军家归入到这一类的空想家中，他们借助低声下气的政客，用女权主义运动、教权主义运动、诡辩及其他类似的活动，把这个已经受过许多哄骗的合众国拖入到巨大的沼泽中，任何人都不可能逃脱那里的致命气体。

这本书的前面章节已经指出，国家实体在其诞生、发展以及灭亡的过程中，不可避免地受到了掌控所有植物、动物或者国家的生命的规律掌控；这就是适者生存、优胜劣汰的规律。这些规律无论对于何种生命、对于哪个时代而言都是通用的，在国家诞生以及终结中所起的作用都是永恒不变的，但在国家存在的整个时期内，人们对规律的认识和遵从会存在相应的正确和错误观念，因而这些规律才会出现变化。计划去阻止、绕开、规避、欺骗、否认、蔑视或者违反它们，都是愚蠢的，只有在人类的幻想中才能这样做。而这类尝试——人们总是如此尝试——其结局只会是无可救药和致命的。

从理论上来说，国际仲裁否认了自然规律的必然性，并试图用卡廖斯特罗（Cagliostroic）① 的公式替代它们，或者带着克努特（Canute）② 的自负，坐在生命的大海边，命令生命潮汐的涨退和流动必须停止。

那种认为国际仲裁可以替代掌控政治实体存亡的那些自然规律的想法，不仅否认了规律的作用，忽视了规律的适用性，而且完全误解了战争及战争的原因和意义。

所有国家迟早都会经历类似如火如荼或者偃旗息鼓这样的发展过程，尽管两个国家或许不会在同一时间出现这样的情形：国内号角声响起，国家准备牺牲大量的人口和资源。然而一旦这种状况出现在了某一个国家的政治体内，战争将会出现。在探寻战争的起因

---

① 意大利的江湖骗子。——译者注
② 克努特大帝，指荒谬地吹嘘自己权力、地位等的人。——译者注

时，不能从两国间的争吵中去寻找，而应从一国或两国内部去深度剖析。一旦听到那些由政治、工业、变革引发的摩擦声，战争迟早会爆发。

国际仲裁不仅没有将所有战争的根源同突发的促成因素区别开来，而且总是把后者误认为是由争吵和争论构成的，它们就像漂浮在火山口和天空之间含有硫黄的烟雾。

实际上，战争不是争吵本身导致的结果。从另一方面来说，国际上的争吵本身就是由根源性因素导致的，这些因素将会引发战争。国家之间的争吵或者分歧，并不是战争的根源，只不过是即将到来的战斗的最初表现，或者说是预演。通过仲裁或者其他方式将其去除，最多只是拖延政策。

解决国际争端的可能性，与一方或者另一方在接下来的时间里进行扩张的时间远近相关，并相应地增大或者减小。在国家扩张的危急或紧要关头就会出现战争。有时候争端产生时，战争如此遥远，以至于它们甚至都没能引起人们的短暂注意，就更不需要仲裁了。而在其他时候，两个或更多国家之间争端的发生，距离战争爆发如此之近，以至于不知不觉地与那个无法避免的宣战时刻连接在一起，于是在历史中，这些争端就被认为是战争的起因。

战争的根源是永久存在的，而不是转瞬即逝的。战争不是人类激情的飓风，只是短暂地刮过，而是国家发展的表现，它们会反复出现，有时候可能非常激烈。在政治体的生命历程中，战争是政治体出现兴衰或变迁的转折点。

从本质上来说，国家是昙花一现的，而掌控它们的规律则是恒久存在的。人类在管理自身时希望采用何种法令和规则，可以根据其情况而天天更换；但是对于那些根源于本质且永恒不变的规律，人类则必须遵循于它们。人类的法令只是短暂的权宜之计，是虚幻的、暂时的、转瞬即逝的；而那些根源于本质的规律则是既定的、不朽的。国际仲裁意味着将上述情况颠倒过来：用暂时的替代永久的，用人类不稳定的幻想和期望替代庄严且伟大的恒定规律。

国际仲裁所能处理的只是战争的影响或者导火索。它永远不可能触及——哪怕是沾一点点边——导致战争的最根本因素。因此，只有相关国家觉察到了战争的导火索所带来的后果时，国际仲裁才能实施。两个国家之间可能有争端，但是这些争端并不是由那些导致战争的根本原因引起的，争端往往会在烟雾和嘈杂声中自动消失，事情往往就是这样的。

然而，仲裁正是将其存在的必要性建立在这些转瞬即逝的争端之上，并依靠自由争辩的方式达到世界的安宁。带着堂吉诃德式的勇气，仲裁者们非常努力，然而其工作的对象不是风车，而仅仅是风车投在地面上的巨大影子。

如果我们承认战争的导火索——正如仲裁主义者希望我们去相信的那样——是那些根源性因素的附带因素，并且认为，战争的先导事件，或者战争开始之前发生的事件是战争的起因，那么我们就会发现国际仲裁更不可能解决问题了。调查表明，一旦两个国家开战，那么实际上它们在私利和扩张的轨迹上日益聚拢，时间可能已经长达几十年甚至几个世纪。如果它们互相接触，那么霸权或生存之争就近在眼前。随着这些国家的发展轨迹慢慢靠近，利益日渐接近，国家之间产生了争论，并最终产生分歧，而这种争论的严重和频繁程度与它们接触时的距离成反比。当这些轨迹会聚于一点时，战争就随之而来。这个无法避免的时刻几乎可以说是既定的，并且由会聚于一点的倾向性加上各个国家沿着它们各自轨迹运行相应速度的总和决定。于是，当两国——或者即便是其中一个国家——会聚的倾向性是急迫的，而且沿着一条或者两条会聚轨迹运行或者发展的速度很快，战争将会在几年或者几十年内发生。反过来，如果会聚的倾向是迟钝的，而且速度很慢，那么，在这些国家卷入到霸权或生存之战前，将经历许多个世纪。

没有两个国家或者部族是在平行的轨迹上移动的，尽管他们可能在许多个世纪的时间里看似这样。时间的流逝，环境和形势的变化，极细微地改变了轨道的方向，并加速或者延缓国家发展的速度。一个国家虽然进入衰败的状态，并且不再沿着任何轨迹前进，但是在衰败的过程中，会沿着它之前的轨迹退步，与此同时，周边国家的会聚将立刻变得敏锐起来，而且速度相应地加快，并同那个衰败国家的防御力的削弱成比例。

由于这些会聚中的发展轨迹是从单个国家的政治体中引发出来的，这个国家的政治体本身就决定了会聚的倾向性和运行的速度。

民众及其欲望和需求、国内政治经济发展的不同阶段或者衰败程度、战斗精神或重商主义的支配地位、政府的集权化或分散化，以及无数的其他因素，决定了会聚的倾向性和速度，而正是以这样的倾向性和速度，国家快速或匍匐地朝着它们理想的目标以及荣耀的顶点前进。

为了消灭战争，仲裁必须阻止这些正处于会聚中的轨迹彼此触碰，而所有国家已经或即将沿着这些轨迹进行移动。那么，仲裁是否将利用巨大的杠杆——像阿基米德假设性的杠杆一样——撬动国家前进的这些轨迹以达到一种平行的状态，并把支点放在轨迹的源头或者离接触点不远的地方（实际上位于第一次纠纷和以战争告终的最后一次大爆发之间）？仲裁否认战争最根本的起源和目的，宣称可以在稍后并且总是在战争爆发之前就能阻止战争。通过巨大的杠杆，它们将在最后一刻阻止这些轨迹会聚在一起，然而除了尝试终止由于国家利益日益趋近而带来的外部分歧和内部矛盾之外，并没有其他的作为。

很显然，即使将国家利益日渐会聚的轨迹加以改变或阻断是可能的，这样的成功也只是暂时的，只不过是拖延之策。通过解决纷争（这些纷争基本上是琐碎的，它们在国家之间产生，并随着国家利益日益趋近而变得更加激烈和频繁），仲裁并没有阻止一个国家的发展及其演化，也无法否认国家发展的合理性。

战争只不过是个人向前奋斗历程的综合体现：多个个人的努力汇合成一个整体，个人每天为其奋斗的理想转变成一个更伟大、更高尚的目标，这个目标不再是他自己的，而是整个民族的。平息那些外在的争端并不能避免战争。这些争端是由于国家在朝着同一个目标——该目标对于这些国家未来的成长或者对它们作为一个掌控性政治体而持续存在是非常必要的——前进而发生会聚的过程中出现的。这个目标可能是政治的、疆域的、商业的或者道德的，但不管它是什么，一旦一个以上的国家认为获得或掌控它是必要的，它们将会聚于该目标之上，而最终发生的那些国际纷争只不过是它们互相冲突的利益日趋接近的表现。然而人类是如此的自负，而且虚荣心导致他们是如此的盲目，以至于他们拒绝去相信——直到太迟了——这些争端只是即将到来的战斗的预示性吼叫。

于是在这样的年代里，仲裁者发现，只需要平息这种吼叫就可以了。而那些导致它们产生的因素是否还继续存在已经不再重要了，同样不再重要的是那些由于人类激情的驱使而流着口水的獠牙正日益逼近。因为吼叫已经被制止了，而且国家发展的道路旁，和平的警示牌已经树立起来了。

然而我们无法否认，仲裁所具有的逻辑是极度原始且自欺欺人的。它是源于人们因轻信而产生的胆怯，这就像相对于闪电，人们更害怕雷声；相对于大火，人们更害怕从窗户里冒出来的浓烟；相对于从火山口喷出来的岩浆，人们更害怕浑浊的天空落下的火山灰。如果这些恐惧能够消除——即便是暂时的，人类也不会去深究其产生的根源，而是随后躲进深深的洞穴中，在那里继续生活下去。

对于这些，我们不需要争辩，因为我们已经非常清楚地认识到了仲裁仅仅是人类的行为，而且是受到人类愿景的激发。它仅仅是短暂的权宜之计，只能暂时地不去理睬那些不变的规律，而那些规律也绝不会知晓它。仲裁具有转瞬即逝的特点，短命但又充满信念，而且根本不试图去理解那些永恒不变的东西。

不过似乎矛盾的是，尽管人类不能通过仲裁为世界带来和平，但是他可以通过为战争做准备从而去延长和平：去承认并遵循那些不变的规律（这些规律不是掌控一部分而是全部人类；这些规律不是只对昨天和今天适用，而是对所有的时间适用，直到世界的终点）；去承认这个事实，即这些规律在掌控国家和掌控个人乃至低等动物生命时，区别仅仅在于持续的时间以及适用的方式。

然而，仲裁否认自然规律的应用所带来的相应结果。除了自负（这种自负甚至超越了人类的虚荣心）之外，在某种程度上它还是武断的，正如名字所显示的那样。它不仅要用它的命令取代那些并非人为制造的规律，而且要质疑这些规律的实际作用——而人类自身已经被迫意识到了这些规律运转的必然性，并顺应和遵从规律的必然性。

仲裁否认了那个强大的力量在掌控人类事务（从国际上来说，这些事务是彼此相关联的）中的作用，认为无论何时，那些难题——这里提到的难题是由于几方利益日趋接近而产生的——应该通过协商予以解决，于是由这些日渐会聚的轨迹直接接触而导致最终爆发，可以用相似的方式解决。因为没能理解战争的根源存在于政治体演进的过程之中，而不是演进的结果，所以仲裁主义者们没能将距离接触点很远而发生的争端和分歧同那些离得很近的争端和分歧区分开来。他们无法理解，在一个听取大众意见的共和国或者政府之中，这些争端发生时如果距离接触点越近，它们就越超出了政治家所能控制的领域和范围，就越难被理解——不论是以抽象还是具体的方式。当这些争端发生时，会聚的态度很急迫，它们就呈现出一种新形态，于是那些让个人紧张或愤怒的所有激情控制了整个国家的行动。

在任何一个人民有选举权的国家之中，国家的道德不会比其民众的道德更伟大。没有一个共和国能够免于受到它的大多数民众所具有的动机、情绪、抱负、愤恨或者罪行的影响。对国家而言，在处理国际事务时，如果能够不用强制力量去替代仲裁，那么这种能力必然首先会被所有那些依靠强制力量去执行的法令所替代。

一旦国家不用被迫去依靠比个人或者团体更强大的力量来执行法律时——那时而且只有那时——它们才能希望用国际仲裁去取代军队的力量。但是，在什么地方以及从何时开始，被虔诚期望的那一天会来到，于是国家可以不再使用强制力量来实现公平并让人们遵从法律？什么时候黄金时代才能降临到这个不幸的地球之上，于是个人之间的仲裁能够取代法律和强制力量（其实仲裁正是源于它们并将其终结）？什么时候人类能将政府的法律及法庭、惩罚机构丢弃到一边，人与人之间自愿的仲裁能够代替它们？

只有当仲裁能够解开由个人的犯罪和伪善而导致的那些纠缠在一起的线团时，它才能被进而应用到共同体和国家之上。从那个时候开始，国际仲裁就能成为由个人构成的国家在其进化发展过程中的自然结果。国家就是个人的聚合体，于是也就将个人的罪行、欺诈以及邪恶聚集起来，只要这些仍旧是个人冲动的基础，那么它们就会掌控国家的行为。

因此，当商人和即将被欺骗的顾客之间可以进行仲裁；当托拉斯和即将被剥削的人之间可以进行仲裁；当公牛和黑熊同即将被欺凌的羔羊之间可以进行仲裁；当盗贼和即将被劫掠的人之间可以进行仲裁；当杀人犯和被害者之间可以进行仲裁等，诸如此类的各种犯罪都可以用仲裁解决时，人类就可以丢弃法律，而国家间的盗窃、欺诈、掠夺以及谋杀都可以诉诸仲裁。但是个人的犯罪行为——推演至国家的犯罪行为——与执行法律的国家强制力量是成反比的。1906 年，每 100 万民众当中，在美国就有 118 名杀人犯，而在英国则不到 9 人，在德国不到 5 人。

所有的法律在执行的过程当中都预先假定要使用强制力量；所以我们发现，当这种强制力量衰退的时候，犯罪活动就相应增加了。

由于仲裁者们根本没有弄明白一国在同他国交涉时使用了强制力量，他们就没能将交涉时的具体手段与国家的实力区别开来。

第八章

常备军的必要性

认为常备军威胁了世界的和平与安宁，这是一种盛行的奇怪想法，而事实是，正是因为有了常备军，和平才得以持续存在。这种对于现代和平的曲解，导致了国际裁军理论的形成。

将战争的原因归结为使用战争武器，就如同在说人不用对他的善行或者罪行负责；如同在说他没有自我主动性，而只是无意识的生物，恰巧掌握了某种没有生命的工具。

现代文明是以火药的发明作为开端的。这些黑色的小颗粒被抛洒到四周之后，它们就像地球上的小橡树一样，从其生长而成的大橡树代表了以武器形式存在的国家力量，在其下才会有人类艺术和科技的兴旺发达。同时，大橡树保护它们免受风暴和动荡的侵袭，而这些风暴和动荡曾侵袭过整个国家以及个人。

在火药引入欧洲之前，没有大型的常备军存在，实际上也不存在和平。除了神职人员之外，所有的人都被视为战士，每个人都时刻准备着响应他们领袖的号召。不是让一小部分男性成为战士，而是让整个民族都如此；作战不是一部分人的职业，而是所有人的本分。每一个人所拥有的武器都是廉价的，在使用中需要很少或者根本不需要技巧，于是人们不仅时刻准备战斗，而且只要每一个人（而不是民族的小部分人）都承担作战的责任，对于所有人（而不是一部分人）而言，爱好和平居于其次，而嗜好战争则是首要的。

在和平时期进行的生产过程并不存在持续性，因为人们在工作的过程中总是被命令投入到战争中去。他们原本从事的劳动不一定会持续下去，于是就没有稳定性、永久性以及相应的成就。因此，国家无法开发其资源，无法提升人民的技能和文化知识，也无法由此产生艺术和科学。

火药及其相关武器的发明，使得国家有必要组建常备军，因为所需要的武器不仅对于个人来说太昂贵了，而且使用它们时需要技能——其获得不仅仅是个人知识积累的结果，而且还需要集中起来进行训练。因此，当国家必须为其军队提供武器，并将其集结起来进行训练，一个独立的机构就创建了。国家再也不可能提前一天通知就能集结一支未受训练的部队，并匆忙地将他们投入到战争之中。除了那些专门进行战争的人外，其他民众如今都将注意力转移到和平事业上，且有所保障，因为人口中有一部分人受过特殊训练且时刻准备着保护他们。人们用技能和天赋所从事的制作业乃至整个工业社会拥有了新的活力，而且繁荣起来。人们勤奋地从事工作，不再受到以下想法的干扰：深更半夜，或者从未尽的工作中被命令，去行军、打仗、挨饿；数不清的致命疾病，折磨着那些由他们组成的无组织民兵。文明和进步再次有序地回到了人间。

所以，届时所有的国家都会改变，而且大部分都是满意的——由一种无武装的民兵状态，进入到了一种有武装的征兵制状态。他们应该为永久地支付军费而感到高兴，因为其回报将是文明的发展和人类的进步。只有以这样的方式，人类才可以持续地进行工业生产并获得与日俱增的收益，为个人和集体带来财富、快乐和智慧，除了需要偿付军费以外。

从国家发展的历程中，人们将会发现，国家到达更高的文明状态是在拥有常备军之后，常备军是从工业生产之中分工出来的专门从事军事活动的队伍。

解除常备军就意味着全民皆兵：不是将人民中的微小部分训练成高效的军队以保护全体人民，而是将所有男性召集起来去捍卫那些并没有变得更大的利益。从军的人数，与经过训练后所获得的技能和效率成反比。一个具有高度军事能力而人数极少的民族，可以迫使人数众多但不好战的国家将所有男性投入战斗，并消灭他们。

在生命的所有阶段，自我防御手段的先进性或者优势地位是相对而言的。所以对于一个国家来说，军备是多还是少，是有用还是无用，需要与那些利益相抵触的其他国家进行比较。

　　火药的首次引入，使得军事力量彻底地同平民的日常生活相分离，并使常备军成为必然。但是，随着新式武器生产的速度加快，这些武器变得更加廉价、更加普遍，并最终走进了每一个家庭。在一个相当长的时间里，再次出现了私人购买的武器和战争武器差别非常小的现象，尤其是一些新兴国家时常与土著人打仗，猎捕野生动物，于是，在某种程度上又回归到了全民皆兵或者所有男性投入战斗的状态，而不是根据时代的需求建立相应比例的常备军。

　　拿破仑战争之后，国家活动出现了两种情况，国家之间的和平时期得以延长，并减少了战争的数量。其一，由沙恩霍斯特①在和平时期引入了征兵制。其二，将小国吸收统一到大的政治体中，例如德国、意大利、奥匈帝国的统一；在美利坚合众国中联邦权力的至高无上；将无数小的君主国和颓败的公国吸收进入英帝国之中。

　　将小国合并到大的政治体中，是为了减少战争的数量及降低战争频次，是为了减少国际冲突，而与所谓的提高人类的道德水平没有任何关系。国家间的战争只与人类被分成的不同政治体数量成比例。随着最强大的国家继续进行吞并活动，战争及其随之而来的国家的统一最终会减少。因此，随着国家在数量上变得越来越少，它们的军备必须变得越来越强大。尽管战争在数量上会减少，但是其影响会相应变大。

　　现代科技和发明已经使战争进入了另外一轮周期，尽管战争的方式是新式的，但是战争的原因和影响却不是。对国家整体而言，现代军事手段和机械的发明已经使得几百年前就存在过的——就在火药发明之后——相同情况再次出现，即将军事与平民生活彻底分开，并去除了军国主义及其带来的危机和不幸。

　　正如只是将火药运用到战争之中就导致国家建立常备军，并训练他们使用火药一样，每当一种新科技被运用到战争之中，军官和士兵就需要进行更多的专业训练。科技对战争的影响越多，对于那些操作战争机器的人的训练就必须越完善，这就是军队。

――――――――――――

① 原文是 Schornhorst，疑为 Scharnhorst，即 Gerhard Johan David von Scharnhorst，为普鲁士将军、军事改革家。——译者注

因此，人们发现，与应用到战争之中的科技和机械发明的复杂程度成正比，国家军队的训练和建设所需要的时间必须越来越长且越来越完善。于是随着文明程度的加深，国家解除军备不是变得可能，而是变得越来越不可能了，因为科技增加了发明的数量，这些发明不仅直接与战争相关，而且与人类活动的其他所有方面相关。人类的每一种科技和发明都可以归入战争科学之中，或是以各种方式被利用。如何利用它们以达到战争的目的，这将决定国家未来的实力。因此，军队必须针对那些科技——它们在战争中是互相依存的——进行长久而正规的训练。他们必须协同合作，否则结果将是灾难性的，因为对某个部分的无知将会导致整体的无效率。国家只能通过唯一的方式获得这种知识，即将与战争相关的所有科技结合起来，并通过实际操作而获得知识和经验。随着科技和机械发明复杂程度的增加，以及被更全面地运用到战争之中，一个国家平时和战时的军备之间差别越小，它获胜的概率就会越大，这可以被认为是一个公理。

如今，科技在战争中的应用已经到达了这样一种程度，以至于用志愿军或民兵去对抗正规部队已经不可能了。而且距离这样的时代已经不再遥远，那时国家将被迫增加常备军的规模，并完全用长期服役的士兵去构成它们，去掉那些非正规的短期服役部队，而目前正是由这些非正规部队构成了它们的后备军。

在将来，如果一个国家用后备军来对抗正规军，那么其结果只会是战败，而且其危险性会逐年递增；若使用从平民生活中抽调的志愿军或者民兵，则会遭受全歼，无论国家尝试用这些军队做什么。

因为链条当中最薄弱的环节决定了整个链条的力量，所以根据各国正在或者希望在国际事务中扮演的角色，单个大国军备的效率和规模决定了所有其他国家相应的效率和规模。于是某个人敦促其国家削减军备，而其他国家的军备增加或保持不变，那就会导致其祖国被征服、政府被毁灭。军队不仅需要与一个国家在国际社会中的地位成比例，并随之相应变化，而且平时与战时士兵总额之间的差距，必须随着文明以及科技和发明的进步而缩小。对于所有强国而言，未来不是需要更少而是需要更多的军备。

在前面的章节中已经指出，人类在交通运输方面的发明天赋，已经将这个世界缩小到比 60 年前的美国还要小的地步。因此，各国不可能继续躲在由空间构成的护城河之后而仍旧认为是安全的。如今整个世界的民族，因为种族敌视和抱负相似而被挤压到一起，在一个小小的舞台上征战——这个舞台的大小与不多年前欧洲国家为了霸权而争斗的舞台相似。一方面，由于无数小一些的国家被淘汰和合并，战争的导火索已经逐渐减少；另一方面，人类的发明而导致世界缩小，剩下的国家（不仅在种族上是不同的，而且在文明、理想和抱负方面也是不同的）如此临近，而且几乎没有合并的希望，以至于我们不能说战争的可能性总体上降低了。未来的和平，正如过去一样，必须是武装的和平。

关于裁军，有一个因素我们至今尚未讨论，也就是所谓的经济问题——由于军备的负担以及将人口中的相当一部分划归到非生产的阶层中，国家最终陷于贫困。

最为可悲的是，人类在徒劳地为其论点寻求支撑的所有努力中，总是将宏伟的事物变为荒谬的，通过贬低事物的方式，以更好地摧毁那些原本远远超越他们的事物。通过这种攻击方式，精于计算者超越了其他所有人。他们已经成功地将国家的发展折算为美元和美分；按照他们自己所设想的目标，国家的发展最终结局是大灾难或者是乌托邦。于是这些经济学家将每年的预算数字累积起来，到国外去哭诉，说军备的负担使国家正在变得贫穷，他们让我们像看待一个挥霍无度的人——挥霍财富直至贫穷降临——一样去看待一个国家。

许多年之前，人们认为亚当·斯密已经有效地制止了这类的逻辑推理，但显然这种推理并没有消亡，而是像班柯（Banquo）① 的鬼魂一样，似乎注定要附身在某一特定类型的伪装者身上，直至最后。

事实是，如果一个国家花在其军队上的军费数额增加了 1000 倍，这个国家的财富并没有减少一丝一毫，也不会因此而变得贫

---

① 莎士比亚悲剧《麦克佩斯》中的人物，被麦克佩斯下令杀死，后来以鬼魂显灵的方式使得麦克佩斯暴露自己的罪行。——译者注

穷。预算只不过是虚拟的金钱总额。不论预算是多还是少，整个国家的财富并不会发生任何变化。一个人是用货币来衡量他自己的财富，但是一个国家只有通过货币所代表的东西才能去衡量它的财富。当一个人挥霍他的金钱，他会变得贫穷；但是由货币代表的生产资料或者生产工具被破坏或者减少时，一个国家的财富才会减少。一个国家的军备不是标示了它的贫穷程度，而是显示了它的潜力。单个士兵就能体现国家财富的不同等级；士兵并不是预示国家的灭亡，恰恰相反，他是国家的保护者。

一个国家的财富能达到何种程度，取决于其领土所拥有的自然资源，取决于人民的智慧及所运用的生产方式，最后才是人口规模的大小。于是，有着 3800 万人口的法国，其财富比有着 2 亿人口的印度要大得多。

正是基于这些事实，认为从国家的生产力中抽走大量的人口去备战会使国家变得贫穷的观点是荒谬且可笑的。根据裁军专家们所给出的常见说法，世界人口的 2/3 都可被划分为非生产者。

根据人口的比例计算，德意志帝国拥有比任何国家都要庞大的军备；然而被视为非生产者的整个军队只占人口总数的 1.17%，其他的 98.83% 从事着他们惯常的职业。当德国人口的 1.17% 在服役时，人们的发明天赋在过去的 30 年里，已经将剩余人口的生产能力提升超过了 1000%。正是机械发明的应用而导致的生产能力增强，国家在未来不会遭遇工业的欠发达，而是过度发达。

回报递减的规律，只适用于国家所拥有领土上蕴含的自然资源。这些领土面积的大小、是永久还是暂时、是可以系统开发还是粗浅地查阅，都与该国的强弱成比例。另外，生产能力的增加，与文明程度的提升成正比例。未来的任务，将不再是通过人力去开发国家的自然资源，而是寻找可以运用那些发明以及节省人力、物力设备的自然资源。一个国家可以从生产性行业抽调出来的人口数量，与剩下的人在利用机械发明时所拥有的智慧以及自然资源的减少成正比。

国家发展的规律可以陈述如下：一个国家为了在工业的过度生产和政治的欠发达之间保持平衡，应该为了军事目的而从工业生产中抽调一定比例的男性。(1) 其数量不能超过节省劳力的发明所能够替代的生产力（由于从工业生产中抽调人口从而损失的生产力，其后由这些科技发明来弥补）；（2）所抽调的人数，应该等于去夺取额外的自然资源时所必需的数量，而这些自然资源对于增加国家生产力是必需的。

换言之，一个国家的生产力随着文明程度的提升而成几何倍数的增加，而这个国家的资源却同人口及生产力的增加成反比。所以如果一个国家试图比其他国家存在更长时间并将它们吞并，必须能够保持生产力和自然资源的平衡。因此，自然资源——它存在于国家所拥有的领土之上——在将来是一个国家具有伟大性的首要必备条件。

《无知之勇》的第一部分已经阐明了这样一条规律，即国家的疆界绝对不会——除了暂时——维持静止状态；在这种骚动、扩张或者收缩的状态中存在内外两个方面。一个国家疆界的扩张，不仅表明它向外发展，而且还显示了其内部规章制度所具有的活力；其疆界的收缩则是其内部腐败的外在表现。成长和腐败都有起因，这些原因不仅产生于国家疆域的边缘处，而且还存在于国家的心脏之中，并受到我们刚刚表述过的那些规律的掌控。这些规律不是也不可能是新的，因为它们是人类的规律，和第一批国家兴亡的历史一样久远。生命的现今状态绝不可能影响它们。这个真理的正确性以及其重要例证是德意志和日本帝国的崛起。几十年前，日本几乎是一个神话，而德意志帝国仅仅是一个地理概念。今天，在力量以及伟大性方面，它们被认为与世界上的其他大国相等，在某些方面甚至更为卓越，这是因为它们并没有对工业活动过多投入，而且从俾斯麦时代直到现在，它们已经意识到了这些规律的永恒性，从而保持了并且准备继续保持工业扩张和政治发展之间的平衡。如果德国在一头，日本在另一头，继续严格遵循这些规律，抵制工业活动、女权主义以及政治骗子的腐蚀，它们将在适当时候，利用这些因素对其他国家的腐蚀作用，而在两国间瓜分整个世界。

经济方面的裁军主义者提议说，所有国家以和睦且平均的方式一起来开发世界资源，于是，军队就可以被解散，更多的人可以投入到人类的生产活动中。我们此前已经表明了这种提议是不可行的，因为政治体只不过是个人的集合体，而政府也只是阐述了个人的理想。政府的改变——不论好坏——都根源于其人民。人民是什么样的，国家就是什么样的，都有着同样的激情、欲望、好恶和纷争；而且不论人们的理想是什么，它们都会在政府的行为中予以表达。因此，只有当个人自愿地抵制"占有"的这种想法，彻底的社会主义以及和谐的无政府主义盛行，才有可能将裁军这种想法扩展到国际事务的处理之中，从而世界上的所有国家能够和平幸福地共存于国际共产主义的状态之中。

第九章

领土的战略价值

一国的军备，应该由该国与世界上其他国家在疆域、政治和种族方面的关系来决定。如果美国规规矩矩地待在自己的疆域范围内，远离外国扩张以及经济利益发展的轨道，外交政策谦逊温和，对于他国的要求顺从忍让，而且从政治和社会层面来看，民众对于政治和社会的态度致使他们不愿让政府卷入到与他国民众的争端和纠缠之中，那么美国的陆军和海军就可以解散了。否则，美国的军备必须相应地非常强大，因为上面的假设绝对都不是事实。

从地理上来说，如果一个国家拥有的领土对于他国而言具有重要价值（体现在三个独立的层面——经济的、战略的以及种族的），那么这个国家所拥有的领土就是战争的刺激物。

美国所掌控的领土不仅包括那些由其法律所管辖的领地，还包括由墨西哥、西印度群岛、中南美洲构成的广大区域，就战争的起因而言，因为它们处于美国政治主权控制之下，所以与联邦的那些州相似，同样会引发战争。捍卫宪法，与确保门罗主义神圣不可侵犯同样是至关重要的。

然而在讨论这些问题的时候，不能以旧的距离观念（即以所在地区以及相隔的英里数来衡量），而只能用现代的距离观念（即通过时间来衡量），去看待整个世界。并非许多年前，从纽约到加利福尼亚需要 6 个月的时间；而如今只需要 4 天时间。因此，对人类所有现实活动而言，美国已经变得比 50 年前的 1/40 还要小。同样的，由于现代交通工具的发展，就人类的交往和冲突而言，现今的世界比恺撒统治下的领土或者拿破仑统治下的帝国更加紧凑。

所以由于世界的缩小，美国的属地，在地理上、策略上和政治上与各大国密切相关，在某种程度上其重要性与以下地区是一样的：最终构成恺撒领地的那些区域、组成拿破仑帝国的那些欧洲王国或组成这个联邦的那些州。因此，我们必须从这一点出发去考虑问题，而且不可能把它们从那些国家的活动影响范围内去除，不管这些活动是商业的、政治的或是军事的。

欧洲在其区域内有世界上最伟大的国家，拥有将近 1/4 的世界人口，然而占有的土地却不到 1/12。日本在人口方面比英国要多得多，但只拥有地球土地的 1/250；而美国管辖的土地所占面积则超过了地球的 1/4。

在美国所管辖的土地中，2/3 由墨西哥和中南美洲构成，其面积是许多如今屹立于欧洲的帝国的 3 倍。这片广袤而异常富有的大陆，实际上是渺无人烟的，它位于欧洲和亚洲的中间，其与欧洲的距离不比在 19 世纪初从波兰到法国的距离远，而日本人和中国人可以到达它的西海岸，其所花费的时间比旅行者们在并非许多年前从普鲁士到葡萄牙所花费的时间还要少。

然而，在拥挤的人口从欧洲东部以及亚洲西部溢出并开发西半球的时候，数不尽的现代因素不仅加速了各国对处女地的需求，而且使这种需求提升到了一个无法估算的地步。由于相互之间沟通的便捷性普遍存在，如今不仅世界上所有地方的知识财富对于整个人类而言是共享的，而且艺术和科技方面的进步在整个世界兴起，所有的国家都需要原材料，以用于现代艺术和科技发明的制造中。

随着文明的人类对几乎无穷尽的必需品和奢侈品（它们由现代科技所创造，但是原材料依旧来自于自然资源）的需求日益扩大，他们对于未经开发地区的需求也在增加。这种对处女地需求的增加不是人口增加导致的，而是科技发明导致的在消费和开采中出现的需求急剧累加。在以前，必需品和奢侈品的增加，更直接地依赖于人口的增加。如今那种情况不复存在了。人口的增加导致产品的增加，同科技发明导致产品的增加相比，是微不足道的。心灵手巧的人类所发明出来的机器自身，已经变成了一个庞大的消费者。没有生命的机器已经被给予了牙齿、肠胃和不知道满足的饥饿感。为了满足每天增加 1000 倍的对于世界资源的消费需求，人类已经转而依靠科技和发明提高效率，提升开发能力。

尽管在开发的过程中，世界的资源受到回报日趋减少规律的影响，而且人口也在依据自然的规律继续增长，但是人类或者自然的规律无法管理那些贪婪且无休止的机器的增加和消费，而人类正在用这些机器翻垦并毁灭地球，以寻找所有国家迟早都会需要的那些东西。这种世界性的盗窃行为并没有尽头，而大地继续被挖掘、钻孔和吸吮。白天的时间不够，夜晚灯光继续闪耀着，巨大的隆隆声回响着。灰烬形成的道路留存在大地的表面，残渣堆成的大山从地面升起。人类及其国家继续争斗着以获得新的土地，甚至更加疯狂且失去理智，无论在何地，它们的机器会鸣笛和尖叫，当它们抓、撕、刺处女地的时候，处于弗兰肯斯坦（Frankenstein）① 式的兴奋中。

欧洲各国尽管拥有强大的军事力量，但仍旧局限于世界1/12的土地（它们在过去的 1000 年中已经对其进行了挖掘和开发），而美国这个合众国没有军队，却仍旧继续掌控世界上超过 1/2 的未开发土地，这是多么的不合理啊！另外，日本的人口是美国的 2/3，而军事体系则要强大 50 倍，却仍旧继续存在于多山的岛屿之中，其面积（包括其占据的朝鲜在内）只占地球面积的 1/250，而地球未设防的 1/2 则位于其战舰的攻击范围内，这同样是多么不合理啊！

什么能阻止那些拥有强大军队的国家，占领这个广大而富饶的大陆呢？实际上，这些拉丁共和国用来抵抗欧洲或者未来亚洲军事侵略的防御能力，不比土著人用来抵抗欧洲首批侵略者的防御能力更强大。人们惯常认为美国的《门罗宣言》担负起了他们免受外国侵略的责任。但任何事情都不能背离事实。

有 5 个不同的因素，可以使墨西哥、中南美洲免于被外国征服。

（1）交通或运输条件的不发达；

（2）欧洲政治形势的调整；

（3）工业革命以前的那个阶段或者无机器时代的持续存在；

（4）相应地导致对于自然资源的低需求；

---

① 英国女作家 Mary Wollstonecraft Shelley 于 1818 年所写小说中的主人公，他是一个年轻的医学研究者，他创造了一个毁灭了他自己的怪物。——译者注

（5）东方民族与世隔绝。

我们已经看到这些因素一个个消失了，而相反的状况慢慢地取代了它们，且每年呈加速发展的态势。于是，在美国这个合众国和欧洲以及亚洲国家之间，存在着不可避免的战争，或者说《门罗宣言》已经被彻底遗弃了。在人类以前的历史之中，从未出现过哪个国家试图维持一个如此包罗万象的宣言，以至于要将其政治管辖权延伸至两个大陆（占有地球宜居地的 1/4 并拥有地球一半的未开发资源）且直接蔑视整个世界，一点也没有伪装具备军事实力，也不具有任何的权力去管理那些无责任感的众多政治体（它们位于美国 2/3 的管理区域之内，并正在躁动、发酵和慢慢沸腾）的内外政策。

从理念上来说，《门罗宣言》是普罗米修斯（Promethean）似的，但在实际执行中并非如此。当初是为了避免战争而宣布，但如今它却会招致战争。那个伟大的政治家已经完全意识到这个宣言无法避免的结局，尽管他不曾预想到，在关键时刻，确保宣言实施所必需的军事实力几乎已经消失在诡辩的沼泽之中。

在门罗时代，美国这个合众国与欧洲各国被广阔的海洋分开，在洋面上漂泊的木质船只，与未在地图上标明的洋流搏斗，与神秘的未知世界吹来的风搏斗。如果门罗能够预见以下情形：经过几代人的努力，科学和发明将美洲和欧洲的距离缩短得比其在世时从弗吉尼亚到新英格兰的距离还要近；5 个欧洲国家的军队人数将超过 13 个殖民地的总人口；在西方世界之外，神秘的海洋突然从不可穿越的迷雾当中出现，更强大的国家为争夺那些被他的宣言所涵盖的地域而战——那么他一定会更加坚定地确保他的宣言神圣不可侵犯！他一定会更加用心地去命令国家增强军事实力，使其与破坏宣言的那些可能性成正比。

如果不能得到足够的海陆军支持，确保所有的国家（不论是单个国家还是联合体）遵从这个宣言，那么《门罗宣言》将比任何在现代或古代所尝试过的国家政策，更能引发战争。在这个迅速衰退的时代中，我们将有机会去见证这个伟大的国家宣言缓慢而又确定地在国家自我欺骗的泥沼、包罗万象庸才的泥潭中消逝的可悲场景。一方面，社团、宗教、工会、商人和政治家们，不遗余力地贬低每一种军事本能、军事效率或者为实现军事效率而进行的必要准备，而另一方面，他们又要求美国总统应该向整个世界坚称要维持这个合众国的原则——必要的情况下不惜诉诸武力——这个是在所有由个人或国家阐述过的政策中最好战的圈地政策。

旧世界不仅在嘲笑这种孩子气的盲从，而且默默在西半球耕耘，通过那些口吐火焰、厚颜无耻的队伍，播种下龙的牙齿①，长出全副武装的战士，寻找适当的时机获取金羊毛②。

然而，在美国政治主权之下，根据《门罗宣言》而宣称的那些管辖地域，并不是唯一因地理位置而被认为会引发战争的领土。我们将这些外来属地划分为3类：①加勒比海域；②中太平洋海域；③亚洲地域。尽管从商业角度来说，这些岛屿不会引发战争，但从战略角度来说却会。所有这些领地的价值源于它们控制了互相交错的交通线以及蕴藏着丰富的资源。地球的73%是由海洋构成的，海上交通线成为国家之间的主要贸易路线，并且已经到达了这样的一种程度——一个或者一群国家如果控制了这些贸易路线，那么它们就拥有了整个世界的财富。如果美国控制了从欧洲和亚洲到达西半球的交通线，那么欧洲或者亚洲都不可能在南北美洲占据属地。反之，如果大西洋或者太平洋被欧洲或者亚洲的国家所控制，相应地，那么美国不仅无法实施《门罗宣言》，而且无法保护它的岛屿属地乃至整个联邦的贸易。

国家或者国家的联合体，要掌控交通线（不论该交通线是陆路的或海上的），首先必须保证占据有利的地点，换句话说，这种领土的占有只是为了战略目的。拿破仑曾宣称，战争的目的是对战略要地的争夺。所有的大战都是以这类冲突作为先导的。一个国家占据具有重要战略意义的地方，除非拥有毋庸置疑的防御力量，会比占据因为自身财富而被追逐的领地更容易引发战争。因为与其他因素相比，对战略地的争夺更能成为国际冲突的诱因。因此，在某一时候，那些为争夺战略地而无法避免的战争必然会发生，它们将成为欧亚国家为征服西半球未开发地区而发动的所有战争的先导。

---

① 古希腊神话中，一旦种下龙的牙齿，就会长出全副武装的战士。——译者注
② 金羊毛是古希腊神话中的稀世珍宝。——译者注

在大西洋，争夺战略地的战争将在加勒比海爆发。在大西洋及其边缘，没有任何一个地方与加勒比海域具有同样的战略价值。无论哪个国家获得对它无可争议的控制权，都将获得西半球的一半霸权。我们将它的战略意义归结为以下4条。

（1）控制巴拿马运河和中美洲；

（2）控制墨西哥湾以及墨西哥的大西洋海岸线；

（3）控制从哈特拉斯角到基韦斯特岛的大西洋海岸线；

（4）控制南美洲的大西洋海岸线。

在以上4条中，巴拿马运河的控制权是最重要的，只有从军事上控制该运河入口的那个国家才能真正控制它；谁建造它则是无关紧要的。在同一段时间内，如果某国在战舰上花费的资金，同美国在建造运河上花费的资金同样多，那么，巴拿马运河不仅会成为前者的财产，而且会使前者控制加勒比海及加勒比海周边地区所有领地，即西半球的南半部分。

除门罗主义之外，美国诞生以来所做过的事情，不会比建造巴拿马运河更充满战争的意味，或者导致更大的陆海军扩张。除非美国愿意增加陆海军的力量，且与运河一旦建成就存在的危机成比例，否则，继续建造运河将会是一个错误。

通过缩减从欧洲到达南北美洲西海岸的距离，巴拿马运河让目前不可能的事情——欧洲对东太平洋的商业和军事侵略——成为可能。换句话说，它让世界的目光聚焦在了宽500英尺的航道上。

对于一支欧洲舰队来说，经由巴拿马运河抵达旧金山或者瓦尔帕莱索（Valparaiso），距离只比一支美国的舰队从纽约港出发远3/8。尽管到目前为止，西海岸完全不在欧洲海军活动的范围之内，但是该运河一旦完成之后，这种情况就不复存在了。

巴拿马运河的最终控制权已经由苏伊士运河的历史预示了。苏伊士运河将欧洲和东方之间的距离缩短了一半，从而成为东西之间的交通要道。它由法国建造，但不久之后就被英国占有。英国对苏伊士运河的控制，是由于它在地中海以及红海的支配性地位决定的——它拥有直布罗陀（Gibraltar）、马耳他、埃及以及亚丁。法国虽然建造了该运河，却不能决定它的最终归属权。占有直布罗陀、马耳他、塞浦路斯、埃及以及亚丁，同时还拥有一支能与任何形式的联合海军相抗衡的强大的海军，这决定了该运河在战时的归属。通过这样的方式，大不列颠不仅控制了东方的贸易，还控制了欧洲与亚洲之间的政治关系。英国之所以能获得整个世界的商业霸权，不仅仅依靠的是英国海军至高无上的地位，而且还有它对战略基地的所有权。一支强大海军的存在，完全取决于它在地球上拥有不同的战略要地，并有武力保护它们的能力。

对于整个世界而言，巴拿马运河同苏伊士运河同样重要，而且它对欧洲国家的重要性与对美国而言是相同的。控制它，对那些想控制东太平洋的商业以及政治的国家而言，是至关重要的，正如控制苏伊士运河对英国而言在掌控亚洲霸权中是至关重要的一样。

加勒比海等同于地中海，它的岛屿和相邻的海岸等同于直布罗陀、马耳他、塞浦路斯、克里特和埃及。而太平洋上的夏威夷等同于亚丁。目前，美国、英国、法国和荷兰——它将来可被视为像德国一样的国家——都拥有位于或者临近加勒比海的领地，也就是进行军事控制和扩张的基地。那些拥有临近该运河的领地的国家，必定被视为影响该运河未来归属的因子。

目前相对于世界其他国家而言，美国在加勒比地区具有战略性的优势地位，不仅仅是因为这个地区毗邻美国的大陆，而且是因为该国拥有运河区、波多黎各、古巴以及夏威夷——它们为美国带来战略价值，使它成为西半球毫无争议的主宰者。但是，美国这个合众国如今所掌控的战略性地点，完全没有防御能力，它们在未来只有一个可能——因所有权的争夺而引发战争。

一个欧洲国家如果控制了加勒比海域，它不仅将掌控巴拿马运河、美洲的西海岸、从哈特拉斯角到合恩角的大西洋海岸，而且还会把美国同南美洲大陆分开，并彻底地使《门罗宣言》无效。这都是引诱欧洲国家——不论是单个或者联合地——去夺取加勒比海掌控权的原因，而当我们看向未来的时候，加勒比海地区是地球上具有第二重要性的战略区域。

美国在太平洋上的岛屿属地，由于在地理上的战略位置，对掌控太平洋是必需的，正如加勒比海上的岛屿对掌控西半球南部是必需的一样。无论哪个国家拥有了它们，都会控制太平洋，而在太平洋的海岸线上居住着世界上一半的人口。

在《无知之勇》的最后几个章节中，我们将会探讨为掌控太平洋而将发生的那场无法避免的战争，其中，将会详细地探讨：这个国家军事体系的错漏之处、环绕在该体系周围的虚假魅力、该体系相关概念的原始性、该体系内在因素的恶化，以及美国无法成功地与一个大国作战。

第十章

种族异质的后果

战争的根源深藏于国家和种族为生存、征服和争霸而进行的原始斗争之中，当不同种族在那种古老而无休止的争斗（这就是生命）中努力奋进的时候，国际冲突的导火索一般可以在这些种族毫无理由的虚荣心、行为及激情中体现。

之前的章节已经讨论了这个国家迟早会被拖入国际冲突的根源所在。这一章中我们将探讨那些加速并导致战争突发的因素，即对处于美国主权之下的不同族群进行探讨。

我们将这些人分成两类。

（1）在本国岛屿领地以及《门罗宣言》所涵盖的拉丁共和国中居住的居民；

（2）联邦选民（联邦政府由他们组成并为他们服务）中的异族成分。

在判断一国政府稳定性的时候，种族的同质性被认为是一个固定的标准。只有不违背这个标准时，国家终极目标的形成及其实现才存在可能。因此，有关国家存在状况的原理及其推论可以描述如下。

（1）国家的活力依赖于各个组成部分的和谐性，它抵抗短暂性侵蚀的能力与其种族的同质性成正比；

（2）政治体的衰败受到组成成分差异性的影响，衰败的速度与种族多元化的程度成正比。

就上述规律而言，在过去，没有出现例外的情况，但由于大规模的吸收同化（这些吸收同化是全球化及相互沟通的快速发展导致的），需要对规律进行修正却是如此遥远，可以忽略不计；如今，这种修正只在由有共同祖先的人们所构成的更紧密的聚合体中才需要，从而更加清晰地标明了民族之间的界限。

一旦一个国家由不同的民族构成，如果它的政府被一个居于统治地位的民族所掌控，那么它可以被认为具有较强的相对稳定性，如果政府被分权到了不同民族和政治组织中，其稳定性就是脆弱的。

政治史的事例多次向我们证明，一个由不同民族构成的国家，只有当国家的政治和军权处于单一元素的控制时，才能够持久存在。随着占统治地位民族的腐化而出现的权力逐渐流失，并分散到整个国家之中，政治纷争和领土分裂就开始了。在古代，迦勒底、埃及、波斯、印度、马其顿、罗马及其他所有由不同的种族构成的国家的历史就是明证。在今天，全世界的许多大国中都存在着相似的情况。

奥地利和奥斯曼帝国中存在的民族差异性，是它们政治衰弱并最终瓦解的原因。在俄罗斯帝国里，那个占统治地位且民族同质的部分，已经失去了他们的独裁权力，这个国家由一群喋喋不休且争夺政治最高权力的人掌控，于是俄国的世界帝国政策，在此时已经走到了终点。

索尔兹伯里侯爵用简短的话道出了英帝国的未来：

> 曾经有过4~5个海上殖民大国，但它们都衰落了……如果我们总是允许海上防御力量衰落到这样无效率的地步，以至于跨越大海就像或者几乎像跨越陆地边界那样简单，那么当英国首都遭受攻击的时候，我们的英帝国——延伸到了世界的尽头且帝国的每一个部分都受到了海上力量的保护——就会碎裂一地。

换句话说，如果英帝国的势力不再从伦敦某条昏暗的街道发散出它的专制主义时，那么，它和它所有的伟大性将会消逝。

在美国国旗广阔而不规则的阴影覆盖之下，有着一个在民族、政治、宗教以及地理上更加具有差异性的人群，它甚至比迄今为止曾处于单个国家统辖之下的人群更加不同；从引发战争的层面以及从混乱和争斗的根源来看，这几乎是不曾存在过的，且比未来的战斗警报更加响亮。

实际上，没有必要总是考虑相关的民族因素，因为当对异质人群的政治管理处于松垮状态时，民族因素就变得相对不重要了。在广袤的地域上，一部分这样的人群（他们来自不同的民族以及国家）分散地居住着；他们屈服于或者服从美国这个合众国法律，以及其他的异质性因素，凭借选举这种手段，这个国家的政治和军事的完整性被破坏了。

在讨论居住在美国岛屿属地的民众是战争促成因素时，必须从以下三点来进行考虑。

（1）他们臣服的方式，是自愿的，还是因为这个合众国的实力；

（2）他们的民族特点，是与美国还是他国人民的相似并被同化；

（3）这些有不同民族生活的属地的地理位置，对于其他大国的价值。

菲律宾、波多黎各乃至古巴在某种意义上，可以视为被征服的国家，从原则上来说，美国对它们的占据，与西班牙曾对它们的占据并没有什么不同。为了获得政治上的独立，这些国家的人民用武力反抗西班牙的统治，并有成千上万的民众牺牲。他们反抗西班牙的斗争精神，并没有因为控制权的转移而衰减。在菲律宾，每一个家庭都为反抗西班牙的控制而付出了血的代价，同样，为了反抗美国的征服，他们也是这样做的。反西班牙斗争中竞相出现的英雄事迹和英勇故事，如今已经被那些更新了的献身行为所取代，这些行为描述了与美国士兵作战时的情形。

尽管时间消磨了征服者的斗志，或者将其腐蚀，变成微小的尘埃，而被征服者的斗志——那就是憎恨——继续存在着，显然没有尽头。就像这些岛屿——不论是东方还是西方的——居民持续地反抗西班牙的统治一样，他们也将会反抗美国的统治，尤其是对他们的军事控制撤除或者减弱时。另外，教育实际上让这些居民对于镇压的理解力以及战斗的能力都在增加。这种认为通过大体的教育就可以让他们对一个异族征服者的国家产生爱国主义的认识，没有什么比它更错误的了。在这种情形下，对于大众进行教育，只会让那些已经存在的本能和天性激发并表现出来。就像潘多拉的盒子被打开一样，由自负构成的新疾病、由骚动构成的新传染病以及由野心构成的新狂热向那些被征服民众的饥饿天性敞开了怀抱。

正如这些人迫使西班牙与美国开战以达到他们的目的那样，他们将会毫不犹豫地让美国卷入战争之中，如果这样做可以摧毁美国的军事效能，或者将其削弱到让他们的独立战争可能成功的程度。美国必须承认他们有这样做的权力，因为它欠缺作为一个主权国家所具有的合法性。

在这些岛屿之中存在着憎恨美国人的情绪，除了政治家之外，没有人会对此产生怀疑。美国在提高这些人的教育水平及政府管理水平上的花费，并不能减弱他们的反抗情绪。任何已经闭合的伤口，都是由于牺牲而产生的。被征服者的憎恨之情是人类所有感情中最持久的一个，而一个作为征服者的国家决不能忘记，任何用武力获得的东西，必须继续用武力去坚守。

美国人不可能同化这些外来属地的人民，这是显然的。原因如下。

（1）种族明显不同；

（2）这些属地上永久居住的美国人数量如此之少，以至于他们的存在对于当地的民族构成不会产生影响。他们数量之少，再加上身体无法承受那里气候条件的摧残，因此他们不久将从热带深处的昏暗之中消失，不论由虚构的优越性所化成的沼泽中的明灯引领他们走到什么地方，最终都会抛弃他们。

民族同化受到同一自然规律的掌控，该规律决定了所有动物生命形态的同化。一个在数量上占有优势且身体条件适应所在自然环境的民族，将完全控制一个与土地、气候不相容并在人口数量上处于劣势的民族。

对外来属地及被征服地区的管理自古以来就存在，积累了相关经验，这使得我们就如何管理以及人类野心一定不能逾越的界限等问题，或多或少的形成了一些明确的结论。美国本应吸取众多地区毁灭及伟大帝国衰落的经验，去处理它与占世界1/4的那片广袤地域的关系，但它却在该地域之上，漫不经心且公开地插上了自己的国旗。

不论人们对这个不可一世合众国的未来更伟大多么自信，只有当它准备好的时候，才能确信它将获得胜利；如果没有准备好，那么人们必须预见那些本来注定会出现的所有伟大性都将消逝。

帝国的政治异质性与人口异质性之间的差别，就像帝国挑起战争与躲避战争之间的差别一样大。由具有不同民族特点的多民族组成的国家，易于发生战争，其概率与构成其宗主权、拥有政治选举权和能在政府中发声的民族数量成正比。当然，这样的国家也可能无限期地存在下去，只要它的军事力量总是与战争的概率成正比，而且政府和军队牢牢地被一个同质的民族所掌控。然而，当政府的管理以及对国家资源的掌控，落入到了异质民族的控制之中，国家瓦解的可能性就相应地增大了。

对于海上国家而言，存在两个导致衰败的潜在因素：其各个成员州在民族上的异质性，以及居于统治地位人员的异质性混合状态。后者通常是前者的结果。正是第一个病症，不仅打消了国家的抱负，而且还导致了王朝和国家的灭亡，无论这个国家是共和国还是王国。这样，在人类部族之中，通过艰难地跋涉最终跨越障碍的人们，顶多在其身后留下了由人类法规和法令（他们曾试图用这些法规和法令去废弃那些简单而又不朽的自然规律）构成的一个摇摇欲坠的坟墓。

只有当统治阶层保持同质的时候，一个国家才能够保持完整的形态。然而，一旦政治和军事力量划分给不同的民族（它们在党派以及数量上构成了国家的主体）时，国家至高无上的理想就迷失在了内部无休止的立法争论和渺小的野心之中。

前面的章节已经谈到了美国这个合众国的属地涵盖了地球的1/4，并由最脆弱的链条绑在了一起，随着欧洲和亚洲国家的扩张，每一个属地都会在某种程度上——不论大小——引发战争。在本章中，我们将讨论如今掌管着地球1/4的那些人，证明他们不仅无能力掌控属地，甚至连掌控自身也存在困难；同时还会证明他们统治的地域越广大，战争发生的可能性就越大。

尽管民族相似性被认为是国家安全的最根本基础，但是它对于专制政府绝不像对于共和国那样是必需的。因为，在专制政府中，统治力量不管多么弱小，一般不会混合其他的因素。但是在一个共和国中，由于所有人都参与到政府之中，一个在民族、志向、政治精神各方面都不同的族群，要彻底替代那个建立共和国的民族及其理想和抱负，这只是一个数量上是否占优势的问题。

美国这个合众国及其宣言、宪法和其他法律，都是由那些在民族及理想、抱负方面完全一致的人所创立的。直至内战，美国都可以被视为是一个同质的民族。而那时为了保存这个国家的理想而制定的法规以及宣言，只有当这个国家在民族以及精神方面保持单一的时候，才能继续约束和指导这个国家的成长和进程。

内战开始的时候，外来的非盎格鲁－撒克逊人在这个国家总人口中的比重还不到1/12。在1900年，人口中的这种同质性已经跌落到了不足7/12。从那个时候开始，原始的美国精神以更快的速度衰败。

然而，必须将居住在美国各州中的外来民族混合体视为战争的挑起因素，不仅仅是因为他们在数量上超过了盎格鲁－撒克逊人，还因为他们特殊的地理分布。在南部的许多州中，黑人在数量上超越了白人，而在南部的其他大部分州中，他们超过了人口的1/3。在这些黑人之中，44%是纯粹的文盲。在北方的各州中，94%的欧洲移民定居下来，而且在目前，这个国家有超过3000万人的父母是外国人。

在世界上的大城市之中，可以找到决定国家（这些城市位于这些国家的疆界之内）进程和最终结局的某些或者全部因素。这些城市辐射出了决定国家强弱的影响因素，其影响力的大小与城市的大小成比例。在合众国之中尤其如此，那里的政府受控于大多数人的意志。在波士顿、布法罗（Buffalo）、芝加哥（Chicago）、哈特福特（Hartford）、克利夫兰（Cleveland）、米尔沃基（Milwaukee）以及旧金山等城市中，超过1/3的人口是出生于国外；而在其他城市，例如洛厄尔（Lowell）、福尔里弗（Fall River）以及纽约，超过1/2的人口是外国人。这种人口结构中非盎格鲁－撒克逊人具有一定比例的特点在纽约得以突出的展现，那里的人口构成大约如下：75万的德国人，超过25万的俄国人，将近50万的意大利人，以及50万的波兰人、奥地利人和匈牙利人，而另外的25万人是由其他国籍的人构成的。每天，这些城市的外国人都在增加，而且如此迅速，以至于几年之后，盎格鲁－撒克逊人占美国人的比例将倒置。到时候，美国这个合众国的战略岗位——政治的、道德的以及社会的——都将处于那些人的掌控之下，他们绝不知道人类平等的真正含义，也不知晓经过 7 年衣衫褴褛且困顿的日子从而使合众国诞生的那些人的精神——7 年时间不仅考验了他们的勇气，并且还考验了他们的灵魂。

如果真的存在爱国主义这样的东西，那么一个移民入籍者就是一个异类。因为如果一个人不仅舍弃了他的出生地，还舍弃了祖辈的土地及功绩，那么他还有什么忠诚可言呢？反过来，如果他在这种入籍行为中不是一个变节者，那么他就是一个骗子。但是不管怎么样，从他身上都可以看到促使他移民到美国这个合众国的因素——改善他个人的生存环境。他不仅无法拥有国家的共同理想，甚至都无法理解它们。如果能在他身上唤起国家的共同理想，那么它们必定属于他原来的祖国。从通常的意义去理解，如果真有爱国精神，那么一个人就不会放弃原有国籍而加入其他国籍，因而也不会在归附的国家中展现比爱国更多的优点。一个斯拉夫人，不可能变成一个比斯拉夫人更好的美国人；一个意大利人不可能在美国比在意大利拥有更多的优点。

加入美国国籍并不是种族灭菌剂。

无数代人遗传下来的天性，不会因为一个官员的命令就能从人们的机体当中去除。

第十一章

大众掌控的政府

到目前为止，已经在各种不同的情况下讨论了未来战争的可能性，这至少应该足以让美国这个合众国有所关注，为战争做相应的准备，而不是继续目前的麻木不仁，对于军事低效状态的任何改善都持积极的反对态度。

在过去的几十年里，对这个并不大的世界的开发和耗损，使其变成一个相互联通的区域（即使八九十年前的人都不会认为它是辽阔的），而且这种耗损从未停止。随着这个世界各个组成部分（即各个国家）的扩张，人类政治活动领域的相对缩小。如今人类已经可以追得上飞逝的时间；距离也不再是完整意义上的距离了，因为它已经被如此的缩减，以至于在人类的作坊中只能找到它的刨花。再也不存在那样的海洋、沙漠或者深渊，国家可以躲藏在其后安全地的存在。在这个用小时计算就可以环绕的、每隔十年就会缩小一些的世界，国家必定会永无休止地争斗。

在欧洲，不会有帝国向东扩张；在亚洲，也不会有帝国向西扩张。欧洲的人们一定会向西进军，而亚洲的人们一定会向东进军，直到在这个半球——美洲大陆上，这两股浪潮相遇、搏击，然后消退，并淹没它们面前的一切。为了防止这种情况发生，《门罗宣言》形成了，排外法案实施了，新的与世隔绝的领域被划分出来。然后，被鸦片那样的短暂力量催眠，美国进入到了由那些梦幻所构成的狂乱状态之中，在梦里，喀迈拉（Chimera）①们追逐着幽灵。

从根源去探讨战争的可能性，会发现大众对政府控制的这个根

---

① 希腊神话中狮头、羊身、蛇尾的喷火怪物。——译者注

源比以往所审视过的任何战争的根源危险得多。

在讨论大众对政府的控制与战争起因之间的关系时，大众的特点几乎已经不再重要了；需要讨论的关键问题是大众对中央政府的控制程度。随着大众越来越彻底地掌控政府事务，战争的可能性相应增加了；而大众在民族方面异质的程度，也会相应地增大国际冲突的可能性。

一个由大众控制的政府所能掌控的事务范围越大，战争的危险越大。另外，这类国家的政治和领土扩张，与任何一个寡头或专制形式政府的扩张撞碰之后，其结果就是产生纷争；一旦在纷争中失败，国家就会解体或者恢复到类似君主政体的形式。随着控制一国事务个人数量的增多或减少，这个国家在行动、维持稳定以及求生能力中所蕴藏的智慧也在发生改变。与 5000 万具有同样智慧的人相比，5个聪明的人可以更好地进行指挥，可以实现更崇高的荣耀，可以更好地完成国家的使命。但是，随着掌控国家事务的人数增加，智慧和能力会相应减少，直至整个国家最后在由庸才构成的广阔又浅薄的泥沼中挣扎。没有任何的解脱办法，直到那些泥巴褪去，清澈的水面再次映射出不同寻常的、更耀眼的七彩光辉。

非常不幸但却十分真实的是，随着大众对政府事务控制程度的增加——这被视为国家进化的标志——大众智慧没有也绝不可能相应地增长到大众能够理解那些复杂的责任的程度，而这些责任构成了政府的国际权利和义务。即使大众的智慧提升到了一个不可能的高度，也无法减少他们在恰当地保障外国的权利方面存在的不可能性。

国家之间的谈判，正如个人之间的谈判，能否成功，与牵涉的谈判者、利益和偏见的数量相关。当一个国家的政府由大众掌控，谈判者的数量增加至全体国民，牵涉的不仅仅是他们的平庸，还有无休止的个人利益以及偏见。正是政府的这种混乱状态，使得海约翰确认了他的看法，即美国这个合众国不可能再缔结任何重要的协约了。

国际事务是按照协约进行管理的，如果无法谈成类似的条款，也就意味着不可能遵守已达成的协约。就美国单方面出现不能保障他国应得权利和义务这一点，我们可以找到许多令人悲伤的例证。

处于争吵中的国家的思想是暴民的思想——轻信而野蛮。它是原始的，野蛮的；它是女性化的，没有理性的；它是本能的，甚至达到类似动物的地步，只意识到自己的冲动和欲望；它充满了憎恶和轻率。尽管个人的思想或多或少有点建设性，但是暴民的思想只有毁灭。理性在大脑昏暗的迷宫中愁眉不展地漫步：这个世界一直无休止地向弥诺陶洛斯（Minotaur）① 提供贡品；七个青年就是帝国；七个处女就是进步。只有从毁灭的意义上来说，暴民思想才是有效的。正如个人领导下的人类集体努力的总和使得一个国家建立一样，没有被掌控的集体行为的总和会导致毁灭。无论何时，一旦暴民思想居于统治地位，人类就会恐惧。这种思想发出的声音就是导致国家灭亡的海妖歌声。

选民的意愿一旦加上多数派所具有的神圣权利，会在其统治的地方导致国家主义流产并使国家变得愚钝。共和国中的每一个公职人员——直至最底层的地方公职人员，都必须受到大众意愿的支配。但实际上，政治家屈从于大众意愿，仅仅是因为大众会被激怒，因此，他们支持大众对于战争的需求，而不是反对它。凭借地方立法权的至高无上，选民的意愿最终以持续斗争的方式让政府的意图以及努力地方化。联邦政府的外交政策不管是什么，如果与他们的个人利益相冲突，那么就必须被牺牲掉。

随着一个国家的政府逐渐被大众掌控，该国的精力和理想被日益耗损在内部的争斗中，而这个国家作为一个整体正在布满无数的巨大岩石和暗礁的水域漂流。正是在这种漂流中，遭遇到了战争的暴风雨。为了抵御潮水和风暴的侵蚀，一个国家必须在国际上取得进步；它的国内事务要从属于对外政策，并要受到掣制以适应对外政策的需求及变化。然而在共和国中，相反的情况存在着，于是这个国家就像一艘弃船朝着那个大港口（那是一个没有归属国也无暴风雨的港口）漂去，其他国家也随之漂向了那里。

当一国的某些居民对他国的人民和制度存有偏见时，这些人将这种偏见视为爱国主义；但是如果这种对外的憎恶没被有效运用，那么这种形式的爱国主义就处于冬眠状态，而这个国家继续放任这

---

　　① 人身牛头怪物。——译者注

种局部的偏见存在，该偏见的大小与中央政府的强弱成正比。当中央政府顺从于代表选民意志的那些人时，这个国家或多或少都会变得杂乱无章。选民的意愿，或者说他们的暴民思想，有三个显著特点：它是自私的，其自私性是最平庸者的自私性；它是无远见的，带着孩子般的浅见；它是易激动的，像易燃物一样，而它的燃烧就是战争，余烬是反叛，而对于余烬及其熄灭后的灰烬和残渣，其他国家要么视而不见，要么也激发起来。

随着一个国家的政府转而被大众掌控，在某种程度上，它就会突破与他国结成的和平联盟。针对其他国家的权利，它进入到了一种傲慢、不安、孤立、无礼、焦躁的状态之中，由此产生的行为导致战争。

拥有选举权的大众充其量只是一个大型生物，像煽动家那样喧闹，有着商人一样的头脑，而且像自欺欺人的妇人。对于那些满足其虚荣心的人，大众是仁慈的；对于那些它憎恨的人，大众是残忍的；对那些它声讨的人，大众是无情的。大众虽没有理性，但有直觉，而且如同孩子般的喜欢被哄骗。大众能发出笑声，但是没有眼泪，这就是其兽性的一面。

和睦的国际关系，不仅要求仲裁者自身具有最顶尖的智慧和最公正的裁判力，而且要求人们完全服从于仲裁者的决定。然而，当政府处于大众的掌控之中，这种情况就完全改变了；谈判者转而只代表真正的仲裁者——大众；而大众在智力上是平庸的，他们狂暴且易怒，不服从任何人——除了他们自己。如果代表大众的那个谈判者，对大众最极端的要求稍稍有点舍弃，就会立刻被抛弃在一边。因此，那个谈判者知道稍微偏离大众的意愿就意味着自己会被定罪，于是只会依据大众的好恶行事。他只是大众的创造物，而且只有当他能取悦他们的时候，他的伟大任期才能够继续。

正是大众掌权的这种状况，让那位已故的国务卿在世时曾做出了消极的预测：美国这个合众国在现有的政府形态下，再也不可能缔结任何重要的协约了。换句话说，这个国家的未来是战争而不是和平。因为它已经到了不能与其他国家缔结协约的地步，于是处于那种混乱的境地，以至于它将违背现存的条约，而对这种违背的回应就是战争的爆发。

缔结协约或遵守那些已缔结协约的困难程度，会随着大众对于本国政府控制力的增强而相应增加。

在美国这个合众国中，几乎每一个时期的国际关系（这些关系涉及外国的权力和特权）都被有权势的政治派系或阶层通过立法的形式，予以无视乃至妨害了，只要这样做才是符合这些人的利益或者感情的需求。

美国的政治史揭露了在开创以及保持与外国公正友好关系时存在的问题；而它的外交档案则揭露了中央政府无力限制派系或阶层的立法，即使这些立法与现存的协约条款相背离。派系和阶层这种随意地无视以及越来越多地违反国际义务，不能归结于无知。躲藏在世界的原始丛林之中未受过教育的野蛮人，尚且知道世代代不去违背那些未被记载下来的义务。没有法律去约束他们，有的只是他们棚屋前暴风雨的规律、头顶上大风的规律，以及周围无边无际丛林的规律。然而就是从这些规律之中，野蛮人逐渐形成了对于人类义务的正确态度，而这个伟大的合众国却将要不知道什么是义务了。这个国家对于这些协约的无视程度不仅在增加，而且在许多情形中，对条约的违反与这个国家的潜在伟大性相左。

关于违反协约的问题，而且越来越难以维持与外国的友好关系，这些都可以从大众掌控的国家政府中找到根源：①受到派系和阶层的政治力量掌控；②立法者服从于这些派系和阶层的意愿，或者服从于可掌控其选举的那些集团的利益。因为外国没有选票或者说客，外国的需求对于一般的政治家来说具有很小的或者几乎没有意义。政治家对于选民意愿的屈从，使得排外的立法成为可能。然而，这种屈从是大众掌控政府的一种自然但不合理的产物，而且随着这种掌控的增强，政治家的屈从性会增加，并会伴随着立法行为——它们源于偏见和傲慢或对他国权利的完全蔑视——的相应增加。

在一个被民众掌控的国家里，立法者或谈判者在行使其职权时所具有的智慧，无法超越其选民的平均智慧。如果超越了，那么他就和民众发生了冲突，其职务任期就已终止。在这样的国家中，一个政治家拥有高超的才智是没有用的，因为他只能将才智发挥到选民能够理解的那个程度。通过这个事实，我们就可以解释美国一般政治家的平庸性，以及为什么更智慧的市民拒绝进入到对这个合众国事务的管理之中。

当外交无法解决国家之间不断产生的分歧，其解决就只能依靠使用实力了。任何降低外交效率的事物，都将增加战争的可能性。一旦对外交行动自由存在着法律方面的限制——正如在由大众控制的政府中一样——战争的可能性会相应的增加。只有正确而全面地认识到这个弊端，并相应提高美国在武器装备和军事方面的效能，战争的可能性才会被减小到最低的限度。

在一个政府中，好的职务属于政治胜利者，而领事一职则属于那些更劣等的政客阶层，这是基于其以往的服务而给予的嘉奖。随着世界变得越来越小，以及美国这个合众国与外国的关系变得越来越亲密和复杂，对需要广博知识以及长期训练的职位存在忽视的问题，将越来越凸显。随着所有国家的内部发展迫使它们向外扩张，而且它们的国家需求和抱负与美国的需求和抱负产生重大的冲突，国际战争的危险——由于政客型外交官的忽视而加剧——变得明显了。

随着牵涉的谈判者及利益的增加，解决国际争端的困难性增大，而谈判者的无能也随着民众对争端的兴趣增加而相应增加。如果争端突出，并激起了大众的热情，那么谈判者的个人智慧，他们对于真实情况的卓越认识，他们高度的公正性，都将对他们毫无帮助。一旦大众的怒火开始在整个大地上猛烈地燃起，谈判者就会屈从于大众的意志。不论谈判者个人具有怎样的智慧和能力，他们都将屈从于暴民思想中的偏见和憎恶。因此，在对国际争端的调解中，智慧将遭遇傲慢的抵制，公正将遭遇偏见的抵制，并到了这样的一种程度，以至于一旦代表大众的政府的谈判者同意了其他国家的正义主张，或者放弃了他们国家的即便是最极端的要求，他们都将受到大众的残酷责难。这些大众不会试图去弄清这个争端的是非曲直，也不会试图去考虑己方之外的任何观点。

美国这个合众国的外交史表明，大众在看待国际关系时，除非从属于他们自己派系或阶层的利益，否则就会带着固有的憎恶；因此，在压力到来的时刻，一旦国际争端影响到大众的关键利益或他们情绪时，美国这个合众国便无法和平地调解国际争端。

无知之勇

下 篇

▽

战斗精神的衰落与对太平洋的掌控

对于现代战争中的紧急状况而言，常备军在防御和进攻中都是必要的，而且当尝试寻找替代品的时候，将会证明这种做法是虚幻且具有毁灭性的。民兵永远不可能获得足以抵抗常备军的那些特质。真正的战斗中所需要的那种坚毅只有通过持续的训练和服役才能够获得。我从未见过有任何一个事例可以证明相反观点，而且我最真诚地希望，美国的自由——从物质角度来说——不再依赖如此不切实际的防御。

——华盛顿

第一章

美日战争爆发的概率

在《无知之勇》的这一部分中，我们将由阐述形势转向为战争给出例证，转向讨论由这些形势造成的事实和痛苦。也就是说，我们从讨论抽象的战争转向讨论具体的战斗。

战场就像一块古老且久经耕耘的土地，美国曾如此频繁地在其上进行劳作，并且仍旧注定了在某个未定的时间去耕种。至此，我们已经站在高处——生命在那里被审视——对它进行了审视，不是从微小粒子的漂泊与挣扎角度去审视，而是从整体上，正如从山顶去观察一条河流一样。

然而，我们现在即将从那些已经讨论过的形势及已经阐明的原理转向实际的战争活动，以便检验我们的推论是否是错误的，我们的想法是否是推测性且含糊无用的。

我们意识到已经写下来的文字并没有被欣然地接收。一般的市民持有——而且牢固地持有——完全相反的看法。他的看法——只不过反映了人的本性——是不公正的。事实乃至谬误只要是取悦于他的，就会在他的脑子里确立坚定且无法动摇的地位。所有人都避免不了这种不幸的轻信，只有通过巨大的努力，一个人才能不再轻信那些具有安慰作用的幻想，而去相信那些痛苦的事实。

在写完《无知之勇》这本书的上篇之后，我们还会发现这样的事实：尽管事情的真相不容掩盖，但我们期望这些真相所能产生的积极作用，可能因那些怀疑的负面态度而被轻易地抵消。这种怀疑的态度是人类与生俱来的天性——相信运气。国家和个人一样，时刻在赌博，而且带着古老且久远地对于运气的轻信，静静地等待着那个笨重而毁灭性的包裹慢慢到来。

尽管美国过去可能一直处于命运之神目不转睛的凝视之下，然而调查结果告诉我们，最寻常且自然的条件一直造就着美国的幸福。虽然我们不能说命运之神已经抛弃了这个伟大的巴别塔（Tower of Babel)①，但是另外的神已经给出了答案——这个古老而世俗的神对建成今日高塔的那些遗骨视而不见；在次日将高塔推倒并嘲笑它。

尽管目前美国更可能与日本而不是其他国家进行一场国际战争，但是，与其他国家交战的可能性仍旧同样存在着，而且这种可能性是以一种变化的形式存在的。无法预料的偶然事件会随时影响战争的促成因素，该事件可能再次将与战争危险直接相关的区域从太平洋转移到大西洋。

在建立西半球治权的过程中，美国对所担负的政治责任如此漫不经心，与此同时，美国暂时掌控的太平洋区域如此广阔，且已经如此深深地卷入了世界各国争夺潜在影响力的斗争之中，以至于无法预测战争警报乃至战争本身何时将会到来。在这个国家的四周，无数的兵工厂浓烟密布，而奇特的铁钻发出的铿锵声甚至直接传到了这个国家的最深处。

在同日本的战争中，就冲突本身及其后果而言，我们只需展现将会发生什么，尽管具体发生的时间和地点会有不同。那时，美国这个合众国试图去阻止来自欧洲和亚洲帝国的扩张，并试图在没有足够的海陆军力量的情况之下，去维护它在太平洋以及西半球的领土完整，遏制来自他国的移民以及不时出现的各种种族忍饥挨饿的艰苦跋涉。

日本必须要克服德国或者其他欧洲大国同美国作战时不会出现的困难。从汉堡到大西洋海岸需要 6 天的时间；从日本到加利福尼亚，需要 17 天的时间。但是，当德国在大西洋海岸上登陆军队时，只需要几天的行军就能到达美国的政治经济中心，而日本与这些中心的距离则超出了可测量的范围。用这样的方式，我们赋予了美国在军事上的有利条件，于是与德国这样的国家进行战争是不可能的；进而我们夸大的不是日本的作战能力，而是美国防御自己的能

---

　　　① 《圣经》里记载的一座通天塔。——译者注

力。如果那个亚洲王国将会获得战争的胜利，那么人们将会认识到美国在防御欧洲强国时是多么的徒劳无益。

同日本作战证明了这个观点的正确性，即没有人能够预测，经过几百年甚至几十年的时间，在地球的哪个角落会产生一个强大的军事国家。由军事力量所产生的这种密涅瓦（Minerva）①，对于人类而言总是像谜团一样可怕的东西，然而绝非是一种教训。人类绝不能从中受益。当他需要铭记的时候，他忘记了；在他需要探究的地方，他嗤之以鼻。于是那些好战的、喜爱征服的部落时常从难以置信的地方产生，有时从充满岩石的地方，有时从废墟之中，有时从神像的壁龛中，有时从深渊中，他们一边怒吼一边破坏。

于是这样的情况产生了：在贫穷得美丽、平静得可怕的岛屿上，另外一次暴风雨酝酿着，正如在此前曾经扫荡过王国腹地的那些风暴一样，而这些王国并没预料到会这样。

与美国过度发达的工业相对应，我们看到了日本政治的过度发展；与美国不发达的政治相对应，我们在日本发现了与其政治发展不相称的对财富的创造。从人类整个的历史来看，这种不均衡发展之间的差距意味着战争。

美国人而不是日本人，需要对即将到来的战争负责。通过牺牲国家的理想去满足个人的理想，美国的扩张活动已经受到欲望的限制。由于个人欲望的觉醒，国家所有的发展都是工业方面的，而政治方面的发展及其相应的陆海军的扩张，都被降到了次要的地位。与国家利益相比，个人利益变得至高无上，因此，立法也朝着对个人最有利的方向发展，而国家自身的利益，以及它与世界其他国家的关系，则不是那么重要。个人的福祉和野心，凌驾于这个合众国之上，导致国家的立法机构全神贯注于国内的琐碎争斗，制定偏向某个派系和阶层的法律。美国的世界地位所具有的真正意义已被丢弃到一边。正是这种忽视招致了战争，进而洗劫这个国家的财富、神明的高塔以及国家荣耀光环上闪闪发光的华丽装饰物。

由于科技和发明，此前的国际关系，已经被彻底地改变了，曾经不在征服圈之内的那些地区和国家，如今完全位于其中了。而且

---

① 古罗马神话中的智慧女神，即希腊神话中的雅典娜。——译者注

征服不再是帝国的扩张方式——君主习惯用其去展现他们的伟大、罪恶和慷慨。如今，它已经成为大众的手段，以获取那些在大自然的地窖中储藏的尚未被劫掠的财富。在这种征服中，不但几乎没有荣誉感存在，而且只有残酷无情且不眠不休的偷盗，平息的不是国王的虚荣心，而是大众的饥渴感。

中国政治的欠发展，以及它没能理解现代科技所导致的国际关系在最近 20 年中发生的变革，致使了这个帝国瓦解。当人们说，美国的民众和中国的民众一样，都没有理解这种变革的意义时，这是在述说那些此前已被美国政治家说过的令人悲伤的话题之一。

舰船可以在四天半的时间内，运载几千人和大约 3 万吨的货物跨越大西洋，这个事实只在经济层面被注意到了，殊不知其在政治和军事方面的意义重要得多，国家会因此消失或者变得更强大。正是基于这一点，西半球被纳入欧洲的势力范围之内，如今欧洲上百万的军队比美国力量弱小且分散的军队更靠近华盛顿。

于是，以下错误做法以及由此带来的危险和灾难已经十分明显了：国家的荣耀从属于个人的物质需求，同时假装拥有遍及世界的权势。如今我们必须直面一场大战的现实，通过对其研究，我们将展现美国的疏忽所导致的逻辑性后果。

在探讨日本和美国之间的战争时，我们不会做出任何假设，而只会去谈事实。而且我们不会武断地假设这场战争将会爆发，而是会仔细地审视和平的概率，将其与战争的可能性进行比较。同样的，在研究这场战争本身之前，我们将研究战争的导火索及根源、两国的武器装备及各自的军事潜力。我们绝不会给机会主义、爱国主义、偏见或者幻想留下任何东西。对于由我们的欲望编成的虚幻的织锦，我们不会为它去纺织那些在纺好后就即刻消失的华丽丝线。

我们在完成这部著作时，已经完全意识到它会带来的痛苦。但我们还是将它写成了，因为时间已经迫在眉睫，美国必须从它的逃避政策中挣脱出来。整个国家对国际责任采取逃避的政策必须予以终止，因为当科技跃过人类幼体时，这个国家的孤立状态就不复存在了。

第二章

美日战争的抑制因素

国家中存在着一些有利于维持和平的因素，同时也存在挑起战争的因素。尽管国家未来发展和存续所必需的那些先决条件可能成为国际冲突的根源和导火索，但是那些和平因子或许可以大大地抵消那些挑起战争的因素。由于交战双方的不同，会存在无数且各异的情况，但是我们基本上可以准确地判定哪些条件可以阻止战争，并准确度量它们在应对国际冲突导火索时所具有的能量。

从一般意义来说，国家之间的战争是由已经在这本书的第一部分讨论过的某些原则①决定的。然而，在某些情况下，存在一些可以带来和平的因素。这些和平因子对于战争而言存在相对的价值，而且它们的作用应从以下两个不同的基本层面去考虑：其一，阻止战争的可能性；其二，拖延战争至未来某个不确定时间的可能性。

对于两个种族不同的国家——像日本和美国这样——而言，只有两国更急迫地需要和平而不是战争时，那些足以阻止战争的条件才能够存在。各国在投身战争之前，必定会对战胜的可能性经过一番思考，对战争本身会带来的损失以及战败会导致的灾难进行权衡。

我们已经指出大国之间的战争并不是由于激情，而是由于经济或政治利益会聚在一起而导致的。人类或许可以通过激情去加速或者通过忍耐去减缓这种会聚，但是却无法从根本上消除战争。

在讨论日美之间现在或者未来可能存在的战争因子之前，我们将考虑这两个国家之间和平的必要性和趋势是否明显或者无关紧

---

① 参看《无知之勇》上篇第七章。

要，以及和平的因子是否胜过了那些战争的因子。

国家之间的外交关系中，主要存在着两个方面，会缓和敌对竞争并减少战争的可能性。

（1）种族及其相伴的在宗教、道德和社会方面的相似性；

（2）经济依存性。

从种族方面来说，日美两国民众之间没有任何联系。而且，人们倔强地不愿忘记自己的部族神明和神物，使得两国之间的同化会推迟至如此遥远的未来，以至于现在根本不用考虑这种情况。现存于日本的道德和社会状况与美国现存的状况截然不同，它是两千年来日本历史发展的产物。重塑日本的种族特点，使其与西方相一致，即使这是可能的，所需要的时间也会比我们想象的要长。在日本，种族的这种改变是不可能发生的，就像西方也不能改变它的文明以与东方相一致一样。通过自然而缓慢的过程，两国的文明将在适当的时候发生变化，从而很难从外表上将它们区分开来，但是种族之间的差别以及相互抵触将会继续存在，甚至直到某个未知的时间。

一个伟大的种族，就像在海浪冲刷中依旧存在的一块岩石，在其上，短暂的文明就像鸟儿经过一样，它们起飞之前短暂停留，然后继续飞入即将逝去的朦胧黄昏之中。只有那片无边无际的大海，以及大海中产生的风暴，猛击、侵蚀、雕刻、镶嵌，然后吞没这块种族岩石，而在人类的眼中这块岩石似乎会永久的存在。

日本的道德及其市民的理想，同美国这个合众国现存理念的对立程度，超过了世界上的任何国家。其中一个国家是军事家长制，在那里，任何属于个人的事物都首先要服从于国家的需要；另一个是个人主义的商场，在那里，任何属于个人的事物，都可以出售。一个国家中存在的是个人的绝对服从，而另一个则是个人的至高无上。

当国民的信仰不同时，种族之间的差别就会产生敌意。于是日本人，因为有着佩剑的神灵及好战的僧侣，在美国这个合众国的眼中就是异教徒，其异教性存在于所有可鄙的赤裸裸的"劣根性"中，这种"劣根性"是这个词在基督教国家中所暗示的所有含义。这种感觉绝不会消失，除非基督教衰败，因为这种衰败，对日本人而言，比日本全国基督教化更有可能发生。

现存于日本和美国的道德、社会或者宗教，没有任何共同点，它们的发展轨迹也不会相交，甚至可以说是平行的。在现今或者遥远未来的任意时间，这两个国家都不可能相互依存到这样的程度，以至于能从两国的社会或者宗教中产生对战争的遏制作用，或者以任何方式去改变他们的敌对活动、他们的憎恶或者舆论呼声，而不是反过来去强化他们的种族野心。

因此，能维持日美之间的和平状态或者至少延缓战争到来的那些条件，仅仅能从这两个国家与世界其他国家的政治关系，及他们对于彼此的经济依存性中寻找。

从国际层面来说，政治环境对于一国野心的约束作用及其阻止战争的效果，是由该战争对各国利益的影响来决定的。

在日本和美国为太平洋的霸权而进行的争斗中，所有的国家对其结果或多或少都会感兴趣，但是日本和美国的兴趣最为重要，以至于世界上剩余国家合在一起的兴趣都不会超过这两个国家。这种格局是日本通过三个重大的事件确立的。

（1）1894 年的战争，将中国从太平洋大国中淘汰；

（2）1904 年的战争，将俄国从可能性的太平洋大国中淘汰；

（3）1905 年的十年攻防协定，将大不列颠淘汰并保持欧洲的平衡。

欧洲国家在太平洋的兴趣只是暂时的。对他们的幸福状况有着至关重要影响的因素存在于欧洲，或者存在于大西洋沿岸的那些大陆上。

除了中国、日本或美国之外，任何国家都不可能在太平洋上集中力量，因为除了这三个国家之外，这样做意味着将力量抽出并远离本国的区域、政治和军事利益。而中国尽管从地域来说是一个太平洋帝国，却不可能被认为是对太平洋霸权的索求者，不仅因为它被日本打败了，而且还因为目前其中央政府的衰弱以及地方的分权。

目前及未来的一段时间里，只有两个大国——日本和美国，由于地理和政治方面的有利条件，可以进入对太平洋霸权的争夺战之中。对于这场争斗，日本之所以感兴趣，并且拥有与生俱来的优势，就在于以下事实：整个日本帝国不仅位于这片大洋中，而且位于战略的中心。

对国际战争的爆发经常会起到抑制作用的第二个政治条件是，在多个边境上，敌对国家的军事力量，超过了本国在减去成功地进行一场既定战争所必需的力量后所剩余的军事力量。如果日本卷入到对美国的战争中，并到了这样的一种地步，以至于将整个海陆军都投入了进去，那么还有什么能阻止俄国或者中国，或者两国联合起来，去挽回这两个帝国的损失以及它们的荣誉呢？即使这些荣誉如今在世界的眼中已经如此微不足道了。

正是基于对上述事实的认识，日本政治家在对俄战争结束时，就与世界上最强大的国家缔结了一个为期 10 年的攻防协定。[1] 通过这个协定，日本在亚洲北部未设防的边境就不存在被攻击的危险了。日本可以随意地将所有军事力量投入到任何一场战争之中，只要它认为这场战争对于其特殊利益和安全是必需的。对于美国而言，鉴于这个协议的条款，与他国结成战争联盟是不可能的了，否则将逼迫大不列颠在战场上成为日本的同盟。

因此，从政治方面来看，不存在任何条件可以阻止日本与美国交战。抱着坚定的信念以及对太阳旗的使命感，日本在 20 多年之前就开始朝着那个既定的太平洋帝国目标迈进了。通过一个一个的手段，击败一个又一个国家，日本将它们从它的前进道路上排除掉。现在，除了在太平洋上颠覆美国这个合众国的统治之外，没有其他的事情要做了，而且就政治方面的遏制因素而言，也没有什么能阻止日本投入到这场征服战之中：这场战争将给它的武士带来从未有过的巨大荣耀，而获得的新辖地——比其帝国范围内现存的任何一个辖地都要大——将被分给它的亲王以及大名。

于是国际关系中只剩下唯一的情形需要予以讨论，两国的经济相互依存，且在共同的市场中没有经济竞争行为是否蕴含着阻止战争的可能性，或者至少可以延长目前的和平期。

在美国，就日美之间不可能交战这一点，最普遍表述的观点是基于对两国之间经济依存性的一种虚幻的错误认识。美国大众对国

---

① 参见附录 1。

际贸易的真正意义以及掌控它的那些规律的错误认识，从而形成了这种看法。正是由于这种错误的认识，重商主义者已经给自己穿上了卫冕君王的服饰，具有了从国王的壁龛中向下怒视的权力。

在探讨贸易对于国际关系所具有的至高无上影响力，尤其是它对于日本和美国命运的支配作用时，我们将去探讨一篇与这个主题相关的由日本天皇私人顾问金子男爵（Baron Kaneko）所写的论文。①

一位这么杰出的经济学家撰写论文，致力于阐述日美之间的经济相互依存程度之深以至于可以阻止战争爆发，文中包含了与这个观点相关的大部分论点。因此，我们认为，对金子男爵论点的探讨将会为我们清晰地展现这些观点究竟是明智的还是肤浅的。

金子男爵假设美国人民如此依赖于日本的货物，同时日本人民如此依赖于美国的商品，以至于战争是不可能的，因为两国民众一旦失去了这些生活的必需品，其悲惨结局将是显而易见的。

这种论点并不是源自金子男爵。在给一份美国杂志就这个主题撰写文章时，他只是列举出了美国经济学家和会计师的观点。要不是对他的真诚深信不疑，我们可能认为，当他将这些论点整合在一起时，是带着尖刻的冷漠去看待它们的，而这种冷漠自身就具有重要的含义。

"所以我可以公正地说"，男爵带着经济学家所特有的那种自负继续说，"如果我们停止向美国出口丝绸，那么在美国就没有一个女士可以买到丝绸的裙子；如果我们的茶叶被美国排斥在外，那么普通的美国市民就无法喝到茶水。美国大众对日本的商品是多么依赖啊！"

紧随这个惊人的观点之后，作者列出了日本消费的美国商品：面粉、棉花、烟草和石油。在列出这堆商品名字之后，他用那个可怕的老套话作为结语："没有美国的供给，日本人连一个小时都不能存活。"

为了展现这些结论的荒谬程度，我们只需要去检测其中的一个，因为所有这些结论都是基于同样的假设。

① 参见《北美评论》（*North American Review*）1907 年 3 月。

在现代战争中，商品交换仍旧受到供求规律的约束，与和平时期的情形一样，这是由贸易路线的多样性以及国际商品交换的复杂性决定的。它们只会受到以下条件的影响：生产方式的破坏，消费者的相对贫穷，以及出口国家的相关贸易路线被其他海军掌控。

在战争期间，国家并不会停止他们自身的出口，而金子男爵却想让我们去相信这种事情会发生。事情恰恰相反，国家必定会用尽一切可能的手段去保护他们的贸易渠道。战争中，如果日本的丝绸不从日本出口，这肯定不是由该国的政令导致的。

在这两个国家交战时，如果跨太平洋贸易真的暂时停止了，而与此同时，两国各自的商品需求都继续存在着，那么商品交易将像以前一样继续进行，所不同的仅仅在于贸易的路线和方式。中立船只经由苏伊士运河，将继续进行那个对于太平洋来说暂时失去的贸易。这将改变日美之间的商品交换，其不同之处仅仅在于耗费的时间以及在欧洲港口转运时耗费的成本。不管这个额外的转运成本是多少，它只会导致商品价格的提升，通过影响关税的方式影响消费者，但是对两国政府或者民众的影响很小或者没有影响。

对于美国来说，日本的茶叶或丝绸并非是必不可少的，如果没有它们，美国人照样能获得茶叶或者丝绸。日本每年向美国出口的这些商品的相对价值，与世界总的丝绸或茶叶的产量相比，是微乎其微的，故而即使日本的商品整体消失了，对于美国人消费这样的商品而言，几乎没有什么影响。

在当今这个时代中，就整个人类而言，个人和国家消费的商品变得如此普遍，以至于整个世界已经变成了一个大型的市场，在战时无法从一个国家直接获得的东西，可以通过转运以及各种中立贸易路线而间接地获得。认为战争会使得两国之间互相依赖的商贸关系被毁，而且认为经济依存性会阻止战争，这样的错觉应该被丢弃到一边，正如迄今为止人类已将许多其珍视的概念抛弃到一边一样。

另外，正如美国没有依赖日本的茶叶和丝绸一样，日本也没有依赖美国的商品。只要日本掌控了通往欧洲的贸易路线，那么它的进口与现在的进口不同之处只会在于其民众对这些商品需求的增加或减少。无论日本需要什么样的美国商品，在战时都会如同在平时一样可以获得。

随后，我们将展现，在现有的限制陆海军发展的军事体系下，美国绝对不可能对夏威夷群岛西边的贸易路线产生实质性的影响。因为除了封锁之外，任何国家也不能对中立船只的贸易产生影响。金子男爵的论断"没有美国的供给，日本人连一个小时都不能存活"和"如果日本的茶叶被美国排斥在外，那么普通美国市民就无法喝到茶"都是错误的。

就阻止或者延迟这场国际冲突的因素而言，从经济角度所做的第二个也是最后一个讨论，是关于在日美共同的市场中是否存在商业竞争。对于两国之间的这种商业关系，金子男爵认为："……20世纪，国际贸易的增长和扩张指引着国家的政策……所有的国家都在为它们的工业寻找新的市场，而目前剩下的唯一可以获利的市场位于亚洲大陆。"

在开发亚洲大陆过程中，美日的合作关系可以在同现有情况相反的条件下存在，于是，对亚洲和太平洋进行商业开发的重要性，会比美日之间进行商品贸易的重要性小得多。然而，正是在对那些辽阔帝国——他们那些歪歪倒倒的仓库重重地压在太平洋海岸线上——的掌控和开发中，才能找到世界财富的真正源泉。

"欧洲的思想、贸易、企业（尽管实际上依靠武力获利），以及欧洲的联系（尽管变得越来越密切），其重要性在将来会相对削弱，而太平洋——它的海岸、岛屿以及相邻的领域——此后将会成为人类重大事件和世界重大活动的主要舞台。"①

在国家之间，军事意义上的联盟是可能的，因为这样的联盟是由政府主导的，但是在对商业霸权的争夺中不可能存在这样的联盟；因为这种战斗是在各色人等、他们的种群以及他们后代之间进行的无休止的斗争。

对日美两国而言，如今在日美之间进行的贸易根本不值得保护。它们都致力于获得绝对的优势地位，这样就可以挥舞着九节鞭子，驶向那些有新需求的国家——它们正坐在后脚跟上并在东方无

---

① 威廉·H. 苏厄德（William H. Seward）所说，他是美国律师、地产经纪人、政治家，曾任美国国务卿和纽约州州长。

尽的黄昏中做梦。

金子男爵认为，在获取太平洋和亚洲贸易的果实上，美国和日本在地理上最有优势，但是他隐瞒了这样一个事实，即它们的位置都如此有利——正如欧洲国家与这种贸易霸权的争夺完全无缘一样——以至于他们之间的敌意会持续增加，直至对于商业霸权的争夺，不知不觉地融入以军事力量为基础的对政治霸权的争夺之中。在人类的历史中，很难找到更适合的例子，以展示对商业霸权的争夺最终会导致军事竞争。

从日美两国的国家构造、两国间以及民众间的关系中，无法找到潜在的和平因素。在它们不同的种族特点中，没有和谐的相似性存在，只存在不同的、无法相容的理念；在它们的国际政治关系中，没有遏制性的影响因素存在，从而或许可以将战争推迟到一个不确定的未来。所有的政治束缚已经被去除了，它们一个接着一个被日本无情的既定的政策拉下来并丢到一边。在日美两国的经济关系中，不仅不存在阻止战争的条件，而且在两国的经济争斗中，可以发现日益逼近的战争的导火索。

第三章

战争的根源及导火索

在《无知之勇》的上篇中，我们对国际战争的导火索和根源进行了区分。现在我们将具体地就日美之间冲突的导火索和根源进行探讨。

尽管这场即将到来的战争的根源，应该能从日本扩张及其帝国野心中找到，然而战争的导火索却源于美国这个国家的行径。在这一章中，我们首先对这些导火索（它们的确产生于美国这个合众国之中）进行探讨，然后再去探讨日本方面的战争根源。

到目前为止，我们已经指出，国家之间的争斗源于两个或者更多国家自然而然地会聚于一点的扩张行为，在某个时间会不可避免地出现利益触碰，最终发展为为争夺凌驾于对方之上的霸权而斗争。这些国家会聚的倾向性很少是相同的，正如这场即将到来的为掌控太平洋的战争那样，日本会聚的倾向性要比美国的更加急迫一些，因为它在争夺对这个广大海上帝国的掌控权时更加积极主动。

正如这个例子中的情形一样，在各国意识到之前，战争的根源就已经存在几十年的时间了，尽管由这些根源发出的愠怒的咆哮声，作为一种征兆和预示，时常会进入相关大众的并不留心的耳朵里。20年前，日本意识到了争夺太平洋主权的战争不可避免。正是这种预见，使得五年后日本天皇独自表达了他对美国在夏威夷群岛建立治权的反对意见。

只有当日美两个国家的利益开始会聚的时候，战争的可能性才变得明显。会聚的倾向性由于以下事实而变得更加急迫：第一，美国进一步获得了太平洋的属地，于是不仅危及了日本在东方的商业霸权，而且危及了它成为亚洲霸主的可能性；第二，日本战胜了中

107

国和俄国，从而将两国从未来对太平洋霸权的任何直接争夺中淘汰。

自从对俄战争以来，日本已经专心致志地将注意力放在了争夺太平洋霸权的冲突之上，而它最终会获得胜利，并会将世界的一半送给它的大名和武士作为傲慢的私人领地。金子男爵在前面提到过的论文中表明了日本对于太平洋的这些野心。

他写道："美国几乎占领了太平洋整个海岸线的2/3，而剩下的1/3被日本占有……因此，这两个国家不必担心会有任何的对手。"

实际上，美国并没有占有太平洋海岸线的2/3，日本也没有占有剩下的1/3。金子男爵没有考虑到英属哥伦比亚、墨西哥、中南美洲、澳大利亚、新西兰、东印度群岛、暹罗、交趾支那（Cochin China）、中华帝国（the Chinese Empire）及西伯利亚。如果美国对太平洋海岸线的2/3拥有陆海军控制权，而日本控制了另外的1/3，那么这些国家在太平洋上就没有主权了。

实际上，美国并没有采取必要的军事措施去实现其掌控，而日本察觉到了它的漫不经心——这已经在太平洋防御当中予以证明——以及军队的极度不足并且将海军力量分散到了两个距离非常远的海洋之中，日本开始从容地为那场战争做准备，通过该战争，将会使得日本帝国的主权扩展到太平洋的那个2/3——它宣称至今还未曾占有的那个部分。

大众突然觉察到了战争的导火索，而事情的这种突发性毫无例外地掩盖了导致冲突发生的真正原因（它极有可能存在于许多年前）；因此，这种情况发生了（正如美国的情况一样）：国家盲目地沿着急速会聚的轨迹匆忙前进，到达那个接触的点——战争。一旦一国无法或不屑于去区分战争的导火索和根源时，它就会毫无准备地进入战争之中。但是那些国家事务完全由分清了导火索与根源之间区别的人治理着的国家，不仅总是能为战争做准备，而且决定了战争的时间和地点——这种做法经常比其他因素更能确保战争的胜利。

在取得对俄战争的胜利之后，日本把重点放在了吞并太平洋并成为全球一半人口的首领（Shogun）的工作之中，并视这项工作承载着无尽的荣耀。与俄国开战之前的战争准备，与该战争之后的战争准备相比，是微乎其微的；日本如今仅仅在陆海军的准备中，耗费了整个帝国财政收入的一半还要多。

美国和日本正在日益靠近那个触碰点——战争：一方漫不经心，而另一方志在必得。

有时候战争的根源及导火索都产生于同一个国家之中。当这种情况发生时，那个国家必须忍受——如果无法辩解的话——征服带来的旁人先入为主的憎恨。历史上有类似的战争。但是在目前，征服必然会对所有的大国造成不同程度的影响，于是无法进行征服活动。为了继续进行征服活动，整个世界已经进入了一个寻找托词的时代、事先构想好的挑衅的时代（Age of Preconceived Provocative）。试探性地肢解中国就是这样的一个例子。

为了让世界同情日本，而不因为它发动战争（其最终目标是争夺太平洋的霸权）产生猜忌和敌意，日本必须调整活动，使得战争的导火索产自于美国。实际上，这些导火索真的存在，而且对日本而言幸运的是，它们不产自代表日本政治家或民众的任何机构或人物。正是由于这些导火索，日本的勇敢之鹰将在那片陌生的大海和陆地上空呼啸猛冲。新的客人将走进那个招魂社（the Spirit - Invoking Temple of Shokonsha）① 进行祭奠，而为国家进行祈祷的人们将会找到通往九段坡神殿（the Sacred Hillsides of Kudan）的道路。

尽管日美之间的战争主要是由日本帝国的扩张而导致的，但是，战争的起因将归咎于美国，因为美国侵犯了协约条款赋予日本的那些权利、特权和豁免权。从日美之间的这种关系（这种关系存在着，而且将继续存在至战争爆发）中，我们可以看到两国是互相对立的，其中日本是问题的根源，而美国则处于被动和可操控的地位。

由于未来冲突的根源来自日本的既定目标——成为太平洋的霸主，它朝着战争迈进是井然有序的，它的准备是坚持不懈的。日本不仅可以根据战备是未完成还是已完成来决定是推迟还是加速战争，而且可以根据总体的作战计划，选择依次作战的地点。每一步都精心策划，每一种紧急情况都纳入考虑之中；美国的武器和战备

---

① 靖国神社的前身，位于东京千代田区九段。——译者注

情况，或者缺乏战备情况，都被制成了详细的表格；美国的地形被勘测了，气候条件被注明了，军事活动可能波及范围内的每一处河流的深度、山脉的高度、食物供给、运输方式以及生活状态，都被仔细地调查过，并做好了应对策略。就这样，在宣战的许多年前，假想的战斗和战役中最微小的细节和可能性都被估算出来了，所有的紧急情况都被详细地纳入计划之中，以至于战争一旦开始以后，就会以所向披靡且井然有序的态势进展，直到结局如事先料想到的。

以这样的方式，德国在两个月之内就推翻了法兰西帝国；而日本将极度分散的军队集中起来并最终打败俄国，整个战事丝毫不差地完全按照事前的计划进行，以至于在整个战争中，俄国没能获得一次胜利。

正是以同样的方式，日本并不仅是在准备和这个国家发生战争，而且是在准备战胜它。在需要对这些显而易见的准备做出反应时，美国不但继续否认战争的可能性，而且继续为这场它无法掌控的战争积累新的刺激因素（这些因素导致抱怨声接连产生）。时不时，有人站出来反对这个美国国内普遍存在的诡辩——它使得美国陷入了由全国性的遁词形成的可怕的沼泽之中——但这常常只是最致命的沼气里发出来的噼啪声，不过是真相暂时发出的微光，很快就被那个古老的黑暗吞噬，再也无法显现。

目前，美国对于日益临近的危机漠不关心，没有什么能比这一点更让日本（或处于相似情况下的其他任何国家）高兴的了。美国不但对于军事准备漠不关心，而且也没有做出一点努力去阻止那些可能成为宣战理由——一旦日本认为开战时机已经成熟——的立法和活动再三出现。对加之于日本民众之上的不公正和侮辱行为，日本天皇随时可能愤怒地在那被护城河围绕的江户皇居，向全世界发出他的最后通牒。

在这本书的上篇中，我们已经讨论了众多的最终会让美国这个合众国陷入一系列的战争之中的一般原因。此外还存在一些特殊原因，从逻辑上来说，它们是由东方及日本所特有的一些现实情况导致的。对所有这些因素进行详细探讨是没有必要的。我们只需要对其中一个因素的各种不同情形进行阐述，就会证明：这场战争的导火索是由美国的政治结构、一部分民众的蓄意行为和那个致命的漠不关心（其自身就招致了战争）造成的。全国正是带着这种漠不关心的态度，去看待那个无法避免的一天，那时，铅笔写就的和平愿望以及纸做的祈祷品将随风飘散，而大海则因为战争的重压而呻吟。

在我们即将着手去探讨那些事实时，读者必须将其国籍以及所认为的美国人民享有的权利部分或全部地放置于一边，并且像日本武士阶层的机会主义者那样去看待它们。对于这些机会主义者而言，它们只是具有两层含义：对日本国家荣耀的贬损，以及一场战争的导火索。他们的帝国正为这场战争做准备；当夜幕降临，兵工厂的铿锵声归于沉寂，会议室中的沉思和顾虑也停止时，帝国正做着战争的美梦。

在种族无法融合的地方，易于产生摩擦，但是很少有人意识到一个缺少政治认同的国家——其政权由大众掌控，会产生更大的摩擦。种族的不同不会产生不平等，但是当一个人被剥夺了政治选举权及其他权利和特权，而周围其他人都拥有这些时，他立刻被打上了劣等的烙印。这种由一个阶层武断地判定另一个阶层"劣等"的做法，形成了一种异常的状况——共和国的社会等级制度。政治上被剥夺选举权的"劣等"阶层的日常生活各方面很快就受到人类所特有的潜移默化影响。在社交中，大众以冷淡的甚至轻蔑的态度，对待那些被剥夺了选举权的人。市政当局出台了对于他们的限制性法令，于是他们自然成为牺牲品，不仅仅是对于那些非法的因素而言，对于警察也是这样。他们的社会地位已经由于公众的看法而被固化，在开始的时候，他们反抗侮辱的声音或许是激烈的，但是不久之后，他们的抗议就在嘶哑而筋疲力尽的声音中慢慢消失。

那些被剥夺选举权的人不能向法庭（他们的案子可能由法官在法庭中审判）上诉，因为法官是从属于大众的，法官已经认定这些异教徒即使在宣誓的情况下也不可被相信。在整个太平洋海岸线上，这种说法已经传遍了：一个西方人说的话，比东方整个族群发出的誓言都要具有可信度。因此，这些人已经停止在那些由法官裁决的案件中寻求公正。

州立法使东方人进一步丧失了许多被所有其他居民享有的公民权。他们被隔离开来，不能参加其他外国人可以参加的任何日常活动。在美国的某些地区，甚至连他们的出现也是不能被接受的，他们被石块驱赶出去，似乎他们是不洁之人。他们成为种族间的"麻风病人"，居住点必须处于当地市民和欧洲外国人认为必要的隔离状态。这样，东方人不仅易于遭受来自个人的不公正待遇，还易于遭受暴民群体的攻击。而且，暴民群体攻击的动机，是与市政法令、州立法以及司法不公都针对东方人的那个精神相一致的。

关于美国一部分民众做这些事情的对错，我们不予评论。我们只是想确认实情，并且让人们意识到这些事实会给其国民被这样对待（践踏了现存的协议所赋予他们的权利和豁免权）的国家以一个合理的战争借口。

在一个政权由大众掌控的共和国中，无选举权的阶层和那些有选举权的阶层的纠纷，不是源于前者，而是源于那些有权力的人对那些已被认定为"劣等"人的一贯暴政。

在一个共和国中，一个阶层的权利在量上是由其选票的多少决定的，在质上是由其领袖的政治敏锐性决定的。然而，当一个阶层或种族发现自己在一个共和国当中没有政治选举权，那么这个阶层或种族的权利就如同被碾压成的微小尘埃。民众向这些人举起了险恶且无情的手。政客们——从小人物到国会议员、从市长到州长、从警察到最高法官——都对这些外国人应得的权利和公正漠不关心。因为这些政客产生自大众，而大众正是以这样的方式进行统治，而且大众指明的方向表明了政客们狭隘的行进路线。

我们在这里所探讨的并非是假设的情形，而是事实，在美国的西部地区，累积在东方人身上的这些不公正已经长达20多年。在中国人身上已经发生的事情——正如现在一直在发生的那些事情——将发生在日本人身上，但是会出现以下不同：反抗的行动将会变得更加猛烈，因为日本人缺少中国人那种服从的特性。如果认为日本人会忍受无礼的举动，这一定是可悲地未能了解他们民族的特点。实际上，美国人应该意识到，在某一个特定的阴暗日子里，他们会以那种我们今天需要对其进行仔细思考的方式，对这些累积在他们身上的不公正行为做出回应。

日本意识到，只要居住在美国的日本人被剥夺了选举权，他们就将遭受侮辱和不公正的待遇，这促使日本政府为其侨民索求那些赋予其他国家外侨的公民权利。另外，日本已经要求——现存的协议赋予它毫无争议的权利去这样做——它的人民应该被给予同样的权利，即给予欧洲国家侨民的权利、特权和豁免权。这些要求使得我们需要对以下四种不同情况进行讨论。

（1）如果满足了日本人这些要求，太平洋沿岸各州的人民对于联邦政府的态度；

（2）他们对于日本人的态度，他们针对日本人的憎恶和敌意会被激发到何种程度；

（3）如果联邦政府顺应了西方人的意见，拒绝了日本人的要求，那么在太平洋沿岸的各州中，大众针对日本人的不公正行为和额外的限制束缚将出现新的活力；

（4）日本意识到这个现实，即在一个共和国中，解决内部问题比解决涉外问题更加重要，于是它将不再积极要求美国履行这些义务，直到已经准备好了战争。这样它可以保留它的要求，直到条件对它有利时，便可借此开战。

各个州和联邦政府之间的关系是这样的：联邦政府尽管能够缔结协议——如果违反协议其他国家会要求它负责，但是它却几乎没有丝毫权力去执行这些与国外达成的协议，当对协议的违反——正如几乎一成不变的情况——是发生在州法律的管辖范围之内。正是由于这种异常情况的存在，对于那些侵犯外国人权利的人，如果所在州的大众舆论是站在他们一边——正如太平洋沿岸各州对待公开针对日本人的行为那样——那么他们不仅被豁免，而且还得到了同胞的赞许。

在日俄战争结束之前，反日情绪可能处于休眠状态，但是从战争结束开始，它已经被公开地表达出来，这种情绪不仅仅存在于——像人们所设想的那样——工会或者社会主义分子中，而且渗透到了西方的整个社会和政治结构中。①

在锡斯基尤（Siskiyou）的荒野大峡谷中，在长着苔藓的岩石上，尽管20年的地衣已经将其中的一半抹去，这段文字现在却仍旧可以辨认清楚："中国人必须滚蛋。为奥唐纳（O'Donnell）投票。"我们已经在门多西诺的红木棚屋上看到过它；在城市和乡镇

————————————————
① 参见附录2。

的户外厕所上看到过它；在圣克拉拉谷和从那里直至莫哈韦沙漠（the Mojave Desert）的木板栅栏上看到过它；甚至到达了死亡谷的边界，在最荒凉的地方，也能看到它。西方已经将种族仇恨——这种仇恨已经被吸收并融入了公共法令中——缩印在了州法律的汇编之中，最终对华盛顿产生影响，使其迫于政治压力从而违背中美达成的协议条款。

种族敌视如今已经扩展到了日本人，西方人继续以赌气似地不计后果的态度，对于协议赋予日本人的权利和豁免权漠不关心，正如 20 年前他们对中国人那样。①

一部分美国人竟然忘记了日本人的好战特性，忘记了他们手中握有的强大陆海军军力，忘记了他们骨子里的征服精神，忘记了他们要与美国进行既定的争夺太平洋霸权的战争，于是这些美国人继续毫不在意地每天为加速战争的到来增添新的刺激因素，同时由于漠不关心对该战争不做任何准备。这种漠不关心以及缺乏战备，与积极限制日本人的权利一样，加速了战争的到来。当日本向全世界展示那些记录在案的不公正待遇并因此宣战时，整个世界将会认为日本人这样做不仅是合法的，而且是正当的。日本在美国也有自己的侨民，而且每一年这些侨民的不屈抗议都在国务院的档案中累积起来。

对于那些有侨民居住在美国的国家而言，一个至关重要的问题是，在美国不同的地区，存在着对外国人权利的任意侵害，而联邦政府却无法保护这些外国人。这正如中国的情形一样，中国无法确保由现存协议规定的外国人（包括美国人）具有的特殊权利和豁免权不受侵犯，从而导致各国对它开战。

将侵犯协议权益作为战争的原因，日本从而把全世界的指责推卸掉了。在这场为了在西半球捍卫旧世界的基本权益而发动的战争中，是日本而不是美国，将获得世界的赞许和同情。

---

　　① 参见附录 3。

第四章

太平洋霸权的重要性

人类看待自己当下的成就时所带有的那种无以伦比的安宁态度，只能同其看待其他时代人类的成败时所带有的那种鄙夷态度相提并论。然而，在这些全新的和古老的成就之间，除了获得的方式和地点不同之外，其实并不存在其他什么区别。人类只是由于自负，未能利用那些积累起来的经验和知识——这些知识就好像各民族在飞翔的过程中留下到处都是的鸟粪石（Guano Rock），土地由此得到滋养，变得肥沃。

当我们穿越 3000 年的昏暗时光，我们可以追溯到在地中海曾经存在过这样的情况，如今又在太平洋重现且走向既定的结局。正如中国和日本曾一直维持着它们与西方国家的隔绝状态那样，在埃及也存在着同样的隔绝体系，直到这种体系被法老萨姆提克（Psammetichus）推翻。

法老萨姆提克是佩里（Perry）的先驱。

正如中国和日本曾经是广阔且朦胧的神秘地域——在某种程度上它们现在仍旧是这样——一样，对于古人而言，尼罗河谷也是这样的一个地方。

然而，在这种相似之中存在着不同之处，而正是这种不同之处有着它自身令人担心的地方。希腊人努力地去破解埃及的谜题；而西方人则嘲笑有关东方的质询。

西方国家在亚洲能发现什么？是一个奴隶市场还是一个主人？未被解答的疑问不只是属于斯芬克斯（Sphinx）①；它们是时间的组

---

① 带翼的狮身女怪，传说常叫过路行人猜谜，猜不出者即遭噬食。——译者注

成部分，虽然貌似无法解答，但实际上这些未来的谜题已经由过去的经历所回答并记载了下来。

3000 年前埃及港口的开放，一方面给欧洲带来了巨大的知识驱动力，另一方面向埃及表明，如果它想继续存在，它必须成为一个海上强国，而且要比那些强迫它开放港口或可能在地中海海岸线上崛起的任何国家都强大。经过多年，埃及已经发现了国家的隔绝状态必然导致发展停滞的道理，随即又意识到决定国家是否能存在的另一个伟大道理：一旦障碍被打破，国家未来所有的荣耀都将取决于该国陆海军力量是否处于优势地位，因为该国可能突然插足到其他国家的事务以及野心中。

埃及成为海上强国的难点在于缺少木材，埃及出产的那些小小的树皮只能被用来承载死者渡过奥西里斯湖（the Lakes of Osiris），而无法生长出足够大的树木。埃及被迫对外进行征服战争，不是与一个国家，而是与地中海周边的所有国家，其目的是为了获取它自己没有而国家却赖以生存的东西。

如今，尽管几千年的时间已经按既定的轨道流逝而去，我们却发现另外一个国家——日本——现正面临埃及在历史中曾面临过的同样的古老问题。正如掌控地中海对于任何一个想在地中海成为霸主的国家是必要的一样，日本掌控太平洋不仅对于它确立在各国中的霸主地位至关重要，而且对于它的生存也是至关重要的。

埃及在地中海的实力取决于物质条件，而日本在太平洋的支配地位则是由它拥有的那些海军基地决定的，因为这些基地将来可以阻止其他任何国家在太平洋获得海军优势地位。换句话说，日本必须以新的形式向世界宣布所有国际原则中最古老的那个——通常称之为《门罗宣言》——并由其控制太平洋。

埃及海军霸主地位崩塌之后，尼罗河谷就荒芜了。如今 2900 年已经过去了，埃及再也没能恢复其独立自主的地位，再也没有辉煌过。

埃及的这种命运正是日本试图避免的。

不论是对古代的还是对现代的海上霸权进行研究，会生动地展现：与某些突出的特点相比，国家的大小是一个不重要的因素。即使是最小的国家，如果拥有了更强的海陆军实力，也可以击败最大的国家。

提尔（Tyre）这个单一的城市曾一度独霸于地中海，以至于没有国家——不论其富裕程度和地域大小如何——能在实力或者贸易方面超越它。通过一场长达 13 年的战争，这个城市让巴比伦帝国不再靠近它的海岸线。只有当每一个海角都变秃且每一个山肩都剥落时，提尔才倒下，而且它的衰落如此可怕，以至于据说海上的那些岛屿因为它的衰落而饱受摧残。

正是因为陆海军的霸主地位可以赋予拥有它的国家罕见且不应有的权力，日本才下定决心要成为太平洋的首领。

日本荣耀的获得将依赖于海军的实力。而在现代，这种实力则主要依赖于广泛分布的海军基地，它们受到军事保护且控制贸易路线。可以被视为公理的是：海军的价值，甚至是它存在的可能性，与海军基地的数量及其战略重要性成比例。

尽管日本不能期望对地域辽阔国家（例如中国、印度以及美国）的陆地——除了一些海边的省份——立即进行征服，然而，如果它一旦在太平洋上拥有某些海军基地，那么它将能够控制上述国家以及其他国家。若它的海陆军功能没有衰败，那么这些国家的财富以及人口将毫无用处。

地中海的霸权只会影响那些坐落在其周边并互相斗争的国家，对大西洋的控制能影响更大一部分的群体，而太平洋的霸权将会关涉整个世界，因为这片水域将互相分离的各个地区联通起来。太平洋的面积超过了地球表面的 34%，地球上不但超过半数的人口居住在这一地区，而且 2/3 未开发的资源位于与其相邻的大陆上。

正是这么多的人口以及未被耗费的资源，决定了太平洋的真正重要价值。将来，任何一个国家或者国家的联合体能否在政治上、军事上或者工业上掌控整个世界，将由其是否掌控太平洋来定夺。

日本一旦在太平洋拥有军事霸权，将成为亚洲工业领域中的掌控者。在适当的时候，随着日本掌控了地球上未开发财富的主要部分，它所具有的亚洲好战精神以及工业主义将在这个世界中居于支配地位，而日本天皇将成为全世界的天皇。

如果我们将现今正在大量耗费美国精力的、旷日持久的且异常艰辛的为派系和阶层而立法的活动，与日本的志向以及发展作对比，我们会被羞耻感和痛苦感击倒。一方是政客们只顾自己的利益，另一方则是宏伟的国家志向以势不可当的态势朝着一个预设的结局迈进。

当我们回顾人类的整个历史——从个人慢慢聚集起来形成各个不同的政体开始，我们发现，如今日本的武士道遇到了前所未有的攫取世界霸权的时机。这个亚洲"提尔"已经意识到了这一点，甚至大众用那种模糊且不稳定的理解事物的方式也意识到了这一点，于是那个神秘的词——武士道——的扩张时代到来了。日本的这种野心，应该不存在终点——当然也没有终点——直到要么其岛屿被摧毁得像岩石那么光秃秃的，渔夫在其上撒网捕鱼，要么日本变成了统治整个人类的武士阶层，其余的人类将为日本统治者及日本统治者的荣耀而劳作和贸易。

目前，西方国家容忍其已经在衰败的战斗精神继续衰败，而不去进行遏制或者终止，没有什么比这样做对于确保日本获得世界霸权更具有促进意义了。如果日本继续在与西方相悖的道路上前进，让民众的武士道精神远离女权运动和重商主义的污染、纯洁地存在于四十个浪人的神殿（the Temple of the Forty Ronins）之中，那么其余的人类将向东海的这些岛屿扮演阿特拉斯（Atlas）①。

古代国家的海上霸权，取决于它们是否拥有能够提供海军建设物资的地区，类似地，在现今，是否拥有陆海军基地，对于掌控海洋具有同样重要的意义。相对而言，国家的实力应该是与这些基地的数量以及安全性成正比的。

大体而言，日本的未来取决于拥有足够数量的这样的基地：它们分散在太平洋上，足以掌控往来于东西方之间的所有贸易路线。如果无法确保这些基地的存在，那么它最后将被贬谪到布满岩石的岛屿上，而且像埃及那样，尽管2900年的昏暗时光过去了，却再也无法重振声威。

15年前，日本将中国从太平洋上淘汰掉；4年前，它在同一片大洋上永久地粉碎了俄国的力量。目前它在亚洲北部海岸的战略地位，使它完全控制了这片水域以及从其海岸线上辐射出来的所有贸

---

　　　① 希腊神话中受罚以双肩掮天的巨人。——译者注

易路线。通过北海道控制鄂霍次克海（Okhotsk）以及西伯利亚北部沿海地区；通过日本岛控制日本海、俄罗斯南部沿海以及黑龙江一带地区；通过旅顺口控制渤海湾、满洲、山东、莱河（Laiho）、白河（Peiho）及鸭绿江（Yalu rivers）；通过九州岛（Kinshu）以及朝鲜控制黄海以及向南远至长江口的东海，而通过九州岛以及台湾岛控制从长江直至福建。

从陆海军的角度来说，日本如今在香港以北的亚洲海域上处于至高无上的地位。中俄两国都从这片海域上被淘汰掉了。而且日本通过与大不列颠的协议，已经巧妙地在太平洋上将英国的力量除掉，正如我们此后将要说明的那样。如今，为了获得它在太平洋的霸主地位，获得我们已经指出的那个词语所暗含的所有东西，只剩下一个国家需要被日本丢到一边去。那个国家就是美国。

正如已经指出的那样，日本的未来取决于可靠的且广泛分散的海军基地，这些基地的战略位置如此重要，以至于可以让它掌控太平洋上的所有贸易路线。日本的下一战将是争夺战略地点，涉及我们在之前的章节已经谈论过的内容。①

日本是幸运的，因为对日本太平洋安全至关重要的那些地方，不仅恰恰被美国拥有，而且美国还拥有独立的主权，一旦这些地点处于日本的控制之下，日本将毫无疑义地成为这片伟大而安宁海域的领导者。而更重要的是，日本将除掉它在争夺太平洋广阔海岸线的政治或者工业霸权中唯一需要担心的对手。一旦美国有了同中国和俄国一样的命运，那么没有国家或者国家的联合体——正如我们以后将会指明的那样——可以摧毁日本的霸权，只要它的武士道精神没有衰败或者变成女权主义，没有像龙舌兰那样在花期中枯萎。

正如已经说明的那样，日本目前所拥有的战略基地——尽管都被归入了亚洲海域——使其可以完全控制那些海域。通过查阅太平洋的海图，我们将会发现，除非与美国——而非任何其他国家——发生战争，日本将无法提升它的地位或者为未来的霸权奠定基础。美国所拥有的太平洋属地对于日本的价值，在于它们对日本在太平洋海岸线上建立未来霸权起决定性作用。这些属地包括位于太平洋

① 参见《无知之勇》上篇第九章。

北部的阿拉斯加、中部的夏威夷、南部的萨摩亚以及东部的菲律宾。

为了展现这些地方所具有的重要战略意义，我们在海图上以它们为中心画一个圆圈，半径大约等于以每小时 17 海里的速度航行 2 天半到 3 天的距离。这些圆圈的周长——也就是它们的价值所在——会随着军舰的速度或到一个海军基地（该基地的指挥官有足够的理由开战）所耗费时间的增加而相应增加。制海权所能覆盖的区域——正如这些圆圈所标明的那样——不是固定的，而是随着军舰速度的提升而不断扩张。每一次向外扩张，这些地方的价值都会有所提升。它们最终覆盖的区域或所具有的影响力无法被估算，因为那是与应用到海战中科技的进步相关联。

为了展现日本获得美国岛屿属地的诱因是不可抗拒的，我们将逐一探讨拥有那些属地之后它作为一个太平洋乃至世界大国力量的增强情况，然后得出结论。对于日本而言，这些属地具有自身蕴藏的资源及其战略价值。无论它们蕴藏的自然资源如何丰富，它们的战略价值总是更加巨大。

从本质上来说，菲律宾以及马里亚纳群岛（Ladrones）是日本领土的两倍多，在自然资源方面也是如此。不管其自身价值多么巨大，与这些岛屿在日本掌控亚洲以及亚洲霸权方面所具有的战略价值相比，都是无足轻重的。

我们已经指出，日本对于亚洲海域——从鄂霍次克海到台湾海峡——的掌控是绝对的。正如日本岛屿与亚洲北部海岸线的关系一样，菲律宾群岛与亚洲南部海岸线具有同样的战略关系，此外，菲律宾群岛还具有额外控制所有从欧洲到远东的航运路线的战略价值。对于日本而言，拥有它们比拥有朝鲜或者满洲更加必要。如果没有菲律宾群岛，日本对亚洲海域的掌控只是暂时的，而它最终霸权的建立还是崩塌都将取决于是否掌控这些岛屿。

菲律宾群岛控制着从台湾海峡到金瓯角（Cape Camao）的亚洲海岸线，整个中国南部（包括靖江、闽江和西河），还有东京湾、整个法属印度支那以及中国海和湄公河。在南边，这些岛屿控制着整个东印度群岛、马卡沙和马六甲海峡通道。而暹罗国及其海湾、马来半岛、新加坡、马六甲海峡、卡里马塔群岛和巽他群岛可以被纳入菲律宾海军基地的控制范围内。

从日本主要的海军基地，只需要三天的航程就能到达菲律宾群岛，因此，日本在菲律宾群岛的基地，就是其海军驻地的延伸，而且能让日本在相对较短的几个小时内将整个海军力量集中在菲律宾水域，随着科技的进步这将在时间上还会减少。

一旦菲律宾群岛被日本拥有，那么欧洲国家对于亚洲以及整个太平洋海域的控制权就将终结，而且永久地终止了。当英国与日本的同盟终止时，除了怀念废墟和那些不复存在的野心，她在远东的要塞对它来说已经毫无价值了。如果真的存在罗杰斯特文斯基们（Rojestvenskys）[①] 试图航行到对岸去的话，南部的每一个海峡都将成为对马海峡（Strait of Tsu‑Shima）。

掌控菲律宾群岛，不仅对日本在亚洲和太平洋的霸主地位而言是必要的，而且对日本捍卫国家安全而言，也是必不可少的。菲律宾群岛如果被一个大国掌控，会给日本造成一个最脆弱的侧翼攻击点，这比朝鲜落在同一个国家手中要危险得多。

拥有菲律宾群岛之后，日本将完成它从堪察加半岛（the peninsula of Kamchatka）到印度洋海域的岛屿要塞链，通过它，日本可以牢牢地做实亚洲对抗西方。一旦在这些海洋中的山顶上建造了城堡，其他参与竞争的人们只能徒劳地吼叫。

巴林塘海峡（the Channel Balintang）就是日本的卢比孔河（Rubicon）。

菲律宾与东太平洋的关系，同萨摩亚与南太平洋的关系相似。位于图图伊拉岛（the island of Tutuila）上的帕果‑帕果港，是南太平洋上最有价值的停泊地，如果不是优于整个海洋上的其他地方，至少也是与它们持平。这个港口可以容纳整个日本海军的两倍，而且被高耸的断崖环绕，使得外部的炮弹无法到达内部，而入口如此狭窄，以至于两艘战船不可能同时驶入。盘古（Panku）为任性的部族开辟了天地，此后，在南太平洋最有战略意义的地点挖凿出这个最完美的港口。该地决定了大洋洲、澳大利亚、新西兰的最终统

———

[①] 罗杰斯特文斯基（Rojestvensky）将军在日俄战争中的对马海峡海战中遭遇惨败。——译者注

121

治权。日本拥有它之后，把它与其他驻地联系起来，成为澳新（澳大利亚和新西兰）海域海军霸权的中心点。

正如对于南太平洋的控制取决于海军合理地利用帕果－帕果港一样，海军对北太平洋的掌控，取决于拥有阿拉斯加半岛以及半岛上具有战略意义的海港。在美国看来，阿拉斯加和菲律宾群岛一样，都是与世隔绝的，其统治权都取决于相同的因素。

对日本而言，阿拉斯加内在的价值比美国的任何其他属地都要大。拥有它之后，帝国的领土范围不仅会增加三倍，而且近乎无穷无尽的资源也会增加三倍。渔业、铁矿、煤矿、木材、铜矿以及黄金资源如此丰富，以至于日本人数众多的苦力即使来这里开采也无法在这个宝藏的盖子上留下锯痕或者刮痕，大自然以这样的方式向那个不宜居住的海滨作出补偿。即便阿拉斯加如同被大海侵蚀的岩石——海象在北极圈寒冷的阳光下慵懒地躺在这些岩石之上——一样贫瘠，它对获取太平洋的统治权除了具有战略价值之外，还拥有决定性的力量。

一支海军没有足够数量的基地，就几乎像一支海军没有枪炮或水手一样无用，但是一支舰队如果没有煤矿，就不需要基地，也不需要枪炮和水手了，所以，掌控位于海上冲突海域或其附近的煤田，如今的确决定了——而且将来更是这样——海上争斗的结果。于是我们确认了这样的一个事实：在即将到来的为掌控太平洋的战斗中，控制阿拉斯加的煤田最终对于胜利者是必要的，而且如果没有它们，不可能维持绝对的优势。

就像在古代拥有生产木材的地域对于海军霸权是必要的一样，所以对于一个要将它的控制权扩展到太平洋之上的国家而言，掌控煤田是当务之急。不论在东半球还是西半球，太平洋的整个沿岸地区——除了日本、华北以及阿拉斯加之外——都缺少质量良好的煤矿。正如我们之前已经说过的那样，就海事用途而言，日本掌控着华北和满洲的煤田。在掌控阿拉斯加之后，它对太平洋地区煤炭供给的控制将达到更高程度，而且占据着如此重要的战略要地，以至于任何其他国家都不可能针对它进行海军或陆军的冒险计划。

在阿拉斯加半岛上，海水冲蚀着储量丰富的威尔士煤矿。而且冬天受日本洋流的影响这里并不比纽约港更寒冷，半岛沿岸的港口比夏威夷群岛更靠近日本3个纬度，掌控着西经135度以西、北纬40度以北的整片海域。

如果当初没有把阿拉斯加卖给美国，俄国征服亚洲的梦想可能已经实现了，而对马海战也绝不会攻打起来。

夏威夷由于与之前描述过的战略地点相连，可以被视为太平洋上最重要的地方。如果没有拥有这些岛屿，任何国家统治太平洋的愿望都不可能实现，任何国家不可能在不拥有它们的条件下进行任何持续的海军作战或海上扩张。它们最大的价值在于几乎位于太平洋的正中心，而且距离它们最近的岛屿都超过了2000英里。它们将太平洋的北与南、东和西分割开来。它们的优势就存在于这种分割之中。

沙漠和海洋自身是最贫瘠的，但是当沙漠中有绿洲、海洋中有岛屿，人类的旅行队不管是骑骆驼还是乘船穿过荒漠或茫茫大海的时候，这些绿洲和岛屿决定了他们行进的路线。

一个这样的地方的价值不仅仅在于它自身的生产力，还在于所有那些国家——其贸易路线通过它那矗立着塔楼的海滨——的富裕程度。

大约15年前，日本已经意识到夏威夷群岛的价值，意识到任何想掌控太平洋的国家必须首先拥有它们。那时，当美国将群岛纳入管辖范围之内时，只有日本进行抗议，而且通知美国政府：日本那时不会，而且将来任何时候都不会默许这个国家对于夏威夷群岛的控制权。

如今许多年已经过去了，日本从来没有撤回抗议，而且也没有停止为适时采取行动而做的准备。美国可能忘记了，或者在征服之后就睡着了，但是那个沉默的五角大楼（Silent Pentagon）① 里——那里存放着日本天皇的权杖以及武士刀——的人们不会遗忘，在他们的睡眠状态里——梦中——也是这样。

对于日本未来的发展，无论美国每一个太平洋属地的单个价值是多么大，它们最大的价值都不是对单个战争的价值，而是对众多

---

① 日本的元老院（the Genro），或者五位资深政治家（Five Elder Statesmen）的办公地。

战争的价值——每个属地与其他属地之间的战略关系，以及与日本聚集海上力量的关系。

就一片被陆地包围而不是被陆地分割的海洋中的海军霸权而言，其主要规律可以表述如下。

（1）海军基地的数量必须与海军数量的增加成正比；

（2）当战争的成败只能依赖于舰队时，一旦海军基地的数量以及容量低于这些舰队的需求，海军的功能将被削减；

（3）拥有数量过少或者并非广泛分散的基地，意味着海军的活动被限制在战场某个确定且可能并不重要的地方，同时过度集中可能导致随后彻底的废弃；

（4）在这样的地方，海军功能相应地被削弱：在由其基地中的两三个或者更多个形成的战略三角中，存在有敌方防御工事的据点。

尽管上面某些条件的相反情形也能在海战中决定性地导致成败，还有一些有效因素可以增加上述条件的重要性。

（1）海上战争的成败，与陆地上的战争相似，主要取决于海军与四散分布的不同基地之间联络线的数量及笔直程度；

（2）由这些四散的基地所形成的战略三角（其中一个顶点位于这个国家的主要海军基地，而次要的基地构成了一个以上战略三角的顶点，这些三角与主要的海军基地无关或者相关）的最大可能数量；

（3）这些战略三角的价值，除了由它们分布的均匀性以及数量多少决定之外，还由敌方基地的位置以及数量决定：敌方基地在数量上是更多还是更少，是在那些战略三角的里面还是外面。

在陆地战争中，战争开始时所拥有的战略性据点，经常会决定战争的最终结局。在海上战争中，这种情形甚至更加明显，因为没有一定数量这样的据点，战争不可能开始。与它们的数量、防御力以及战略价值成比例，海上优势在战前就能被相应地确定了。

在太平洋这片海域中，一系列的海陆军基地的价值是由以下 3 个有效条件决定的。

（1）它们形成战略三角的数量；

（2）位于这个国家主要海军基地上的顶点，是所有三角共同顶

点的次数;

（3）在这个三角中，不存在外国的海军基地或者外国海军基地的远离程度（其程度是由互相交织的防御线数量决定的）。

正是基于这些原则，我们将谈到日本战胜美国之后太平洋的情形，看看日本将来的战略地位——与经济和地域优势无关——是否能得以充分地提升，以便决定是否提供正当的理由与美国开战。

如果在这场战争结束时，日本帝国成功地保留住了对于美国太平洋属地的控制权，那么由此可以说，我们从未听说过单个国家之间的战争曾在结果方面如此重要，且对单个国家霸权下世界帝国的形成如此必要。这场战争之后，日本的地位将是什么，以及这种地位与未来掌控世界之间的关系是什么。从日本发射出来8个战略三角（有一个共同的顶点位于日本）扩散到太平洋上，另外4个战略三角（它们的顶点与日本无关，但是与在日本的那个主要顶点相连接）环绕在上述三角周围并形成一个向外的防御圈。

在这12个战略三角内，不会找到一个他国的大本营，而每一个被他国拥有的海军基地及其联络线，将会遭受到来自于2~8个不同的日方基地的攻击。太平洋上的任何他国舰队，在这片海域的任何地方，都容易遭受到日本海军的进攻。没有一个国家会尝试着让自己比日本海军数量少的舰队，穿越日本互相交错的防御线，从一个基地转移到另外一个海军基地。

在太平洋贸易线上的任何地方，日本海军都能进行战斗，而且都在至少两个不同基地3天航程范围之内。通过阿拉斯加—萨摩亚—夏威夷的海下电缆，位于江户皇居之中的日本天皇，在任何时刻，不仅可以同那些广泛分散的港口，而且还可以同航行在太平洋之上的任何一艘日本军舰，进行直接和同时的联络。这些不同的基地及其附属群岛所坐落的位置，使得所有日本军舰都位于它们其中某个无线电联络范围之内。如果日本天皇在黎明前询问："我的战舰在哪里？"舰队的司令将会在他面前摆上太平洋的海图，用大头针标出每一个鱼雷艇和战舰那时的位置——它们都正在穿越大海在黑夜航行。

科技已经将这片广大的海洋缩减成如此狭小的空间，以至于日本的舰队虽然四处遍及，但是它们仍旧可以处于东京司令官的指挥之下，似乎它们是位于他视线内的一只小舰队那样。

在掌控太平洋的这 12 个战略三角中，可以找到一个点，在这里日本能在 10 天时间里将其整个海军的 7/10 集结起来，既不需要运煤船，也不需要物资供给和医疗船，也没有在海上导致死亡的包袱。不管集结地点位于海洋的什么角落，这些舰队都可以在任何时间从一个或多个海军基地出发，在 3 天之内到达。

这场战争之后，日本海陆军的地位是如此牢固，以至于没有任何国家或国家联合体能去攻击它。从海上这个巨大而坚固的城堡，日本海陆军可以俯视整个世界，并对它的愤怒和恐惧一笑置之，这个岛上的民族不欠上天任何东西，也没有激怒任何神明。

以世界的 1/3 为基础，日本将开始建造一个新的帝国。西方国家的军事能力由于海牙会议，由于女权主义、重商主义及社会主义这些破坏性的疾病而继续衰败，这些国家将一个一个地走进巨大的坟墓之中，而在适当的时候，在其上将升起三趾龙（Three - Toed Dragon）的宝座。

我们知道西方近几年一直在对它称之为"黄祸"的一个危机喃喃自语。在梦境中，它已经看见了朦胧的影子，这个影子由于模糊不清的意识而变淡甚至变得苍白，而在这种由于恐惧而变得微弱的意识中，幻觉肆虐开来。在西方国家的恐惧和梦幻中存在的这些虚构的怪物，就是那些可以被称之为潜在意识的东西——荒谬且可怕，但实际上所有那些虚幻的东西都来源于真实的事情，只是由于大众思想中存在的奇特昏睡状态而被转移至最虚幻的区域。

"黄祸"就属于这个虚幻的区域。

自从西方与东方在政治以及商业上进行密切接触之后，西方依靠直觉意识到了危机的存在。这种直觉是正确的，但是就危机的源起和结局所做的推理则是在昏昏欲睡中犯下的错误。在这种关于"黄祸"起源的错误认识中，西方人只是重复了人类各部族曾做过无数次的事情。

对东方的恐惧本能地渗透进了西方的意识之中，整个西方问道"它将从何处来？"问题的答案将"黄祸"归咎于中国，因为它幅员辽阔。这自然是基于对什么是征服力的误解，这种误解历史悠久且普遍存在。

整个世界绝没有认识到什么能真正决定一个国家的战斗力，直至太迟的时候。

真正的战斗力属于原始且同质的民族，他们的政治权力仅限于最少数量的人掌控，甚至掌握在一个人的手中。国家战斗力的强弱与社会及政治组织复杂程度成反比，于是，一个国家越大，它的居民由于嗜好的多样性而变得越个人主义，这个国家就越不可能成为一个克敌制胜的强国。正因如此，我们总会发现一个国家的攻取阶段出现在它的最早期，也就是它刚进入国际大家庭的时候。

中国人的攻取阶段随着 2100 年前的秦始皇的诞生而结束。长城的建立标志着这个阶段的终结。

西方的误解是一个具有悠久历史的错误。

如果在公元前 3 世纪，像波斯和埃及这样的大帝国在昏昏欲睡中意识到了威胁的存在——毫无疑问它们正是这样的——它们就犯了目前西方人正在犯的同样的错误。它们中谁也没有想到，在巴尔干半岛贫穷且人烟稀少（实际上只有老鹰在盘旋）的荒凉山区中，一只年轻的灰色老鹰会俯冲下来，将它们像咩咩叫的羊羔一样吞噬。

7 世纪的帝国，谁也不会害怕在阿拉伯沙漠荒凉地带生活的野蛮骑马者。尽管在某个时候，所有的人都会被这些游牧民族的铁蹄所践踏。

13 世纪所有的伟大帝国，没有一个不害怕同样的危机，没有一个不被同样的幽灵所困扰。然而中国中原地区、印度、中亚和东欧的帝国或王国都没有意识到——尽管有种莫名的恐惧让它们十分担忧——除了那些它们所害怕的地域辽阔的国家之外还有什么危险的来源。由某些掠夺者和它们的牧群在戈壁滩上悠闲的漫步所带来的恐惧并没有降临在他们身上。但是让人恐惧的力量突然越过沙漠，这些游牧民进攻了整个世界，并在众多的王国面前挥舞着他们带有牛味的旗帜。

同样地，在中国巨大阴影的遮蔽下，那 4 个布满岩石的岛屿已经被人们忽视了。

第五章

日美海军实力的比较

一个人很难将自己国家的海陆军实力与另一个国家（该国因试图获取其控制范围以外的资源，而进入一场争夺霸权的斗争中，除非通过战争，否则无法达成目的）进行公正比较。不管一个人多么真诚地努力不让自己存有偏见，不让自己对祖国的威猛过于自信，然而现代战争如此错综复杂，而且自我欺骗的潜在力量如此强大，以至于即使一个人做出了最真诚的努力也会倾向于偏私，而其推理也会变得不公正。

人们天真地期望，那些对和平而言非常重要的条件在战时也能同样如此，尽管这些条件并非是进行现代战争所必需的。不幸抑或幸运的是，实际上，那些如此牢固地刻画在大众脑海中的战争的样貌已经不复存在了，它们已经出现了巨大的改变。由此导致的结果是，就现代作战及获胜的必要条件而言，盲目的爱国主义这种观念几乎一无是处。

大众的这些错误观点存在两个方面，它们相辅相成，在差别对待的伪装之下成就了它们的自我欺骗。一方面是因为盲目的爱国主义而夸大了自己国家的实力，而另一方面是夸大了敌人的无能。当我们总是把注意力集中在胜利上时，就会对获取它的困难视而不见。正是由于这种自发的盲目性，我们没有察觉到自己的弱点或敌人实力的来源。他们的威猛在我们之中没有获得虔诚的信徒，也没有其代言人。

在个人的生活中，一个人如果对自己的能力或才干进行自我欺骗，不论是出于自大还是无知，其结果都会很不幸，这样的人会被视为是吹嘘者，不仅不值得相信，而且不值得同情。对于他的不幸，大众会幸灾乐祸，并将其视为应得的报应，因为这个人自负到连一般的可以揭穿敌手实力的预防措施都没有使用。

国家只不过是个人的聚合体，所有那些驱动个人或是成为个人一部分的事物，从更大的意义上来说，会驱动国家或是成为国家的一部分。要让国家避免犯错，就需要去启迪个人。只有个人到达了善于接受事实的那种程度，一个国家才能避免由自负而导致的毁灭。

对于自己的国家，一个人首先应该担负的责任，是意识到他不能够用自满得意去抵消所欠国家的债务；他的吹嘘不但没有意义，而且只是他应该表达的真实感情的仿冒品。在国家的生存竞争中，人们的自负没有一席之地。

在对日本和美国的海军力量进行比较时，最常见的做法是比较每一支海军所拥有的舰船数量以及吨位，然后仅仅通过减法就去判断哪一支海军更强大。这种判断方法在人们中普遍存在，这样与实力相关的所有问题都可以用直观对比的方式来获得答案。然而，处于如今这个年代，科技被纳入到了海军建设的每一个环节之中，海军优势的真正评判标准是由这种建设的效率以及战前和战中的科学指挥决定的。必须对这些因素予以战略性的考虑：它们在战时会减少或增加指挥官的作战时机，从而相应地减少或增加他们获胜的概率。那些试图对现代战争的结果做出某种精确判断的人，必须对上述情况予以详细调查。

近来，没有一种欺骗的手段能像统计表格那样得到如此广泛的应用。它们在这个充满计算和统计的年代中已经变成了神物，比原始人类创造奇迹的魔力还要强大。1904 年初，这些表格让俄国的海军成为世界第三，而日本的海军则位于强国中的最末位。

然而在当年 5 月的某个下午，仅仅经过几个小时，俄国的海军就不复存在了。

在现今的统计表格中，我们发现，如果按照舰船及其吨位的标准进行排序，那么美国海军排名第三，而日本海军排名第五。通常这就是肤浅的观察者至多能得出的认识。对他而言，排名第五的海军力量不可能在海军优势地位方面与排名第三的相抗衡，这是不言而喻的。然而，每一个希望得到公正结论的人首先要做的事情，就是去揭开上述认识是否正确，去揭开海军优势地位的真正决定因素是否与舰船的这个列表相一致（或者在某种程度上并不是这样）。

在现代海军战争中，存在三条战线，它们是由战舰、装甲巡洋舰和鱼雷艇组成的。统计表显示，在战舰方面，美国优于日本，尽管在装甲巡洋舰和鱼雷艇方面相对较弱。但是自从对马海战以来，一种新型的战舰产生，它所拥有的战斗力相当于现今美国海军中的任意三艘战舰之和。尽管美国战舰在数量上超过了日本，① 但是日本拥有的大口径大炮比美国多了近30%。②

海战获胜的概率据说由战斗中所使用的武器和手段的效率决定，然而这种概率的大小与指挥官对其所要执行的任务擅长与否相关，随着每年任务变得越来越复杂，相应产生的压力持续时间越来越长且越来越令人疲倦，于是这些巨大舰船指挥者所具有的能量，只有当他们的精力未被削弱而且他们的心态仍旧保有年轻人的那种敏锐机警时，才能够持久。

所有部落的神明从未在大海放上这样的怪物——就像现在的人放于其上的那样。去凝视它们就会产生惊叹，去了解它们就会去仰望这些神明并微笑。它们绝不像铁块那么柔弱。在浪花汹涌的大海之下，它们钢制的肠子摩擦着，隆隆作响，以挖掘的岩石作为食物。它们的动脉是钢制的，神经是铜制的，血是红色的，而烟是蓝色的。带着超自然的预知能力，它们凝视太空。它们尖锐的声音穿越狂风，在1000英里的海面上窃窃私语。它们可以摧毁人类用肉眼无法看到的东西。

但是，所有这种大型物体的活动都需要由单个人活跃的年轻头脑去完成其目标，如果这个头脑是倦怠的，这种大型物体就是没有价值的。一旦那个头脑的才干和精力出现衰败，或者被岁月（它偷走了年轻人快速的领悟力）所损耗，那么由这些怪物带来的所有恐怖就会消失，怪物们再次回到无生命的状态。

由于人的这种自然衰败过程，美国海军即使在建设和管理中的

---

① 参见附录4。
② 罗杰斯特文斯基司令说："我们炮台强有力的大炮导致了日方的伤亡，而他们大口径的大炮摧毁了我们的舰队。"

其他各个方面都是完美的，但是其指挥系统目前的状况将抵消所有的完美，而且构成一支伟大海军的那些所有要素将在一个下午的某几个小时里全部消失。因为在这个国家中，将军直至56岁才会得到任命，而在日本，这样的军官其平均年龄是38岁，他们之间的差距将近有20岁。这还不是全部。在美国海军之中，将军在这个级别上只有四年半的任职时间，而日本人则有8年的时间，这样使得他们有两倍的经验，尽管他们年轻20岁。①

正如陆军的成功完全取决于将军的能力一样，在未来的大型海战中，舰队（而不是单艘战舰）将加入战争之中，其成功主要取决于舰队司令官的才能、精力以及经验。在美国海军中，海军少将直至60岁高龄才会得到委任，而在日本，军官在44岁就被授予了这个军衔。在美国，舰队司令官在这个级别上只能有1年半的时间，而在日本，这样的军官的任期可以有11年的时间。②

美国海军无论存在什么样的弱点，是这个国家而不是海军应对其承担责任。在许多舰船中，武器并不位于关键的地位；③ 主要的装甲带自身就被错误摆放；④ 炮门如此之大，而附属的炮台如此摆放，以至于将大炮和炮手暴露于敌人打击之下；⑤ 海军没有足够的鱼雷保护；⑥ 炮甲板如此低，以至于在不同的大海航行条件下舰船的部分武器会处于无用状态，⑦ 所有这些都不是海军的过错。由于这个国家的漠不关心——正如它的立法代表们所表现的那样——这些事情已经发生了，而且在适当的时候会将过去所有的胜利成果一笔勾销。

然而，这些弱点并不影响存在于日本和美国之间的海军形势；用于衡量日本和美国太平洋海军实力的条件，并不仅仅限于舰船的情况。无论是完美还是无用，这些舰船都不能长时间服役。短暂而脆弱，这些人类的巨大建造物并不能经久存在。如果它们没有在一

---

① 参见附录5。
② 参见附录5。
③ 参见附录6A。
④ 参见附录6B。
⑤ 参见附录6C。
⑥ 参见附录6D。
⑦ 参见附录6E。

个小时的悲剧中消失，它们的生命也不过是 20 年的时间。

因此，海军力量的真正对比，不是基于海军一览表，也不是基于舰船的好坏，而是基于构建了海军且塑造了国家使命的那些因素。只有在这样的比较之中，我们才能够搞清什么样的海军力量是美国需要维持的，以便保持对日本的优势，只要两者在太平洋的利益是相互冲突的。在现代社会中，战争的所有阶段每年都会由于科技和发明的进展而被改变，每个国家的陆海军都必须伴随这些改变而进行相应地更新。在美国仍旧盛行的那个旧观念认为，陆军和海军只是暂时的权宜之计，只有在战争中才会存在，一旦战争结束就会被丢到一边。这种观念迟早会将这个国家拖进几乎没有人能够爬得出来的深渊。现在──而且将来更是如此──必须在和平时期为战争做好所有的准备，甚至于在可能的战场上进行假想战争。无论哪个国家忽视了这些预先的准备工作，注定都会被打败。

政府必须将海军视为与国家共存的事物，而且只要国家存在，海军都应该不断地为战争做好准备；随着国家政治地位的提升，海军需要相应地扩大规模并提高效率；海军应随着科技和发明的进步而增强，这样它才能够时刻准备着去面对在晴朗的天空中突然降临在国家之上的那些古老的风暴。在现代社会中，存在四个因素要求海军建设具有持续性且国家的海军政策具有预见性。

虽然一艘战舰能服役近 20 年，但它的功能可能在几个月之内就消失了。建造这样的舰船不仅需要许多年的时间，而且建造它们的设备是有限的。因此，一个国家被摧毁的舰队或那些由于海军科技的发展而变得无用的舰队在被更替之前，好几场战争或许已经分出了胜负。一个国家海军的潜力，不是由某个年份的产量，而是由这种产量所能持续的年限决定；不是由复兴和衰败交替出现的周期，而是由确保海军建设及其卓越性的一贯政策所决定，而这种卓越性是由随着国家政治地位的提升以及海军发明的进展所决定的。为了实现这一点，海军必须远离政治的影响，因为政治只拥有暂时的理想，而这些理想只具有暂时的重要性。但是这个国家没有丢弃这种特有的做法（该做法在共和国形式的政府中尤其突出）：将陆海军作为一场战争的权宜之计，而不是将其作为国家安全的永久基础。这种政策在过去或许是可行的，但如今再也不能这样了，而且每年都会减少它存在的可能性。

尽管目前美国海军是其拥有过的最强大的海军，但它却是大灾祸的一个例证，是在军事衰败而形成的废墟上偶然生长出来的。它不是由国家的理想而导致的结果，只是通过政府当局费心的努力才获得的。如果这种管理模式由一种非战的模式所替代，那么在不到四年的时间里，美国的海军将成为所有大国海军中最低效的一个。

在一定时期内，国家海军政策的持续性，成为两国海军较量的真正基础。

在日本，陆军和海军置于政治所能影响的范围之外。① 大臣们可能升职或者倒台，但是陆军和海军的发展不会受到阻碍，它们与帝国自身的生命及伟大同时存在。但是在美国，海军的发展不仅没有持续性，而且也没有远离政治的束缚。

一艘战舰的有效使用期非常短暂，它的功能可能随时都在削弱，最终使其事实报废。这样的例证可以从日俄战争后海军结构的变化中找到，那时，因为引进了"无畏"号战舰，单个舰船的战斗力变成了原来的 3 倍。因此，无论什么时候海军建设发生突然且激进的变革，海军体系灵活的国家（它远离了政治的所有束缚），都会在最短的时间里调整它的海军政策，让它自己在那些国家（这些国家的海军部门是各个政治党派之间争夺的对象）甚至还没有意识到这种变更的必要性之前就适应了新的形势。正是由于这一点，在现代战争中，日本海军的战斗力比美国海军的更加强大。②

日本用两年可以建成一艘新型的 2 万吨战舰，用更少的时间可以建成一艘装甲巡洋舰。而美国需要用超过五年的时间建成一艘 1.6 万吨的战舰，需要用五年零两个月的时间建成一艘装甲巡洋舰。到 1909 年，日本将有 4 艘这样的新型战舰，而美国则一艘都没有；到 1911 年，日本将有 8 艘，而美国只有 2 艘。这种比率将会持续存在，只要美国的海军仍旧受到公众漠不关心态度的影响以及政治的操控：在一届政府或国会中，海军具有时断时续的活力，但在军舰

① 日本内阁中的变化不会影响陆海军大臣。他们几乎像天皇那样远离政治的影响。

② 参见附录 4。

建造方面却是过时的；在另一届政府或国会中，海军则处于休眠、衰败和被忽略的状态。

我们现在将讨论海战中的决定因素，从中将会发现海军力量的真正对比是一种战略的对比。与其他国家相关联，任何国家的海军力量都不是恒定的。一个舰队的功效，随着其主要基地与战场之间距离的增加或缩减而相应减小或增大。海军的功能是由其海军基地的多样性、分散性以及效能决定的。如果没有这些基地，海军的功能则随着海军规模的增大而相应减小。

在前面的章节，我们已经清楚地展现了太平洋的战略潜在价值、日本与这些潜在价值的关系以及它已经拥有的险要地点。具体而言，现今的战略形势是，整个日本的海军力量（不仅它的舰队，而且它的海军仓库、码头、兵工厂、人口以及资源）都位于太平洋的战略中心，而美国的海军基地和资源则位于大西洋，距离这场即将发生战争的区域有 1.7 万英里。在这种情况之下，美国的海军规模越大，越无法避免在太平洋上发生战争。

如何克服这些困难是美国首先要考虑的事情，这样才具备两国海军比较的根本基础。前一章已经很清楚地指出，为了在太平洋上保存一支舰队，这个国家必须要达成以下共识：在菲律宾、夏威夷、阿拉斯加、华盛顿、俄勒冈以及加利福尼亚建立海军基地，同时还要周密地防备来自陆地上的攻击，并在太平洋上保存等同于整个日本海军力量的舰队。然而，所有的这些都没有达成，甚至连萌芽状态都不存在，而美国不仅不打算去补救，反而在整个美国中已经出现了积极反对的做法。除非在和平时期将上述工作完成，否则日本将会在战争中实现它的那些抱负。

后面的各章将逐步展现：太平洋如何被最终征服，美国对太平洋的统治如何被根除，以及美国如何沦为与中国和俄国相同的命运。

如果美国海军总吨位以及舰船的数量是现在的两倍，而其他所有的条件保持不变，这将不会在任何方面或任何程度上影响这场即将到来的战争的最终结果。对太平洋的征服已经不再是舰船的吨位数量或者那个古老而过时的列表所能解释的了。

第六章

日美陆军实力的比较

各个国家——尤其是共和国——经常会用极端方式去拥护某些受大众欢迎的议案。在刚刚过去的几年里，在为了让海军与美国政治发展相称而进行的斗争中，的确存在这样的情况。于是，有关海军扩张的倡议给大众造成了一种错误的印象，即它不是出于海军发展的必要性，而是为了完成海军之外雄心勃勃的事业。

一个国家如果没有与其所承担的政治责任相称的海军，那不久就会被剥夺其海外的权力。但是，一个国家如果全部依赖于海军，就会将自己置于一种境地之中，不但会失去海军以及岛屿属地，而且在其疆土内也会遭受战败，其世界地位也会随之丧失。

现在以及将来，海战都不会决定国际冲突的结局。在某些例子中，海军的胜利可能产生一些条件从而加速战争的终结，但是国家的这种衰弱状态是有问题的。只有那些忽视了国际战争规律的人，才会无法理解胜败是与一个国家总体的实力相关联的。

在战争中，只有通过打击他国政府的力量、损伤其资源及捍卫自己对抗打击的能力，才能够影响、削弱乃至摧毁这个国家。即使德国整个海军都被沉入了北海，英国也不会比今天更靠近柏林，而它强加于德意志帝国的要求，也不会比德国海军毁灭之前的任一时候实现得更多。现代贸易和交换渠道的复杂多样使得封锁不可能实现。

假设美国的整个海军突然在一场风暴或战争中被彻底摧毁了，它也不会对美国的政府、资源或国力产生任何影响。因为所有的战争都由陆战决定，在将来也是如此。

海战因为远离国家所在的大陆，对国家的影响就像一场单独的战争所带来的影响那样。相对于整个国家而言，单次战争中死亡的人数是不重要的，因为这个国家的政治机构、规避战争的方式和人们对战争的态度都不会受到任何影响。当一个国家的海军被摧毁以后，它将继续进行陆地的抵抗，只有在其陆军也被击败，领土和资源被敌人占有，才能被视为投降。

海军只不过是一国军事力量的一部分，它本身也是由士兵构成的。但最近这些年似乎将它看成一个独立机构，这样就误解了战争的本质特征。现今的海军比以前更加依赖于一个国家的地面部队。

从任何层面来说，海军都不能独立生存。维持它们所必需的物资都不能从海洋获得。那个广袤无边的战场——它们的战斗或战役在那里进行——和沙漠一样荒芜。因此，对于国家已经或希望建立治权的每一片海域，海军基地和舰队都是必备的条件。

正如我们在前面的章节中所说明的那样，每一个海军基地都是一定范围内海军活动的中心，该范围的半径是由以它为基地的舰队航行的能力决定的。

海军基地的价值随着半径远端点之间距离的平方数增加而减少。①

一个国家如果想在任何一片海域中称霸，必须遵循这个规律，即其海军基地之间的距离绝不能超过任何两个海军基地半径的总和。

从根本上来说，海军基地的安全取决于它们的陆地防御能力。在所有紧急事件中指望海军自己保护自己的基地，就意味着让陆海军的科学沦为谬误。仅仅试图通过永久的炮台来保护海军基地，是忽视了现代运输方式对海港防御价值的影响。如果敌人一旦暂时获得制海权，并拥有足够的运输舰，那他们可以通过陆路进攻的方式控制海军基地，除非我们能动用机动部队从后方阻止他们。现代海港防御工事由一连串固定的炮台组成，而它们唯一的防卫取决于陆军，这些陆军在规模及效率方面应该与敌人为试图攻占的海港而登陆的军队相当。

美国缺乏防卫足够牢固的海军基地以及实力足够强大的海军，

① 远端点指半径在圆周上的那个点；将两基地连成一条直线，两基地各自半径的远端点之间距离因圆相离、相切和相交出现三种情况，故取距离的平方数。——译者注

以克服对日海战中天然的战略障碍，因此会暂时失去太平洋的属地——这在将来必然会发生——这将意味着它将不能在同一场战争或同一片海域中再次发动海军作战，这一点我们以后会予以展现。美国和日本之间的战争将在陆地上进行。从战争的开始直到结束，是陆军而不是海军将构成这场即将到来的战争中的决定性因素。

要就日美双方的陆军、总的军事体系及潜在军事力量进行公正的比较，从某些方面来说，是一件困难的事情。爱国主义以及偏见容易使人们看不到全部事实，即使人们已经尽可能地避免偏袒和同情。正是由于事实如此冷酷无情却又无法辩驳，我们书中可能展现另一种痛苦，这比曾经表达过的要更加令人沮丧且预示着更大的不幸。

陆军的价值不是由它们的规模大小来衡量的，而是由它们建制的完美程度、激励它们的精神以及在运用它们的过程中所展现出来的技巧决定的。

陆军的战斗力并非在所有的战场或者针对所有的国家都是恒定的。德国可以投入到战场以对抗中国的最大军事力量，可能比它投入到新泽西或者抵抗奥地利和法国的要少得多。在海军的比较中，认为一个国家在军事力量上排第一而另外一个国家排第六或第七，这样的观点是错误的。对于陆军而言，正如海军一样，如果要在两个国家之间就军力进行公正的比较，笼统的概括是不可行的。

在讨论交战双方陆军的实力时，必须从其内部进行细致的比较，而且还需要与战场及现有的战略条件相联系。有时候，一个国家的战略位置如此有利，以至于对方需要增加额外的兵力，以克服天然的屏障。另外，有些事物在和平时期似乎是一种妨碍，在战时却经常会变成一种实际的帮助。

首先要考虑的是两方军队内在的优点或缺点。在现代社会中进行这种比较，尽管不够精确，但与以前相比，可以比较的范围变得更加宽阔。随着科技更彻底地进入军队的构建以及事务之中，军队的训练更需要局限于和平时期，训练时间也需要持续得更长久。根据训练的彻底程度，以及其与战时条件或实际情况的相似程度，我们可以在和平时期对一个军队战时能力做出估计。

日本能立即投入到战场之中的兵力超过 125 万人①，他们中的所有人在正规军以及特殊服务队中受过 3 年的训练。超过 80 万人具有 1 年到 1 年半对俄战争的额外经历。从严格意义上来说，日本军队的军官受过军事科学以及实战中各种紧急状况的训练。

在对俄战争中，日本军队的效率在最细微的地方都超越了至今参战的任何军队。这种高效性主要是出于以下事实：现代日本的军队直到普法战争之后才被组建。

日本还不存在那些带有偏见的组织，那些组织会妨碍国家陆军的改组。另外，日本国民的特点使德国式军国主义在日本发展到一个高水平，日本旧式封建体系得以融入德国现代封建体系之中。同时，天皇体制中保留了军事国家的首要特点——权力的绝对集中化。② 日本在国家生活的各个阶段都饱含军国主义精神。国家崇奉军事：整个帝国以九段山（Hills of Kudan）作为脊梁，那里的神庙中供奉着战殁者；国家的社会组织建立在武士阶层地位至高的基础之上；商人的地位居于那些在泥土和海洋中辛勤劳作的人们之下；国家崇尚武士道，推崇配备武器的国家事业的忠实拥护者以及他们的行为方式。

在和平时期，美国的陆军受到国会的限制只有 10 万人，由于大众对于军事活动的漠不关心以及偏见，这些力量被进一步削减不到 5 万人。日本现代军事的发展是在普法战争之后，从同样的意义来说，美国的军事体系在拿破仑战争之前就产生了，美国现今的军事系统是 150 年前的欧洲系统，它不仅没有发展，某些方面反而还倒退了。如果对日本作战，美国根本无法从驻守的常备军中调遣 2 万人的战地部队到太平洋战场参战，而实际需要的却是 6 万人。

在美国的常备军以及民兵中，军事组织的建构缺乏那些以战争为基础的要素。没有参谋；没有部队组织；没有调遣的计划；没有运输方式；没有针对大量军队的后勤保障；没有军事装备，也无法

---

① "为对抗我们，日本投入到战场中各种类型的部队，数量是 150 万人，或者可以说比我们总参谋部所估计到的人数的三倍还要多。"——库罗巴特金（Kuropatkin）。

② "日本的力量在于它的人民、军队和政府彻底的团结一致，正是这种团结一致给它带来了胜利。"——库罗巴特金。

生产装备。日本受过科学训练的军官超过 5 万人，而美国则不到 4000 人。在一场对日本的作战中，美国需要调遣与日本投入战场力量相当的军队，结果会让美国的陆军处于军官的指挥之下，而这些军官中有92％的数量不仅对于战争科学是完全无知的，而且，他们由于是凭借政治偏袒而非军事能力被任命的，因此他们只会表现出低劣和无能。① 即使普通的志愿军士兵能够像日本军队那么有效率，他们也只能在无能的军官带领下走向灾难和屠杀。

每一支军队的功能都是由其军官团体的能力所决定。尽管这是不言自明的，但是人们还没有完全意识到，在大战中，将领的天赋、知识、能力及经验比其他任何因素更能决定战斗的成败。拜美国的体系所赐，在作战时，没有一个美国军官曾经在和平或战争年代带领过军队。而日本的将领已经接受过洗礼，他们受过行军训练，关注战争并参加过实战，在有效的后勤保障下调遣军队，用精确的军事科学知识同时与几支军队作战。

战争的胜负，主要取决于一支军队相对于另一支军队而言，其到达战场以及在战场中作战时所具有的速度。随着战场与参战者主要基地之间的距离增加以及其区域的扩大，军队的效能更加依赖于运输兵力的速度以及能力。在占领战场中的战略地点时，如果一个军队的调遣受到限制或被延迟，其效能就会相应减少。如果战场是跨大洋的，而运输的方式却是有限的，那么国内庞大的军队就会缩减为分遣队的规模，因为它是由运输舰队每个航程的运载能力决定的。

实际上，现代的运输以及交通条件在缩小世界范围的同时，也在相应程度上增加了现代以及未来战争的作战范围。因此，所有的国家都必须捍卫那些各自孤立的岛屿属地，必须捍卫一片辽阔的大陆领地，以便在和平时期提供良好的运输条件。

如果美国现在和另外一个国家作战，需要运输 10 万军队到菲律宾，那么美国需要动用 8 艘跨太平洋美国轮船（即美国在太平洋上的所有商船），且要耗费 2 年的时间进行运输。为了阻止美国军队登陆，其他国家需要一支人数不超过美方每个航程运输力的军

---

① 参见附录8A。

队。在跨大洋的战争中，美国陆军实力在一定程度上是由美国的运输能力所决定。近来美国已经清楚地知道这些运输条件是完全不存在的，因为它目睹了 16 艘美国战舰由 28 艘插着外国旗帜的船只护送这个可悲且具有不详预兆的场景，如果没有这些外国船只，美国战舰甚至都不能越过其大西洋基地所在的范围，而太平洋的旅程则完全是无用的空想。

日本作为一个岛屿帝国，在它进入世界大家庭的早期，就被迫意识到它的国家疆域将仅限于它的岛屿，只要它无法自由地在大海上活动。在政府的激励和指挥下，海上自由活动的必要性已经促使日本形成了一套海上商队系统，它们在战时形势需要的情况下，可以直接处于政府的支配之下。日本的这些运输舰队由 100 艘轮船组成，其大小从 1000 吨至 14000 吨不等。① 这些舰队可以一次性运输 20 万人以及他们的整个装备。这些船只离开日本的港口之后，可以在 5 天之内到达菲律宾；14 天内到达夏威夷；22 天内到达加利福尼亚的海滨；不到 20 天的时间到达阿拉斯加、华盛顿以及俄勒冈的海滨。

在本书的上篇②中，我们已经论述过在现代战争中志愿军是无能的，也谈到了美国志愿军是无能的，正如美国历史中的战争所展现的那样。我们现在将探讨美国的正规军，以判断在对日战争中它是否可以成为核心战斗力，并以其为基础，在 2～3 年的时间建成一支规模适当的军队。为此，我们将通过永久和平环境下的例证，去展现军队之中每一个部分的实际状态，这样每个人自己就可以评判军队发挥的功能或者不足之处。

在一场国际战争中，如果敌方已经获得了制海权，那么港口以及海岸线上的防御工事应该成为一个国家的首道防御线。然而，在阿拉斯加、夏威夷、萨摩亚以及菲律宾，并不存在这样的防御工事。在太平洋海岸线上，圣地亚哥（San Diego）、旧金山、哥伦比亚河以及普吉特海湾依靠要塞获得保护，它们处于一片平静安宁之中，然而鉴于它们毫无防御能力以及战斗力，这种平静安宁状态只不

---

① 参见附录 7。

② 参见上篇第 4 章；附录 8。

过是大众对于军事事务漠不关心以及愚昧无知的一个可怕例证。时不时地，在这个国家的不同地方发出了建设更多防御工事的呼声，但其实际意义只不过是令人厌恶的报丧女妖，因为这些呼声回避了军事上的义务，并将国家安危的责任托付给了无生命的战争武器。

美国海岸线的防御工事由 67 个要塞组成，保卫着 28 个海港。1906 年 12 月，战争部长（the Secretary of War）告知国会，在建成的所有炮台中，有 268 个是不能使用的，只有 124 个可以使用。这意味着安放的 1100 门大炮中，只有 390 门可以使用。如果人员配备齐全，那么 67 个要塞共需要 1634 名军官和 40675 名士兵。而如今只有 357 名军官和 10700 名士兵，这些人仅仅用来防止大炮或机器生锈恐怕都不够。

海岸要塞炮兵部队是陆军之中最专业的部队之一，要求士兵具有较高的才能并受过正规的训练。如果在战争开始之后，用招募的平民去顶替他们的位置，就如同让一个销售员去进行地质勘探，或者用一名铁皮匠去完成电气工程的工作一样。

美国的常备军，即使将所有的部队全部计算在内，还要比法律要求的最少数量低 30% 以上，这与其说是政府的过错，还不如说是大众对于军事的轻蔑态度造成的，它应该对美国军队数量过少以及军队极度缺乏活力和团队精神的状况负责。

即便军队处于这种匮乏的状态中，少尉（second lieutenant）这个级别的军官还缺少差不多 38% 的人员。在海岸要塞炮兵（Coast Artillery）中，30% 的连队没有队长，63% 的连队没有规定数量的中尉。在由 30 个炮台组成的野战炮兵（Field Artillery）军队中，22 个没有达到规定数量的军官。有些炮台被削减至只有 2 门大炮和 40 名人员。步兵的情况也不好。在第 11 团（the Eleventh Regiment）中，我们发现由 7 名士兵以及 4 名士官组成的一支军队。

很久之前圣西尔元帅（Marshal St. Cyr）曾经说过，每一支军队都是由三种类型的士兵组成的：1/3 的士兵生性勇敢，1/3 的士兵生性懦弱，另外 1/3 的士兵可以通过军官良好的组织指挥以及严明的纪律而转变成为勇敢的士兵。然而，如果缺乏良好的军事指挥能力，或者纪律不严，那么中间的 1/3 就会被自然地堕入胆小的 1/3 中去。这样的例证在美国的许多战场上已经屡见不鲜。这并不是一个警告，实际上，美国目前的军事组织状态表明，和平时期那些在军队组织及管理中所必需的条件（圣西尔元帅以及全世界的经验都已经表明了它们的重要性）已经完全缺失了。①

和平时期对军队的实战价值的评判往往是谬误的。和平时期只可能对各自军备、军事体系以及军队数量的优劣进行评判。通过这样的比较，人们才可以就胜利的可能性得出合理的结论。此外，还必须考虑民族或国家的战斗精神，相对其他因素，军事的成败更取决于它。它绝不是由于战争自身变化无常而形成的一种不可预测的东西。在战前就可以从量乃至质的角度来判定所有民族国家是拥有还是缺乏这种战斗精神。和平时期，可以根据国家整体上对于军事活动的态度以及士兵与平民在社会中所具有的相对地位，来判断这种精神的存在或是缺失。

如果一个国家的理想、国家及其国民的信仰和抱负是与战斗相关的，正如日本那样，那么人们可以发现其战斗精神得到了高度的提升。然而，在美国，不仅个人对于军事理想存有偏见，而且整个大众对它是憎恶的，政客、报纸、教会、大学、工会、理论家以及组织起来的社团都对它存有敌意。他们与这种战斗精神作斗争，似乎它是一种社会的灾难或是国家的罪行。在这些情况之下，除了最低劣的形态之外，战斗精神几乎不存在，尽管其中的意味非常令人担忧，但已经成为美国的常态。

对军队的纪律、士气和战斗力、忠诚度以及献身精神进行评判，可以有两种途径：在战斗中，是否存在士兵因为怯懦而逃跑的现象；在和平时期，是否存在士兵因违抗命令而逃跑的现象。事关士兵荣誉的十诫（the Ten Commandments）源于一次逃兵行为被完全打破。根据这种军事罪行的少见抑或是盛行，我们就可以判断国家的非战意识及对军事理想的憎恶等观念对士兵产生的影响。逃兵是世俗生活而不是军事制度的产物。

在日本从未出现过一个逃兵。

而 1906 年，美国一支仅有 6 万人的国家军队中就出现了 6280

---

　　① 参见附录 9。

名逃兵。①

　　每当政府某个部分存在明显的萎靡变质，国家不是坦诚地面对这种情况并采取正当合理的方式进行弥补，而是逃避责任。随着战争的迫近，大众的逃避行为表现为射击或步枪俱乐部的形成和组建，他们错误地认为射击是士兵的唯一职责，而且是所有军事胜利的源泉。仅仅从日本和美国军队内部组织的对比中，就可以看出这种错误认识的极度危险性，它同时说明：不仅军队的效能，甚至连军队的生存，都仰仗于那些最不起眼的军事活动。射击并不比行军更重要；精确地射击并不比绝对地服从更重要；杀戮也不比生存更重要。

　　一支军队的活力或者战斗力主要依赖于士兵的体力。因为要去战斗、行军并忍受战争的艰苦，所以士兵的身体必须保证健康。与战死沙场者相比，一个生病的士兵会带来更大的损失，于是一旦生病及因病死亡者的数量大比率超过了战死者的数量，那么这支军队的获胜概率呈几何级下降。

　　在美国内战中，每1人被杀，相应地就有4人以上死于可治愈的疾病。② 在美西战争中，每1人死于战场上，就有14人死于疾病。③ 而在日俄战争中，日本军队每1人死于疾病，就相应的有4人死于战斗。④

　　在日美之间的战争中，如果美国军队中的死亡比率与美国内战中的一样，而日本军队维持日俄战争中的比率，那么结果就会是每1万名美国士兵死于战场，就有4万名以上的士兵死于可治愈的疾病；每1万名日本兵死于战场，而只有2500名士兵死于疾病。如果战争中每一个国家在战场上总的死亡数字达到了5万人，那么美国仅仅因疾病死亡的人数将会超过20万人，而日本的死亡人数只有1.25万人。如果以美西战争中美军的死亡比率为基准，那么，美国人由于疾病的死亡总数将达到70万人，而日本只有1.25万人。

---

① 参见附录8B。
② 参见附录10A。
③ 参见附录10B。
④ 参见附录10C。

第七章

掌控夏威夷和菲律宾

只要一个国家试图逃避战争，行动犹豫不决，备战时漫不经心且胡乱地将军队集合起来，那么它面对的便是战败。

为战争所做的准备，其目标应该是明确的，针对的战场是特定的。在为特定的目标和确定的战场做准备并调整武器装备的特定的时段中，可以明确判断该国家可能的对手。

军事活动的目的决定军事准备的特点。但是当准备是无目的的，而且对它的统筹管理是杂乱无章和徒劳无益的，那就无法运用军事手段以达到一个特定的目的。一个国家的军事准备不可能是一成不变的，也不可能对所有的国家都适用，而必须根据每一场战争进行相应的调整，必须根据现存的战略优势或不足进行调整。对于时间、种族或者地形存在差别的任意两场战争，其相应的军事准备不可能是一致的。

一旦一个国家否认了国家发展和扩张过程中战争的基本性质和演变的特点，就会出现一成不变的军事体系。这种在军事科学方面的一成不变是一种反常状态，常常会导致国家战败以至于最终瓦解。

战争是不断演变的，虽然演变的原因和效果往往是相似的，无论考察亚历山大大帝的战机以及方阵、恺撒的军团，还是考察查理十二世（Charles XII）、腓特烈大帝、拿破仑、沙恩霍斯特（Schornhorst）、毛奇（Von Moltke）、山县有朋（Yamagata）在装备和策略方面所发生的变化，都会发现这样的特点。这些将领之所以能取得胜利就是因为他们在战争中运用了新式的方法和手段。

没有任何的国家部门会像陆海军部门的管理和发展那样，需要如此多的灵活性；如果海陆军部门一旦形成了固定且一成不变的体系，那么它们将比政府中的任何其他部门更倾向于退化。就武器和训练而言，针对战争的所有准备不仅是灵活多变的，而且随着战争的地点由一个战场转移至另一个战场，战备也会立即出现相应的变化。

在同墨西哥的交战中对战前准备起决定作用的因素，与同德国交战时对军事准备起决定作用的因素没有任何关系。敌方开战的目的、武器装备、目标战场以及其他无数因素，必然会在不同的层面上导致美国战备出现相应的变化；美国必须在和平时期对这些因素进行预判并做好相应的准备。

一旦人们认为对战争的准备只是针对异常情况的权宜之计，而且直至战争开始的时候才进行准备，那么在现代社会中，这个国家就被拖入到了一场最终只会导致毁灭的战争之中。

现代战争中获胜的概率，与一个国家的海陆军进行自我调适以适应新形势及不同战场需要的速度成正比。当针对一个已知敌人和既定的战场，一国没有进行特殊的准备，即使它并没有忽视进行一般的准备，这场战争的作战难度也只是在很小的程度上被减轻了。在许多例子中，意料之外的因素最终具有非常大的影响力，以至于尽管这个国家拥有了陆军和海军，但是仍旧无法在敌人的主战场中进行作战。鉴于这些事实，在讨论日美战争之前，我们必须搞清美国面对这样的战争已经做了什么样的准备。

总体来看，这场战争将在太平洋爆发，整个战场可以划分为六个战斗的区域：菲律宾、夏威夷、阿拉斯加、华盛顿、俄勒冈以及加利福尼亚。对战争的过程及结果具有决定性影响的突出因素是，两国的陆海军必须跨越广大的区域作战。

与所有的国际战争一样，在这场即将到来的日美战争中，夺取战略要地成为日美两国主要的战斗目标，因为正是对这些地方的永久占领构成了陆海军力量的基础，并决定着战争的最终结局。而日美战争中具有决定性地位的那些战略地点，全部附属于美国，如果美国对它们的防御达到了即使敌方发起进攻也未必能获胜的程度，那么战争爆发的概率将会非常低。但是这些属地并没有被防御，而且正是这种不设防状态，对一个好战民族的野心形成了不可抗拒的诱惑。

对美国太平洋属地的占领和控制权具有决定作用的那些条件，对美国和日本都是同样适用的。只要阿拉斯加、太平洋海岸线、夏威夷、萨摩亚以及菲律宾在战前没有做好防御，那它们对于日美两国的机会都是均等的。其后它们究竟是被日本还是被美国掌控，将由哪个国家首先用武力占领它们并确保其占有权来决定。

对这些属地的掌控将由以下三个条件决定，它们对于两个国家而言都是一样的。

（1）在太平洋的海军是否拥有暂时的优势地位；

（2）能否快速调遣受过训练的军队；

（3）是否拥有足够的运输能力。

美国不愿意用足够的陆海军保护其位于太平洋的属地，这使得日本不仅暂时控制了整片海域，而且给了它足够的时间可以将这种控制由暂时的转化为永久的。除非美国在太平洋各个区域建立了足够数量的海军基地，并使得它们军事上能有效地抵御陆路进攻，同时太平洋舰队能根据战略形势的要求始终保持相对于日本整个海军的优势地位，否则美国将在战争开始时就失去在后续战争中绝对无法重新获得的东西——美国整个的太平洋沿岸地区。

对于太平洋的占领和控制并不完全取决于海军的优势地位。这片海域如此辽阔，美国的岛屿属地之间相隔如此之远，以至于它们自身的军事防御力是头等重要的。海军的功能以及它们的作战区域，不仅仅取决于广泛分散的基地，而且还取决于这些基地抵御攻击的能力。旅顺口仅仅对于舰船的攻击而言是牢不可破的。所有的海军基地都是这样的，一旦制海权完全丧失，就会使得敌人有机会运送部队对海军基地进行陆路攻击。

对军事情形进行预测时，必须意识到敌人暂时取得制海权不仅有潜在可能性，而且是非常可能的。当这种情形发生时，所有的属地、港口以及相应的要塞都易于遭受陆路攻击。他们的防御力取决于机动部队是否足以击退任何可能登陆的敌人，而敌人的登陆地点不一定在特殊的海港而可能在海岸线的任何地方。

日美之间的战争，将不由海上而由陆地的战斗决定。在战争一开始的时候，就迅速调动部队，并敏捷地把专业部队投入到战场中，是攻占这些岛屿属地并获得永久军事控制权的首要决定因素。

在现有的军事体系之下，美国无法在任一地点集结一支 19000 人的正规地面部队，而在同一时间，日本可以集结 50 万有经验的老兵并立即投入战斗。对美国而言，去招募、装备并训练一支具有同样功能的相似规模的军队，将需要三年以上的时间。

这个战场的明显特点是它的作战区域辽阔，因此，是否能运送军队，并将它们从一个地点输送到另一个地点，构成了这场战争最为关键的决定因素。在这场战争中，军队的作战能力是敏捷的还是迟钝的，将完全取决于运输方式的有效性。如果日本并不拥有适应其军队需求的海上运输能力，那么太平洋海岸线以及太平洋上的美国领土，将位于日本野心范围之外。另外，如果美国拥有了一支 200 万人的常备军，但是除了目前的军事运输方式之外没有其他的方式，那么美国无法进行任何一场超越国家边界的战斗。不幸的是，美国甚至都没有一支超过 5 万人的地面部队，而日本拥有如此完备的大洋运输能力，以至于它可以将庞大的军队运送到太平洋的任何领域，比拿破仑调遣相似规模的军队从巴黎穿越易北河或者多瑙河，以及美国内战中格兰特将军跨越战场容易得多。

美国不具备足够的军事运输能力。美西战争中，在运输工具集结起来足以运载一支陆军之前，两个月的时间已经经过去了，尽管哈瓦那（Havana）距离美国主要商业中心只有三天的航行距离。而在日俄战争中，仅在宣战八天之后，日本陆军就已经在亚洲大陆登陆并行军了。1907 年（美西战争过去了近十年），美国政府被迫征订外国船只，从本土大陆运送 6000 名士兵到古巴去。与此同时，日本政府则拥有足够的运输工具，在必要的时候，单个航程就可以运载 20 多万军队。①

美国并不存在一个在战时可以形成太平洋或大西洋军事运输体系的基础。目前美国跨大洋运输工具如此匮乏，以至于美国整个交易量的 91% 都是由外国船只运载的。

阿拉斯加半岛上具有战略意义的港口掌控着北太平洋，而萨摩亚能够掌控太平洋的南部，它们距离日本和旧金山的距离是相等的。在自身未设防的情况下，它们既不需要海军也不需要陆军去保

---

① 参见附录 7。

卫它们，因为它们归属于那个在整体上控制着这片海域的国家。在它们的中间是同样未设防的夏威夷群岛，它像是一个门户，日本希望借此获得日本政界元老（Genro）① 长期梦寐以求的东西。为了实现这个目标，在 20 年的时间里，日本做好计划并进行了相应的战争。其间没有任何犹豫、疑虑或者拖延。不慌不忙，沉着冷静，犹如冰川般坚毅和自信，日本在朝着这个既定目标前进。日俄战争结束后，它占领那些群岛的计划进入到一个有信心实现的阶段。

如果美国已经在夏威夷建造了一个伟大的海陆军基地，日本掌控这些岛屿的企图即使没有完全被遏制，也将大大降低其可能性；如果在这些岛屿上形成了一个牢不可破的美方基地，那么美国本土将不再在日本军事野心的范围内。尽管美方还没有试图在太平洋和夏威夷设立海陆军基地，但是日本已经为这个可能发生的事件做好了如此有效的准备，以至于这些岛屿迅速地转变成了日本的海陆军基地，并被日本牢牢掌控，不论未来美国的军力如何，它都是牢不可破的。

对任何属地的占有权主要由军事优势决定。只有当进攻方陆地的力量超越了防守方，或者当海军封锁呈现了包围的态势，占有权才会无法保障。无论是美国还是日本，只要对夏威夷群岛的军事占领在力量上是充足的，那么就不能通过海上进攻的方式来占领或者收复该群岛。对这些岛屿的控制是陆军而不是海军的问题。

日本人移民到夏威夷，与其说是受到经济的影响还不如说是受到政治的影响，可以根据两个因素将其移民史划分为 3 个政治时期。

（1）美国的太平洋扩张：

（a）夏威夷共和国的建立；

（b）夏威夷的合并；

（c）征服菲律宾。

（2）日本的政治发展：

（a）日本反对夏威夷的合并；

（b）日本战胜中国；

---

① 老政治家（the Elder Statesmen）。

（c）日本战胜俄国；

（d）英日同盟达成。

第一个政治时期是 1884~1896 年，发生了如下的事件：

（1）推翻了夏威夷君主专制，建立了一个美式的合众国；

（2）日本反抗合并；

（3）日本战胜中国，将中国从太平洋大国的行列中淘汰，日本作为一个太平洋大国开始进行政治方面的扩展。

与此同时，夏威夷的日本人口从 1884 年的 116 人增加到了 1896 年的 22329 人。

第二个政治时期是 1896~1900 年，发生了如下的事件：

（1）夏威夷的合并；

（2）征服菲律宾；

（3）日本陆海军的发展。

与此同时，夏威夷的日本人口从 1896 年的 22329 人增加到了 1900 年的 61115 人。[①]

第三个政治时期是 1900~1908 年，发生了如下的事件：

（1）日本战胜俄国，将俄国从太平洋大国的行列中淘汰，日本作为太平洋大国的实力增强了；

（2）英日同盟达成，日本成为一个世界大国；

（3）日本海陆军空前发展。

与此同时，日本在夏威夷群岛的移民（从 1900 年至 1908 年）已经达到 65708 人。这段时期离开的人数是 42313 人。通过这样的方式，那些不能胜任军事的人被大战的老兵所取代，于是日本暂时性地完成了对夏威夷的军事占领。[②]

目前在这些群岛上，在日本帝国军队中完成了现役的人数（其中一部分是日俄战争中的老兵）超过了美国整个战地部队的人数。在宣战后的 24 小时内，那支独自驻守这些群岛的美军将不复存在。[③] 只需一天时间，夏威夷的主权就被永久地转交给日本，而美

---

① 1900 年夏威夷群岛的总人口数是 154001 人。

② 参见附录 11。

③ 12 名军官和 209 名士兵。

国将以同样的方式在不到一天的时间里被日本淘汰。

与夺取夏威夷相比，夺取菲律宾是个完全不同的问题，它属于军事活动的范围。从军事层面来说，菲律宾群岛比日俄海战的战场更靠近日本。另外，菲律宾没有一个像旅顺口那样的地方随时会有警戒舰队威胁日本的军队运输；菲律宾没有一支 25 万士兵的军队，阻止日本人登陆；菲律宾没有严冬；没有激流——充满漩涡并汹涌地奔向黄海；没有风暴肆虐的海岸线，在那些巨浪以及大风中，登陆要依靠驳船；菲律宾也没有像辽阳或者奉天（Mukden）那样有 50 万军队将日本人赶回去；没有辽阔的平原，需要忍受酷热或者冒着暴风雪穿越过去；没有半结冰的河流需要游过去；没有布满了看不见矿坑的山需要攀爬；没有深渊和易守难攻的地段；在这些未设防的群岛上，只有一支孤独的军队需要去征服。

与美国夺取古巴相比，日本夺取菲律宾群岛会是更容易的军事行动；这是因为经过近三个月的战争，古巴圣地亚哥（Santiago de Cuba）才被攻破，而马尼拉（Manila）在不到三个星期的时间内就会被迫投降。除此之外，占领古巴的过程相当精确地描绘了日本人占领菲律宾时将采用的方式。

没有哪支海军能够对那些入侵海岛的行为施加任何有效的影响，除非其力量与日本整个海军的战斗力相当，而且在战争开始时就以菲律宾为基地。如果美国海军规模不比现有的更大，且在菲律宾群岛上没有海军基地，那么现在这种方式和程度的防御将是无效的。如果美国海军分散于几处，那么菲律宾海域战舰的命运将只会是赛尔维拉（Cervera）灾难的重演，除非在吕宋岛（Luzon）有足够的陆战部队可以阻止马尼拉出现与古巴圣地亚哥一样的命运。

就菲律宾群岛的海港防御而言，除非海岛成为一支舰队的基地，而这支舰队强大到可以阻断敌军的运输，或者反过来，海岛由足够强大的机动部队防御，可以阻止敌军的封锁，否则这些防御最终将与古巴防卫战中的莫罗城堡（Morro Castle）一样没有价值。旅顺口的命运再次证明了永久要塞的脆弱性以及建造它们是一个古老的错误。这些石头的城堡，只不过是由国家的自负筑成的梦中楼阁。喀迈拉（Chimera）们自己看守着它们的堡垒，而堡垒的窗扉上布满的只是幻影而已。

在防御力所必需的其他要素缺失的情况下，马尼拉、苏比克湾（Subig Bay）①或者其他任何港口要塞，都不可能阻止或者延迟日本攻占那些岛屿的。正如攻克古巴是由远离所有设防海港的登陆部队完成的那样，菲律宾的陷落也将会是同样的情形。吕宋岛北海岸的林加延湾（Lingayan Gulf），或者东海岸的波利略湾（Polillo Bight），将成为日本人的关塔那摩湾。

占领菲律宾群岛并非是一个复杂的军事难题，而是如此简单且直截了当，用几句话就可说明。防守这些岛屿的美军人数不超过1.4万人，此外还有5000人的本土部队，他们都以马尼拉为基地。日本在达古潘（Dagupan）以及波利略湾同时登陆2万人的部队，这在战略上将导致美方难以防御阵地。这两个登陆地点与马尼拉的距离几乎相等，并有军用道路与其相连，另外还有一条铁路连接达古潘和马尼拉。

用目前驻守在这些岛屿上的兵力去防守马尼拉是不可能的，这可以从日本汇合兵力进攻所固有的战略优势中显示出来。这两支军队的兵力比美方兵力的两倍还要庞大，呈直角会聚于马尼拉。由于以同样的速度前进，他们在任何时间与美方阵地的距离都是相等的。如果美方的军队前去迎击其中任一支部队，那么另一支未受攻击的部队与马尼拉之间的距离同美军与马尼拉之间的距离相近，于是可以将自己深入到美军和马尼拉之间。美方军队就这样被一支与他们实力相当的部队同基地分隔开来，同时还要与另一支同样规模的军队作战。处于这样的形势下，美方除了投降之外，没有其他方式可以免遭完全歼灭的命运。

另外，如果美国的军队继续留在马尼拉的防线之后，那么在宣战两个星期之后他们将被庞大的敌军包围。马尼拉周围的防线，正如美西战争中的情形一样，无法进行长久的抵抗。侵略成性的敌方，一旦控制了周边地区，在短时间内就可以让这些防线难以防守。

随着日本占领菲律宾群岛，1/4的美国军队（也就是1/4的美国职业军人）将被淘汰，无法参加后续的战斗；而在这场战争持续

———————————

① 原文为（Subig Bay），实际上应该是（Subic Bay）。——译者注

进行的过程中，美方的舰队（不论其规模大小）再也无法进入亚洲海域。

如果美方只是在战前增加了军队的数量，但对菲律宾的总体防御没有做出任何其他的军事努力，那么它只能使敌方进攻部队的规模相应增加。军事和战略形势将不会发生任何改变，也不可能阻止那个不可避免的结局到来。

菲律宾的防御工作，不能只依靠陆军、海军或者港口要塞中的一方，而必须将所有这些要素灵活地结合起来。这样的防御绝不能只是战争突发之后施行的权宜之计，而必须融贯于美国国家政策和许多年前便应开始的战备工作中。防御工作不能依据变幻莫测的战斗形势随意调整，而必须依据现实的条件以及相关著作（它们是从人类实践和经验中产生的军事学书籍）进行预先准备。

第八章

掌控华盛顿和俄勒冈

日本攻占并掌控了夏威夷和菲律宾群岛，事实上也就意味着它掌控了美国其他所有的岛屿属地（包括阿拉斯加）并获得了太平洋的海上霸权，然而占领这些岛屿只是日本主要目标的一个附属品。换句话说，控制太平洋海岸线，其效果同直接掌控这些岛屿一样，都能让日本在这些地方建立霸权。正如棋类游戏是由棋子的位置决定胜负那样，在这场即将到来的战争中，日本所要移动到的那个核心位置就是太平洋。在战争刚开始的时候，日本就会占领这些岛屿，这是非常明显的事情，因为占领它们不会耗费日本多大的气力，也根本不会分散日本征服美国本土所必需的海陆军力量。对这些岛屿的占领任务将划归第二条战线负责（这条战线由后备队、受保护的巡洋舰和二等战舰构成的舰队组成），这样就使得海陆军主力部队的战斗力没有受到任何影响。

日本在进攻夏威夷和菲律宾群岛的时候，一支运输船构成的舰队搭载 10 万名士兵[1]，在战舰、装甲巡逻舰和鱼雷艇的护送下，穿越太平洋。以每小时 10 海里的速度航行，这支舰队将于宣战后 5 个星期（很可能只用 4 个星期）之内到达太平洋沿岸。然后在 1500 英里长的海岸线上的某个地方登陆，发起入侵美国本土的战争。

目前美国应把主要关注点放到对太平洋海岸线的防御上来，因为一旦它落入日本的军事控制之下，不仅太平洋以及它的那些岛屿属地会丧失，而且美国最肥沃和最富足的领域也会同时丧失。日本

---

[1] 参见附录 7。

一旦控制了华盛顿、俄勒冈和加利福尼亚，这些州将与美国的其他部分分割开来，这不仅因为日本军队的存在，还因为那些不适宜生存的沙漠将成为日本东部前线的壕沟，那些山脉则成为它们的堡垒。不论派出多少士兵、耗费多少金钱——正如我们之后将会予以论述的那样——美国都无法收复它们。因此，太平洋海岸线能否有效实现防御，完全取决于美国的兵力是否能阻止日本获得一个立足点。试图将缥缈的希望寄托于沿海各州的收复上，只是一种懒惰拖延症，它是由如今美国普遍存在的民族自负及逃避战争导致的。

太平洋海岸线的防御主要由海军负责。但是只要美国必要的海军扩张仍旧受制于大众的唯利是图、愚昧无知及漠不关心，防守着太平洋海岸线的海军就无法强大到足以抵抗日军的侵略计划。如果美国的国家政策继续维持其海军与其他大国海军的现有比例，那么美国的海军——正如已经论述过的——必须聚集在一个大洋之中；而大西洋是美国最重要的海军势力范围，因此必须将海军留在那个大洋之中。

当日本宣战的时候，美国的海军将会出现以下两种情形之一：美国海军分成两部分，各自位于太平洋和大西洋；美国海军全部位于大西洋上。其中任何一种情形都有利于日本顺利掌控海上霸权。将美国海军力量进行分割就意味着位于太平洋的那个部分会被歼灭；而位于大西洋的舰队对这场战争没有任何影响，不论它们是由剩余的部分还是由整个海军构成的。

即使在和平时期最有利的情形之下，一支美国舰队尚且需要四个月的时间从大西洋的基地转移到加利福尼亚。然而不幸的是，战时许多情况会削弱、阻挠甚至阻止美军舰队的转移活动。

在战争中，美国的舰队将无法使用南美的港口，正如最近将舰队转移到太平洋的情形那样。国际法禁止交战方一次派出 3 艘以上的舰船到一个中立的港口。而且这些舰船不能逗留超过 24 个小时，它们除了能够运载足以航行到下一个港口的煤炭外，不能运载士兵、武器或者物资供给。同一艘船不得在 3 个月内再次进入该港口。这些禁令迫使美国海军在转移过程中必须完全依赖辅助船只提供生存物资和煤炭。

于是我们遇到了一个不可思议的悖论：一旦战场位于太平洋，那么美国大西洋舰队的机动性或者战斗力与其舰船数量的增加将会成反比。实际上，美国海军现在的规模导致它根本无法在战时转移至太平洋。美军的 16 艘舰船最近巡游时必须租赁 29 艘外国的运输船，因为没有这些外国舰船，它们都无法离开大西洋。当这支舰队由于海军其余部分的加入而扩大规模，运输船的数量必定会增加，不仅与战舰增加成正比，而且还由于美国无法使用中立港口而必须增加额外数量的运输船。但是在战时，交战双方不能征用中立船只，该禁令使得美国被剥夺了其海军运输所必须依赖的途径和手段。

一旦一国或其领土任何部分没有得到海军的防御，或交战双方海军之间存在一种可预期的力量均等时，他们各自领地的防御就得依靠陆军。只有当一国相对另一国而言其海军优势如此明显，以至于可以阻止战争爆发，这时才能说这个国家可以毫无忧虑地忽视其陆军军力和陆地防御。

在美国同日本的战争中，太平洋海岸线的防御更多取决于美国的陆军而不是海军军力，即使美国政府的政策没有妨碍在太平洋保存足够的海军力量。在目前的情况下，华盛顿、俄勒冈和加利福尼亚的防御工作完全落到了陆军的身上，就当美国没有一艘战舰存在那样。然而，我们发现美国陆军和海军一样已经彻底忽视了太平洋海岸线的防御。

保卫华盛顿、俄勒冈和加利福尼亚以抵御日本的侵略，具有三个明显的特点。

（1）在那漫长的海岸线上形成了三个主要的防守区，它们彼此相距如此之远，以至于彼此之间完全不相关。它们的兵力无法从其中一个战场转移到另外一个，而且它们必须各自维持与东部各州的不同交通线；

（2）日本能够在短时间内将它的军队运输到这片大陆上：4 个星期内运输 20 万人，4 个月内运输 50 万人，10 个月内运输 100 多万人。这迫使美国必须做好相应的备战工作，军队动员的速度也要相应提高；

（3）宣战之后的一个月内，美国必须在太平洋海岸线的三个防御圈内部署足够的军队，对抗日本在单程运输中可运载的最大数量的军队。现在已经清楚的是这个最大数量会超过 20 万人。如果美方的防御仅仅局限于海岸线的其中任何一个区域，那其效果只会将日方的攻击转移至其他一个或者两个区域。

目前美国在任何一个防御区中，都没有一整个团的正规步兵或者两个团的民兵；而在整个联邦军队中，都无法找到1万名步兵。

美西战争中，征召志愿兵的号令在宣战几天之后发布，但是直到四个月之后，21.6万名士兵才被应征入伍，分派任务之后开始了训练。在战争结束时，他们中的一部分人才有了武器装备，学会了营地生活的基本技能。

在目前的军事体系和条件下，太平洋海岸线的第一次防御任务将落到美国陆军的可用兵力上，其人数绝对不会超过3万人。除了这一支军队外，可能还有6万名各州的民兵①可供紧急使用，也就是说整个军队总共有9万人和150门大炮。另外，这些军队分散于整个联邦各处。需要将他们集结起来、配备武器、编入军队，还有无数其他的偶然性需要应对或者调整。当所有这些完成之后，他们还必须由铁路经过长距离运输，所经过的距离比金门大桥到日本内海的距离还要远。

我们此前已经阐明，从军事的角度来说，距离绝不是用英里去衡量的，而是根据运输工具的速度和能力去衡量。鉴于这些运输工具效率的高低，军队和他们的物资供给所必须跨越的距离会相应地缩短或延长。

那些横跨整个大陆的铁路，在太平洋海岸线上没有一个交叉点。到华盛顿以及俄勒冈的铁路，与到加利福尼亚的铁路之间没有任何关系。它们从不同的基地出发，跨越了不同的区域。在太平洋海岸线上发生战争时，不能通过大北方铁路（the Great Northern）、北太平洋铁路或者俄勒冈短线铁路（the Oregon Short Line）将军队运输到南加州。军队也不能通过南太平洋铁路或者圣菲铁路运送到华盛顿以及俄勒冈。从军事层面来说，太平洋海岸线实际上最多只有两条铁路线。

---

① 60000名民兵占有组织民兵的67%。然而在美西战争中，最终只有40%的民兵参加了作战。如果这种情况继续存在，那么只有42000名民兵可以被指望参加作战。

到华盛顿和俄勒冈的军队，是从联邦的各个地方集结起来的，他们带着武器装备，用尽各种可能的办法，到达圣保罗附近——在那里形成所有军队的主要基地，再前往华盛顿和俄勒冈。派到加州南部和中部的军队，也必须各自占据类似的基地。

要运送如此庞大的军队以及他们大量的物资和装备到太平洋海岸线，比俄国在日俄战争中所面临的任务严峻得多。因为相对于美国而言，俄国具有两个明显的优势。

（1）它拥有西伯利亚铁路及其配套设备；

（2）这条铁路跨越的区域不适宜生存，人口稀疏分散，文明程度仅仅处于原始状态，因此，那里的人们不太需要依靠铁路来提供物资或者维持生存。

然而，一个国家的文明高度发达，也会因此变得异常复杂——就像美国一样——人类的互相依赖性会随之增强。在美国，几乎无法找到一个独立的、自给自足的社区。美国西部的每一个农民以及每一个城镇和乡村，都依赖于铁路，不仅依靠铁路为他们提供生存物资，而且依靠铁路获得资金以购买生活的必需品。

密西西比河谷到太平洋海岸线的距离是 2000 英里，有几条跨越西部各州的铁路线，那里的人们如此依赖它们，以至于如果失去了这些连通方式，他们就无法生存。他们不仅依靠这些铁路提供物资供给，而且他们的谷物、羊毛、家畜、矿石、木材以及其他物资必须通过这些铁路运到东部的市场，然后他们可以购买生产资料以及日常生活所需的物品。政府无法终止这种贸易，而正是战争中这种贸易的继续进行，会使得运输军队及其物资到太平洋海岸线，比俄国曾面临过的难题更加困难。

在战争之初，日本拥有另外一个优势，而美国根本没有。凭借庞大的舰队，日本的军队可以大规模地移动，并且可以到达太平洋海岸线的任何地方。而美国只能通过铁路运送军队。日本可以在不到 4 个星期的时间里在太平洋的海岸线上登陆士兵数量 20 万以上的军队，而对美国而言十分明显的是，即使它在战前有同样数量的士兵，也肯定需要用超过 4 个星期的时间去将他们运送到太平洋海岸线上的某个战场之中。

从军事角度来说，日本军队与华盛顿、俄勒冈和加利福尼亚的距离，比美国的军队与这些地方的距离要近 1/3，而且会一直如此，直到美国所有横跨大陆的铁路变成了双轨道，其中一条轨道可以在战时交还给国家使用。

美国的军队四散各地，对他们进行动员、整编、配备武器和运输将会耗费多长的时间，我们在此不做讨论。我们要转向讨论这些人的目的地，可以有两种选择。

（1）调动所有的兵力（常备军以及民兵）到达某个营地等候指令，在那里，以他们为基础形成一支百万人的军队。与此同时，允许日本人在没有抵抗的情况下占领海岸线；

（2）匆忙地调遣 3 万人的常备军以及 4 万或 6 万名民兵到达海岸线，以阻止日军登陆。

我们认为美国的大众绝不可能做出第一种选择。整个大陆只会有一种想法，而各方会用一种声音做出回应：到海边去！

然而，到海边哪个部分去呢？

如果他们被运送到南加州，那么美国的中部、俄勒冈和华盛顿仍旧处于无防御的状态，就如同从未调遣这些军队一样。如果他们被运送到了旧金山，同样的状况仍旧在华盛顿、俄勒冈和南加州存在。如果被运送到了普吉特海湾，那么南边的所有区域将没有防御。而且十分明显的是，这支军队不能分开。如果将这 3 万人分别分布到这 3 个防御区中，其结果就是因局部而牺牲了整体，这样做根本无法经受战争的考验，更不用谈延迟日军的入侵了。

加州中部的经济影响力与南北部的总和相当，而它的战略价值还要大得多。而且旧金山半岛是唯一的一个点，7 万~9 万人的军队可以永久驻守那里抵御日军。如果旧金山可以被永久地据守，并且保持与东部的交通联络线，那么美国就能以该点为基础聚集军事资源，在适当的时候向位于南加州、华盛顿及俄勒冈的日军发动进攻。总体来说，这些观点会对政府及大众的舆论产生影响，使美国在宣战不久后就将现存的军事力量集中到旧金山半岛。尽管让北部和南部海岸线不受保护的做法可能最终导致非常惨重的损失，然而旧金山才是美国在现有军事条件下集中兵力的最佳选择地。

就日本入侵华盛顿和俄勒冈而言，美方具备什么条件抵御入侵以及日方如何完成其目标，都是最简单的军事问题。哥伦比亚河的河口有 3 个防御要塞。这些防御工事构成了俄勒冈州抵抗侵略的全部防御力量，然而它们所有枪炮的战斗力综合起来比日本一艘"无畏"号战舰的战斗力还要弱。

这还不是全部。

操作这些枪炮需要 67 名军官和 1446 名士兵。但据战争部长的说法，这些要塞中，如今只有 10 名军官和 246 名士兵，这意味着配备的枪炮中有 5/6 不能够被使用。即使这些要塞不仅不缺士兵和枪炮，战斗力反而增强了百倍，也仍旧在抵御日本对俄勒冈的入侵没有任何作用，就像它们根本不存在一样，这一点将在以后变得显而易见。

华盛顿州的防御依赖于普吉特海湾上游的三个要塞。这些要塞与哥伦比亚的那些要塞相比，情况更糟糕，更没有做好战斗的准备。那些已经配备的枪炮需要 129 名军官和 3180 名士兵进行操作，而据战争部长的说法，如今只有 27 名军官和 902 名士兵，这就意味着这些枪炮中的 4/5 在作战中不能被使用。

普吉特湾的防御工事和哥伦比亚的一样，在抵御外国入侵时是没有任何价值的，而且基于相同的原因，它们远离了敌人入侵任一可能的基地——日本在首次远征中可能的登陆地点——格雷和威拉帕港口。如果这些港口的入口处被埋上了地雷，那么登陆的地点将会是位于海湾之间的空旷海滩或者格雷港口入口的北边。

日本军队的第一个目标不是位于普吉特湾的城市，也不是波特兰或者哥伦比亚的城市，而是直接指向奇黑利斯和桑塔利亚，这是两座位于海岸向东 57 英里的小城镇。这两个地方相距 4 英里，构成了两个州的战略中心，不论对于防守方还是进攻方来说都是这样的。从时间上来说，以这个中心为基点，仅需向西行军 3 小时可到达格雷和威拉帕港口；向北边行军 3 小时可到达西雅图；向南行军 3 小时 45 分可到达波特兰；到达哥伦比亚河口的防御工事需要 7 小时 15 分；到达普吉特湾入口处的防御工事需要 5 小时 30 分；到达塔科马需要 2 小时；到达这个州的首府奥林匹亚（Olympia）① 需要 1 小时 25 分；到达布雷默顿（Bremerton）② 的美国海军基地需要 4

---

① 美国华盛顿州的首府。——译者注
② 华盛顿州西部城市。——译者注

小时。如果有必要行军到上述任何一个地方，可以依据铁路时刻表算出所需要的天数和小时数。

俄勒冈整个人口的58％位于这个中心7小时的铁路路程范围内，而华盛顿整个人口的61％位于6小时的铁路路程范围内。这个战略中心位于俄勒冈人口和华盛顿人口中心区之间，且位于唯一一条从南至北纵跨这些州的铁路之上，并掌控了该铁路。在这个中心3个小时路程的范围里，有8个被陆地包围且深水的港口：2个在南边，2个在西边，4个在北边，它们都有各自的造船厂和军港。

波特兰形成了日军阵地的右翼中心，与俄勒冈东部及华盛顿通过哥伦比亚河和两条平行的铁路线相连接。西雅图和埃弗雷特形成了日军的左翼中心，与华盛顿的东部和俄勒冈通过三条平行的铁路线相连接。

夺取这个战略中心所固有的全部重要意义，只有当切切实实的看到结果时，才能够被人们意识到。对于日军登陆，任何抵抗都是不可能的，除非美军在数量及功能上与日方相当，而且更重要的是，在宣战后的不到四个星期内占据这个阵地。在抵御对这些州的侵略时，位于哥伦比亚河口及普吉特湾的要塞没有任何防御价值。当侵略军都还没进入上述两处要塞50英里～100英里的范围内时，要塞所要保护的城市就已经被日本人攻占了。随着波特兰以及普吉特湾那里的城市被日军占领，日本不费一颗子弹占据这些要塞。

通过这个步骤，日本不仅可以在军事意义上，而且同时在经济和政治意义上拥有这些州。它控制了所有的交通线、所有的海港，而且实际上控制了这个地区的所有个人财富，这些财富比整个日本帝国的财富还要多。占领这个地区之后，它对当地居民进行隔离和管治，控制他们的人身自由、他们的产品和工业，并达到整齐划一和绝对专制的地步，而美国至今对这些做法闻所未闻。随着对斯波坎（Spokane）① 东边的苦根山（the Bitter Root Mountains）以及俄勒冈东部的蓝山（the Blue Mountains）的占领和巩固，日本对这两个美国州的控制彻底完成了。

---

① 美国华盛顿州东部城市。——译者注

略者手中，那整个南加州都将陷落，敌人都不需要进行另一次攻击行动。在洛杉矶落入敌手之后，即便敌方没有攻击他们，这片区域也没有一个城市或社区可以继续存在。没有一个城镇，甚至没有一个乡村，可以自给自足或者依赖于彼此，它们全都是洛杉矶的郊区，都依赖于洛杉矶而存在。

从军事、政治和经济角度来说，圣地亚哥相对而言不那么重要。这个城市同南加州的其他城镇一样，只不过是洛杉矶的一个偏远郊区，通过一条铁路与洛杉矶相连。一旦与这条贸易大动脉的联系被切断，不论它发生在圣地亚哥北边 1 英里处还是发生在 127 英里远的洛杉矶，这个城市的命运都是一样的。只要敌人控制了海洋，圣地亚哥就陷入了彻底的孤立状态之中。正如古代的迦太基一样，它建在大海和沙漠相接的地方。它是一片从沙漠里开垦出来的区域，它的西边是大海，它的东边、南边和东北边耸立着类似坟墓谷（the Valley of the Tombs）外的区域那样荒凉的山坡。

这个城市的交通线是那条唯一的铁路，它向北沿着海岸线延伸 74 英里，距离海边有 400 码~900 码（1 英里 = 1760 码）的距离。这样只要一艘舰船就可以从陆路以及海路封锁这个城市。从地理和战略角度来说，圣地亚哥处于完全的孤立状态，以至于即使拥有直布罗陀海峡上的坚固堡垒，也无法增加其在军事上的价值，也不能为防御南加州做出一点点贡献。在这种情况之下，如果忽视了它的存在就会导致它直接投降。与此类似的情形已经在人类战争史中上演过许多次了。

正如我们将会看到的那样，尽管洛杉矶是唯一的战略要地，南加州的安全完全取决于它，但是到目前为止美国还没有做出任何努力去确保它免受攻击。敌人的一个师团就可以轻而易举地占据这个城市。现今对增强它的防御所采取的唯一措施是倡议加固圣佩德罗港（San Pedro Harbor）入口处的费尔明角（Point Fermin）。然而，该建议没有其他作用，只是表明美国已经注意到了这个问题，表明美国普遍存在的对现代战争的愚昧无知。

我们已经指出，美国现有的防御工事内部总体上存在着老化，而且海岸线炮台已经过时了，这种衰败的状况导致已经安置的大炮中有 4/5 是无用的。除非美国的军事体系彻底重组，否则建设新的略者手中，那整个南加州都将陷落，敌人都不需要进行另一次攻击行动。在洛杉矶落入敌手之后，即便敌方没有攻击他们，这片区域也没有一个城市或社区可以继续存在。没有一个城镇，甚至没有一个乡村，可以自给自足或者依赖于彼此，它们全都是洛杉矶的郊区，都依赖于洛杉矶而存在。

从军事、政治和经济角度来说，圣地亚哥相对而言不那么重要。这个城市同南加州的其他城镇一样，只不过是洛杉矶的一个偏远郊区，通过一条铁路与洛杉矶相连。一旦与这条贸易大动脉的联系被切断，不论它发生在圣地亚哥北边 1 英里处还是发生在 127 英里远的洛杉矶，这个城市的命运都是一样的。只要敌人控制了海洋，圣地亚哥就陷入了彻底的孤立状态之中。正如古代的迦太基一样，它建在大海和沙漠相接的地方。它是一片从沙漠里开垦出来的区域，它的西边是大海，它的东边、南边和东北边耸立着类似坟墓谷（the Valley of the Tombs）外的区域那样荒凉的山坡。

这个城市的交通线是那条唯一的铁路，它向北沿着海岸线延伸 74 英里，距离海边有 400 码~900 码（1 英里 = 1760 码）的距离。这样只要一艘舰船就可以从陆路以及海路封锁这个城市。从地理和战略角度来说，圣地亚哥处于完全的孤立状态，以至于即使拥有直布罗陀海峡上的坚固堡垒，也无法增加其在军事上的价值，也不能为防御南加州做出一点点贡献。在这种情况之下，如果忽视了它的存在就会导致它直接投降。与此类似的情形已经在人类战争史中上演过许多次了。

正如我们将会看到的那样，尽管洛杉矶是唯一的战略要地，南加州的安全完全取决于它，但是到目前为止美国还没有做出任何努力去确保它免受攻击。敌人的一个师团就可以轻而易举地占据这个城市。现今对增强它的防御所采取的唯一措施是倡议加固圣佩德罗港（San Pedro Harbor）入口处的费尔明角（Point Fermin）。然而，该建议没有其他作用，只是表明美国已经注意到了这个问题，表明美国普遍存在的对现代战争的愚昧无知。

我们已经指出，美国现有的防御工事内部总体上存在着老化，而且海岸线炮台已经过时了，这种衰败的状况导致已经安置的大炮中有 4/5 是无用的。除非美国的军事体系彻底重组，否则建设新的

第九章

掌控加利福尼亚南部

　　华盛顿和俄勒冈的无防御状态，主要是由于美国没能意识到现代科技发明在增加侵略可能性方面的影响，也没能意识到现代科技发明在相应程度上改变了沿海各州的防御手段和方式。南加州无防御状态也是出于同样的原因。

　　这两个地方形成了太平洋海岸线的两个端点，它们距离美国主要中心同样远，沙漠和山脉把它们与中心分隔。北方的要塞没有价值，不仅由于它们毫无用处，还由于它们远离任一条入侵的路线，相比较而言，南加州甚至连这种可供虚假依赖的防御工事都没有。

　　我们已经论述过征服华盛顿和俄勒冈是非常简单的事情，然而非常具有决定性意义，日方可以非常迅速地实现，甚至不需要经过一次战斗；而夺取南加州，甚至要比夺取北加州更容易一些。

　　南加州面积不到俄勒冈的 1/2，在这片区域中，3/4 是沙漠和山脉，只有剩下的 1/4 是有人居住的。城市以及耕作区都靠近海边，所以整个人口的 90% 以上都居住在距离海岸线 30 英里的范围之内，而所有财富的 94.25% 集中在同样的范围内。

　　夺取南加州十分简单，这是因为财富和人口日益集中于单个的海滨城镇，那里拥有整个地区 2/3 以上的人口及财富。这片战略区域的范围最后缩小为单个城市的大小，所以对太平洋海岸线南端的占领，最后归结并取决于对洛杉矶的占领。南加州超过 1/2 的人口和财富就集中在这个城市。它是这片区域的政治、经济和铁路中心。其他所有的城市、社区和工业完全依赖于它。只要洛杉矶没被攻占，即使这片区域中的每个城市都被敌人攻占，南加州从军事、政治和经济上来说仍旧是美国的一部分；但是如果洛杉矶落到了侵小时。如果有必要行军到上述任何一个地方，可以依据铁路时刻表算出所需要的天数和小时数。

俄勒冈整个人口的58%位于这个中心7小时的铁路路程范围内，而华盛顿整个人口的61%位于6小时的铁路路程范围内。这个战略中心位于俄勒冈人口和华盛顿人口中心区之间，且位于唯一一条从南至北纵跨这些州的铁路之上，并掌控了该铁路。在这个中心3个小时路程的范围里，有8个被陆地包围且深水的港口：2个在南边，2个在西边，4个在北边，它们都有各自的造船厂和军港。

波特兰形成了日军阵地的右翼中心，与俄勒冈东部及华盛顿通过哥伦比亚河和两条平行的铁路线相连接。西雅图和埃弗雷特形成了日军的左翼中心，与华盛顿的东部和俄勒冈通过三条平行的铁路线相连接。

夺取这个战略中心所固有的全部重要意义，只有当切切实实的看到结果时，才能够被人们意识到。对于日军登陆，任何抵抗都是不可能的，除非美军在数量及功能上与日方相当，而且更重要的是，在宣战后的不到四个星期内占据这个阵地。在抵御对这些州的侵略时，位于哥伦比亚河口及普吉特湾的要塞没有任何防御价值。当侵略军都还没进入上述两处要塞50英里~100英里的范围内时，要塞所要保护的城市就已经被日本人攻占了。随着波特兰以及普吉特湾那里的城市被日军占领，日本不费一颗子弹占据这些要塞。

通过这个步骤，日本不仅可以在军事意义上，而且同时在经济和政治意义上拥有这些州。它控制了所有的交通线、所有的海港，而且实际上控制了这个地区的所有个人财富，这些财富比整个日本帝国的财富还要多。占领这个地区之后，它对当地居民进行隔离和管治，控制他们的人身自由、他们的产品和工业，并达到整齐划一和绝对专制的地步，而美国至今对这些做法闻所未闻。随着对斯波坎（Spokane）① 东边的苦根山（the Bitter Root Mountains）以及俄勒冈东部的蓝山（the Blue Mountains）的占领和巩固，日本对这两个美国州的控制彻底完成了。

---

① 美国华盛顿州东部城市。——译者注

河口有 3 个防御要塞。这些防御工事构成了俄勒冈州抵抗侵略的全部防御力量，然而它们所有枪炮的战斗力综合起来比日本一艘"无畏"号战舰的战斗力还要弱。

这还不是全部。

操作这些枪炮需要 67 名军官和 1446 名士兵。但据战争部长的说法，这些要塞中，如今只有 10 名军官和 246 名士兵，这意味着配备的枪炮中有 5/6 不能够被使用。即使这些要塞不仅不缺士兵和枪炮，战斗力反而增强了百倍，也仍旧在抵御日本对俄勒冈的入侵没有任何作用，就像它们根本不存在一样，这一点将在以后变得显而易见。

华盛顿州的防御依赖于普吉特海湾上游的三个要塞。这些要塞与哥伦比亚的那些要塞相比，情况更糟糕，更没有做好战斗的准备。那些已经配备的枪炮需要 129 名军官和 3180 名士兵进行操作，而据战争部长的说法，如今只有 27 名军官和 902 名士兵，这就意味着这些枪炮中的 4/5 在作战中不能被使用。

普吉特湾的防御工事和哥伦比亚的一样，在抵御外国入侵时是没有任何价值的，而且基于相同的原因，它们远离了敌人入侵任一可能的基地——日本在首次远征中可能的登陆地点——格雷和威拉帕港口。如果这些港口的入口处被埋上了地雷，那么登陆的地点将会是位于海湾之间的空旷海滩或者格雷港口入口的北边。

日本军队的第一个目标不是位于普吉特湾的城市，也不是波特兰或者哥伦比亚的城市，而是直接指向奇黑利斯和桑塔利亚，这是两座位于海岸向东 57 英里的小城镇。这两个地方相距 4 英里，构成了两个州的战略中心，不论对于防守方还是进攻方来说都是这样的。从时间上来说，以这个中心为基点，仅需向西行军 3 小时可到达格雷和威拉帕港口；向北边行军 3 小时可到达西雅图；向南行军 3 小时 45 分可到达波特兰；到达哥伦比亚河口的防御工事需要 7 小时 15 分；到达普吉特湾入口处的防御工事需要 5 小时 30 分；到达塔科马需要 2 小时；到达这个州的首府奥林匹亚（Olympia）① 需要 1 小时 25 分；到达布雷默顿（Bremerton）② 的美国海军基地需要 4

① 美国华盛顿州的首府。——译者注
② 华盛顿州西部城市。——译者注

防御工事不但没用，而且会使美国卷入新的危险之中，而这种危险实际上我们已经观察到了。

对于洛杉矶的防御来说，圣佩德罗港入口处的防御工事，并不具有内在或相关的价值。它们并不属于这个区域的陆地防御，而是属于海上防御，而且建立这些防御工事是因为预先假定在这片水域上存在一支活跃的舰队。圣佩德罗港也许可以作为一个海军基地，但是除此之外，它不具有任何防御的价值。这样的防御工事，其目的是特定的，即防卫海港自身，或者以其为基地的舰队。防御工事实际的防御范围是一个半圆，这个半圆的半径就是工事中大炮的有效射程。现代海港的防御工事自身并不具备防御能力。对它们的保护要么依赖于一支足够强大的可以阻断敌军运输并阻止其登陆的舰队，要么依赖于机动部队，这些部队可以阻止敌人在海岸线任一点上建立立足点，不论该立足点是靠近还是远离被攻击的防御工事。

我们已经论述过，只要美国海军在战前位于大西洋，或者只要位于太平洋的美国海军比整个日本的海军弱小，用海军去防卫太平洋海岸线就是不可能的。如果圣佩德罗港的防御工事能起到有效作用，其先决条件是美国存在一支比现在强大许多倍的海军；因此，太平洋的舰队规模以及它们的功能早就已经由日本海军的发展规模决定了。

圣佩德罗港的防御工事，如果没有一支与敌军力量相当的舰队加以保护，是没有任何用途的。因为洛杉矶是日方的攻击目标，登陆可能发生在距离最近的海岸。而且从军事角度来说，圣佩德罗港与洛杉矶的距离是圣莫尼卡湾到洛杉矶距离的两倍。另外，因为这个海港紧密地收缩在一起，所以在目前的条件下，水雷和鱼雷就能阻止日军攻占并使用该港口，直到海港自身以及周边的村庄都落入日军的控制之中。此外，圣莫尼卡湾为日方提供了一个靠近洛杉矶且长度超过 20 英里的可供自由选择登陆地点的海岸。

只要洛杉矶这个城市是日军的侵略目标，日军在任何情况下都不会选择在圣佩德罗港 20 英里的范围内登陆，而且圣佩德罗港的要塞，不论力量大小，都会在洛杉矶沦陷之后投降。为了坚守上述这些防御工事并抵御日方的陆地进攻，在战争开始的时候就需要有一支尽可能强大的军队来延缓日军对南加州的入侵。一旦敌方控制了圣莫尼卡湾，圣佩德罗港由于其半岛的特殊地形，要么就会落入一支弱小的敌军手中，要么美军就需要在几英里长的延长战线上继续进行相应的防守工作。

穿越圣佩德罗半岛呈东西方向延伸的是一片贫瘠的山丘，与旅顺口北部地区地形类似。这片山丘有一座不规则的山脉，其高度达到了 1000 英尺以上，长度则接近 12 英里。在上述防御工事北边 1600 码（1 码 =3 英尺）的地方，地势上升到了 280 英尺；在 3000 码的地方，海拔为 500 英尺；在 5000 码的地方，海拔升至了 900 英尺；而在 6500 码的地方是山脉的顶峰，比上述炮台高了 1400 英尺。这条山脉继续向西延伸至圣莫尼卡湾，于是，敌方对圣佩德罗防御工事的任何进攻将会经由那个海湾，向东推进，并占领这条山脉。一旦这些高地被敌方攻占，海港和要塞将会变得难以防守。于是可以看出，对圣佩德罗展开进攻的根据地与对洛杉矶展开进攻的根据地是一样的，都是圣莫尼卡湾。

一旦洛杉矶被攻占，南加州就会整个落入侵略军手中，因此所有用来防守这个地区的手段和方式必须集中用于守卫这座城市及其周边地区以及交通运输线路。

洛杉矶会从海岸遭受攻击，而海岸如此辽阔，这个城市又是如此靠近大海，以至于一旦制海权丢失之后，唯一可以保障其免遭攻占的方式，是在战前为防卫整个海岸线有条理地且彻底地按照现代战争的要求去准备机动部队。孤立的防御工事、弱小而无效率的军队不仅无法阻止征服甚至无法将征服延迟哪怕一天的时间，反而将导致生命无谓的损失以及国家遭到破坏。

我们已经提到现代战争一般持续的时间很短，尤其是海军的战斗；也谈到了在宣战后的几个星期内，敌方在攻占了菲律宾、夏威夷以及阿拉斯加之后，是如何完成对华盛顿以及俄勒冈的占领的。在战争开始后 3 个月内，敌方的其他军队将以同样的方式，在南加州海岸线上登陆。

现在，读者脑海里自然会出现的问题是，在这 3 个月的时间里美国会做些什么呢？于是他们的头脑里不仅立刻充满了对胜利的幻想，还有对国家荣耀的徒劳幻想。古老的神灯（the Old Lamp）已经被点亮，庞大的军队刹那间被动员起来；武器从一个隐藏的洞窟中被取出；伟大的将军在刹那间造就了；然后这些军团扇动着翅膀，飞跃西部的山脉和沙漠。然而，在宣战之后，美国真正会发生什么，人们对其已经彻底明了，因此没有必要再去讨论美国国内存在的混乱、无知、贪腐，以及毫无军事准备的情况——没有武器、物资供给，也没有任何获取它们的途径。

对于这场即将在太平洋上演的对日作战，目前美国所做的战前准备，比它曾经历过的任何一次战争都要薄弱，战斗力明显不足。然而，美国无视上述状况将导致的后果，在军备方面继续着由无知而导致的虚荣心以及漠不关心的态度，因此，不管是 3 个月还是 9 个月内，美方都没法派出任何军队到南加州海岸，将日军的进攻延迟哪怕是一天的时间。

然而，即使不考虑武器以及战前的准备，我们还发现存在其他因素，妨碍美方动员军队以防卫南加州并抵抗侵略和征服。

宣战后，美国能够立即动员起来的最大军力不到 10 万人，其中 2/3 是民兵。这支军队由 40 多支微小的军队组成，每一支处于独立的军事和民事司法管辖权之下，分散在整个国家之中。等到这些异质元素集结起来，组成一支适宜作战的军队，并准备好上前线，华盛顿和俄勒冈这两个州早已被强大得多的敌军攻击和占领。

此时此刻，美国在战争中不得不直面国家政体所固有的弱点——大众享有对军事活动至高无上的控制权。伴随着菲律宾、夏威夷及阿拉斯加的沦陷，整个国家受到强烈的刺激，沸腾起来。然而，当作为美国本土组成部分的华盛顿和俄勒冈这两个州被入侵和陷落，爱国主义以及愤怒的潮水将会更加高涨，除了立即出兵抗击日本人之外，大众无法满意。但是，他们全然不了解日本的军事功能，甚至都不了解日军是如何构成的，而且对此也漠不关心，带着由往日的胜利和英勇所产生的自负，整个国家——从最偏远的小村庄到这个国家的国会——都会敦促分派一部分动员好的军队，去抵抗日军对华盛顿和俄勒冈的侵占。

就目前的战略形势而言，分派美军到华盛顿州和俄勒冈州的大众诉求是否能实现无关紧要，因为确定无疑的是，这些军队将不会被派往太平洋的最南端，如果那样做就会让他们远离侵略军，像他们没有被调遣到密西西比河以西一样，仍旧让整个海岸线（除了一小片区域之外）遭受敌人的侵略。如果舆论没有占上风，同时军队没有滞留于东部地区，那么正如之前陈述过的那样，军队唯一能聚集的地点将是旧金山。如果在南加州被入侵之前军队就调遣到那里，那南加州侧翼仍旧处于无防御状态，因为这些军队如果向南行进500英里，就会转移日方对于旧金山的进攻，让太平洋上最具战略意义的地点遭到日军的攻占。这将使得夺取旧金山的日军与占领华盛顿州和俄勒冈州的日军汇合，并由此导致美军处于一个战略上极其不重要的位置。

由于大众的煽动，美国军队可能被调遣去抵抗华盛顿和俄勒冈的日军，这种可能性体现了一个明显的怪异状况，即如果日方入侵时美军数量越庞大——不管其位于海岸线的哪个部分——那么这些军队越会肯定地被派遣到那里去抵御日军。以下两个因素决定了这一点。

（1）日本第一远征军在数量上等于或者超过了美国整个陆军，这导致美方在调遣相应力量的军队抵御它的同时，再无法派遣相应力量的军队去抵御日方对其他地点的可能性入侵；

（2）舆论只会指挥一切可利用的军事力量去抵抗侵略军，而不会顾及总体的军事形势及战略考虑。

为了让这种状况继续存在，日本只需要让其第一军团的力量与整个美军的力量相当，而这相对日本总体兵力而言是微小的一部分，即使美国常备军是现在规模的5倍，结果也仍旧如此。只要美国目前现存的军事体系继续存在，在宣战一年后，太平洋海岸线上的任何一个部分都不可能存在足够的抵抗力量，而许多年后，在这三个区域里也不可能存在足够的抵抗力量。

宣战后的3~4个月，日本将会占领所有的岛屿属地、华盛顿州和俄勒冈州，而一支少于10万人的美国陆军，要么集结在东部并向着北部的日军方向行进，要么集结在旧金山。

如果日本此时在南加州的岸边派一支军队登陆，那么他们将在没有受到抵抗的情况下于第二天占领这个区域的战略中心，从而事实上完成占领南加州的军事行动。

我们现在来探讨日军占领南加州这一事实中最重要的方面。它与这个地区的内在价值没有任何关系，同它的经济、政治重要性也没有关系，而只是与它的战略价值相关，这个地区在日方抵御美国收复太平洋各州的后续努力时是必需的，日方能够凭借它进行相关抵御活动。

美国只存在 3 条通道，外国军队可以通过这些通道从美国的东部进入太平洋海岸线，而南加州就是其中的通道之一，因此，在战争早期就占据这个地区对于日方控制战局以及确保安全来说是必要的。

这个地区的地势尤其适合从太平洋这边进行有效防御。从墨西哥到加州概念点（Point Conception）岗哨的海岸线是一个拉长了的不规则的月牙形，除了一个例外——那个峡谷里有城镇以及圣贝纳迪诺（San Bernardino）、里弗赛得（Riverside）和雷德兰兹（Redlands）的橙子果园——所有的宜居地区都沿着海岸线并向其后延伸了几英里。这片绿洲东边和北边是 4 座主要的山脉：圣哈辛托（San Jacinto）、圣贝纳迪诺、圣盖博（San Gabriel）和特哈查比（Tehachapi），其山峰高度范围从 5000 英尺~11000 英尺不等。除了这些山脉之外，就是沙漠、盆地和死亡谷。

进入南加州有 3 条通道——圣哈辛托、西南部峡谷和索格斯（Saugus），而进入圣华金河谷（San Joaquin Valley）和中加州则是通过特哈查比。日方是否能控制这些通道，决定了其是否能获得太平洋海岸线南翼的优势地位，而南加州对于日本人的真正战略价值就在于上述地方的易守难攻。

洛杉矶是这 3 条通道周边最重要的人口集中区，而且与任一通道的距离都在 3 小时铁路路程范围之内，而圣贝纳迪诺是防守西南部峡谷和圣哈辛托通道最近的守军基地，它与这两个通道的距离都在 1 小时铁路路程范围内。

环绕南加州居住区的山脉可以被比作一个高度有几千英尺的长城，在其范围内是那些富庶的地区，该地区已经使得加州的名字与肥沃富庶是同义词。对于从沙漠那边来的军队而言，这些山脉是崎岖且不可逾越的，形成了一个牢不可破的屏障，除了上面提到的那 3 个通道之外。

站在桑哥弓尼奥峰（Mt. San Gorgonio）或圣安东尼奥上，人们可以向西或向南远眺，那里是无边无际的成片耕地、城镇以及乡村、果园；那里的财富达到了数亿美元，其富庶程度总是引起人们的无限遐想；那里会成为防守上述通道的日军基地。由这些山脉所形成城墙的北部和东部是茂密的森林、无数的河流以及大片的草原。但是在最靠外的边缘处，所有植被突然都没有了，出现了一个断裂带——沙漠。

莫哈韦沙漠并非一般意义上的沙漠，其他地域所具有的特点它都有，只是在这里，自然界是静止的，或者与死神进行着最后的搏斗。山丘由火山渣和火山灰堆积而成，平原因红色的尘土而显得昏暗无光；草地由干枯和烧焦了的植被覆盖；泉水因为含有砷而甘甜，其周围环绕的不是植物而是成堆的动物和人类白骨。由纤细的丝兰组成的丛林在昏暗的暮色以及风中直立打颤。山脉陡峭而荒凉，由于布满像火炉一样极其酷热的地方和像地下墓穴一样的峡谷而坑坑洼洼，像被太阳晒干的骷髅。人们从名字中就已经可以嗅到那里的死亡气息。那里有棺材山、墓葬山、死亡谷、死人谷（Dead Men's Canons）、熔岩死床、死湖、死海。所有的东西都是死的。这是大自然的藏骨堂；然而只要美国试图收复南加州，美方军队就必须来回穿越这个地方并以其作为自己的军事基地。因此，从沙漠那一侧去攻击这些筑有防御工事的地方，是一项异常艰难的军事任务，其艰难程度比世界上所有发生过的战争里曾经出现的困难都要大。①

日本攻占南加州战略地，其价值既不仅仅在于那个狭小的居住区及其具有靠近大海的特点，也不仅仅在于南加州 2/3 的财富和人口集中于单个滨海郡县，而主要在于西南部峡谷、圣哈辛托和索格斯这些通道的位置具有战略优势，它们靠近洛杉矶，并彼此接近，之间的距离很短，而且由于它们那些加固的阵地位于山中，不仅来自东边的军队根本无法靠近它们，而且因为它们的凸角堡指向沙漠，它们的后方则位于美国最富饶的地区之一。

美国军队在攻击这些通道时，所具备的战略条件则恰恰相反。当日本的防御工事筑造于各种资源十分丰富的地域之中时，美国军队则必须以沙漠为基地攻击这些阵地。在沙漠里不仅没有任何资

---

① 参见附录12。

源，而且连足够供给一个单独的军团在这些通道的攻击范围内作战的水都没有。

如果试图进攻圣哈辛托通道，那可供军队使用的最近的充足水源位于帝王谷（Imperial Valley），距离是 130 英里。如果要进攻西南部峡谷，那可供一支军队使用的最近水源是科罗拉多河，距离是 220 英里。如果试图进攻特哈查比，最近的水源距离是 260 英里。

在现代战争中，大炮的威力日益增强，这使得建立了半永久防御工事的军队具备了一定的优势，因为攻击方必须针对防御的特点以及防御工事所配备部队的功能而相应地增强数倍于对方的力量。假设日美双方的军队具有同样的功能，那么对于每 10 万日军，美方则至少需要数十万军队。但是日方可能还具有其他的战略优势，以至于会将这种不相称的比例增加到了一个几乎让人觉得夸张的程度。他们内部的联络线，将这些通道连接起来，并且会聚在位于洛杉矶的主要基地；这些联络线紧紧地收缩在一起，以至于一小支军队借助于便捷的现代运输条件，就可以完成本来需要一支庞大军队去完成的任务。

对于日方而言，将一火车的军队或者军火从西南部峡谷运输到圣哈辛托通道只需要两个小时的时间，而换成进攻方，同样的工作则需要好几天的时间。对于防守西南部峡谷和防守圣哈辛托通道的日军而言，两者之间只有 40 几英里的距离，而对于美方而言，从一个阵地转移到另一个，则需要跨越将近 1400 英里的距离。

日方军队行进线路的简短以及美方军队行进路线的过度漫长，必然会使美军集中主力攻击其中一条通道。在美国攻击西南部峡谷的情况下，索格斯峡谷以及特哈查比都不会受到攻击，除非美国的军队足够强大，可以尝试在佯攻这些阵地的同时，进攻西南部峡谷。但是沙漠不仅使驻扎于其上的军队数量缩减至最小，而且使得索格斯峡谷和特哈查比具有从属性的地位，它们的价值以及控制权完全由对西南部峡谷以及圣哈辛托的控制权所决定。因此，收复南加州，也就意味着收复这两个主要通道或者至少其中的一个。

如果美方的进攻目标是圣哈辛托，他们不仅要远离水源 130 英里去进攻有防御的阵地，而且他们与最近的物资供给基地之间的交通将只限于唯一一条长约 1000 英里的沙漠铁路。反过来，如果他们的主要进攻目标是西南部峡谷，美方军队将有两条铁路线。然而，交通线路的增加所带来的优势被以下事实抵消：最近的可以足够供应一个旅的水源距离是 220 英里。

正是这些因素导致这些通道一旦被攻占并且建筑工事之后，南加州将牢不可破。一旦一支在军事上像日军那样有效率的军队控制了这三条只有陆军才可以通过的通道，那么无论士兵多么刚毅，无论军队数量多么庞大，无论人们具有怎样的爱国主义精神且足智多谋，都无法战胜这些难以穿越的高山和沙漠壁垒。

在下一章中，我们将会阐明，在可能的情况下，其他的因素愈发使得这些阵地处于牢不可破的境地，以至于甚至连进攻的计划都无法制定了。

第十章

旧金山的攻防及结局

战争持续的时间及其原因绝不是永恒不变的，尽管决定战争期限的因素在其发挥作用时是不变的。在现代战争中，这些决定性的因素可以分别表述为以下 3 个主要原则。

（1）如果各国的军备得到同比例的发展，而且在和平时期维持稳定状态，那么其后爆发的战争持续的时间将会是适中的，而且对于生命和财产的损害将会是最小的；

（2）如果各国的军备都未获得相应的发展，与和平时期的情形一样，那么其后爆发的战争持续的时间将会是最长的，而且对于生命和财产的损害将会是最大的；

（3）如果一国的军备高度发达，而另一国则缺乏相应的军备，那么其后爆发的战争持续的时间将会是短暂的，将会导致其中一方的生命和财产遭受损失。

基于战争制胜的秘诀本来是像野兽般勇猛的士兵，而如今已经转变成冷静且无怒气的科技实力，上述原则在影响现代战争的结果时越来越不容置疑。

基于日本和美国各自对战争的准备状态，双方发生战争的结果是，除非美国立即出现军事复兴，否则即将到来的美日冲突将被归入以 1894 年甲午战争、1870 年普法战争、1866 年德奥战争以及1904 年日俄战争为代表的那一类，这些战争持续时间的决定性因素正是第三条原则所包含的内容。

在美国同日本的战争中，还有其他准备性因素会加速日本的征服速度，即在正式宣战之前，日本的陆军以及海军运动到战场附近的情况。

这种积极主动性是日本军事活动的特点；而且美国由于自身未进行相应的战备，自然会谴责日方的这种行为，但是在正式宣战之前就掌握战争的主动权，这并不仅仅是日本的专利。在 1790～1870 年，西方所进行的 120 场战争中，110 场是在事先未通知对方的情形下开始的。正式的宣战只不过是骑士时代的残留，那时挑战书会隆重地由使者送到敌营中去。而在现代战争中，所有这样的正式形式已经而且仍在被准备好作战的国家视为是多余的。只有那些未做准备的国家指责这样的行为，指责这种先发制人的压倒性优势。

因此，人们将发现，日本针对美国岛屿属地的活动速度将会比我们在这本书中所设想的快得多。

在探讨日本夺取美国的岛屿属地以及华盛顿州、俄勒冈州和南加州的时候，我们已经将日本的军事效率以及它们的运输能力最小化了。通过这种最小化，我们已经胡乱地提升了美国的防御能力。然而即使如此，我们仍旧会看到这个国家处于完全而且彻底地无助状态之中。

现在只剩下夺取旧金山了，这样日本就可以最终侵占美国对于太平洋的主权并获得彻底的胜利。在实际的战争中，夺取旧金山将会比我们所论述的更早发生，这已经被所有熟悉形势的军事策略家所承认了。但是为了确保在目前的军事状况下，可以调遣最多的兵力去守卫旧金山，我们必须推迟战争，直到美国所有可用的军事力量已经到旧金山近郊集合。实际上，一旦考虑到时间因素，这种军事调遣即使不是完全不可行，可能性也是非常小的。

从经济、政治以及策略上来说，旧金山是太平洋海岸线上最重要的一个地点。它靠近中部太平洋，并拥有巨大的海港，这些都使得它成为美国太平洋贸易的中心。

从海上战略的角度来看，旧金山是太平洋海岸线上最重要的一个地点。一旦日军控制了这个海湾及已经提到过的那些岛屿属地，美国的舰队——不论其大小以及效率如何——根本无法进入太平洋，直至战争结束。旧金山海湾是美国在太平洋上的主要海军基地，丢失了该基地，也就意味着美国永远地失去收回太平洋海军控制权的所有希望。

从陆军的角度来说，旧金山的战略重要性同样超过了太平洋海岸线上任何其他地点。因为旧金山位于海岸线南北两端的中间，一旦被一方占有之后，就会导致南北两端易于从后方遭受攻击。它不仅将占领这些地区的敌方军队一分为二，而且占据这个地点，使得敌军的汇合也变得不可能了。旧金山控制着圣华金、萨克拉门托以及圣克拉拉谷，控制着整个中部以及北部加州，几乎和洛杉矶控制南加州的情形一样。一旦旧金山海湾被日本人占领，这一整片区域将落入他们手中。

正如我们已经谈论过的那样，如果日军占领了太平洋海岸线的两端，而美国仍旧控制着旧金山以及它与东部的交通线，那么美国仍旧拥有与日方相同的战略地位，只要：①美国的军事条件能够允许其在旧金山海湾的周边进行紧急陆军调遣，以抵御任何攻击；②美国存在额外兵力，在数量和功能上足以打消日方在旧金山的南北方获得优势地位的任何企图。

如果上述这些条件——它们由战前的准备决定——是可能存在的，那么美方的阵地就会刺进日方的心脏，并将日方的两翼分割开来，从而使得美日双方的战略形势出现均衡的状态，并使得战争的最终结局由战斗的胜负来决定。但遗憾的是，我们不会去关注这些未必会出现的战役的具体情况，因为我们只跟事实打交道，而不会去探讨人们的那些幻想、希望或者迷梦。

人们一般认为，旧金山的防御不仅是有效的，而且尤其非常适宜抵御任何可能对它展开的攻击。然而，真实的情况是这座城市在目前的军事条件下是没有防御能力的。而且只要美国军队的数量如此匮乏，以至于旧金山的防御力量只得龟缩于旧金山半岛，日军不需要经历战火的考验便能迫使旧金山的美军投降。

旧金山的防御并不取决于能否坚守修筑有防御工事的阵地，而是取决于能否在军事上掌控环绕旧金山海湾的整个地区。因为其特殊的地理位置，这座城市的弱点是战略性的而不是战术性的，而且它的命运取决于距离其现在的防御工事若干英里的战斗的具体情况。

旧金山现存的防御力量只是扼守湾区入口的几个要塞。这些要塞，一部分位于入口的北侧，一部分位于南侧，在面临海军之外的任何攻击时，既不能自我保护，也不能互相保护。给这些要塞配备官兵，以操作那些已经安置好的大炮，一共需要 175 名军官和 4262 名士兵。然而目前只有 42 名军官和 1400 名士兵。人员如此匮乏，导致 2/3 的大炮被弃置不用，而剩下 1/3 的大炮其火力比日本两艘战舰的火力还要小。

一般的民众并不理解永久防御工事在现代战争中的局限性。它们既不能对敌人进行强攻，也无法改变敌人进军的方向。以前，只有小股部队采取突袭的方式才能灵活地进行运动和攻击，而军队实施大规模进军或者攻占的前提条件是先要用海军占领有要塞的港口。但是现代的海上运输条件已经改变了这一点，如今一支由 20 万人组成的军队，可以对偏远的海岸展开突袭或实施登陆。

然而，现代战争中其他因素可以阻止海军对于任何港口的攻占，而不用考虑该海港的防御工事处于何种状态。这些因素如下。

（1）水雷的发展及大规模的运用；

（2）鱼雷的有效范围日益扩大。

仅仅凭借这两种海战武器，就可以阻止任何由陆地包围的海港被海军攻占，直至海港周边的领土被敌方完全占领。旧金山的防守或者夺取不受其海港防御工事的影响，因为日本的舰队不会靠近金门大桥，直至海湾及其整个周边区域落入他们手中。

旧金山的防御只能靠机动部队，并且与三个各自独立的战场相关，它们与旧金山目前的防御工事系统不同。

（1）旧金山半岛的防御；

（2）索萨利托（Sausalito）半岛的防御；

（3）其内陆交通线的防御。

旧金山半岛的防御工作由一支这样的军队完成：它不是驻扎在半岛上，而是驻扎在南边 50 英里远的圣克拉拉谷。这个据点同时还防卫着旧金山湾区南边和东边的内陆交通线。不论交战的哪一方控制这个山谷，都将处于这样的一种地位：可以进攻并占据旧金山半岛并夺取或控制南边所有的交通线。

而索萨利托半岛的防御任务则归属一支这样的军队：它的驻扎地并非邻近巴里或者贝克要塞，而是位于北边 50 英里的索诺马（Sonoma）县。无论交战的哪一方控制了该地区，在战略上都会处于这样的一种地位：可以进攻并占据索萨利托半岛并夺取或控制所有北边的交通线。

调遣美国的军队聚集在旧金山附近，必定是为了防御湾区周边的整个区域，因为没有哪一个部分可以脱离其他部分而单独被防御。这个地区特有的地形导致其在战略方面存在固有的、无法被攻克的难题，除非由半独立的两支军队同时作战；一支仅限于在湾区的北部作战，另一支则在南部。如果这些军队不能独自支撑，或者在规模上不足以防卫他们各自的战场，那么他们作为一个整体则无法有效地防卫旧金山。如果从蒙特利湾（Monterey Bay）向北移动的日军实际上比位于圣克拉拉谷的美军更强大，那将迫使这支美军要么得到防守湾区北岸军队的援助，要么沿着那个方向撤退，否则两股美军将被逐个歼灭。如果选择增援，那么湾区北岸以及旧金山就容易遭受从玻底加（Bodega）向南推进的日军的攻击。如果南边的军队向北撤退，那么湾区的南岸、整个半岛以及旧金山这个城市将处于无防御的状态。

如果把假设的前提条件进行调换，以便对从玻底加向东和向南推进的日军进行探讨，那么我们会发现，索诺马的情形与南边的情形是一样的，湾区北边的情形也是如此。

（1）要么从圣克拉拉抽调援军，将那个地区暴露于从蒙特利（Monterey）向北前进的日军的攻击之下，这会使得旧金山易于被攻占；

（2）要么向南岸或东岸撤退，这会使得索萨利托易于被攻占，旧金山易于遭到轰炸；

（3）要么两支军队都被彻底地消灭。

综上所述，美方阵地是否安全，取决于上述两支军队是否优于同时向南北进军的日军。

在现有的军事条件下，通过抽调每一个要塞和阵地的军队以及利用所有可用的民兵，在战争开始后的 5 个月内，美国可以调动到旧金山附近的军队最大数量将不会超过 10 万人，其中 2/3 是各州的民兵。

在上述全部兵力中，常规步兵或者骑兵都不会超过 1.2 万人，而野战炮兵将不会超过 4 个团。因此，这支军队的规模以及构成显然不允许它被分成上述两个互相独立的部队：一支在索诺马县，位于旧金山北边 50 英里，而另一支位于南边 50 英里远的圣克拉拉。而且，由于这支军队太薄弱了，美方不仅无法将这支军队分派到两个独立的战场之中，而且也不能让它在一个无法为收缩的两翼提供掩护的战场上同数量上占有优势的敌人作战。

这支军队的存在就是为了防御旧金山，如果它并非与敌军数量相当，从而可以要么进攻要么分开进行防守，那么只有一种选择——挑选唯一的主要的防守阵地。这个主要的阵地不能是湾区的北边、东边或东南边，否则将会使得敌军的攻占目标——城区以及旧金山半岛——易于遭受攻击。于是只有两个阵地可供选择：旧金山半岛或者圣克拉拉谷。尽管后一个地点构成了旧金山抵御南海岸登陆敌军的真正防守点，但美军的薄弱使得他们无法防守一个阵地，因为在那里它会受到随意地、从侧面来的攻击，并被数量上占优势的敌人切断它与基地的联系。因此，基于以上考虑，军队最后只能将旧金山南边作为主要阵地，那里有跨越整个半岛的交通线，并将一翼放置于太平洋的岸边，另一翼放置于旧金山海湾。

对于一个被围攻的城市以及它的守军而言，至关重要的问题是水的供应问题。在以前的年代里，水源通常位于城市自身的范围内，以水井或水箱的形式存在；但在现代社会中，尤其是在美国，一个城市的水源一般与城市之间有点距离。如果这是事实，那么主要的防御线通常还应该将城市的水厂和蓄水池包含在内。

旧金山的水源位于该城市南边 30 英里~40 英里的圣马特奥山脉（San Mateo Mountains），主要由圣马特奥溪（San Mateo Creek）、阿拉米达溪（Alameda Creek）、皮拉西托斯溪（Pilarcitos Creek）和水晶泉湖（Crystal Springs Lake）构成。有 3 个蓄水池：皮拉西托斯蓄水池（the Pilarcitos），距离旧金山 32 英里，储存了 10 亿加仑的水；圣安地列斯蓄水池（the San Andreas reservoir），有 60 亿加仑；以及水晶泉蓄水池（Crystal Springs reservoir），储存了 190 亿加仑的水。如果这些蓄水池以及水源落入了敌人手中，那么旧金山美军必定会投降。

为了保护圣安地列斯以及皮拉西托斯蓄水池（它们占整个水源近 1/3），美军防线必须从这些蓄水池的南边穿越半岛，其阵线的长度——由可设防的阵地的轮廓线决定——将近有 30 英里。这条线路的中心点距旧金山有 35 英里。如果要保护整个水源，那么由设防的阵地及壕沟组成的防线将不得不穿越半岛，向南延伸到水晶泉湖，这样将使得整个防线大大加长，因为该半岛的下端变得宽阔了。

由一支兵力有限且没有军事经验的军队，从旧金山这么远距离地去防守这个半岛，是非常困难的。半岛的东边有一个非常狭窄的山谷，它的东侧与旧金山海湾平行，而山脉在其西侧。这些山脉的东侧低一些的坡面上是起伏的山丘，这些山丘上没有树木，除了在山涧里零星地长着一些橡树和灌木丛。但是在更高一些的地方，在山脊的顶端以及在西侧的坡面上，山脉呈现出断裂、不规则以及不平坦的特点。那里被浓密的丛林、茂盛的矮树林以及有毒的橡树、红木和石兰灌木所覆盖。

总体而言，美方的阵线必须与这些山脊及山脉边缘形成恰当的角度。除了与海湾平行的那个狭窄山谷以及东侧起伏的山坡外，这个半岛不平坦的地形以及被灌木丛覆盖的特点，使得现代武器赋予壕沟阵地在防守方面所具有的那些最根本的优势完全无法发挥出来。

除了山谷的山丘之外，没有裸露的斜坡能让军队建筑壕沟以进行防守。那里也没有可使用大炮的宽广区域，而南非的草原和小丘就使布尔人（Boers）拥有了这样的区域，使得他们可以最大限度地利用现代装备。另外，在这些山脉中，除了东侧的斜坡，很难找到几百码长的裸露阵地。连绵不绝的斜坡和丛林破坏了地形并将地面遮蔽起来，致使现代的大炮变得毫无用处，而步兵火力的威力被减弱到了最低程度。而且，因为防守方的阵地是已知的，所以在许多方面比进攻方要处于更加不利的地位。在这些山脉中进行的战斗，其主要形式将是突击和挫败敌军，因此平素的训练将成为决胜的基本要素。

然而，对旧金山的防守不能仅限于城市南边可能跨越半岛的这些线路，因为一旦敌人控制了索萨利托半岛，旧金山的防御体系就会遭到轰炸。所以，最终在对旧金山的壕沟防御进行规划时，穿越半岛北部的那些阵线和城市南边的阵线应该被视为同等的重要。

巴里和贝克要塞位于半岛的南端，它们自身对于陆路攻击是不具备任何防御能力的。这是因为它们背后是延绵不绝且逐渐攀升的高地，直至半岛的北端与塔玛佩斯山（Mt. Tamalpais）相连。美方有一条防线从圣拉斐尔城镇东边的一个点向西延伸穿越半岛的北端到达大海，而从北方对旧金山所做的最后防御不能在该防线的南边进行。这条防线的长度近 12 英里~15 英里，一旦日本攻破它，旧金山将彻底毁灭。

我们现在已经探讨了对旧金山最终防御产生影响的各种因素，然而只要美国对军事漠不关心的态度使得整个国家的紧急防御力量不到 10 万人，而且这些人主要是由那些没经过训练的民兵组成，处于那些因政治关系而获得职位的军官指挥之下，或者被分派到了毫无用处的要塞那里，美国所真正需要的防御就将绝不可能存在。

由于美方在菲律宾的攻防战中丧失了 1/4 的正规军，于是 7 万~9 万的士兵将构成美国整个可用的兵力，然而，即使不考虑这些士兵的异质性以及毫无军事价值的特性，这支军队在数量上也是相当不足的。于是，在防守旧金山时，为了避免在开阔战场上被歼灭的命运，这支军队唯一可占据的防线，就是刚才讨论过的那个最后的壕沟防御线。这就意味着——正如旧金山的总体防御中必定会出现的情形一样——需要在湾区南北进行军事力量的分配。

（1）穿越索萨利托半岛的基地，设置一个将近 15 英里的防线；

（2）靠近旧金山半岛的基地，设置一个超过 30 英里的防线。

这个总计约 45 英里的防线，将由不到 3 个师的正规军以及 3 个团的民兵防守。实际上，在这么长的防线上，遭遇更强大的日方军队，即使各个阵地是毗邻的，美方试图抵御一分一秒也是不可能的。然而在这个例子中，1/3 的防线与另外 2/3 的防线之间的关系，不会比如果 1/3 在俄勒冈州而另外 2/3 在南加州的关系更密切。

日本在夺取美国岛屿属地、华盛顿州、俄勒冈州和南加州之后，可以在宣战后的 5 个月内，同时在蒙特利湾和玻底加湾登陆总数超过 17 万的士兵。在玻底加湾或者其上方登陆 5 万士兵，该登陆点在美方索萨利托防线北边，两者相距 3~5 天的行军路程；剩余的士兵在蒙特利湾登陆，该登陆点在美方跨越旧金山半岛的那条防线的南边，两者相距 6 天的行军路程。日方拥有 5 个战略性的选择，以攻占旧金山及中部加州，迫使美方军队投降。

在南边登陆的日军，总数 12 万人，向北移动，以正面进攻跨越旧金山半岛的美军防线，与此同时，北边的日军，总数 5 万人，向南运动，以正面攻击从圣拉斐尔向西延伸的美军防线。如果每英里配置 2000 人进行防御，南线的美军就需要近 7 万人，而北线需要 3 万人。日方可以：

（1）同时进攻南北两边的阵地。在北边，5 万名日本正规军对抗不到 1 万人的美国正规军以及 2 万名民兵，其阵线长度是 15 英里；在南边，12 万日本正规军对抗不到 2.5 万人的美国正规军以及 4.5 万名民兵，其阵线长度超过了 30 英里；

（2）在美方北边防线前留下足够的兵力，以便阻止敌方的任何挑衅行动、利用敌方的任何退却行动，北边剩余的日军到科斯塔岗哨（Point Costa）、奥克兰以及奈尔斯增援南边的日军，联合起来进攻美方位于南边的防御阵地；

（3）在美方南边防线前留下足够的兵力，以便阻止敌方的任何挑衅行动、利用敌方的任何退却行动，南边剩余的日军去增援北边的日军，联合起来进攻美方位于北边的防线。在这个行动中，日军有 10 万名正规军对抗美方 1 万名正规军和 2 万名民兵。美方的溃败将使得索萨利托半岛落入日方手中，并使旧金山城由于轰炸而彻底毁坏，其毁坏的程度要比最近地震和火灾导致的毁坏更加严重；

（4）北边的日军继续留在美方北边防线之前，南边的日军除了 1 个团之外继续留在南边阵线之前。这支分离出来的军团使用攻城大炮占领奥克兰及其附近地区；而且如果奥克兰摩尔已经被摧毁，那么就在安置于吉本岗哨（Point Gibbon）的炮台掩护下去夺取山羊岛（Goat Island）。如果在山羊岛设立了炮台，那么整个城市还是会由于轰炸而毁灭；

（5）日方北边军队继续留在美方北边防线之前，除了 1 个师之外。南边的日军继续留在美方南边防线之前，除了 2 个团之外。一个团去攻占湾区的东岸，其中一翼加入北边军队位于瓦列霍结（Vallejo Junction）的左翼，另外一翼与位于阿尔维索（Alviso）的南边军队右翼会合，这样就完全地包围了湾区，并切断了美方所有的联络线。第二个军团去攻占萨克拉门托谷，其中一部分位于萨克拉门托，另外一部分位于斯托克顿。北边军队派出的分遣队向东移动跨越联合太平洋铁路，并在特拉基谷（Truckee Valley）的塞拉山（Sierras）东侧斜坡上建立防御阵地，这样就将加州以及太平洋海岸线完全孤立起来。

最近伴随地震和火灾出现的毁坏以及道德败坏，表明了如果从山羊岛或者索萨利托对旧金山进行轰炸，那么一天之内就能将它摧毁。但是无论日军采取什么样的方式，不管是会战，还是轰炸，或是攻占，在其布置完成之后，旧金山都会被迫于两个星期之内投降，尽管美方用所有的兵力去防守它。

日方对旧金山的布置完成之后，紧接着出现的是那个不可避免的结局，而且会由于美国陷入彻底无助的状态而变得显而易见。在美国的整个国家之中，再也找不到另外一支正规军了，再也找不到将军了，也找不到士兵了。美国必须耗费几年而不是几个月的时间，才能建成有一定规模的能与日本相匹敌的军队。然后他们必须穿越迄今从未有军队穿越过的沙漠；攀越崎岖和陡峭的高山——它们就是沙漠这条护城河的堡垒；他们凭借无知之勇，去尝试不可能完成的军事任务；山脉和峡谷成为他们的葬身之处，沙漠中的风儿因承载着死者的灵魂而悲鸣。从此以后，那些被击溃且精神错乱的士兵在美国整个联邦中四处散布不和、酝酿反叛以及阶层派系叛乱，直至这个异质的合众国所崇尚的主义被彻底粉碎，整个国家再次落入到重建的王权手中，为它的自负和轻蔑付出代价。

战争预言者荷马李著作选译

撒克逊时代

Homer Lea
THE DAY OF THE SAXON

中译本根据 Harper & Brothers Publishers 1912 年版译出

前言

　　这是讨论军事科技进步如何影响国家生存状态的第二本书。对此问题我花了多年时间潜心进行研究。出版的第一本书是《无知之勇》，第三本书还没有完成。

　　在这本书的写作过程中，许多人予以了关注，我对此表示感谢。而我尤其想感谢的是瑟索城堡（Thurso Castle）的约翰·乔治·托勒马切·辛克莱（Sir John George Tollemache Sinclair）阁下，他极其热心地为我提供各种数据及资料。

　　这本书在写作过程中遇到了诸多困难。当我还在美国的时候，就开始了这本书的写作，后来在各个大洲和大洋的旅行中继续写作，最终在亚洲完成了整本书。最后一章的写作开始于浓郁的和平氛围之中，而最终在战火纷飞中完成。

荷马李

中国南京

撒克逊时代

上 篇

▽

这是一条对所有人都适用的自然法则，它绝不会失去或者减损其效力。这条法则就是那些拥有更多力量和优势的人将统治那些处于劣势的人。

——狄奥尼修斯（Dionysius）

第一章

撒克逊人及其帝国

国家崩溃的根源———战争的破坏程度———新旧爱国主义

当我们谈到那些对国家生存而言至关重要的利益时，它们与那些决定个人奋斗方向的人的需求没有任何区别。国家和个人都会受到同样激励因素的驱动，虚荣和恐惧都会对两者产生巨大影响。国家的自我反思能力并不会比个人的更强大，惨剧对它们的影响程度与其发生的时空遥远程度成反比。那些过去已经发生或者将来可能发生的事情，以及那些在国家疆域之外发生的事情，与那些国内事务以及家庭目前关心的问题相比，对人们产生的影响是微弱的。

所有国家和族群崩溃的根源，都在于人们把应负担的责任局限于当下以及眼前。当人们不愿意为了他们神灵的荣耀而舍弃自己的可鄙境况，不愿意为了永恒的安宁而牺牲他们的苦恼生活，那么他们之间的凝聚力是多么脆弱！把希望放在这些人身上是多么徒劳！

从人们为其家庭免遭贫困、奴役、破坏而做出的努力，我们可以评判他们对于家庭的价值。同样的——只是具有更重要的意义——我们可以根据这些人对于保存其族群所做出的努力而去判断他们对于族群的价值。如果一个人因为忽视而导致家庭解体是要受到鄙视的，那么如果他逃避自己对于族群的责任，而任由所有的族人（不只是他的家庭）被征服或者毁灭，他该受到多大的鄙视啊！

公民的责任只是一个人对于他的家庭所应承担义务的更文雅的说法。国家是家庭的聚合体。爱国主义则是人们对家庭所具有的价值的综合体现。国家的毁灭，正如家庭的毁灭一样，来源于同一个因素——忽视。如果一个人忽视了家庭，那么他将失去家庭；如果一个人忽视了他的国家，那么他将和国家一起灭亡。因为只有族群持续存在，从而族群的历史得以延续，个人才能成为这个世界的一部分。

这种忽视对于大英帝国所产生的影响和导致的结果，与所有其他那些因为忽视而灭亡的国家是一样的。战争已经导致了这个帝国的产生，战争在未来还会延长或缩短这个帝国的生命周期，这取决于英国人民是否为那些无法避免的冲突做好了准备。这些冲突正在慢慢靠近，它们绝不可能与人类那些瞬息万变的法令或者激情归为一类，而是属于一种基本的力量，它们不会受到人类及其制度的影响。

决定战争长短的那些因素是永恒不变的，帝国与其他国家的军事关系可以归结为以下 3 种。

（1）当英帝国的军备与它最强劲的对手维持一定比例，并且在和平时期也持续发展，那么战争的数量、持久程度以及死亡人数将会被降至最低程度；

（2）一旦英帝国的军备只能与军事最弱小的国家相当，那么它只能免于同那样的国家发生战争。它与其他国家的战争将会持久，而且对于生命和财产的破坏将是最严重的；

（3）当敌国的军备高度发达，而英帝国则缺乏军备，一旦欧洲针对英联邦或者印度边境地区发起进攻，那么这个帝国将会毁灭。

导致英帝国毁灭的那些因素原本可以避免，而撒克逊人如今害怕去面对它们。然而正是这种逃避使得帝国的防御逐渐衰落，帝国崩溃的那一天慢慢临近。

为了弄清一个像撒克逊帝国那样广袤而脆弱的帝国真正意味着什么，人们不仅必须放下其有关英国军事进展的已有看法，而且还得明了组成爱国主义的那些基本原则。

撒克逊人已经前无古人地在这个地球上用红色标出了其权力影响范围。这条脆弱、鲜红的撒克逊范围线，因为数字而显得脆弱，因为鲜血而变得鲜红，而且只有通过撒克逊的英雄主义以及民族责任心才变成了可能。这条线遍及天涯海角。它穿过了每一片海洋，跨越了每一片沙漠，探查了每一处偏僻的角落；经过了只有圣鹮①

---

① 圣鹮，古埃及人心目中的灵鸟。——译者注

捕鱼的沼泽、从未被浸湿的沙丘以及从不融化的雪地。没有暴风雨是它没有遇到的，没有痛苦是它没有忍受过的；它曾与所有的族群战斗过，与所有的疾病抗争过。对于这个地球而言，这条撒克逊线已经成为一条充满魔力和英雄主义的环带，将这个世界所有古老而伟大的地方捆绑在一起。尽管它一直对于自身的责任保持沉默，一直忽视了它的成就，一直对它的奉献嗤之以鼻；然而它已经将这个人类未曾知晓的世界交给了这个逃避当今责任的族群。在这个世界之中，太阳和星星交相辉映，黑夜从不会降临，黎明从不会到来。

在这个生死存亡的关头，撒克逊人必须让自己认识到他们逃避所导致的严重后果，并从由幻想导致的安逸状态中挣脱出来。对他们而言，那个可悲的黎明时刻已经到来，这个时刻类似于一个总是在夜晚睡觉黎明起床的人遇到的情形：他在一个和平的世界中睡着，起床后发现它充满纷争；在宁静而祥和的天空下睡觉，醒来后发现那里满是魔鬼；把头放在神灵给的枕头上安睡，起来后发现自己已经被抛弃。那些让自己长久沉睡于荣耀、期望和自负之中的国家，其永恒不变的命运是在一个既定的时刻醒来，发现面对的是一个残酷的黎明，然后被抢劫一空而变得满目疮痍。撒克逊人正处于类似的沉睡之中。

第二章

大英帝国与战争

国家发展中的战争原则——不断变化的备战——对战争根源及爆发大致时间的判定是容易的事情——生存的法则永恒不变——从四个强国的废墟中诞生了英帝国——如今面临四国的挑战——支配未来决战的法则——战斗精神可分为三种形态——和平的持续——应用到英帝国之上

藐视战争，和否认死亡一样，属于同一类型的自我欺骗。它是对真实情况的嘲笑；它是对可恨现实的憎恶。于是人们把可恨的现实埋进了自己意识的最深处，在那里藏着他所有的恐惧。建立在欺骗之上的民族之勇，只不过是民族对恐惧的自然流露，是这些恐惧自然导致的疯狂挣扎。从广义上来说，个人逃避对死亡的思考，与那些手无寸铁的国家不敢直面战争是一样的。人们都意识到，战争和死亡是不可避免的，但针对这种认识去采取相应的措施则是其他民族和国家而非自己的事情。

战争是生命的一部分，它在国家生存中所起到的作用及其地位是固定的和预设的。人类的逃避行为并不会影响它的地位；人类的法令也不会影响它的作用。在国家的发展过程中，战争是一个基本要素，以至于人类必须为战争的进行做相应的准备。人们不能嘲笑战争，也不能否认或者恐惧战争，更不能用人类的法令去替代那些只将人类视为建筑材料的原则。

在一代人的时间里，尽管政治家的政策可能长时间地影响（不论其好坏）国内的事务，然而，政治家对国际关系的频繁干预和调整，可能遇到相应的抵消因素，因为国际关系不是由政治家自身决定的，而是由外部形势所决定。对于这些形势，政治家们不但无法掌控，而且除了调整他们自身的政策和制度之外，其对该形势产生的影响没有任何抵御力。

正是出于这个原因，国家必须执行一定的军事发展策略。外界形势的影响是强大而恒定的；而随着战争所针对的假想敌从一国变成另一国，军事准备必须做出相应的调整，军备必须随时变化，而且有特殊针对目标。

英帝国在其军事发展过程中，否认了这个基本的原则，正如美国和中国也对其予以否认一样。中国目前正在为这种蔑视和否认付出代价；尽管对于美国和英国的惩罚还没有降临，但是他们马上就会因为自己的蔑视而自食其果。

国家将大量精力投注于国内事务，因而无法对战争的到来做出预测，无法预测它从哪里发生，以及其猛烈程度。因此在那些受大众意志掌控的国家中，由于大众掌控立法，这些国家的战备大体上相似，而且毫无用处。

在国家形成和发展以及最终解体消亡的过程中，战争从何处爆发以及其到来的大概时间等问题的决定因素向来都是确定而且明晰的。但是一旦影响战争以及军事行为的立法受到大众意志的掌控，这样的立法就会变得杂乱无章；一旦受到宪章的限制和约束，这些立法就会变得死板而腐朽。就像马勃菌一样，外表是向外膨胀的，但是内心却是毫无价值的尘土。

盎格鲁－撒克逊人国家的重要特点是，允许个人的欲望凌驾于那些对国家生存至关重要的利益之上。如果对这样的特点进行考量，我们将发现，它是军队丧失机动性、军事力量衰败的根源。

太阳不会永久地停留在其第一束光线所照亮的政治和军事状态之上。白昼的这种极速变化，对于沉浸于个人事务之中的人们而言，并不是显而易见的。因为即使他们看到了国家和世界大势的发展，也是用其看待河流的那种同样毫不在意且凝固的态度来看待的。他只是从整体上来认识和看待河流。然而，正是那些无数细小的颗粒构成了整个河流的容量，而且是那些永不停止的涌动决定了它的运动方向。正如河流从远处看似乎是静止不动的，盎格鲁－撒克逊国家中的个人，也是以同样的方式去看待国际形势的变化和影响。正是基于这一点，他们的军事体系是固定不变的。然而，如果国家和民族想继续存在，需要随着那些决定性影响因素的变化而变化，因此军事体系需要具有一定的灵活性。

与历史上曾经存在过的所有其他国家相比，英帝国与战争基本要素之间的关系是一样的，但由于受到不同环境的影响，英帝国对军事力量的应用，可能与其他国家的军事活动不太相同。而目前我们所关心的不是英帝国战斗力的表现，而是这种战斗力的构成，以及那些基本的原则，它们决定了英帝国的战斗力与英帝国的维持和存续之间的关系。

虽然最终的认识可能是痛苦的，同样让人痛苦的是意识到国家如此脆弱、人们试图从世界和平的幻想中寻求庇护的努力是如此徒劳，但是生存的自然法则是恒久不变的。只有军事发展与其政治扩张以及疆域内的经济发展保持一致，撒克逊帝国才能够持久存在。而且，其军事发展还必须与所有其他国家（单个或者联合的）军事、政治、经济扩张成相应比例。只要这些国家的扩张——不论是军事、政治还是经济方面的，与帝国现有的利益发生冲突，那么英帝国的军事战斗力就绝不能保持静止不变状态，或者逃避其应负担的责任。

和所有其他国家的建立一样，英帝国的建立，经历了同样的过程，使用了同样的手段。正是通过战争和征服，通过欺骗和诡计，运用同样野蛮的暴力手段，帝国才一步步地建立起来。

显然，所有国家的发展过程中充满了野蛮和残暴，对此，我们不做辩解。将其隐瞒就是对事实的否认；如果对其沉迷，那么只能就该事实进行道歉。生命之中充满暴力，只有在我们的理想状态之中才不是这样。随着个人慢慢聚集在一起，他们的集体行为日益增多，暴力行为自然而然地也逐渐增多。仅仅依靠道德或者精神的影响力，并不能创建国家，也不能使国家变得强大。族群或者国家的建立，无论其大小，都是使用武力的结果。一旦出现相反的情况，或者试图改变这种状态，其结果要么是从内部解体，要么突然崩溃，那些分崩离析的领土将成为其征服者的疆域。

正是以这样的方式，在四个强大海上帝国的残骸之上，英帝国建立起来了；其囊括了小君主的辖地和不知名野蛮人居住的荒野。

当威尼斯（Venice）和热那亚（Genoa）的商业霸权转移给了

葡萄牙和西班牙之后，这两个国家通过它们的探索以及征服，实际上在它们之间将世界予以瓜分。然而军事衰落首先在葡萄牙显现，在约翰三世（John Ⅲ）可怜统治的末期，葡萄牙最终退出了强国的阵营。在尼德兰（Netherlands）革命之后，西班牙也同样开始衰落。

后来，通过接管被其他国家和民族遗弃的土地，荷兰、法国和英国以同样的方式从那两个衰落的国家手中继承了霸权。

布雷多和平（Peace of Bredo）之后，尼德兰开始衰落，国家中充满了冲突和绝望，但是又无法避免。它患了一种旧疾——这是一种全世界都存在的麻痹症——导致产生了幻象，认为贸易以及由此产生的财富构成了一个国家的资本，能够带来无限的扩张和发展，从而不用相应地扩展军力。于是它从神坛上走下来，如今坐在其他国家凳子的阴影之中，在混乱的世界和平之中成为一个小丑。

尼德兰衰落之后，紧跟着的是法国。其衰落始于七年战争，终于大革命时期，随着法国作为一个海上强国衰落，大陆国家再也无法掌控海上霸权。18世纪末期，英国将所有这些国家的残骸聚集起来。这些残骸并不仅仅是由英国导致的，还由于这些国家自身存在的虚荣和忽视，同时由于英国自身的英勇和残暴——这就是国家诞生的途径——它将这些国家的海洋和领地一个一个地占为己有。

这样的霸权，人类从未见过。经过一个世纪的统治，如今英帝国所面临的，不是一个，而是四个国家的挑战。它们最终要争夺的是对世界1/3地区的统治权。撒克逊人在16世纪中期到18世纪末，用武力从葡萄牙、西班牙、尼德兰和法国手中，争夺统治权。相对而言，这些国家当中的每一个都更有资质从撒克逊人手中夺取霸权。

然而英国人应该害怕的，不是这些国家的军事潜力，而是16世纪的征服行为与20世纪的根本不同。在那些年代，国家的征服和掠夺，源于个人对于战利品的欲求，因此这种征服和掠夺是有限的。如今一切已经改变。个人已经让位于由他们所组成的共同体，也就是国家。对城镇和客栈的掠夺已经让位于对自然资源的一致偷盗。因为在现代社会中，这些自然资源对于人类的进步以及国家的霸权而言是必需的。以前是个人无序的冲突，如今变成了国家既定的争斗。以前整个世界是富有的，人的贪念只是个人的小小欲望。为此，人们采取袭击的方式而不是发动战争。如今，在对自然资源的最后掠夺中，存在的是国与国之间的争斗，而且争斗的强度每年都在增加。这不仅仅源于人口数量增加，而且源于科技的发展以及我们永不知从而文明日益增长的饥渴状态。

未来具有决定意义的战争，其爆发受到两个原则的掌控，我们将其陈述如下。

（1）如果一个国家的自然资源与其军事力量成反比，而其竞争对手的军事力量与种族的需求成相应比例，那么当一个国家的军事衰败程度以及另一个国家的经济需求程度到达某一个特定点时，战争就会爆发；

（2）当一个军事弱小的国家阻止那些军事强大的国家对其自然资源的开发，那么当好战国家的自然资源不能满足其经济发展的需求时，战争将会爆发。

正是依据这些原则，我们将会发现那些在某个特定时候降临英帝国之上的战争的真正根源以及其可怕程度。

战争的不可避免，不是由战争促成因素的那些外在表现所导致的。这些促成因素不是战争的根源。而且似乎奇怪的是，它们对战争只产生最微小的影响。战争的根源是恒久不变的，只是由于观察者的观点不同而不同。而那些表面的促成因素则是瞬息万变的，随着时间不停地发生变化，正如火山口飘浮的烟雾一样。然而仲裁正是将其错误的原则建立在这些瞬息万变的不重要因素之上。

随着人类文明复杂程度的提高，同时大众对于政府事务控制权的扩大，战争中的个人影响因素就消失了。未来的战争中，国王的怒火以及其大臣们的宏图，将不起任何作用；如今，战争的根源存在于国家和种族的触碰中，存在于它们的扩张会聚在一点。因此，那些不确定的因素——国王的愤怒以及其大臣们的野心——被去除了，而战争爆发的决定性因素变得更加确定。对于有关国家扩张会聚于一点的那些规律，我们已经做了阐述。[①]

战争的基本原则永远不会变化，而且直到人类竞争的尽头都是

---

① 参见《无知之勇》。

如此。只有战争的促成因素和战争的方式，以及那些最终压垮国家和平状态的最后一根稻草，会随着时间的不同而不同。以前，个人因素起到了决定性的作用；现今的决定性因素是国家；未来的决定性因素将是民族。

英帝国是否能够避免战争，以及在那些将来必然会降临世间的可怕战争中，它是否会成为战争风暴的中心，这些都取决于帝国的政治形势和地缘状况。

只有将该帝国从其他国家的扩张范围中移开，它才能避开战争，否则该帝国将处于战争之中。

英帝国的统治不同于以往存在过的所有伟大帝国。它不仅统治了地球 1/4 的陆地，而且还统治了五大海洋。正是这世界的 17/20，孕育着对撒克逊人的怒视，这种怒视是嫉妒而又迫切的。英帝国需要以各种不同的统治形式来实施它对于地球 17/20 的统治，这是非常重要的，正如它应该对所有其他国家权力以及他们在陆地和海洋的扩展进行压制一样。

从战争的挑起因素这个角度来说，英帝国领地的广袤还不如其领土的地理分布更重要。它不是一个与世隔绝的地区，就像俄罗斯帝国一样——位于世界的一角且连成一片。相反，英帝国的领土形成了一个环绕整个地球的圆形，在其中布满了世界上所有其他的大国，它们中的任何一个国家如果沿着它们自然扩张的轨道发展，迟早会与英帝国的统治发生直接的交锋。

对人类而言，这个惊人的圆形，这个巨大而又虚幻的环带，承载了多少恐惧和感激，阻挡了多少对自由的向往和战争的爆发。对此，我们不必发表评论。它自身就足以表明它的存在将会导致怎样的可能性。

现今，欧洲或者亚洲的任何一个强国如果要沿着扩张所辐射范围的半径（这是由自然法则决定的，他们必须沿着这个半径移动，否则就会衰落）去移动，必须先打破撒克逊人的统治。正是基于这一点，我们发现，在某个既定的时间，欧洲会有超过 1600 万的士兵、亚洲会有超过 300 万的士兵奋起抗争，他们单独或者联合起来，要攻克英国的这条巨大而又脆弱的环带。

撒克逊的军队不到 50 万人，分布于这个巨大的环带中，号称要防备 2000 万人的反抗。如果对于这个事实进行思考，我们会想起一个类似的场景：人们看向中国五台山（Wu Tai Mountains）的北面，那里有长城，在那些国家没有能力防卫的领土之上延伸，正如英国的环带一样。穿过山脉、沙漠、河流，环绕侯国和城邦，它一直延伸，以至于人们几乎会认为它既没有起点也没有尽头。但是，哎呀！这座城墙的尽头就在那里，在目光所停留的每一个地方。它不再是一座城墙，而是一座纪念碑。

于是当我们对英国现存的这个环带（它像围墙一样，不只是穿越了北方的疆域，而是环绕了整个世界）进行思索时，我们只看到了与它相对应的那个古代遗迹。正如黄帝（Hoangti）的那个古老城墙一样，它的瞭望台已经崩塌了。然而是人类而不是时间将它们丢弃了。是撒克逊人自己，而不是敌人，将它的烽火扑灭，将城齿拆卸，在堡垒之间形成了巨大的缺口。它不再是一道障碍，而是如同中国的古老长城一样，是一座纪念碑，一座给那些建造它的死者的纪念碑，一座给那些曾经存在但已远离的精神的纪念碑。

迄今为止，我们发现，民族的战斗精神主要建立在时代需求之上；当时过境迁，建立于其上的战斗精神也随之腐化变质；而在其后的某个时期，当时代再次需要战斗精神回归这个民族时，那种精神并不会同时随着时代需求的回归而归来。正是基于这个不幸的事实，一旦国家到达一个唯我独尊的状态，以至于似乎变得固若金汤时，会任由战斗精神腐化变质。而一旦这种腐化到达某一个特定点，这个国家就会被摧毁，不论其财富之多、面积之广和人口之众。

战斗精神可以划分为 3 种不同的形态。

（1）为生存而战的战斗精神；

（2）为征服而战的战斗精神；

（3）为争夺霸权或者维持所有权而战的战斗精神。

正是在第一种形态中，一个民族的战斗精神到达了它的顶点。而若是处于最后一种形态，那么一个国家将离开人类事务的大舞台。

显然，撒克逊人的战斗精神已经进入了最后一种形态。那些导致这个帝国诞生的旧理念已经被丢弃到一边。战斗精神变得不再重要：如今它比不上从事商贸的那些鼠辈的理念，这些人极欲聚集那些对国家和民族发展毫无用处的东西，并为此感到满足。

因此，这本书写作的目的不仅仅是想审视最终将导致这个帝国崩溃的战争爆发的可能性，而且还想探讨在那天到来之前撒克逊人的战斗精神复兴的可能性。

我们已经从一般意义上讨论了决定一个民族或国家战斗精神衰败的主要因素，但是我们忽略了一个重要因素：政治家对于国家发展方向、国家理念和政策制度的掌控。吊诡的是，这种掌控随着民众对政府事务影响力的增大而减少。当人们可以自我欺骗的时候，更容易被骗。人类惯于自我欺骗。因此在任何依赖于大众意志的政府中，政治家让位于政客；而这些政客的胆小本质是如此臭名昭著，以至于他们会毫无抵抗地跟随大众的意志。在国家事务之中，这样的做法导致最低劣的理念产生，即个人的利益比国家的团结一致和长久存在更为重要。

如果英帝国的政治家在战争征服时代结束时，能够采取预防措施，以保证撒克逊人战斗精神的纯粹性，让其免受商业至上理念所带来的喜悦和伪善的侵害，那么那些我们在这本书中予以讨论的危机将不复存在。

事实是：即使是最明智的政治家，在其短暂的任期内，都会寻求权宜之计；而那些平庸的政治家，根本不会想到国家及其机能与个人之间的真正关系。一旦政治家们在履行自己的职责时分出彼此，那么未来的利益就让位于现实的利益，国家的利益就让位于个人的利益。

随着大众权力的增加，那些只关注国内事务的政治家们的智慧相应地降低。正因如此，常见的情形是，政治家们对战争的判断力不会比那些选民的普通见识更加高明。他们否认那个基本定律，即国家的扩张以及与之相伴随的战争，是由自然规律所掌控的；他们认为这些规律以及战争是由他们自己创造的，因为产生它们的力量是由他们的代理人去管理和运作的。

于是在撒克逊人生死存亡的这个关键时刻，我们发现它陷入了自我欺骗之中，陷入了由自我满足带来的昏昏欲睡之中，其带着极度的蔑视看待整个世界，认为它正顺从地处于其阴影之中。政党政

197

治，将国家隐藏于它的黄色迷雾之中，试图在这种短暂而朦胧的星云状态中创造出一个自己的世界，在其中充满的都是迎合潮流和错误的东西，都是转瞬即逝和具有腐蚀性的，直到最后，战争的风暴将这个由欺骗构成的星云击碎，整个世界将发现，一个被虫蛀的大厦将被大海的波涛清洗干净。

针对英帝国的战争，其影响和掌控因素并不是神秘莫测的，相反，它们基本是确定的。在这本著作中，我们的目的是去审视那些冲突的爆发情况。只要英帝国的势力范围仍旧遍布整个世界，这些冲突就必然会到来。

未来针对撒克逊人的战争，其爆发原因受到以下4条确定原则的掌控。

（1）任何一个大国的政治或领土的显著扩张都必然导致英帝国掌控范围的缩减。其缩减的程度甚至整个崩溃（实际情况可能如此），取决于扩张的国家和英帝国之间的军事力量对比；

（2）单个国家针对英帝国的战争，其爆发的可能性以及发生的时间，取决于其沿着一条或者多条会聚于英帝国领域之上的辐射半径扩张的速度，此外还得加上由国家发展必要性以及其各种军事机构的活跃性所带来的动力；

（3）多个国家联合起来针对英帝国的战争，其爆发的可能性取决于他们各自沿着会聚于英国势力范围某一特定区域上的辐射半径扩张的平均速度近似值，此外还得加上国家发展必要性以及军事力量所带来动力的大约平均值；

（4）联合的数量是由三个因素决定的：

①互相调试的时间。

②英帝国势力范围中两个和多个区域军事薄弱的程度。

③各自的扩张半径会聚于英帝国势力范围中两个或多个军事薄弱地区的两个或多个国家，其军事扩张的程度。

为了英帝国的继续存在并保持其领土完整，其军事准备必须是具有针对性的。它必须随着撒克逊人自身的发展而不断地扩张。撒克逊人环绕于整个世界（也就是整个人类）的帝国势力圈，并不是固定不变的，而是处于躁动状态之中。不扩张就萎缩，这就是国家生存的法则。国家的疆域从未——即使是在最短暂的时间内——处于静止状态之中。因此，在对不断变化的国家疆界进行大致地探究，以弄清其趋势究竟是收缩还是扩张时，我们所指向的并不是地理的边界，而是人们的战斗精神状态。

每一个民族都建造了它自己的纪念碑，并为自己写上了铭文。

然而，如果我们仅仅考察英帝国的地理以及政治情况，就会发现，英帝国与世界各国的关系不是可能或存在一定概率会导致战争，而是确定无疑的。但这并不是事情的终点，因为民气突然膨胀，与此同时人们否认战争的可能性，那么结局就不仅仅是战争的爆发，而是帝国的崩溃。这种对战争的否认，只不过意味着，他们自认为在撒克逊统治的领域中，世界是平静而安宁的，各个国家的自然收缩，以及大英帝国无法抗拒的扩张，最终导致英帝国毫无争议地掌控了世界的霸权。

对撒克逊人而言，否认战争就是在给人类的虚荣心撰写墓志铭。

和平的持久存在，正如战争一样，是受到自然法则的掌控。这些法则的基本原则，从不会发生改变或者不起作用。

依据这些法则，我们发现，英帝国的和平日益受到影响，而且这种状态会一直持续，直到和平状态被打破，或者英帝国实现对整个世界的掌控。

英帝国的统治权如果要继续扩展，必然会侵害其他国家的政治权利或领土权益。这种状态持续发展将会导致战争，而该战争的状况是由英帝国与那个阻挡在其扩张道路上国家之间军事力量的相对状况决定的。

目前如果英帝国试图保留其统治权，必然会压制其他国家领土和政治的扩张——这种情形必然会导致战争。如果英帝国战败，那么只有一场战争；如果英帝国胜利，就会战争不断。

上述情形会由于以下因素而变得日益严重：每一年人口的增加；每一年艺术和科技的发展导致人类产生新的欲望，而与此同时，自然资源的供给却日益减少；每一年由于新发明而打破时空的界限，各个大国日益聚拢在一起，通过无法抵抗和不可控的扩张，与英帝国的势力范围产生对抗。

正是基于这最后一点，我们得出战争是不可避免的，我们必须完全意识到这一点，任何希冀，或者逃避，或者否认，都无法让我们看不到这个事实。这个战争不可避免的法则是非常简单明了的。而其可怕之处正在于它的简明易懂。

要么撒克逊人的势力范围被打破，要么其他大国的扩张活动被抑制。他们的扩张、他们的理想和抱负，一旦触碰到那个势力范围，就必须停止；而停止，就意味着衰落；衰落就意味着消亡。然而这种状况，只有在长久而可怕的斗争之后，在他们从撒克逊的势力范围被转移到自己那个小小的世界一角之中时，才会出现。如果这些国家没有被转移回来，那么英帝国的势力范围圈就会被击碎，其他国家从撒克逊人的掌控下夺走了各自所在区域的掌控权。

对于英帝国即将进入的这个战争时代，祈求和平是徒劳的，宪章、国王和神灵也是无益的，因为这些战争就是导致国家成长或消亡的古老而不变的争斗。

第三章

撒克逊人与美国

掌控国家之间政治关系的准则——英帝国和整个世界的关系——一个四分五裂帝国崩溃的决定性因素——未来与美国的关系——未来高加索人口的来源——其影响——美利坚合众国不再是一个撒克逊国家——扩张的程度——英国坚信美国的豁免权——军事优越性是必要的

各种各样短暂协约所呈现的那些掌控和影响国家间政治关系的状况和因素，似乎是复杂而微妙的。这是由于人类的自大而造成的幻象，就像在古代，人类认为自己是世界的中心，地球是其谷仓前的空地，太阳是其篝火，月亮和星星则是其大大小小的蜡烛，所有这些都是同一个造物主为人类安排好的。这个造物主耐心地追寻人类的脚步，记录下人类的功绩，对其缺点视而不见。

国家之间的政治关系绝不是复杂微妙的，而是可以归结为两个基本原则。这些原则是通过人类的行为去体现的。人类并没有认识到这种真正的关系，即这些规则是通过人类这些代理人来发挥作用，反而努力让其自身具有创造性，并让自己相信这些代理人及其在地球上的短暂存在，就是掌控国家战争及和平状态所有那些不变法则产生的根源。

人类在地球上寿命的延长及其庞大知识经验的日益累积，并没有让人类意识到，不论是以个人还是以集体的方式，人类绝不可能规避那些掌控人类聚合体的不变法则。实际上，这些法则并不是由人类，而是由自然所决定的。

人类应该像历史的记录那样年岁久远，然而他们总是由于其自大的干扰，而像他们本身的年纪那样年轻。

201

人类的智慧仅仅表现在了个人的无知之中。

即便在这个具有高度发达的智慧和科技的年代，整个世界累积起来的知识和智慧，从实际发挥作用的角度来说，在引导国家的使命方面几乎没有作用。可以毫不虚假地说，尽管我们距恺撒那个时代已经跨越 2000 年了，但是我们政治家的经验和智慧却与那个时代是一样的。

与全世界政治智慧的水平相比，一个国家倒退的程度是与大众的偏见对国际事务掌控的程度成正比的。民众对于距离其所居环境非常遥远事物的理解力，并不是由那个最聪慧的个人的智力所产生的理解力，而是由集体最大程度的无知所导致的理解力。外交政策，正如未知的愿望和恐惧那样，是超越了民众智力所能理解的范围的。这不仅仅是出于无知，而是由以下情形所带来的影响，即现在比过去和未来更重要，人们所居环境超越了那些未知环境中存在的危机和可能性。个人的局限性是非常大的。

普通人爱自己的狗窝更胜于天堂。

所有的活动——不论是人类的还是其他的——都在不断地反复出现，尽管其所存在的时间和地域不同，但其产生的缘由及影响是一致的，而且都由普世的法则所掌控。然而一旦牵涉人类及那些对人类产生影响的各种趣味时，这些法则的不变性就被忽视了，或者，就像谚语所描述的那样，稻粒被埋在了一堆堆不断变化的由人类构成的谷糠中。

掌控国家间政治关系的两个具体法则，一个是主动的，另外一个是被动的，可以陈述如下。

（1）国家存续的时间，取决于一个国家的军事实力是保持不变还是超越了那些利益与其会聚于一点的其他国家；

（2）一个国家的军事实力，必须保证其能够阻止那些利益与其会聚于一点的其他国家的支配、征服或者争霸。

这两个法则构成并展现了掌控国家之间政治关系的基本原则。与国家存续相关的所有其他条件和状况，以及由此而导致的无数变化和应用，都是从属和次要的。只要这两个法则永恒不变地对国家发展施加完全的影响，那么政治家都不必考虑次要的因素，因为这些次要因素会自然落入被分配好的领域之中。

正是这些原则，将指引我们去审视英帝国与世界其他国家之间的政治关系。

英帝国与世界其他国家之间的政治关系，取决于它们的扩张和萎缩轨迹之间的关系、它们会聚于一点的急迫程度，以及它们沿着这些轨迹前进的动力。在这本简短的著作之中，我们并不能考察每一个国家，审视那些掌控其扩张和萎缩的条件以及相对而言对英帝国产生的影响，但是我们将从广义的概念上，首先考察美洲，然后考察亚洲和欧洲，以便清楚地意识到撒克逊人与那些国家真正的政治触碰将导致悲惨和令人震惊的情形出现。

英国人在西半球的早期争斗，清晰地展现了那些决定国家扩张和衰败的不变因素。在政治触碰以及相伴随的争斗之中，前面提到过的战斗精神的三种状态不仅得以展现，而且其后出现的状况本身就预示了一个不可避免的结局。

美洲殖民地的丧失，不仅仅是由于美国人的革命，也是由于英国政治家的无知以及欧洲同时爆发的战争。其丧失展现了在领土并不连续的一个崩溃的帝国中，那两个完全相反的原则所起的作用。现今，同样的原则仍旧继续发挥作用，而与这两个原则相伴随的危机也仍旧存在，其表现在以下两点。

（1）一个或多个国家的利益会聚于疆域的某一点之上，可能导致帝国中与该点完全不同区域的丧失。这种结果的产生是因为帝国并没有很好地维持所有边界地区军事力量的平衡；

（2）一个帝国的领土被海水分隔成不同的部分，那些被分隔的部分，从其成为聚居区的那个时候开始，其权益就与整个帝国的权益不同。当这些状况变得具有决定性意义，正如那些导致美洲殖民地分离的情形一样，那么帝国的那些部分，肯定会与那些由于权益的会聚而已经同时到达了同样的急迫程度的国家，一同起事。

尽管直到这本书的末尾，我们才会对这些原则的运用做出总结，然而，我们已经对其进行了初步的表述，这样人们就能时时记住它们，因为它们形成了两个巨大的链条，将整个英帝国束缚在一起。

英帝国与美洲的未来政治关系，其重要性将与日俱增，我们将从以下 3 点分别予以探讨。

（1）与加拿大利益的会聚；

（2）与美国利益的会聚；

（3）与欧洲利益的会聚。

在审视与加拿大利益会聚这一点时，必须抛开两国现存的政治关系，以及这一代人所抱有的对政治关系的奇特幻想。只能根据历史的先例，以及加拿大作为帝国组成部分的那些发展规律或者其转变成为一个独立国家的演化法则。

从发展状态来说，加拿大在某种意义上像是没有革命或者共和主义的美国。为了让加拿大爆发一个半世纪之前在美国发生的革命，只需要用同样的方式再次展现对那些帝国恒久存在所依赖的基本法则同样的无视。

加拿大民族主义的发展，以及加拿大利益的扩张，无法被阻止、延缓或予以限制，而必须沿着以下两条道路中的一条继续发展。

（1）英帝国继续存在，撒克逊人的霸权继续得以维持；

（2）这部分领土获得独立，撒克逊人的霸权瓦解。

这两条道路之间的区别，我们在这本书的下一章讨论，那时将清楚地予以阐述对于英帝国以及加拿大而言，撒克逊加拿大赖以继续存在的原则。

加拿大这一区域占有地球表面的1/16，正是这样的一种广袤程度，导致了那一天的到来以及那一天的事情必然会发生，而我们对其不敢想象。

加拿大民众的特点而导致的加拿大政治发展的趋势，取决于其未来人口的来源。

①撒克逊人口的出生率；

②法国人口的出生率；

③英国的移民；

④美国的移民；

⑤欧洲的移民。

随着时间的推移，交通运输条件也在发展，世界各族人民之间的交流变得越来越灵活多样。即使在现今，各个民族中人口的流动已经到达了这样的程度，以至于在所有那些自然资源充沛然而人口不足的国家里，其未来的人口，不是由第一代居民的后裔组成，而是由那些自然资源很充足，同时流动性最大的国家的国民组成。

随着人类移民的进展，在新的土地上，种族观念会发生演变。这种变化，会对那片土地的最终统治权产生影响。但由于其效果是缓慢而难以察觉的，而观察者只进行短暂的观察，且其推断受到偏见的掌控，于是这种变化往往被人们否认了。

然而，当我们从英帝国存续以及撒克逊人居掌控地位的角度去考量未来人口的来源——最终会居住于加拿大的那些民族时，我们意识到英国现存的国家形式以及霸权最终会荡然无存，除非国家机构和权力不受大众势力的掌控，而是从撒克逊人本身或整个英帝国的根本利益出发。

加拿大现有居民的出生率，无论有多么高，对那些迟早会将整个加拿大吞没的人潮而言，不会产生任何抑制性的效果。未开发区域的人口，与当地人口的繁衍没有任何关系，现在是这样，未来也是如此。它会受到移民的影响，会受到新族群东征的影响。促使这些人勇往直前的动力，就是他们的饥渴状态。他们的目标不再高尚，而是为了那个未被劫掠的大自然的宝藏。

涌入加拿大的移民来自大不列颠群岛（British Isles）、欧洲和美国。来自大英帝国的移民，将对撒克逊人的掌控地位，以及帝国完整统一地继续存在，产生最微小的影响。另外，来自美国的移民，会随着其移民中非撒克逊人比例的增加而相应削弱撒克逊人的掌控地位。如果它与美国非撒克逊人口的比例相当，那么也就是在 5/12 至 7/12。从政治角度来看，美国移民会随之导致派系立法的形成以及限制性因素制约民族或国家的发展。这正是美利坚合众国的典型特点，而且会对英帝国完整统一地持久存在和发展产生影响，以至于导致其出现倒退和恶化。

来自美国的移民是来自大不列颠群岛移民数量的 2 倍，而来自欧洲的移民则是来自大不列颠群岛移民的 10 倍。如今涌入加拿大的那些主要民族，根本不会对撒克逊人的长期存在产生多少有利因素，他们会破坏该民族的根基，最终导致加拿大人背离大不列颠完整统一的原则，使得非撒克逊人占据主导地位。即使在今天，上述情形的迹象已经非常明显地体现在了加拿大事务中，因为加拿大人开始逐渐影响操纵那些仅仅与英帝国相关的形势。这是由于地方政治的发展，以及随之导致的帝国主义被颠覆而演变成为地方主义，同时还由于附属领土与整个帝国是平等的这样的错误观念。整体与其构成元素之间的平等是不可能存在的。如果英帝国要继续存在，加拿大就不能拥有这样的优先地位。

美国现今正在发生的情形就是加拿大的未来。这种转变不仅仅主要取决于加拿大的人民，还取决于英帝国的政治家们。由于前辈政治家的轻视，英国丢失了美洲殖民地。以同样的方式，加拿大也会失去。

因为失去了美洲殖民地，撒克逊帝国统治整个世界的可能性也许被永久地置于一边。仍旧有一些人抱有这样的幻想：因为血肉相连，这两个国家政治上也会联合在一起。然而这是不可能的，原因有以下两点。

（1）一旦一个国家通过反叛的方式从另外一个国家中独立出来，这两个国家的人民之间不再可能存在相互的信任和依赖，因为一个国家仍然对旧有特权存有嫉妒心理，而另一个国家会嫉妒新生特权；

（2）一旦一个国家通过反叛的方式从另外一个国家中独立出来，随后被外族移民，两国之间的距离便增加了两倍，而且除了政治平等或者优先权而产生的嫉妒之外，还增加了族群不相容的现象。

英帝国和美国应该在政治上保持团结一致，应该在整个世界树立撒克逊人的统治地位，而且推行撒克逊的自由和原则，这是不言自明的。但是这个理想并不能让我们无视其达成的不可能性。这是由上述原则决定的。

美国不再是一个盎格鲁－撒克逊国家。随着时光流逝，他们距离原来的族群越来越远。在 90 多年的移民史中，只有 1/4 的移民是英国人。其余的 3/4 来自世界其他地方：1/6 是德国人，1/12 是俄国人，1/10 是意大利人，1/10 来自奥匈帝国，其余的由非撒克逊人组成。

从英国来的移民呈现下降的趋势，来自欧洲其他地方的移民逐渐增多，这是不可避免的，这不仅仅是由于英国人口数量没有相应增长，而且因为英帝国的附属领土不仅包括加拿大，还有澳大拉西亚（Australasia）以及南非等地，某些英国移民要去这些地方。

在上一个财政年度，美国的移民超过了100万人，几乎是由非盎格鲁－撒克逊人组成的。移民中的83%来自地中海国家，剩下的17%来自欧洲和亚洲其他国家。如果这种移民趋势持续2至3代人，美国的盎格鲁－撒克逊人将从族群以及政治上都消失不见。

随着一个国家国内民族数目的增多，这个国家原有的民族优越性以及政治智慧日趋削弱和降低。

只要美国这个合众国现存的社会状况及其政治制度继续保持不变，这个国家终究会由那些在数量上占最多数的非盎格鲁－撒克逊人掌控。随着美利坚合众国最终由其他族群所掌控，于是，撒克逊的时代走到了尽头，最凄凉的黄昏降临到撒克逊人之上，黄昏之后再没有黎明。

对于美国和英帝国之间的政治关系，应该用看待英帝国与其他异族间的政治关系同样的眼光去看待。无论它们最强烈的欲望是什么，都将最终决定它们之间的友谊，这种友谊不会比其他国家之间的友谊更牢固或更脆弱。一旦它们的利益线日趋会聚于一点，便将会出现纷争和不和的传闻。当二者交织在一起，战争就会随之而来。

在审视英帝国和整个西半球之间存在的政治关系，以及与之相应的战争可能性时，有两个突出特点需要予以探讨。

（1）随着西半球政治重要性的增加，以及它与世界其余部分的联系和相互关系日益密切，战争的可能性将随之增大；

（2）在西半球，英帝国不得不与各个共和国交往，于是在争端中，英帝国不是与这些国家的政府，而是与掌控政府的民众打交道，不是与不为偏见或个人利益所动摇的政治谈判打交道，而是与那些庞大的谈判者本身打交道——该谈判者那发光的独眼只能看到它自己的欲望，其模糊不清的意识，只有它自己的激情之光才能穿透。

正是由于上述情形，战争的促成因素比战争的根源多许多。如果在国家的利益自然会聚的过程中，一个或者两个国家都由大众掌控，那么战争的频率就会增加。于是，对国家冲突的促成因素和根源做出区分，将会是困难的。在这些情形下，国家发展的轨迹取决于民众的激情和无知。于是，一夜之间，国家政治发展的自然轨迹会因为国家中暴民思想受到奇怪琐事的影响而发生改变。利益的会聚立刻变得急剧，国家沿着政治扩张新轨迹移动的速度如此之快，于是，在人们通常所说的平静之下，战争突然爆发了。

这些本身就能诱发战争的状况，还可以溯源到两个不同因素中的一个或者另一个，这些因素将英国牵扯进了西半球的战争之中，而这些战争是欧洲国家会聚于这个半球之上而导致的。

对于一个国家而言，存在 4 个层面的扩张：领土的、经济的、政治的和族群的。这 4 个层面的扩张，都不仅取决于正在扩张国家的潜在能力，而且还取决于该国家扩张所针对国家的相对状况。对领土层面的扩张而言，正在扩张的那个国家的军事力量必须优于其领土扩张所针对的那个国家。对经济层面的扩张而言，该国的生产力必须超过了其自身的需求，而且有能力消耗世界其他地方的自然资源。对政治层面的扩张而言，该国必须有一个强大的中央集权的政府，而且其军事力量超过了其扩张所指向的那个国家，此外，该国其他地方的边界受到了应有的军事或政治保护。族群层面的扩张就是人口大批离去，这是人口的增加超过了该国家自然资源的承受能力导致的移民，他们移民到一个自然资源相对丰富的地方，而且此地的自然气候条件与该国存在一定相似性。这 4 种情形决定了欧洲和西半球的关系。

在发现美洲新大陆之后紧接着的那段时间里，欧洲各国与新世界原住民之间的相对军事力量极度失衡，于是自然地导致了这些未设防的大陆被征服，以及欧洲国家的政治扩张。但是随着这些国家军事力量的逐渐衰弱，霸权转移——除了英帝国之外——只有残迹存留下来。

这些国家之所以无法保存它们在西半球的殖民地，是基于以下5 个原因。

（1）它们军事力量的衰弱；

（2）它们在欧洲战败，导致其在新世界的殖民地作为战利品移交给了胜利方；

（3）那个时代的经济处于原始状态，自然资源超过了人们的需求；

（4）欧洲人口十分有限，于是任何一个乃至所有欧洲国家的族群扩张无法实现；

（5）由运输的能力以及交通的时间决定的东西半球之间存在的距离。

现今，我们发现上述状况的截然相反情形出现了。欧洲人口超出了其自然资源的承受范围，西半球则存在相反的情况，那里的气候及物产与其相似，同时海洋之间的距离缩减。

正如美国和加拿大不是——将来也不可能——仅仅由其原住民的后代居住，而是还有外来的移民居住，同样的，整个西半球的居住区终究必然会出现同样的情形。而且，由于未来人口的特点是由移民的数量决定的，因此美洲最终的殖民及其决定性因素，将不是撒克逊的，而是欧洲的或亚洲的。

欧洲国家用这种最持久的形式将其势力转移到西半球，这些移民本身，带着固有的偏见和习俗，他们固有的憎恶以及传统观念，必定会逐年地缩减撒克逊人对这个西半球的影响力。

英国之前通过其对大西洋的掌控，已经树立了一个甚至连它自己乃至整个世界都不知道的美洲不可侵犯的原则，这个原则比《门罗宣言》还要真实。这种霸权源自英国海军的优势地位，还源于它在军事和政治方面与欧洲国家保持平衡的状态。但是如今，欧洲对于西半球的扩张是种族层面的，于是新的危机显然已经出现了：欧洲民族中的一个或者多个联合起来控制美洲。这将导致对撒克逊人的限制，并最终导致在西半球丧失撒克逊人的政治影响力。

正如确保大英帝国在西半球的地位取决于欧洲军事政治平衡的继续存在一样，确保撒克逊人对于西半球的掌控也取决于——尽管非常奇怪——同样的条件。

当一个族群掌控或者试图掌控比其溢出人口所能够居住的更大的区域，控制或者试图控制那些人口或者出生率大于自己的族群，它必须用一定程度的军事优势来弥补其数量上的劣势，这种军事优势必须随着其控制领土的增加以及受控族群数量的增加而随之增长。

该原则在发挥作用时的不变性，已经明显地存在于从人类的第一次征服到现今的整个历史中，而且只要人类被区分为各个不同的国家和民族，这种原则将会继续存在。在古代，有马其顿人、罗马人、蒙古人的例子；在现代，有西班牙人、法国人、撒克逊人的例子；在不久的将来，有撒克逊人、日耳曼人、斯拉夫人、日本人的例子。在古代，罗马和蒙古帝国通过其存在的历史展示了这个原则的两个基本要素。

（1）数量上的劣势加上军事实力，就会是实际拥有的力量；

（2）数量上的优势减去军事实力，结果只是潜在拥有的力量。

如果为了特定的战争目的无法使用这些潜力，那么一个国家的潜力是没有任何作用的——与一般的观点相反。这种国家的潜力是将其人民包括在内的，正如大山以及其他资源中蕴含了铁矿石一样，而在备战以及战争中，却没有使用上述资源。正因如此，即使最庞大的帝国也无法打乱亚历山大大帝（Alexander）、穆罕默德（Mohammed）、成吉思汗（Genghis Khan）或者拿破仑（Napoleon）深思熟虑的计划。美国的富有以及人口众多不会给日本带来任何恐惧；英帝国的广袤无垠，也不会给德国军队在适当的时候试图努力推进的行动路线，埋下任何不祥的阴影。

上述状况的相反情形，展现了一旦被征服国家在数量上的劣势非常明显时，一个强国的军事力量衰落后会随之出现的情况。当军事征服阶段结束之后，处于统治地位的民族军事衰落会沿着 3 个途径展开：同化、腐化以及战斗精神的衰败。其速度的快慢，与统治者的兵力以及他们对自身民族所采取的保护措施成比例。如果被征服民族，其人口大大超过了胜利方，那么征服者就会极其迅速地被同化。当被征服民族的人口呈几何级数增长时，那么胜利者的战斗力会依照算术法则衰减，尽管在征服的过程中，胜利方的每一个士兵，相当于被征服国家的 50～100 个士兵。我们马上就会发现被征服民族，由于人口的自然增长而处于上升的趋势，于是与原有的决定其战斗力的等式相比，会出现 200∶1 而不是 100∶1 的情形。

第四章

撒克逊人与印度（一）

有关国家地缘环境的法则——法则的应用——英帝国与亚洲的政治关系——印度的丢失——自然环境——它的影响——各国在附属地的军事设施

尽管人类的自负随着知识的储备而逐渐减弱，但是他的这种无知状态日益减弱所带来的益处，被由轻信而产生的虚荣心所抵消了，这种虚荣心往往大于因时间的流逝而带给人类的智慧。那些人类之前以为是属于神明决定的事物，如今人类漫不经心地将其归给自己；人类驾驭了神明的权力，正如埃俄罗斯（Aeolus）① 曾经将上空的暴风雨锁入自己的洞穴中一样；人类将神明的宝座砍削成其孩子的脚凳，在神明那些破败的神庙中，人类将其空想和嘲笑堆了进去。

然而那个嘲讽的事实仍旧存在：尽管人类聚集成了部落或国家，却仍旧受到自然环境的限制，部落和国家伟大的使命是由其所居住地理环境的相对位置所决定的，而不是由其人民的天赋或者人类选择来看顾他们的神灵所决定。

有关国家地缘环境的法则主要基于以下 3 个原则。

（1）一旦一个军力弱小的国家被置于两个更为强大的国家之间，它便被纳入这两个国家政治和军事发展的势力范围之中，因而这个国家的独立就是暂时的，它在政治上只能存在短暂的时间；

（2）一旦一个国家的边界由于自然壁垒的存在而无法逾越，这

① 希腊神话中的风神。——译者注

211

样的国家只能扩展到这些边界处，而保持无法从外部攻破的状态，即使该国国内出现腐败衰落的情形，直至其他国家的进攻能力突破了其自然的防御，然后这个国家将面临崩溃；

（3）一个国家的政治和地理边界并没有受到限制，该国的战略范围仅仅由其政府在军事和政治上的灵活性决定，那么该国将在国力上持续发展，直至其军事力量衰弱导致其边界线的收缩开始了，于是该国就会出现倒退。

在第一条原则中，可以找到在人类整个历史中导致无数国家灭亡的因素。那些身处不恰当的没有任何自然屏障的国家，如同昙花一现，它们英勇地发出噼啪声然后消逝，从而隐约地展示了国家的整个生命历程。在这整个过程中，神明是无用的，巴勒斯坦就是这样的国家。勇气与国家的存续毫无关系，波兰就是例证。国家的年岁也不能保证其不可侵犯或者为其提供庇护，朝鲜就是这类错误的又一例证。在过去以及将来，他们都不是唯一的例证。在这个不幸的类别中，还有比利时、尼德兰、丹麦、巴尔干半岛诸国、波斯和阿富汗。

受到第二条原则掌控的国家例子要少一些，而且它们全部属于过去，因为人类现今意识到，由自然形成的高山、冰川和护城河，都不是牢不可破的。埃及、秘鲁、墨西哥、美洲、中亚、印度、中国，一个接着一个地倒了下去。牢不可破的自然屏障庇护着它们经历了许多岁月，使得它们的文明得以产生，同样也导致了它们无法避免的崩溃，因为人类的精巧发明持续不懈地发展，最终突破了环绕在它们周围的那些壁垒。

仅仅从第三条原则中，人们就可以找到最优秀的民族以及世界性荣耀产生的可能性。撒克逊人就是有效地运用了该原则而诞生的，伴随其崛起而出现了对整个世界的开发，以及机械大生产方式的发展，正是据此，撒克逊人得以达成其成就。如今，英帝国的势力范围之所以能遍及整个世界，与其说是旧日的勇猛以及民族的古老精神所导致的，还不如说因为它处于幸运的状态之中，即在过去的几个世纪里，大不列颠群岛一直是世界的战略中心。现在，正是这个中心的转移，或者说这个中心分裂而成了几个非撒克逊人的中心，成为英帝国政治崩溃的根源。如果中心地位丧失了，撒克逊人的霸主地位也就终结了。

英帝国与亚洲的政治关系，从其最突出的特点来看，与同美洲的关系相似。因为，它让自己横亘于欧洲和亚洲之间，正如它已经阻止了欧洲政治和军事扩张势力跨越大西洋。无论是在东方还是在西方，这种对于欧洲自然的政治军事扩张需求的抑制，都导致了同样的战争根源的产生。只是在冲突之前出现的突发状况中，会存在不同的地方。

欧洲就像一个庞大的蓄水池，充满了不停地试图向外扩张的因素，而大不列颠群岛就像是一个巨大的水闸，防止那些因素溢出。根本无法把欧洲压制在欧洲的范围之内。不论是通过和平还是暴力的方式，欧洲终将向外扩张，如果英帝国的军事力量继续维持着，那么欧洲就会通过移民的方式，而一旦英帝国的军事力量衰弱，欧洲就会通过战争征服的方式。

英帝国而不是美国，确保了美洲国家的独立；英帝国的继续存在，而不是《门罗宣言》，将是这些国家安全的基础所在。

撒克逊人介入欧洲和亚洲之间，同样具有双重意义。尽管它无法阻止通过移民而进行的那种隐形的征服，但是它一方面可以干预欧洲的政治和军事扩张，另一方面，它还可以将东方国家归还给当地居民掌控。

英帝国与远东的政治和军事关系可以归结为以下两种情形。

（1）印度的丧失或者保留；

（2）太平洋政治平衡的丧失或者保留。

除了对大不列颠群岛的直接进攻和征服之外，印度的丧失是对撒克逊帝国最致命的打击。印度与英帝国的存续极度相关，毫无疑问的是，入侵英国还不如征服印度更可取，这一点以后将会看到。

正是基于这一点，印度的财富根本起不到任何作用，尽管它的进出口超过了俄罗斯帝国，它的人口和面积是德国的 6 倍。它的重要意义不仅仅在于物质收益的削减与否。它的丧失，主要意味着在英帝国势力圈中出现了一个如此大的缺口，以至于尽管撒克逊人使用所有的铁血力量，却再也不能防止其崩溃结局的出现。

在印度的残骸之中，将会找到撒克逊人的坟墓。

尽管印度的丧失可能出于两个原因，即欧洲的征服或印度的独立，而印度的保留只取决于一个因素，即英帝国的军事霸权，该军事霸权不是仅仅存在于印度，而是存在于帝国所有的边界处。因此，尽管进攻可能来自两个完全不同的方向，但是，防御以及为防御所做的准备，完全是一个道理。向一方屈服，就意味着同时面临两方的攻击；强力抗拒的一方，就意味着同时防备两方。

在这一章中，我们将去探讨导致印度丧失的上述两个原因。其后我们将审视那些抑制它们的因素，以及印度丧失或者继续被控制的决定性原则。

在宗主国和殖民地间必然存在的关系中，两个道德伦理体系在不停地争斗：征服的道德伦理体系，尽管征服已经结束；反抗的道德伦理体系，尽管反抗尚未开始。这两者都是原始状态的、不可避免的、凶残的。

在英国的统治之下，印度的发展必然会导致印度民族主义的复兴。正如其他所有处于相似情境之下的被统治的殖民地国家一样，其发展取决于以下 3 个原则。

（1）通过教育与同化，进行初级的缓慢发展；

（2）在民族复兴的引领下，进行第二个层次的更快速的发展；

（3）统治者在其他边界地区的战败，导致第三个层次的发展，从而进入突发的全盛期。

正如这些原则在印度运转的情形那样，随着受该原则掌控的殖民地国家中民族主义的发展，最终会导致其军事的复兴。它不仅仅表现在殖民地人口中的一部分成为士兵（于是人们可能认为这些人被灌输了现代军事科技的基本原则）还表现在其他情形中。人们通常总是说，正是构成征服者最主要特点的那些军事特性，转移给了被统治者。然而，对印度的大部分区域而言，这个战斗精神并非他们接受的新东西，而是被赋予更多的含义：它是历史，即这个国家悠久的理念转化而成的。

它可能是一种报复。

自然环境导致印度人具有了这种特殊性。在欧洲，自然界及其自然现象尽管会影响人，但相对而言并不重要；但是在印度，它们的力量是惊人的。在欧洲，人们不断接近有限的东西；在印度，人们朝着无极限前进。一个对自然界力量越来越不重视；另一个日益意识到自然界的无穷力量。对其中一个而言，神明具有了人类的特点；对另一个而言，神明就像喜马拉雅山那样令人敬畏。在欧洲，会发现朱庇特（Jove）带着他的堕落、耶和华（Jehovah）带着他的偏见。在印度，则存在湿婆（Siva）和卡利女神（Kali），他们是印度人对自然环境的恐惧经由意识转化而来。这些自然环境包括群山中的黑色深渊，森林及其中的怪物，海洋及其风暴，荒地及其杂草，以及所有那些强大的、有害的、令人恐惧的事物。于是，因为恐惧而产生了崇拜，因为害怕而产生了伦理道德。

这种几乎原始的状态与英帝国维持对印度的统治有什么关系呢？这是其权力的基础。在撒克逊人征服印度之后，他们摧毁了那种原始状态，而正是那种状态使得他们不依靠强大的武力而能继续维持对印度统治。

至今为止，对印度人的思想进行控制和指导的那些有影响力的事物，来源于自然界中最令人敬畏和畏惧的力量。它们距离人类非常遥远，与人类相比，它们只会强调人类的脆弱。人类一旦在印度扮演神明，就会对整个体系产生破坏作用，因为没有任何人能够诱发这种巨大的恐惧感，这种恐惧感只来源于无懈可击的自然界及其自然现象。

英帝国对印度的统治受到同等情形的掌控。它的统治必须源于自然界那个公正和伟大的特性。管理不当而违背了上述原则，或者帝国在其他的边境战败，成为军事反抗力量复兴的基础。

对撒克逊人而言，在印度诱发蔑视的情绪是最不祥的预兆。

就国家通过征服在殖民地建立的军事设施而言，存在两个基本法则，每一个法则又可细分为两条。

（1）在依靠武力获得的殖民地，帝国设置的军事设施可以被减少，但需基于以下条件。

①征服之后，只有当被征服的人民处于文明的低级阶段，或者其数量非常少时。

②当被征服的这块领土没有任何意义，对其他国家不具有战略或商业价值时。

（2）在通过征服获得的殖民地，帝国的军事设施必须增加，出于以下原因。

①普及教育以及对征服者所具有的好战特性同化吸收，相应地导致民族主义和战斗精神的高涨。这个过程或快或慢，或分散或集中。鉴于这些情况，起到管控作用的军事设施必须相应增加。

②殖民地对于一个国家或者更多国家而言，其商业或者战略价值提升。这种提升取决于这些国家扩展轨迹会聚于一点时其立场的尖锐程度，以及它们朝着其目标运动的速度。该速度并不是由一次运动来衡量的，而是连续不断地向前运动的叠加，它们构成了那个自然且既定的扩张过程。

关于这些法则在管控印度以及决定撒克逊人统治存续时如何发挥作用，我们不在此赘述。

第五章

撒克逊人与印度（二）

人口与世代居住地区的关系——族群的扩张——国家的疆界——一国的崩溃可能开始于最遥远的边疆地区——疆界从军事上可划分为三个等级——印度防御针对欧洲扩张所应涵盖的真正范围

在国家的存续过程中，某些因素会对国家产生影响，例如其人口与所居住土地自然环境及富饶程度之间的关系。当涉及像印度这样的国家时，这些因素的作用会相应增强，因为那里的人口生育能力的增长取决于可耕种土地的相应增加。如果这种增加与人口的增长不成比例，那么就会相应地使人口生育出现变化，或者导致人口迁移。

印度人口增长及其特点所产生的军事影响，与那些受到同样状况影响的其他附属地相比，是一样的。人口的活动会随着知识在印度的传播以及与其他地区交通方式的增加而加速。而人口的这种活动会产生某种军事意义，对此，英帝国不应该忽视。

一个现代国家统治管理其他国家，将会面临一个完全不同的任务，会与其自身的目标相背离。在现有以及未来支配宗主国和附属国之间关系的条件之下，个人的政治地位与其所具有的公民权利之间的差异会日益缩小，直至慢慢地趋于同一水平。盲目地与这种自然发展趋势进行抗争是不会成功的。撒克逊人需要关注的是，在给予这种个人平等的同时，如何去维持帝国的完整以及撒克逊人的统治地位。

我们已经将其作为一个普遍的公理做过阐述，即一个由不同种族组成的帝国，只有保持军事以及政府掌控在一个种族手中，这个帝国才会持久存在。然而对于这个原则而言，有必要增加一个推论：这个居于统治地位的种族，排除分裂因素的影响，必须意识到不只是他们自己才会出现进步和发展；随着附属国的发展，宗主国必须为类似印度这样的附属国的领土扩张做好准备。

当对印度人口的活动及其所牵涉的军事责任相应增加进行审视时，只需要思考上述原则发挥作用时的一个阶段。尽管从人口方面考虑，印度是世界第二大国，从财富上考虑是世界第五大国，而且印度相应地拥有国家及种族扩张的所有要素，但是这种人口的外溢并没有被提供任何保障。相反地，立法试图盲目地完成不可能完成的人口削减任务。尽管印度和南非、澳大利亚及加拿大一样，是大英帝国的组成部分，然而英属印度人是被禁止到那些地方（尽管是英帝国的组成部分）去定居的。

对于法律曾表述过的军事发展的各种阶段，我们如今关注的是以下两方面。

（1）鉴于印度的自然扩张，英帝国所应当承担的责任；

（2）在意识到种族融合的不可能性所导致的种族间争斗的合理性之后，针对附属地，英帝国所应担负的责任。

没有这种融合，真实的统一是不会存在的，所存在的只有分裂。

种族扩张或多或少受到自然规律的约束，而这些自然规律对现代以及之前的年代都是同样适用的。随着人类文明的每一次进步，自然因素的影响力似乎变得日益薄弱。但是我们发现人类大大小小的活动仍旧遵循着某些内在的规律，其中之一是他们沿着纬线而不是经线移动，而且他们经由世界上那些未经标注的古老捷径，长途跋涉后最后定居的那个环境，会与从人种上来说他们曾长久适应的那个气候和自然条件存在一定的相似性。我们发现，正是受到这些因素的决定性影响，印度种族和领土扩张的两条自然路线，远离白人居住的领土。

（1）印度北部的雅利安人会向西移动到小亚细亚地区；

（2）雅利安之外的种族，会向东移动到东印度群岛。

印度的这种领土扩张，西至波斯、小亚细亚地区，东至缅甸、马来半岛、东印度群岛，从政治方面分析，最终是正确的，只要它没有超越或者未触及印度的真正的战略边界处就停止下来。

对这些战略发展轨迹进行研究，我们会发现印度的这种领土扩张，最终不仅受到其真正战略边界的限制，而且印度帝国被限制于一个远离其真正边界的范围之内，从而丧失了最基本的防御力，直至这种领土扩张暂时或永久地完成。

由于现代生活的影响，国际关系中出现了许多反常的事物。我们越来越多地看到人类用其法令取代了自然规律，而且日益相信这些法令是永存的。然而这是徒劳无益的，正如人类幻想通过建造上帝的庙宇，成千上万的人去朝拜，自信可以就此达到天堂一样。对于这些幻象，我们在现代社会发现了与其相对应的事物，那就是政治家的虚构和妄想。更精确地说，这些人本应该是政治家，但他们还是引领着他们的国家穿过同一道窄门，于是所有的幻想都消失了，所有纠正人性错误的希望都被抛弃了。

现存的导致人类走向那些死胡同的幻想中，最具典型性的是关于世界和平以及国界线消失的两个幻想。

所有国家的边界线都处于不断的变动之中，一直会处于要么萎缩要么扩张的状态。他们正如海岸线一样，绝不可能是一成不变的，因为正是在这些模糊不清的海岸线那里，躁动不安的、汹涌澎湃的生命海洋出现了。

在掌控国家疆界变化的那几个原则之中，我们仅仅关注那些影响印度的原则：其一，有关印度自身的领土完整及其扩张的原则；其二，印度的边界与英帝国的巩固和持续存在之间的关系。它们可以分解为以下3点。

（1）印度的边界与英帝国的边界是一致的，因为对它的侵犯会对英帝国的领土完整产生影响。

（2）印度现有边界的永久存在，只能通过以下方式实现。

①保持或减少人口。

②抑制印度政治和经济的发展。

③在德国、俄国和日本的扩张面前，主动示弱。

（3）以下条件会导致印度现有边界的扩张无法避免。

①人口的增长。

②经济和政治的发展。

③德国、俄国和日本的领土扩张，会聚于印度之上，或者与其利益相冲突。

④在印度边界处有必要结成新的军事联盟。

第一点原则可能与预期的不太一样，而这个矛盾实际上源自人们没有接受这个事实。国际间的关系必然会出现变化，正如国家的生命特点出现变化一样，而人类总是容易忘记这一点。人类没有意识到，从军事和政治意义来说，海洋帝国的边界完全不同于那些领土位于大陆的国家（它们的领土是同质的而且连续的）的边界。而且，人类几乎没有察觉，那些影响和调整古代海洋帝国疆界的因素与那些在现代条件下具有决定影响力的因素之间存在着区别。

随着与攻防军事中心的沟通能力的增强，边界防御中的互相依存性会相应增加。

以前每一处边界都是独立的，它们的防御或者丢失决不会依赖于遥远的边界线，尤其是海上岛屿的安全状况，但是在现代社会中，这些状况被彻底改变了。一个国家生命周期的存续，不再取决于其首都的安全状况。最伟大国家的瓦解可能开始于其最遥远的边疆地区。于是当我们说印度的边界与英帝国的边界相重合时，我们的意思是，对印度边界的侵犯，最终将对英帝国的存续和巩固产生影响，就如同攻击大不列颠群岛所产生的结果一样。对这个原则的完整论述，我们将放到后面一章中。

在第二个和第三个原则中列出来的几个条件是不言自明的，除了最后两项，这两项涉及的是：①德国、俄国、日本的领土扩张，将会聚于印度及其相关利益之上；②随后印度边界的重新划定。

德国、俄国和日本的领土扩张所根据的基本原则，其推进力的大小，以及对于印度和整个英帝国的影响等问题，我们将在这本书的后续部分中予以探讨。我们现在将试图讨论的是，它们的扩张如何导致印度的边界需要进行新的调整变化。

通常认为，当一个国家的边界受到挑战时，最好的政策要么是加强现有的防线，要么对其进行收缩。这种认识的原因是不言自明的。然而，正如许多其他的认识一样，它们是建立在那些不再重要的条件之上。它们对于印度的边界是不适用的。

从军事角度来说，国家的边界可以划分为三种情形，且在其防御过程中呈现出各自的军事特点。

（1）当边界与一个军事实力更强大的国家毗连时；

（2）当边界与一个军事实力更弱小的国家毗连时；

（3）当边界与一个颓败的国家毗连，且位于侵略型和防守型的国家之间时。

在第一种情形中，我们所面临的是一个纯军事防守的情形，只能够用强化现有边界防御的方式去应对，或者出于战略条件以及国家内部衰弱状况的考虑，对边界进行收缩。

在第二种情形中，我们所面临的是一种纯进攻型的状态，随着战争的结束，国家边界会暂时或永久地扩张。

然而，印度只与第三种情形相关，而这种情形至今为止几乎还没有从军事角度进行探讨。为此，我们陈述原理如下：当一个国家的边界与一个军事颓败的国家毗连，且位于颓败国和一个目标日益会聚于一点的国家之间，那么那个颓败的国家，或者其中的一部分（这由战略因素所决定），会被暂时或永久地攻占，只要那个侵略性的国家明确了其目标。

我们已经说过，一旦一个实力弱些的国家位于两个交战的强国作战范围内，那么这个弱国不再享有中立条件下应该享有的那些国际权利。而且，如果该弱国直接位于两交战国边境之间，那么该国从战争一开始就成为战场，而且会遭受最大的战争伤害，因为，它不属于战争的任何一方，它不会受到任何一方的保护，在某种意义上也就成了双方的敌人。

当这种情形存在时，如果哪个强国在战前能够最大限度地夺取缓冲区国家的边境地区，那么它就占据了优势地位。正是因为这个决定性的因素，当敌对国家的扩张明显地会聚于英帝国的一个或多个边界处时，那么那个边界，不是应该收缩或保持原貌，而是应该在条件允许的情况下，朝着敌对国家领土扩张的方向往前推进。大国在世界不同的地方为自己标出的那些势力范围，是有价值的，或者换句话说，是脆弱之源。这取决于这些地方的位置，以及依据上述原则对它们的利用情况。

在世界上，只有3个国家具有最重要的战略位置：大不列颠群群岛、日本列岛和印度。印度帝国是全球第三等重要地区的战略中心。从最远古的时代开始，印度已经对欧洲思想文化产生了影响；而在未来，印度的战略地位在世界政治中成为一个决定性的因素，它的影响力将随着每一次国际秩序调整而日益增大。

然而，正是英帝国在印度和太平洋、非洲与小亚西亚这些地方所拥有的附属地之间的相互关系，才使得印度作为这片广大地区的中心，具有了独特的重要意义和影响力。以印度为中心，辐射出来13个战略三角形（它们有一个共同的顶点），将整个印度地区包围起来。这些三角可以划分成两种类型：位于大英帝国领土之内的和位于大英帝国领土之外的。这些三角形中有11个属于前者，2个属于后者。第一种类型是人们严格依据政治和军事战略法则而行动的结果，而且从它们的攻防能力来说，能够给其所覆盖的那些区域带来彻底的安全保障。在西边，它们涵盖了阿拉伯半岛以及从亚丁湾到开普顿之间的非洲东海岸；在南边，它们涵盖了整个印度洋；在东南边，它们涵盖了澳大利亚和新西兰；在东边，它们涵盖了马来半岛和英属海峡殖民地（Straits Settlements）。

这11个战略三角形，位于印度三个次等中心圈之外：小亚细亚是西部的中心；由塞舌尔、毛里求斯、迪戈加西亚岛（Diego Garcia）构成的三角形，是南部的中心；新加坡是东部的中心。这些中心与印度之间的相互关系以及相互依存性，清楚地表明了以下论述的正确性：印度是这部分地区的主要战略中心，失去了印度，就会同时导致撒克逊人统治着的所有这些广大区域的叛离。

因为印度位于整个战略区域的正中心，因此我们认为印度显然是坚不可摧的，似乎无法想象印度会受到入侵乃至被征服。但是正如阿喀琉斯之踵一样，于是在每一个防御体系以及每一个帝国之中，总是存在着某些脆弱的点。印度就有这样的点。而且似乎非同寻常的是，这个非常危险的点并不像阿喀琉斯之踵，因为它被最大限度地暴露在外，而且世界上两个最强大军事国家的扩张正会聚于其上，它就是印度的西北边境地区。

两个战略三角形构成了印度抵御欧洲扩张的真正区域。

（1）以印度、喀布尔、德黑兰为顶点形成的三角区，对抗俄国的入侵；

（2）以印度、塞得港（Port Said）、德黑兰为顶点形成的三角区，对抗德国的入侵。

不能允许俄国跨越喀布尔—德黑兰一线，也不能允许德国跨越塞得港—德黑兰一线。

这样我们就可以看到，和印度的地位一样，波斯是两个三角形的共有顶点，于是它成为这两个暂时性边界的中心点。因此波斯是印度防御欧洲入侵的关键所在。

第六章

撒克逊人与太平洋

印度在澳大拉西亚（Australasia）[①] 防御中的重要性——棕色和黄色人种之间的关系——亚洲人口的移动方向——本土防御的不可能性——澳大拉西亚的与世隔绝——澳大利亚可被划分为 7 个军事区域——攻防战仅限于其中的两个

人们一般喜欢从内部审视生命体存在过程中出现的各种不同现象，这会产生许多错误，因为任何生命体都不是独立存在的。正如个人是整个人类的一部分，一个国家只是国际大家庭的一份子。正因如此，国家伟大性的根源，如同个人的那样，总是互相关联的，有时候它们与外界环境如此相关，以至于它们与我们通常所认为的对国家力量和统治权起决定作用的那些因素毫无关系。

对印度而言，事实正是如此。

英帝国最大的错误在于它忽视了印度。这并不是说英帝国忽视了对印度国内的管理或经济发展，而是说英帝国没有正确地意识到印度与整个世界的政治关系，没有意识到印度是英帝国存在的基础。

可以说，印度真正的重要性并不在于印度自身，而在于印度的地位，正如国王的重要性在于其对于维持整个君主统治的意义。

如果印度不是位于其所在的那个地方，那么就不会有英帝国的存在。

正是由于印度是英帝国的，于是整个地中海和红海、马耳他、

---

① 澳大拉西亚是一个不明确的地理名词，一般指澳大利亚、新西兰及附近的南太平洋诸岛，有时也泛指大洋洲和太平洋岛屿。——译者注

塞浦路斯、埃及、苏伊士以及小亚细亚海滨都处于撒克逊人的掌控之下。出于同样的原因，非洲和毛里求斯、塞舌尔以及印度洋中的其他岛屿，另外还有缅甸、英属海峡殖民地、中国香港、新西兰和澳大利亚，也基本处于英帝国的统治下。

如果没有印度，那么英帝国将仅仅只包含大不列颠联合王国和美洲地区。

正是有了印度，撒克逊人才能向东拓展；正是印度所具有的战略地位，才使得英帝国成为可能。

从军事层面来说，印度就等同于英帝国，而且只有撒克逊人对印度的统治持久存在、印度的边界不受到侵犯，整个英帝国才能长久存在。

对英帝国和东方之间关系起支配作用的第二个因素，在于太平洋政治和军事平衡的维持或是打破。从政治和军事角度来说，这个因素是从属于印度那个影响因素的，因为太平洋地区的政治和军事平衡与否，主要取决于印度的存续或者丧失。但是英帝国现在正朝着某些情形演进，从而可能破坏这种平衡，以至于最终导致印度的丧失和英帝国的解体。

太平洋地区的问题可以归结为以下两个层面。

（1）英属太平洋属地与整个英帝国以及亚洲国家之间的关系；

（2）英帝国与其太平洋属地以及亚洲国家之间的关系。

与通常的认识相反，人类对自身进步的认知，产生于人类发展及其后相应的变化完成之后，而不是之前。人类是厄庇墨透斯（Epimetheus）①的子孙。

在现代社会中，这种情形是十分明显的，因为某些国家始终没有意识到它们所结成的国际联盟的特点是千变万化的。随着地球每一次完成它的自转和公转，这些联盟就会或多或少地出现变化。对国家的存在及其伟大性至关重要的那些因素，首先会受到影响。人类这种顽固的无知状态，会随着公众对国家事务掌控权的增大而相应增强。

---

① 希腊神话里伊阿珀托斯之子、普罗米修斯之弟。这里指人类总是后见之明。——译者注

正是现代生活状况的快速发展，使得美国与欧洲和亚洲之间的军事关系，在仅仅一代人的时间里，就已经被彻底改变了；而大众的看法并没有相应发生变化，于是国家处于不设防的状态，同时，过去的事实已经变成了现代的迷梦，过去的真理如今成了新的谎言。

澳大利亚和新西兰的民众，就其对公共事务的掌控而言，也毫无例外地受到上述规则的影响，而且他们和美国的民众一样，对国家之间新的军事关系，以及由此带来的危机，毫无预见性。澳大拉西亚无法完成它希望完成的使命——保存撒克逊人的附属地。

澳大拉西亚的安全性完全取决于一个因素——英帝国的领土完整和持久存在。伴随撒克逊人的失败以及崩溃，他们对于南部太平洋的统治也归于终结。正如我们所看到的那样，即使加拿大独立或者与美国合并，非洲荷兰化或者独立，整个英帝国仍旧可以继续存在。但印度的丧失（不论是通过反叛还是征服的方式）会让整个帝国分崩离析，届时撒克逊人的澳大拉西亚（或由于太平洋地区的政治和军事势力的最终调整）将处于其他种族的统治之下。

对澳大拉西亚的防御而言，首先要做的就是防卫印度。

尽管我们无法预测未来，也无法精确地预测每个国家未来的走向，然而通过国际活动的并发性特点及其大致趋势，我们还是大约可以对不久的将来发生的事情进行推测；而且在这个推测的基础之上，根据现有条件的不同组合，对更远未来的可能性做出推测。澳大拉西亚的未来可以对上述真理予以演示和说明。

在现代社会之中，可以作为基本原则的是，一旦一个富有而且居住人口极少的地域，位于一个更强大且人口更多的帝国扩张范围之内，那么该扩张将会最终得以完成，除非它受到了潜在或者实力更优于该扩张种族的国家的阻碍。而且我们认为，最初起抑制作用的那些军事力量不能保持固定不变，而是应该随着扩张国家实力的增强而相应增强，此外还应考虑到现代运输条件发展而导致的增强效果。撒克逊人的澳大拉西亚与亚洲的棕、黄色人种之间的关系，受到以下两个致命因素的影响。

（1）澳大拉西亚的面积与欧洲相等，而其人口却比伦敦一个城市的人口还少；

（2）环绕在澳大拉西亚周围的是亚洲国家，且其人口大约是欧洲人口的3倍。

当一个种族的自然扩张通过人口移动来实现时，那是因为他们的人口超越了本国土地的生产能力，而且到达新土地后这些人所具有的能力和知识能够使他们的劳动不仅获得维持生计所需的食物，而且还有盈余。

在某个特定的时间——可能是（也可能不是）现在，亚洲人朝着澳大拉西亚的自然移民过程将会开始。对于他们的移民，或许存在两种阻碍手段，一种是和平型的，另一种是军事型的。前者是让撒克逊或者白种人在这些地区居住，后者是通过军事力量阻止来自亚洲的移民。第一种阻碍方式显然是不可能的，因为那样得是撒克逊人口在未来必须如过去一样持续增加才行——其途径是通过自愿移民和人口生育的方式。然而目前在澳大拉西亚，白人与亚洲有色人种之间所存在的数量增长的相对不均衡性不会减少，反而将会持续增大，因为双方在人口生育过程中会出现另外一种奇特的现象。

对于白色人种而言，假设在最有利的条件之下，那么他们需要80年的时间将人口数量翻倍，而棕色和黄色人种即使在最差的条件之下，也可以在不到20年的时间里将人口数量翻倍。因此，相信撒克逊人有能力通过移民和人口生育的方式，将澳大拉西亚及其周边地区留给自己，这仅仅是一种徒劳无功的表述。这种信念就是源于白人的无知，终究会导致大灾难。

就撒克逊人保留对澳大拉西亚的统治而言，我们如今将其归结为一个主要的军事防御问题，然而该防御在概念以及作用方面，与目前在整个太平洋统治区中所实行的防御举措是完全不同的。

在太平洋和印度洋地区，因为棕色和黄色人种相比白色人种在数量上具有巨大优势，故而在现代人种的竞争中，会产生必然的结果。知识的全球化以及在科学应用方面同样出现的全球化，使得全体人类在和平与战争时期，在机器的应用方面，处于同一个平等的基础之上。随着在战争展开方式方面的平等性建立之后，我们需要将战争的决胜条件回溯到那个旧有的因子，即交战各方人口及其数量的不均衡性。正是因为意识到如今亚洲各个帝国的武器以及军事知识，与澳大拉西亚处于同一水平，我们才看到了在南太平洋地区600万撒克逊人与环绕在他们周围的上亿人之间存在的巨大鸿沟。

澳大拉西亚的防御必须首先建立在对这些事实的认识之上。换而言之，对澳大拉西亚尤其是新西兰而言，本土防御是一种军事反常现象。澳大拉西亚的边境地区距离南太平洋十分遥远。而且它们并不是固定的。它们从帝国的一个区域转换到另一个区域，经常处于变化之中，但始终与帝国遭受攻击的那部分地区重合。澳大拉西亚边境地区的这种广大性是由它们属于英帝国而导致的。一般而言，澳大拉西亚在英帝国防御中的地位取决于其对印度防御的作用。

一方面，太平洋的殖民地和附属地绝不可能独自拥有足以抵御任何已经掌控了它们周边海洋的国家夺取这些地方的兵力，另一方面，这些地方会成为战争的导火索，而且随着太平洋日益成为人类争夺的焦点，这些地方会越来越频繁地诱发战争。

这样的时代已经一去不复返了：那时，一个数量相对较少的人群，占据一个非常广袤的未开发的富庶地区，并用人类称之为独立自主的那种梦幻般的自由，确保这些地区归他们所有。而现在——将来更是如此，在没有强大力量的保护下，一个殖民地或者是附属地，仅仅在那个由虚幻的统治权所形成的海市蜃楼中停留一秒，然后要么通过帝国崩溃的方式，要么经由割离的方式，划归另外一个帝国（该帝国内部扩张的需求构成了其征服的动力）的管理之下。

我们已经意识到，正是这种暂时的独立自主，最终使得德兰士瓦（Transvaal）和奥兰治自由邦（Orange Free State）无法再作为独立的政治体存在。一旦进入帝国发展的势力圈内，它们被纳入帝国之中是既定的，只要它们不是另外一个与英帝国同样强大或更强大的国家的一部分。如果澳大利亚和新西兰是主权独立的国家，那么它们与亚洲各个帝国之间的关系，同非洲国家与英国之间的关系，就是一样的——除了亚洲扩张的动力在强度方面存在不同以外。而对于亚洲的这种扩张，澳大拉西亚自身并没有任何阻碍力量，它既不能威胁也无法对其进行限制。

这个世界正在日益缩小，人类正在日益会聚在一起。在这种全球压力之下，所有的事物都处于变动状态中——人类及其居住环境都是如此。正因如此，腐败和弱小的国家，会在日益增强的动力作用下，被吸纳进更大更强的国家之中。正因如此，澳大拉西亚被拖曳着，与亚洲的距离越来越近。然而这种情况的出现，不是因为战争，而恰恰是因为和平：不是因为国王的征服欲望，而是由于其子民的饥渴感；不是出于人类作为掠夺者的原始特性，而是由于人类最高级的文明、人类的上万个新需求，包括人类跨越江河的演说、人类横渡大洋的迁徙。

从种族以及国家安全的角度来说，澳大拉西亚并不是固定在其海床之上的。只有牢固地被英帝国掌控，它才是固定不变的。一旦这个链条崩裂，它就会在海洋的暴风雨中如废弃物一般随波逐流。

在这本书中，我们只会论述那些掌控澳大拉西亚防御的最基本原则。一旦明白了这些基本原则，明白了基于这些原则而应进行的所有军事准备，那么那些悄悄混淆的错误观念和想法，便都是不重要的。但是，如果这些附属地防御建立于其上的那些基础是错误的，那么就不会有上层建筑，尽管花费了许多劳力，也终将会证明是毫无益处的。正因为上述事实，现今在澳大拉西亚防御上所做工作的效用是如此有限，以至于它们在国家生存的最终争斗中将毫无用处。实际上，这些防御所针对的世界情形已经不复存在了。

一个国家的防御以及其构建情况，取决于以下两个主要因素。

（1）攻击来自的方向；

（2）该国地理环境的特点。

德国的抵御来自俄国的攻击，将完全不同于其抵御来自英国的攻击。同样的，针对不同的地理环境，防御的方式也会出现不同。一个岛屿国家所面对的形势与大陆国家之间进行的战争是几乎完全不同的，因而为这两种不同类型的战争所做的战备必须各有不同，尽管各个国家并不能严格划归到这两种不同的类型之中。奥地利、土耳其、俄国和中国是大陆国家。英国和日本是岛屿国家。然而，我们发现有一些大陆国家在某种程度上同时也拥有岛屿国家的某些特点，例如德国、法国和美国。另外，英属印度以及日据朝鲜等则同时具有大陆国家的特点。因此，我们发现，就大部分现代国家的军事准备而言，必须在海军和陆军军备方面保持灵活的平衡状态，需要根据进攻来自哪个方向，或者其扩张必然会涉及的对手等，进行相应的变动和调整。

如果日本作为一个岛屿国家，仅仅只发展其海军力量，而忽视了陆军，那么其对俄的战争早就失败了。日本意识到了在军事准备中需要保持灵活性的那个真理，于是针对俄国那个大陆国家，相应地根据大陆战争的特点调整了其军事准备。

假设澳大拉西亚是一个主权国家，承担相应的军事责任，那么其防御中存在什么问题呢？其问题就在于它采用了一种陆地的防御系统，去保护岛屿的领土。而日本和大不列颠都是岛屿王国，它们却有大陆国家的特点；但是就澳大拉西亚而言，即使从最广义的概念来说，它完完全全是岛屿性的，并不具备一个大陆国家的任何特点，也不能证明其现存本土防御理念的正确性。

澳大拉西亚独立于整个世界之外。它是一个孤立的大陆，位于只属于自己的一片广阔水域之中。它上面生长的动物和植物，既不属于旧世界，也不属于新世界，而是属于那片广阔的孤立之地。而这种隔绝状态，自然界的生物无法逾越。仅仅在最近的 60 年里，人类才成功地打破了这种隔绝状态。

仅仅一道狭窄的海峡，就将英国和欧洲分离开来；日本和亚洲之间是带有悲剧色彩的对马海峡；而澳大拉西亚的海滨之外是两个海洋，使得开普敦在 6000 英里之外，距离北美则将近 7000 英里，尽管距离亚洲不到 4000 英里，但是距离英国则超过了 12000 英里。正是这种几乎无边无际的隔离状态，导致了澳大拉西亚纯粹的岛屿属性。

澳大拉西亚的永久防御需由海军担负。其地面军队如果充足的话，可以确保海岸线的防御是安全的，但前提条件是敌军对于海洋的掌控是暂时的；如果敌军对于海岸线的掌控权无法被撼动，或处于永久状态，那么这种地面的防御只能持续一个相对较短的时间。这是由以下三种因素决定的。

（1）进攻方和防守方的相对不均衡状态：

①澳大拉西亚与可能的进攻国在人口和财富方面存在差距。

②澳大拉西亚被划分为 7 个不同的军事区域，它们之间既不互

相关联，也不存在合作关系。

③整个区域的防御力量是由最强的那个军事区域的战斗力所决定的，该军事区域的人口数量决定了整个澳大拉西亚的防御潜力。

（2）90%的人口居住在海边。

（3）人口向内陆地区撤退，而不是向资源的集中地前进，他们进行第一次撤退活动。

澳大利亚的7个军事区域分别是：西海岸的珀斯（Perth）及其周边地区；阿德莱德（Adelaide）及其周边地区；南部海岸的墨尔本；悉尼及其周边地区；东部海岸的布里斯班（Brisbane）；再加上新西兰的两个岛屿。我们可以发现，从军事层面来说，澳大利亚西部由于其处于隔离的状态，因而与另外6个军事区域的防御没有任何关系，其所有努力的影响力仅限于它自己的这个军事区域。

对由新西兰的两个岛屿所组成的军事区域而言，情形也是如此。一旦以下原因使得这两个岛屿隔绝于其他4个军事区域：阿德莱德和布里斯班之间的铁路线被毁，或者敌军活动的灵活自由性，迫使那4个军事区域自动与两个岛屿隔绝。

任何试图把所有的军事力量集中在一个军事区域的做法，都会导致其他6个区域毫无抵抗地被敌方占领。一方面，澳大利亚起决定作用的地理环境对于进攻方而言是如此的有利，以至于任何类似的将军力集中的行为，都将导致防守方的投降。另一方面，如果并不知道进攻会在哪里发生，那么这些军事区域的军事活动便只是纯粹地各自进行防御活动，最终我们不得不看到进攻方的一个行动就会导致这些区域彻底的孤立以至一一崩溃。

攻占澳大拉西亚，主要针对的是两个战略性军事区域。

（1）新南威尔士州（New South Wales）所在区域，悉尼是该区域的军事基地，攻防线以该基地为中心；

（2）维多利亚州（Victoria）所在区域，墨尔本是攻防线的中心。

正如以后将会看到的那样，这两个军事战略区域构成了整个澳大拉西亚的防守区。

在最终没有海军支援的情况下，阻碍澳大拉西亚延长陆地防御的第二种情形是90%的澳大拉西亚人口居住在海边导致的。而且，他们集中居住在上面提到的 5 个区域里。澳大利亚西部人口的近50％ 居住在珀斯地区；澳大利亚南部人口的 3/4 集中于阿德莱德地区；而维多利亚州人口的 2/5 集中于墨尔本；在新南威尔士州，一半以上的人口集中于悉尼地区；同样的情形在昆士兰州（Queensland）也存在，人口主要集中于布里斯班地区。

正是澳大利亚人口集中于沿海地区这个致命弱点，导致当一个国家掌控海洋之后，澳大利亚便无法对其进行长时间的陆地抵抗。从军事意义上来说，澳大利亚的沿海人口与其他国家的沿海人口是完全不同的，它不仅是整个国家人口的起源地，也是其终结地。澳大利亚虽然是一个大陆，但也是一个环礁。它在大洋之外、荒漠之中。从军事层面来说，大海和荒漠是等同的。因为向着被敌人控制的大海撤退就意味着灾祸的降临，而逃向荒漠则是死路一条。

澳大利亚从陆路去抵抗入侵，与其他遭受海上入侵的任何现代国家的状况是不同的。通常而言，在防卫海上边境线时，所有的撤退应该集中到一起，且应撤退到国家财富和人口的中心。但是就澳大利亚而言，撤退活动无法统一起来，也无法撤退到一个共同的基地。因为根本不存在一个最大最重要的基地。每一个军事区都有自己的基地，它们不是远离而是位于交战的中心区域。这些军事区受到限制，处于孤立的境地，以至于仅仅在撤退一周之后就会导致整个防御力量再也无法投入战争之中。

一旦澳大利亚东部的防御向西指向了蓝山（Blue Mountains）地区，澳大利亚南部的防御向北推进到了澳大利亚的阿尔卑斯（Alps）地区，军队有组织的抵抗将进入无效战争的最后阶段，出现游击和劫掠的状况，直至自我耗尽，整个防御也就终结了。

大自然赋予布尔人（Boors）的优势并没有同样赋予澳大利亚。

澳大拉西亚的防御也就是澳大利亚的防御，可以划分为以下两个部分。

（1）暂时的防御力取决于陆地的兵力，由于每个军事防御区的隔离状态，这些兵力的数量必须等同于每一个区域可能遭受到入侵敌军的数量。澳大利亚的防御力量不能综合起来考虑。其最大的防御力，绝不会超过最强大的单个军事区域的防御力。

　澳大利亚军队的特性、武器装备以及相应的训练，不是由澳大利亚的立法所决定的，而可能是由最强大的敌人的特性、武器装备以及相应的训练所决定的。

（2）澳大拉西亚的永久防御依赖于海军，其力量是由具有进攻可能性的最强大海上国家所拥有的海军力量的最大实力决定的。

澳大拉西亚永远不可能获得这种程度的海军力量。

只有一个统一的英帝国才能拥有那样的力量。

第七章

撒克逊人与东亚

国家活动必须建立于其上的原则——英帝国必须从整体上进行防御——将防御力集中于某个边境地区的国家所面临的危机——国际盟约——太平洋的平衡——中国的扩张——俄国被日本打败的影响

我们后面将对澳大拉西亚的防御进行总结。我们现在的目的仅仅是为了证明英帝国军事发展的重要性，以及澳大利亚的防御依赖于英帝国的稳固，从而去纠正他们之前的错误认识，并表明在充满撒克逊理想的同时，他们已经铺设了一条道路，可以避免而不是导致其最终的覆灭。

存在一条唯一的原则，国家所有的活动都必须建立在该原则之上，而且所有的抱负都要受其指导。这条原则就是帝国的巩固和统一。同样的，只存在一个真理去指引他们——该真理与现今主宰他们思想的那些幻想完全相反，该真理即他们国家的生存不仅仅是为了它们自己，而是为了它们的种族，更是为了整个帝国的存续和发展。

英帝国各个不同部分处于相互依存之中，为了防守各自不同的区域，防御方式必须具有一定的可交换性，对于世界永无休止的战争，英帝国每一个区域必须有明确的定位和既定的计划。

我们已经论述过，澳大拉西亚的存在对于英帝国的防御而言担负了一定的责任，反过来，英帝国的存在对于澳大拉西亚的防御担负了同等的责任。

我们必须将其视为一个不可违反的原则，即任何领土的丧失都会对英帝国产生影响，其影响力与所丧失地区的政治重要性成正比。就一个海上帝国的统治而言，如果丧失了之前获得的政治和领土权益，或者即便是出现默许丧失这些权益的倾向，那么显然就表明了国力的衰退和帝国的衰败。

英帝国的战败对澳大拉西亚的影响，与澳大拉西亚的丧失对英帝国的影响，这两者之间的区别只是时间的问题。英帝国的崩溃会立刻导致撒克逊澳大拉西亚的终结。另外，如果英帝国丧失了澳大拉西亚这样巨大的一部分，那么英帝国的瓦解就开始了，因为澳大拉西亚的丧失所带来的直接后果就是英帝国相应的衰败。

在所有曾掌控撒克逊人的那些幻想中，最危险的一个是，通过对英帝国各个不同地区的单独防御，去防守整个帝国。然而，相反却是正确的，即从整体上防御整个帝国，帝国的各个组成部分就得到了保护。

澳大拉西亚在英帝国的防御中没有承担其应有的责任，相反，英帝国也没有为了整体的利益而更好地完成其应承担的责任。附属地与整个英帝国在各自所应承担的义务方面，存在着显著的不同。前者的责任是简单的，而后者的责任是复杂的。于是可以说，正是基于这种复杂程度的存在，英帝国所应承担的责任也相应增加了。这些责任彼此交织在一起，英帝国政策除非有一个终极的目标存在，否则那些作为保护措施的一时权宜之计将反过来成为各种危机的根源。

一个国家及其附属地的防御工作并不总是需要付诸武力的。与士兵相比，政治家能捍卫或者丧失更多的利益，国家的荣耀及存续与否更多地取决于政治家的智慧或者无知。政治家最聪明的才智引发的战争，最终将会促进国家的发展，而他们极度的无知引发的战争，将会导致国家的衰败。

英帝国放弃了对于太平洋附属地和殖民地应该担负的责任，这是英帝国政府的失策，它是对英帝国在两个半球的政治军事发展进行了错误的区分导致的。在政治军事的发展中不应该出现失误，而应该根据既定的法则去掌控其整个发展过程。正是人们兴趣的不断变换，他们在掌管帝国的过程中所使用的权宜之计的短暂性特点，导致了英帝国政治和军事的发展缺乏其应有的统一性和连贯性。

正是路易十四和拿破仑过度地专注于大陆事务，从而未能把握住海洋国家的潜力，最终导致自己的垮台。同样的，正是俄国的见识有限，才使得相对于中国的广袤而言，日本国力不显得那么突出。正是英国专注于抵御法国和俄国，使得德国的威胁得以产生并趋于成熟。而现今，当整个英帝国的注意力都集中于这个最明显的危机时，俄国仍旧在沿着其既定的轨道前进。

太平洋正孕育着一种新的危机，该危机由于撒克逊的自负和无知而遭到蔑视和否认。这种危机带着一种愠怒的温顺，像台风那样，在紫色的孤独中，等待那些忽视它的人们。

并不总是存在强有力的因素，迫使国家的注意力集中于某个边境，而忽视了其他的边境。这种情况的出现往往是由最琐碎的事情导致的。正如古代的水手那样，在斯库拉（Scylla）的吼叫面前，各个国家吓得蜷缩在一起，然而却被卡律布狄斯（Charybdis）的漩涡卷了进去。

在有关国家创建的哲理中，我们最初会面对一系列复杂的原则，致使我们似乎根本不可能探寻到那些根本的条件——它们数量虽少，但却是政治生命最终的决定性影响因素。

生命的特性就在于它最终的本真性。

一个帝国的构建及其存续可以归结为以下两个基本原则。

（1）国家自身对武力的使用；

（2）其他国家对武力的使用或保持中立状态。

目前我们只关心第二条原则，它一般以国际盟约的方式体现。建立在盟约基础上的国家防御或扩张的基本特点是，或者通过消极的方式使敌方的军事力量中立化，或者通过积极的方式去摧毁敌方的军事力量，从而使得己方的国家力量增强。

国际盟约受到以下3个基本原则的掌控。

（1）不能同这样的国家结盟：如果该国通过结盟会增加战争的可能性，或者通过战争该国的力量会增强；

（2）若国家扩张的利益线尖锐地会聚在一起，这样的国家之间不能结盟；

（3）结盟的国家不会凭借战争胜利去获得政治实力或者战略地位，并由此侵害其盟友的政治经济势力圈。

当结盟的错误已经十分明显时，人们提出反对意见，指出这种盟约的最终结果很难予以确定。这是错误的。和平时期针对未来的战争而缔结盟约，因为缔约是在战前进行的，影响他们结盟的那些状况不可能延展至战争。战争导致的新形势，不论是胜利的还是失败的，应该成为结盟的决定性因素。

正是对未来后果的漠不关心，导致英帝国与日本结盟，从而产生了第三种最强有力的因素，它会导致帝国的崩溃。另外，缔结该盟约的目标反而增强了该盟约试图缓和的危机状况。这一点将在后面予以论述。

利用东方国家限制欧洲国家在亚洲的扩张活动，这种政策是正确的，前提条件是，该政策成功地阻止了他国针对英帝国亚洲边境地区的实际扩张行为，而与此同时没有在东方产生一个亚洲军事强国（该国的实力超过了那些欧洲国家——他们的扩张行为必定会被这个亚洲强国阻止）。

俄国被日本打败，产生了以下4个灾难性的后果。

（1）俄国的战败，不是把俄国扩张势力赶回欧洲，而是使得俄国对东北亚的扩张转向了对中亚的扩张，而英帝国最重要利益就在那里，一旦被损害，就会导致整个帝国的瓦解；

（2）在太平洋地区，日本比英帝国更强大；

（3）俄国的战败导致日本政治和经济势力的扩张，从而把英国在太平洋的所有利益都囊括在日本的扩张范围之内；

（4）俄国的战败使得英国丧失了作为世界上唯一岛屿强国的优势地位，因为其创造了第二个海上强国，该国与亚洲的地理关系，同英国与欧洲的地理关系是一样的，而且它在太平洋的潜力是英国在大西洋的潜力所无法比拟的。

日俄战争的上述4个后果，表明了英国政治家的错误以及日本政治家的智慧。

就所结成的日英同盟而言，日本遵循了前面所论述的关于缔结盟约的三个决定性原则，而大不列颠则忽视了那些对帝国未来利益起决定性作用的基本因素。英日联盟的续约，使得英帝国最终未能担负起其对太平洋附属地所应承担的责任，其影响甚至比澳大拉西亚未能服从帝国的利益和统一而造成的后果更严重。

不论阻止俄国在华北的扩张有多么重要，英帝国都应该将行动的自由留给自己，并确保国家力量的平衡，以使任何国家都不能通过战争的胜利而获得战略地位或者军事潜力，从而去侵蚀或者妨碍撒克逊的利益，或者抑制撒克逊利益的扩大。

在对国际结盟的目的以及对缔结起支配作用的所有这些原则中，最基本的一点是，只要其利益或者扩张轨迹尖锐地会聚在一起，任何国家都不应该协助另一个国家的创建或者巩固或者防御活动。这种协助只会导致扩张能力的提升，从而加快它们沿着既定轨道前进的速度。

随着日本的崛起，一个新的时代横空出世。来自西方的掠夺和扫荡出现了迟疑，正如几个世纪之前来自东方的扫荡出现迟疑一样。正是由于这种迟疑，英帝国如今面临这样的境地：第二个海上强国诞生了，它将像英国一样成长，像英国那样在海洋上快速地进行劫掠。

这个事实的意义究竟有多么重大，在其刚出现的时候人们并没有认识到。人们也没有弄清它究竟是如何产生的。人们只是隐隐约约地看到了这个事实。

日本将其使命对准了未来。

日本在太平洋的实力比英国在大西洋的实力更为强大。

日本海军对太平洋（占地球面积的1/3）的掌控力以绝对的优势在增长，使得其他国家的海军对大西洋的控制权日益呈现暂时性的特点。日本的军事力量及其海洋运输能力，并不比德国的军队差。而英帝国远征军数量比日本的7个师还要少。

国家在其发展过程中，受到其地理环境因素的限制。两个位于世界不同地区的国家，居住着不同的种族；但如果它们各自国家的地理和气候条件相对而言是相同的，那么它们将沿着相同的轨迹发展。而且，当我们发现两个国家如果其利益和荣耀取决于同一个财富或权力之源的获得，而且为此采取了相同的手段，那么我们就会立刻意识到这个显著且又可悲的情形，即只要这两个国家继续发展各自的力量，它们的利益和扩张轨迹就会如此尖锐地会聚到一起，以至于它们终将进入毁灭性的古迦太基人时代，那时即便是在和平时期也充满了各种争斗。

从英日同盟条约所蕴含的最全面的意义来看：它使得日本帝国

的诞生成为可能；它可能导致英帝国交出世界 1/3 的统治权。另外，英帝国不仅没有因这种安排而获得任何回报，而且相反，它被置于这样的境况之中，即昨日的成果变成了今日的灾难。

显然，当援助另一国以削弱或阻碍共同敌人的政治和领土扩张时，它牵涉两种责任，而在英日同盟这个例子中，我们连其中的一种责任都没有看到。于是，等到这个结盟终止的时候，我们会发现，印度的边境地带比以前更加脆弱，因为中国的西部边境地区被占据了，而日本在太平洋变得牢不可破。

促使日本对外扩张的那些动力已经非常清晰了，但是它将向哪个方向扩张仍旧处于谜团之中。然而，其扩张的方向应该可以通过那些动力本身予以说明，因为国家的扩张不是一个随意的过程，而是受到已知规律的束缚和指引。

日本与亚洲和太平洋的关系，类似于英国在向太平洋扩张之前与欧洲和大西洋的关系。日本帝国的扩张和英帝国的扩张之间的唯一不同，在于日本的活动将局限于太平洋地区，它是该地区的战略中心。[①] 日本帝国目前的大陆性扩张是在其扩张的计划之内，正如英国曾挑起的大陆战争是其发展过程的组成部分一样。如果日本在亚洲大陆上扩张了它的统治权，而忽视了应首先取得太平洋地区的掌控权，那么，日本的强大迟早有一天会终结。

对于一个海上强国而言，国家的发展和防御不仅仅取决于该国在其所位于的海域拥有海军霸权。在现在社会中，随着现代交通运输速度和能力的提升，海上航行时间缩短，从而使得该国所控制范围的半径相应地增大。这些都是基本规律。正是由于这个基本规律，日本的海上边境线必然会向东延伸至夏威夷群岛，向南延伸至菲律宾群岛。因为对于日本而言，如果不能掌控太平洋，那么就意味着它会失去对亚洲的统治权，而且正如德国为了掌控大西洋，从而必须对英国一战一样，因此，日本日益靠近它的下一场战争——日美战争，通过这一场战争，它可以为其伟大性奠定真正的基石。[②]

美国对日本的发展和潜力漠不关心，其沉浸于政党政治的潮起

---

① 参见《无知之勇》。
② 参见《无知之勇》。

潮落中。美国国民中存在的异族元素，个人对于国家利益的至高控制权，加上国家的自负以及对于士兵令人痛心的蔑视，都将预先决定那场致命战争的最终结局。

在日美战争之后，伴随着日英同盟的终止，如果英帝国卷入对欧战争或者印度边界争端之中，它的战败将最终导致澳大拉西亚被置于日本的统治之下。日本在阐释那个已经存在的基本原则时，不会犹豫，也不会迟疑，该原则即如果一个国家需要巩固政权，它必须不断地进行军事发展和扩张。

当我们对国家的实力以及统治他国起决定作用的因素进行审视时，会立刻发现所有的要素已经潜在于日本之中了，对此我们可能感到非常吃惊。当我们撒克逊人的战斗精神随着其文明复杂程度的增加而相应地衰减时，日本却没有出现这样的衰减。尽管随着文明的发展而我们的战斗精神慢慢地磨损，但是他们的战斗精神却始终如铜墙铁壁一般，被牢牢地固定于国家生活之中，或许最终会融入他们的荣耀之中。这一点历史终将予以证明。

随着太平洋地区政治军事平衡的重建，英帝国不仅需要考虑到日本从战略上而言是牢不可破的，而且还要对日本自身及构成日本的基本要素所具有的特点进行思考。在日本，大众的自负和无知对指导国家事务不起任何作用，而那些长篇大论的公众的嘈杂吵闹声也不会对国家的议会产生恫吓。默默而又缓慢地，它不会出现任何迟疑，专心致志且一心一意，这个军事帝国在根本没有意识到什么是犹豫或偏离的情况下，跨越了海洋。国家一个个地消失了。它已经幻化成为一名战士。这名战士是整个民族的精神所在，他已经将殉道提升为英雄主义，并将英雄主义提升为责任和义务；他不再纠缠于不朽和永恒，而是在他的国家中创造出了一个神灵，并靠他的勇猛建造了一个庇护所。

英帝国有责任在太平洋地区恢复昔日的平衡状态，那时各国之间的平衡会使得所有的征服都是暂时的，而且会防止地球 1/3 的统治权转入一个异族国家手中。这种责任不仅是英帝国对太平洋附属地所应担负的，而且对它自身也是如此，因为这些附属地是英帝国的组成部分。这些附属地的孤立状态，预示了英帝国最终的萎缩和解体是不可避免的，正如英帝国更重要的部分丧失之后所导致的情形那样。其区别仅仅在于时间的早晚。

未来对于澳大拉西亚的长久防御，不仅是归属于海军的，而且该海军的战斗力应该等同于或者超越太平洋上最强大的海上强国。显然，这只能依靠整个英帝国的力量才能完成。

太平洋地区的政治和军事平衡，并不只是主要针对日本。它是在太平洋各国之间维持权力的一种相对平等状态，这样，英帝国作为一个太平洋国家，有能力去维持各国的平衡，从而确保其领土完整以及自身利益的获得。

根据已经陈述过的决定结盟潜在特性的那些基本原则，以及支持一个东方国家对抗欧洲国家向亚洲的扩张这项政策，显然，英帝国应该与中国而不是日本结成联盟。日英同盟已经达成，所以对中国结盟已不可能，然而鉴于中国的弱小，英帝国在日英结盟的多年之前就应该将中国变成一个强大的大陆国家。这种必要性依然存在，只是转变成了三种情形。

中国的边界从帕米尔（Pamir）开始与俄国的毗连，直至太平洋，其长度超过了6000英里。这些边境地区，同印度的边境一样，具有同样的反抗俄国侵略的诉求，而且这种诉求是一贯的，而不是政治家们的权宜之计。

与俄国相比，中国更是一个大陆国家。它的发展、它的政策以及军事扩张都会受到有关大陆国家发展特点和规律的束缚。相比于其他国家的扩张而言，中国与俄国更加针锋相对。如果俄国曾试图增强中国的实力，正如英帝国已经成功地增强了日本的实力那样，那么俄国就犯了同样的错误。正如英国和日本两国的扩张基本上将会聚于海上一样，俄国和中国两国的扩张将会聚于陆地之上。正是因为它们将会聚于一点，中国与英帝国的结盟就有了价值。随着中国的发展，其主要的人口会沿着将在北部和西部边境地区建筑的铁路而扩散开来。于是我们可以说，英中结盟的意义会随着中国国力的增强及国家的扩张而相应增大。这与英日同盟的情形恰好相反。

试图借助英日同盟的继续存在，从而去保护印度免受俄国的侵略，这样的条款是最可悲的幻想之一。许多国家时常会被迫接受这种幻想。俄国的胜利将会威胁到印度的安全，这一点不难理解；而俄国的战败将会在更大程度上增加这些边境地区的脆弱性，英国人却根本没有意识到这一点。而且，在这个令人痛苦的矛盾情形中，我们认为，英国在印度统治权的崩溃不仅会导致俄国掌控亚洲大陆，而且将把撒克逊的势力从太平洋上扫除，从而使得日本掌控太平洋的海上霸权。日本和俄国才是天然的盟友，而不是日本和英国。它们各自帝国真正的扩张并没有会聚在一起。一个是大陆性的，一个是海上的。而且不只如此，撒克逊人在反抗俄国陆路扩张的同时，必定以后会用同样的决心去反抗日本在海上的扩张。这两个国家中的任何一个取得对英帝国的胜利，对二者而言都是幸运的。撒克逊人一直在遏制这两个国家的自然扩张过程。这使得日俄之间由于共同利益而紧密联系在一起，为了击败共同的敌人，它们最终会结成一个特殊的联盟。

中国的情形则与上述情形相反。日本可以通过俄国攻占印度而实现日本掌控太平洋的野心；但对中国而言，这样的攻占只会预示中国最终的崩溃。印度的完整对于中国的利益而言，就像确保中国自身领土和主权完整一样至关重要。同样的，俄国占领中国，最终会导致英国对印度统治的崩溃。中国和英帝国的利益如此一致，以至于它们的发展和扩张都会对同一个敌国产生影响，而那个敌国或其盟友的扩张或强大对这两个国家的危害是一样的。因此，危机让这两个国家联合在一起，而繁盛也不会将这两个国家分开。

不仅仅是中国和英帝国在保存它们亚洲政治及领土权益中存在互相依存的关系，从而决定了它们之间关系所具有的自然特点，而且在它们国家活动和扩张的各个阶段中，同样的事实也是存在的。俄日结盟所具有的特点，中英结盟也同样拥有。俄国的扩张是大陆性的，中国的扩张也是大陆性的；日本的扩张是海上的，撒克逊的扩张也是海上的。因为国家利益没有会聚于一点，于是也就不存在利益的对立导致的战争发生。撒克逊的海军力量对于中国而言，以及中国的陆军力量对于英帝国而言，都是它们各自国家无法独自发展形成的一种防御力量。它们的军事扩张活动可以完全取得平衡，从而可以使对方免受与一个扩张将会聚于一点的国家结盟后产生的未来危机的影响。

与处于复兴状态中的中国结盟，将会导致政治和军事平衡的恢复不仅在西太平洋出现，而且几乎同样地在中亚地区出现。另外，如果中国继续长期处于衰败之中，那么威胁到撒克逊在亚洲和太平洋统治的危机会同比例地增加。印度的被攻占预示了中国的命运，同样的，我们可以说，中国的解体只会预示着从亚洲和西太平洋将撒克逊的力量予以驱逐。

第八章

撒克逊人与俄国人

东方的自我隔离状态如今已经不可能存在——欧洲各国的利益会聚于亚洲——俄国的既定扩张活动——三条同质的发展轨迹——印度的重要性

在人类的发展和进化过程中，当我们研究其各个部分之间的政治交往时，我们在人类的历史中首次面对这样的独特情形：在各种政治活动中，东方国家与西方国家在平等和永久的基础上建立联盟。在此之前，西方在与东方的接触中充满了冲突和斗争，然后各自都得到了对方的回应。当然，也会有某个国家一直保持凌驾于其战利品之上，或者在被征服者的废墟中暂时处于至高无上的地位。

那些使得东方和西方具有处于自我封闭状态的条件，如今再也不复存在了。在这个时代中，各个国家不可能仍旧将自己隐藏在由群山或者由广袤的大地和海洋形成的城墙或护城河内，他们的富有或是贫穷，他们的强大或是脆弱，不是被一个区域，而是被整个世界所知晓。科技，不似上帝，它没有自己的选民。日出和日落并没有什么区别。科技基于其无私和无情的特点，已经将这个曾经广袤的世界压缩成为一个小小的圆球。每一天都有成千上万的窃窃私语环绕着该圆球。它如今比巴比伦塔（Tower of Babel）还小了上百腕尺（cubit）①。这个曾经无边无际的世界变得如此之小，以至于人们可以一眼就看到了其四周，同时人们可以

---

① 古代的长度单位。——译者注

听见所有的声音。每一天人们都能知道世界每一个角落是下雨还是晴天；争吵和欢笑、饥渴和浪费、仇恨和欺骗仍旧在这个既古老又崭新的大地上存在着，而与此同时，人类对抗着时间、空间和上帝。

但是，这种永恒、平等，以及压缩在一起的东西方之间的相互关系，对于西方在数字上的不平等有什么意义呢？谁会去说它不是旧有的威胁带着一种新的可怕的诚挚之情而再生了呢？

人类不论是个人还是整个民族的所有基本活动，都是受到那些确定的基础本能的驱动。东方和西方之间的对立，完全依据这个基本原则：两个居于优势地位的种族之间为了生存和霸权而进行争斗。

同盟关系的改变，环境的变迁，以及彼此之间存在的无数其他条件，都会相应地对先前的种族特点产生影响和变更。但是这种变更不是立即出现的，而是需要经过一个相对较长或较短的时间，它由这种变更的性质决定，即取决于究竟是习俗、种族特点还是人类原始本能的改变。

东方的习俗已经改变了，东方人已经吸收了西方文明的精髓，但这并不意味着他们的种族特性或者偏好同时发生了改变，也不意味着将东方和西方彻底区分开来的那些更加原始的特点同时出现了变化。类似这样的变化，只有在吸收甚至同化其他种族的习俗或者外在形式之后的很长一段时间才能够发生。

于是，尽管东西方之间的距离被缩减了，但谁会去声称东西之间旧有的对立状态已经消失了呢？缩减敌对者之间的距离，就是相应地增加他们之间的紧张度。增加争斗的可能性，需要做的只是拉近敌对者之间的距离。尽管战争的手段以及战斗的方式与亚历山大大帝征战东方或成吉思汗扫荡欧洲时不同了，然而人类这种永恒争斗的根源却是一样的。

奉天的情形仅仅是阿贝拉（Arbela）[①] 历史的重现。

尽管由于科技的发展，东方和西方突然融合在一起，但这并不意味着，它们之间争斗的停止或者消除。它仅仅预示着，它们之间

[①] 古波斯城市。——译者注

的战争曾经像青海湖的风暴一样是间歇性的时有时无的，但如今变成了决定它们国事兴衰的一个重要影响因素，而战争的起因以及影响是不变的。正是这种复杂争斗的不变特性使得整个世界有必要做出政治调整，并将那个"在地球上实现和平"的绝望呼吁搁置起来，等到某个遥远而不确定的将来，再去予以实现。

在欧洲，我们经常会看到这种长期的战争发生在每一次政治状况的调整之前，或者与其同时发生。这种不定期发生的调整使得人类的进步成为可能，它不仅发生在欧洲，而且在世界上的每一个部分发生，在那里，形成不同政治体的各个种族联系在一起。尽管17、18、19世纪欧洲为了政治调整而爆发的战争，被视为是他们那个年代最后的战争，然而欧洲即便是在今天仍旧准备再次进行古老的战斗。尽管布匿战争（Punic Wars）① 已经被遗忘，拿破仑战争已经停歇了上百年的时间。然而经过许多个世纪之后，战争基本推动力中所存在的战争根源仍旧是一样的，改变了的仅仅是它们的表现方式。

然而，当我们就整个世界而不是欧洲，以及世界中所有不同的种族进行思考时——它们被包围在一个比欧洲大陆还要小的充满争斗的范围内——我们或许会（尽管非常模糊地）觉察到这个残酷事实的某些迹象，该事实即我们才刚刚进入世界政治调整的第一个时期，而后续的时期将一个接着一个到来，根本无法逃避，正如时间的循环往复一样。

弄清这些事实之后，目睹一个伟大的种族用其祖先的英勇来给自己粉饰，而与此同时，躲避那些终将决定他们种族荣耀和存续的争斗，这是多么可悲的事情啊！不论对于个人还是国家而言，懦弱和逃避之间并没有清晰的界限存在。利用托词而试图逃避应有的责任，只是由于恐惧而导致的结果。

对于仍旧坚持用这样的幻想——他们可以嘲笑引导民族前进的上帝——去将其整个种族钉上十字架的人而言，只有一条没有尽头、艰险无比的道路等待着他们。

基于我们上面提到的因素，整个世界的政治调整并不只是意味

---

　　① 罗马为了摧毁迦太基政权而进行的三次战争。——译者注

着白种和有色人种之间会发生斗争；相反，在即将到来的调整阶段中，基本上仅限于亚洲大陆上，白种人之间因为在亚洲的扩张和利益已经或者即将会聚于一点而发生斗争。欧洲各国在亚洲的利益尖锐地会聚在一起，是由以下两个因素导致的。

（1）机械的发明导致距离以及交流所需时间的缩短；

（2）亚洲的觉醒。

受到这两个因素作用增强的直接影响，欧洲各国在亚洲的利益会聚于一点的速度加快了，它们扩张活动的强度也增加了。在所有最容易受到这些日益变化因素影响的国家之中，法国受到的影响最小，英帝国受到的影响最大，因为德国和俄国的亚洲利益主要会聚于英属亚洲的战略中心地区。

我们已经注意到了一个奇怪的宿命，它时不时会掌控所有国家，而且在无数例子中，正是非直接的原因导致了国家的最终消亡。这个特点使得整个国家的注意力集中到一个敌人的身上，而同样危险的敌人在其他边境地区的活动未处于被抑制的状态。英国的例子更能彻底地说明这一点。正是由于英国担心被德国征服，因而其忽视了俄国针对帝国那个部分（该地区一旦被攻占，会比德国人侵英国更加有效地摧毁英国）的进攻。

在俄罗斯帝国的发展过程中，人们更能清晰地感受到出于本性的那种从容不迫、有条不紊地发展的特点。在俄罗斯的扩张过程中，它受到自然推动力的作用向前发展。就像一个冰川一样，其活动只有经过很长的一段时间，才能明显地被观察到。俄国埋头向前，极度地泰然自若，令人难以察觉，只是当它越过了一个既定点之后我们才会察觉它的发展。对于那些没有被征服的地区，它会采用慢慢侵蚀的方式。而对于那些没有受到俄国侵蚀的地区，它会在其边境对于施加压力，直至裂缝出现，不论其大小，俄国会沿着缝隙推开阻挡其前进道路的那些残渣碎屑。

它继续迈步向前。

正是这种像冰川一样的且不受时间影响、从容不迫地向前推进，这种冷静得令人可怕的坚定态度，使得当俄国的微风吹入拿破仑所燃起火焰的灰烬之中时，即使是拿破仑也会被吓到。

18世纪初，俄国的面积不到27.5万平方英里。经历七代人之后，其面积增加至将近 900 万平方英里，相当于整个世界陆地面积的1/7。俄国仅仅在欧洲的那部分，如今就已经比所有其他欧洲国家都要大。同一时期，其人口从 1200 万人增长到超过了 1.5 亿人。根据目前俄国人口增长的速度，仅仅通过繁衍后代，在三代人的时间里其人口将超过 4 亿人。从 18 世纪初到现在为止，其财政税收也有相应地增加，从 1 亿英镑增加到超过了 2 亿英镑。

然而，体现俄国发展及强大的这些数字，并不是导致我们产生俄国无敌这种感受的真正原因，对此我们刚刚已经表达过了其真正原因在于俄国发展的这种方式。与大部分强大帝国不同，俄国的扩张行为绝非不稳定的，或者其取决于偶然条件。它的扩张不是一系列权宜之计聚合在一起导致的结果，而是残酷地展现了一个既定的计划的实施情况。

18 世纪初，俄国的国力得以巩固，以至于它可以明确地按照 17 世纪既定的扩张计划前进。在此前几百年的时间里，以下 5 条扩张的轨迹已经被预先确定了。①

（1）在西北边，从波罗的海沿岸迫近瑞典，并把俄国的边境延伸至该海洋。这项工作已经从沙皇约翰三世和四世（Tsars John III and IV）时期就已经开始了；

（2）在西边，从波兰手中获得小俄罗斯和白俄罗斯（Little and White Russia）地区。这项工作已经从沙皇阿列克谢·米哈伊洛维奇（Tsars Alexei – Michaelovitch）时期就已经开始了；

（3）在南边，获得黑海，在土耳其制造骚动和不安，以备入侵，这项工作已经由奥列格和斯维亚托斯洛夫大公（Grand Dukes Oleg and Sviatosloff）着手开始实施了；

（4）在东南边，确保获得里海和高加索。这项工作从沙皇费多尔·伊凡诺维奇（Tsars Theodore – Ivanovitch）和沙皇鲍里斯·戈东诺夫（Tsars Boris Godunoff）时期就已经开始了；

（5）在东边，向太平洋和印度推进。

18 世纪时，既定的这 5 项工作中，只有 3 项已经完成。西北边境地区是那时候俄国扩张活动中最重要的一条线路，经过 21 年的

---

① 依据库罗巴特金（Kuropatkin）的说法。

战争之后，俄国掌控波罗的海，从而完成了这一项工作，而且随着瑞典的崩溃，俄国获得了北方的霸权，这种状态至今尚未改变。在西部边境地区，为了获得小俄罗斯和白俄罗斯，需要与波兰进行三次战争。这几次战争的结局不仅让上述地区归属俄国并得以巩固，而且导致作为一个独立王国的波兰最终崩溃。为了在黑海进行扩张并削弱土耳其，最终导致俄国与土耳其进行了 4 场战争。第一场战争以俄国的失败告终，正如俄国对瑞典的首次战役那样；但是通过第四场战争，俄国扩张的目标最终得以完成。俄国已经扩张到了黑海边，拥有了克里米亚半岛，以及德涅斯特河、布格河那边的土地。

俄国在 19 世纪继续进行扩张和巩固活动。在西北边境地区，经过 15 个月的战争之后，芬兰成为俄罗斯帝国的附属。在西边，波兰被瓜分了，其中一部分归入俄国。在黑海地区，俄国为了扩展和巩固其统治权，又与土耳其进行了 3 场战争，与土耳其在欧洲的一个盟国进行了 1 场战争。第一场战争，其结局是夺得了比萨拉比亚（Bessarabia）的一部分；第二场战争，俄国夺取了多瑙河的河口地区以及波罗的海沿海 370 英里的海岸线；第三场战争获得了巴统（Batoum）和卡尔斯（Kars）。

18 世纪，俄国没有在东线进行扩张活动；18 世纪初的时候，俄国曾试图往印度方向发展，但是因在希瓦（Khiva）遇到抵抗而作罢。俄国在整个 18 世纪明显地将其扩张活动限于其欧洲边境地区，这导致欧洲认为，俄国已经永远地搁置了在太平洋地区的扩张以及征服印度的目标。然而在现今，俄国对太平洋以及印度的既定扩张活动正在继续进行，没有任何声响，也没有来势汹汹，它的活动静悄悄地，就像冰山移动一样。其进展只有在越过某一个点之后，才能被人察觉到。

19 世纪，为了获得对高加索和里海地区的掌控权，俄国同波斯进行了 2 场战争，与高加索地区的高地人进行了 1 场长达 62 年的战争。在中亚，为了获得印度的阿富汗边境地区，战争持续了 30 年。在同一个世纪里，通过进入黑龙江和乌苏里江、堪察加半岛（Kamchatka Peninsula），俄国获得了太平洋部分地区。这使得整个庞大的附属地得以巩固并连接成为一个整体。

俄国是欧洲的，同时也是亚洲的。

从 17 世纪那些既定的计划中，去研究这个国家的发展扩张过程时，我们似乎研究的是某个不可抗拒的自然力量的逐步演化过程，而并非人类的斗争史。在这两个世纪中，俄罗斯帝国为了扩张一共进行了 21 场战争，持续了 101 年的时间。① 为了确保波罗的海地区，投入战场的 180 万人中牺牲了 70 万人；为了夺取黑海地区，投入战场的 320 万人中牺牲了 75 万人。

在其发展过程中，俄国不仅要考虑到战争的巨大杀伤力，还要考虑到严冬的自然影响力。在 18 世纪，整个俄罗斯帝国将 491 万的士兵投入战争之中，其伤亡人数是 138 万人。19 世纪，投入战争中的士兵数量是 490 万人，伤亡人数是 141 万人。然而在 18 世纪初的时候，俄国的人口仅仅只有 1200 万人；19 世纪初的时候只有 3800 万人。因此，当我们根据这些事实，就俄国在 20 世纪扩张的可能性进行审视时，我们将意识到，其扩张所需要的军力，与必须战胜的敌方军力相关，将比 18 世纪和 19 世纪的军力要大得多。

当我们看到俄罗斯帝国在 17 世纪制定的扩张计划，以及在 200 年的时间里，俄罗斯人在执行该计划时所具有的坚韧和决心，我们不相信他们会自愿放弃该计划。因此，就是这些俄罗斯人，他们从未犹豫过，从未踌躇过；他们不慌不忙，战败时总是抱有希望，战胜时总是小心谨慎，他们所看见的绝不是因战斗而布满壕沟的地面以及堆积如山的尸体，他们总是将目光瞄向那些遥远而确定的地平线，他们的目标就在那里。18 世纪初，俄国向着它的那些目标前进。从那时起直到现在，他们从没有怀有新的野心，也从未忘记其祖先为该种族订立的那些目标。然而，给 18 世纪设定的 5 项任务中，俄国实际只开展了其中的 3 项，其余 2 项被放置一边，留待下一个世纪。同样的，在 19 世纪，俄罗斯帝国将一部分工作推迟到了 20 世纪。

20 世纪开篇，俄罗斯帝国在日俄战争中被打败，使得它被卷入严峻的形势之中。对俄国而言，战败是一个古老的悲剧，标志着其

---

　　　① 依据库罗巴特金的说法。

进入了一个新的世纪。18 世纪开始于纳尔瓦（Narva）之役；19 世纪开始于奥斯特利茨（Austerlitz）之役；20 世纪开始于奉天之役。而纳尔瓦之役之后是波尔塔瓦（Poltava）之役，尽管 21 年之后，瑞典才崩溃。奥斯特利茨和弗里德兰（Friedland）之后是莫斯科之役以及攻占巴黎。谁能说奉天之后的故事没有续集呢？

18 世纪俄国在欧洲的扩张，使得其在 19 世纪的扩张成为可能，同样的，20 世纪的扩张由此产生了动力。在 20 世纪初，俄国的扩张存在 3 条同质的轨迹。

（1）右翼要到达博斯普鲁斯海峡（Bosphorus）；

（2）左翼要到达太平洋并沿着太平洋推进；

（3）中间一条则要经过波斯到达印度。

正是在对这 3 条扩张轨迹的研究中，我们意识到了日本的崛起及其胜利、德国的崛起及其野心的重要意义，因为它们对撒克逊人以及俄国人产生的影响，迫使这两个强国的紧张程度加剧，从而进入许多代人之前就已经设定好的战争之中。

国家和个人一样，要么进行最小的抵抗，要么花费巨大的力气，从而使这些所花精力获得最大回报。然而，当给国家——正如给个人一样——两条或者更多的发展道路以供选择时，其中的一条道路具有异常的重要性，国家很少做出正确的选择，因为选择的正确性与所给道路的数量成反比。于是，从时间上来说，俄国在左翼扩张到太平洋的活动，比应该发生的时间晚了 10 年。右翼针对土耳其的扩张，从时间上来说，应该在《提尔西特条约》（*Treaty of Tilsit*）缔结之后就立即开展。针对印度的扩张，从时间上来说，应该就是现在，这一点我们随后将予以论述。

在前一章中，我们已经指出，印度的战略地位是非常重要的。当印度成为俄国的一部分之后，其重要性将增大并远远大于地球其他地区，以至于在俄国的占有下的它几乎成为整个帝国的关键所在。现代文明中的机器发明，缩短了距离，于是整个世界突然意识到了印度地区对掌控半个地球的作用；虽然，印度的重要性实际上从最远古时代就已经存在了。

尽管英国通过战士的英勇战斗而获得了这片广大的区域，然而撒克逊人至今都还没有意识到这个事实，即英帝国依赖于印度而存在。另外，尽管俄罗斯的战士仍旧在一门心思地朝着印度的领土做第一次的挺进，然而这项征服任务早已经成为俄国扩张的首要目标和条件。于是在那个极其重大的时刻，当俄国的 5 块奠基石铺设好时，印度是其中的一块，而整个帝国的主要建筑被置于其上。因此，当我们把撒克逊人在当今时代的自我蒙蔽，与彼得大帝的先见之明进行对比时，会感到非常悲哀。彼得大帝在 200 多年前，就为他的子民写下了这些令人难忘的话："必须牢记，印度的贸易就是整个世界的贸易，谁完全占有了印度，谁就是欧洲的主人；因此，必须不失时机地与波斯进行战争，加速其腐朽，并朝着波斯湾（Persian Gulf）迈进。"

由于国家的扩张之中存在着几条路线，选择其中最重要的一条并予以长期坚守，是国家扩张中最困难的任务之一。虽然该任务经常被国家予以表述，但是它们往往不能做到上述要求，而是经常会因为国家政策的改变而出现变化。国家政策的改变，或者是因为前后相继政权的英明或者无知，或者是因为邻近国家的发展或者腐败而产生的外部因素。尽管俄国占据印度的这条基本原则对当今而言是不会动摇的，正如彼得大帝那个时代一样，然而这样的占领对于整个世界而言，相比于彼得大帝时代，更具有不可估量的决定意义。

沙皇亚历山大（Tsar Alexander）在《提尔西特条约》签署之后，没有立刻将俄罗斯的扩张经由巴尔干半岛推进到博斯普鲁斯海峡，扩张的机会便稍纵即逝了。俄罗斯帝国再也不能在其右翼直接进行扩张了；而且，随着后续时代的发展，返回到这种扩张的不可能性被加大了。德国实力的每一次增加，都会相应减小俄国回归经由巴尔干半岛地区的这种直接扩张活动所需要的力量。但是这并没有阻碍俄罗斯向博斯普鲁斯海峡地区的扩张，而只是转变了俄国的方向，使其扩张的道路延长了，并改变了扩张目标达成的方式。

我们已经论述过，印度西部的战略圈中，将由印度、德黑兰、塞得港组成的战略三角包含了进去，该战略圈里面有美索不达米亚（Mesopotamia）、底格里斯河、幼发拉底河。在占领波斯和印度之后，所有如今属于撒克逊的那些地方将会归属于俄罗斯。而小亚细亚，在适当的时候，将处于其统治之下。于是俄国扩张到了博斯普鲁斯海峡的南岸。只要德国和奥地利的军事力量保持其积极发展的态势，而撒克逊对印度及其周边地区的防御，继续保持其衰败的状态，那么俄罗斯经由波斯和印度向博斯普鲁斯海峡的扩张，所遇到的抵抗便是最小的。一旦俄国的军队可以看向印度洋，他们可以确信不疑地大声呼喊："我们已经到达了博斯普鲁斯海峡！"

在 19 世纪后半叶，当俄罗斯开始其左翼的扩张活动，即经由西伯利亚向太平洋扩张时，从原则上来说这是正确的。随着西伯利亚铁路的完工，太平洋海岸线距离俄罗斯帝国的核心地带不再遥远。于是，从太平洋到莫斯科所用的时间，可以比 19 世纪初到达圣彼得堡所用的时间还要少。但是帝国的这条扩张路线是从属于针对印度的那条扩张路线的，因此，它只会相应地导致所使用军事力量的增多。在这条左翼扩张线路上所耗费的资源绝不可能与所获得的利益相当，这是由于以下 4 个事实决定的。

（1）除非日俄战争发生在中日战争之前，或者紧随中日战争之后，只有在那时，俄国扩张到太平洋海岸线所耗费的资源才会足够少，以至于可以与所获得的利益相当。因为军队无法取得经由波斯和印度扩张所获得的同样结果，于是我们可以得出上述结论。

（2）俄国在 1904 年战争中获胜后所获得的利益，绝不可能与俄罗斯为该战争所耗费的资源相当。将这场战争的收益，与俄国针对波斯和印度做出的同样努力所带来的收益相比，就可以得出上述结论。

（3）将来，俄国针对北太平洋进行的扩张活动，所耗费的资源将是最少的，因为它将是 1904～1905 年战争所需最大耗费量后的剩余资源。

（4）日本军事力量每新增一分，相应地会导致俄国沿着该线路扩张的能力减小一分。

这就是日本获胜的结果。俄国在其向太平洋的扩张活动中受到重挫，正如它因巴尔干半岛遭受重挫而被迫从原来的扩张轨迹转变方向一样。然而可能让人感觉到奇怪的一点是，这些挫折并没有延缓反而加速了俄国的扩张。这个结局如此准确，于是我们可以将其归纳为这个几乎从未更易过的法则：俄国沿着任一条线路进行扩张的动力是依据其在其他扩张线路上所受到的抵抗力来衡量的，扩张动力与所遇到的抵抗力之间的比率是 3∶2。正是基于这个法则，俄国会继续向亚洲和欧洲扩张，不论是战争胜利还是失败。

对俄国而言，日俄战争只是一次挫折。而对撒克逊人而言，日俄战争则是一场灾难。当日本迫使俄国从北太平洋后撤，日本便将俄国这个伟大帝国引向了印度。

我们已经论述过，印度东部的战略范围把由印度、中国香港和新加坡构成的战略三角囊括在内。俄国如果征服了印度，那么将使其因为拥有该战略三角从而掌控如今处于撒克逊统治下的远东地区。这样，俄国将从陆路以及海路把整个东方与整个欧洲分割开来。被日本从太平洋猛拽回来，在博斯普鲁斯海峡也遇到德国的抗击，俄国如今被迫回到它扩张的基本路线上，即从波斯扩张至印度平原，在那里，它可以同时找到战略价值等同于太平洋和博斯普鲁斯海峡的地区。

第九章

撒克逊人与欧洲

俄国的扩张活动中遍布灾难——基于共同目标而结成的联盟所受到的制约性因素——针对英国的结盟——其形成的原因——各国的结局——德国扩张导致的危险

俄国已经学会了灾难的哲学，对它而言，没有最终的战败。它既定的扩张政策，包括了一系列的胜利，同时也布满了灾难。集中国家力量以超越国家的不幸，确保该帝国不仅可以抵御外部力量的破坏，还能抵御由胜利带来的破坏效果。在位于欧亚大陆（Eurasia）内的扩张线路上，它扩张的半径直接指向那些无法在政治和地理上形成具有凝聚力的联合体的世界各个不同地区。当俄国在一个区域的扩张活动受到遏制，它在其他区域的扩张活动相应地获得了更大的驱动力，这一点我们已经进行了论述。俄国扩张活动的强度从未改变。一个岸边的浪潮退却，只是意味着另外一个岸边的浪潮涌起。俄国的伟大是无边无际的，而这种伟大性就存在于其军事实力的雄厚之中。

俄国在帝国扩张中所获得一系列胜利的累积性效果，通过其在中线的扩张予以表现，它征服了白俄罗斯，其后又征服了小俄罗斯和南俄罗斯。这是通过征服黑海、高加索和中亚地区而实现的。该中线将最终朝着其自然目标迈进，而这个目标在两个世纪之前就已经确定了。俄国征服波斯之后，紧接着将征服印度，征服小亚细亚及其西部地区，征服缅甸及其东部地区。拥有了红海和印度洋之后，俄国将获得非洲和太平洋，而如今这两个地方是被撒克逊人占据的。

这样，俄罗斯帝国到达了一个终点。

它成为世界帝国。

俄国集中力量克服灾难带来的不利，并不是一个异常的情况，而是由以下3个因素导致的结果。

（1）相对于亚洲和欧洲而言，俄国领土内部的同质性以及俄国所具有的战略地位；

（2）与俄国接壤的那些国家在地理、种族和政治上的割裂状态。

（3）俄国根据其最强邻邦军事扩张所具有的最大力量，自动调整军事力量从而维持均衡状态。

18世纪初，俄国在纳尔瓦战败。这场灾难带给俄国扩张的驱动力以及凝聚力促使其军力提升，超过了俄国最强邻邦瑞典的军力，最终导致俄国向南和向西的扩张。其后，在19世纪初，俄国在奥斯特利茨战败，随后刺激俄国军事发展，并最终导致俄罗斯帝国19世纪向南和向东的扩张。这两次主要的战败，间接地导致俄罗斯帝国面积从不到30万平方英里扩展到超过了900万平方英里。20世纪初，像以前存在过的两次情形一样，俄国遭遇第三次主要的战败——被日本打败。这场战争的影响将会与过去的灾难一样。同样的，随着俄国军事力量复苏和增强之后，俄国将在其他地区集中并提高扩张的实力。假如是德国而不是日本导致了俄国的这次战败，那么其影响将是一样的，除了以下两个方面：①俄国军事力量复苏后会更加强大，因为德国在军事上比日本更强大，而且所牵涉的利益更加关键；②俄国随后的扩张区域可能变成了西北亚地区，而不是波斯和印度。

在20世纪，俄罗斯在其军事力量调整之后的扩张，会寻找到一条路线，那里相对于所投入的资源和所获得的结果而言，遇到的抵抗会最小。我们之前已经对此做了论述，这条扩张线路就在中亚、波斯和印度，因为相对于俄国机会的日益增大和军力的日渐增强，撒克逊在这个地区的防御跌落到如此低下的地步，以至于可以忽略不计，与此同时，俄国获胜后所能获得的利益却成反比例增长。同时，日耳曼人对巴尔干地区的防御，以及日本人对东北亚的防御，已经增强到如此高的地步，以至于战争胜利之后所获得的战果，无法与20世纪初俄罗斯帝国所应耗费的劳力和开销相当。

上述回溯致使我们现在要去考虑俄国、日本和德国之间所存在的重要政治关系。由于自然力量的驱使，它们已经联合起来，直接威胁撒克逊霸权的持续存在。在这个可怕的三国同盟中，政治家几乎没有起到什么作用。它是一系列宿命导致的结果。这些宿命排斥人类的影响和控制，使得该同盟回归于遵循我们已经论述过的那些不变的基本原则。这些原则只会在它们影响国家存续或者国家范围大小时起作用的方式方面呈现出不同。

由人类针对一个共同的目标而结成的同盟，会有两种情形：或是为了各自的防御，或是为了彼此获利，而结成联盟。貌似奇怪的是，为了彼此获利而建立的同盟，比那些为了各自的防御而建立的同盟更强有力。其中的原因非常简单。当一个联盟是各国为了获利而结成的，那么该联盟在行动上就会是积极的；而当一个联盟是各国为了防御而结成的，那么相应的行动则是消极的。为共同获益而结盟在一起的国家是会聚在一起的，因为联盟中各个不同的成员都有一个共同的目标。然而，为了防御而结成的联盟是分散的，因为其行动不是有一个共同的目标，而是退回到联盟中各个不同的成员之上。

然而，由于自然力量的驱使，不同的种族针对一个孤立且四散于各地的种族结成联盟，当我们去理解该联盟的重要意义时，我们会渐渐地意识到在不久的将来等待撒克逊人的那些最终结局。对英帝国而言，由德国、意大利和奥地利结成的三国同盟是一个消极的威胁。因为它是由人力的作用，基于政治考虑而建立的联盟，因此它是短暂的，而且是虚伪的。尽管该联盟的成员试图将该联盟的性质转变为一个针对撒克逊人的带有侵略性的联盟，但是这种努力是不会成功的。因为对于日耳曼人而言，要成功地修改这个联盟的主旨，将其由一个防御性的联盟变为一个侵略性的联盟，德国就必须向意大利保证，伴随着英帝国解体所获得的利益，可以确保意大利未来的扩张与德国无关。实际上，相反的情况将会发生。德国而不是意大利，因为其最初拥有的强大力量，在推翻英帝国之后，将继承其权力，从而掌控地中海，以及所有英国人所在的那些大陆或者岛屿地区。那时，意大利甚至都无法继续完成其现在的有限目标，而必须在陆地以及海上完全臣服于德国人的统治。

可以视为公理的是，随着日耳曼人在军力以及掌控力方面的增强，意大利王国会相应地在这两个方面被削弱。因为吊诡的是，意大利的国家安全，不在于其联盟的继续存在，而在于这个联盟的瓦解。于是我们最终认清了这三国同盟所具有的欺骗以及虚假的特性，因为至今为止，意大利的未来与英帝国的瓦解是相关的。

现在，我们由这个基于人力作用而诞生的短暂联盟转而去讨论基于自然力的作用而产生的另外的三国同盟，这种同盟在塑造历史的过程中成为历史的一个重要组成部分。在知晓了该同盟形成的原因之后，我们将去讨论该同盟的演进以及最终的结局。在针对大英帝国而结成的联盟中，只有日本、俄国和德国这三个国家可以成为这种联盟的成员国并达成一个协议，在联盟之中，它们所做出的努力以及所承担的责任，无论是以单个还是以联合的方式，都会与它们的收益相称。这是基于以下三个原因。

（1）这三个国家的政策不会致命地会聚于一点，直至英帝国解体，因为它们在政治和领土上的主要扩张活动都是针对撒克逊人所统治的区域。

（2）只要政治家施展其日常所具有的智力水平，同时，各国的民众不会出于激情而予以干涉，那么这种自然导致的联盟就不会从内部分裂，原因有以下3点。

①俄国和德国之间的战争，尽管会对战败的一方产生灾难性的影响，但是对于胜利者而言，不会获得任何与其所消耗的资源相当的收益。

②日本和德国之间的战争，会对胜利者和失败者都产生负面影响，而俄国则不会获得任何好处。地理位置方面的原因，加上日本和德国这两个国家军事方面的发展，使得俄国不仅无法对它们进行致命性的攻击，而且日本和德国在战争结束之后，其军事实力会比战争开始时更加强大。

③俄国和日本之间爆发第二次战争，同样会对两个国家产生负面影响。尽管能从中国获得领土收益，然而该收益并不能与任何一个国家所耗费的资源相称。德国并不能获得任何好处，反而，从总体上来说，德国会因为日本和俄国战斗精神的增长而成为输家。日本的胜利将增加其在东亚和太平洋地区统治的不安全性。俄国的胜

利则会削弱其在巴尔干地区扩张的动力以及安全性。

（3）英帝国的解体或者战败，对德国、日本和俄国而言，所带来的好处是一样的。这些国家的获益多少是通过英国崩溃的彻底程度来衡量的。从英帝国的崩溃中，这些帝国所能获得的收益，比其中任何一个国家或者三个国家联合起来所耗费的资源最大值还要大许多倍。无论撒克逊帝国的解体，是源于俄国征服了印度，或是源于日本获得了太平洋地区的霸权，或是源于德国入侵大不列颠联合王国，其效果都是一样的，就好像这些行为是被三个国家预先计划好的且同时发生的一样。日本将获得对太平洋及其岛屿的支配地位；俄国将获得对南亚大陆及印度洋的支配地位；德国将获得对西欧和南欧、地中海地区以及大西洋的支配地位。

上面内容，讲述的就是这样的同盟如何由自然力的驱使而创建，并受到自然法则引导，以及这种同盟形成的原因，其演进的方式和动机，其达到终点时所能获得的奖励和荣耀。这三个国家在国际扩张之中所蕴含目标的一致性，正是撒克逊帝国在准备将其防御仅仅针对三国中任一个之前，必须首先要予以考虑的问题。

至此，我们已经探讨了日本政治和军事力量的增长，[1] 它在东亚的扩张，以及那些必然因素——它们预先决定了日本会为争夺太平洋最终的霸权而同撒克逊人争斗。我们已经讨论了俄国向南的扩张，以及那些会导致俄国征服波斯和印度的因素。我们把对德国扩张以及它无情地向撒克逊统治区推进的讨论，留到了如此靠后的章节中，并不是因为其重要性更低，而是因为其重要性更高。并非因为日耳曼人会聚于英帝国之上的扩张，与日本或俄国的相比，更加尖锐急迫，从而导致了其更具有危险性，而是因为德国的扩张所指向的地点比日本的扩张对英帝国而言更具有重要意义，而德国沿着该会聚的轨迹前进的动力比俄国朝着印度扩张的动力要强劲得多。因此，日本针对英帝国的扩张活动，与德国相比，显然比较遥远，正如其扩张的范围与德国人相比，并没有那么重要一样。俄国扩张的威胁，与德国相比，从时间上来说是遥远的，正如俄国针对印度的扩张行动其速度比不上德国针对大不列颠联合王国的速度一样。

———————

① 参见《无知之勇》。

然而，不幸的是，撒克逊人因为将个人的目标凌驾于国家或种族的目标之上，因而没有意识到种族团结和国家凝聚在一起所能带来的影响。因此，他们一直对德国人扩张而导致的这种最根本的危险视而不见，且对于那些他们本应该弄清楚的知识，却试图回避。

日耳曼人和撒克逊人日益会聚于一点，其最终接触的结果就是战争，这种会聚并不与那些转瞬即逝的短暂性因素相同，后者如今激发着英国人的思想，并由其产生了最令人可惜和最琐碎的政治纷争。德国取代英帝国，基本上与人类的激情、愿望或者恐惧无关，它是法则起作用的一个例证，这些法则从人类组织的诞生开始，就一直掌控着国家的兴盛和衰亡。

如今撒克逊人所犯下的那个可悲错误，就是没有意识到他们所处危机的基本特点，他们害怕从而躲避自己的命运，而不是清楚地认识该命运。

第十章

撒克逊人与德国人

政治环境的相关法则——扩张倾向在一个民族最初的争斗中处于支配地位——取决于德国国力的扩张行为——撒克逊人和日耳曼人未来的关系——荷兰、丹麦和奥地利对于德国的价值

这一章将仅仅就德国针对英帝国扩张活动中的三个阶段进行讨论，德国和英国之间的这种冲突已经被撒克逊人意识到了，但与此同时被他们所否认，正如人类及其国家对所有痛苦和灾难性的事情都视而不见的古老做法一样。

我们关于国家生存的许多错误观念，其产生的主要因素之一是无知，而基于这种无知，我们产生了对那些掌控国家形成、发展和解体的力量的认识。个人受到自然法则的约束，个人的活动所拥有的驱动力以及所受到的限制同样也会受到自然法则的约束。环境会决定形势，这一点一般为人们认识到了。然而人们很少意识到国家也从属于同样的法则，对此它们没有任何上诉的权利。所处的环境决定了国家以及个人发展的方式和途径。

在个人所处的环境中，有许多因素比政治和平更加重要；但对一个国家而言，政治环境具有如此重要的意义，以至于它会决定强大国家产生的可能性以及持续的时间。这个政治环境的法则，我们将其陈述如下。

（1）国家会朝着构成国家政治环境的那些区域扩张，在那里，所遇到的抵抗是最小的，而与此同时，扩张的动力等于或大于针对其他任何地区的扩张动力；

（2）国家的衰退会从构成国家政治环境的那些区域蔓延开来，

在那些区域之中，内部的抵抗力是最弱的，而外部的压力等同或大于对其他任何地区的压力。

从最远古的时代开始直至现今，我们已经见证了该法则起作用时的不变性，人们反复尝试规避其效力，但最终都证明这种努力是徒劳的。

所有那些如今被视为强大的国家，都是通过遵行该法则从而积聚力量。美国针对加拿大的扩张从未获得胜利，因为加拿大是美国所处政治环境中最强大的部分；而美国的扩张总是能够在那些具有最小抵抗力的区域向前推进——打败了分散的印第安部落、墨西哥人、夏威夷人以及西班牙人。美国的领土已经从西半球扩张到了东半球。

俄国的扩张与美国的扩张相似。它瞄准了那些抵抗力最小的区域。它的政治统治已经向东方和东南方向予以延伸和扩张，而西边，在那些抵抗力量超过了俄国扩张动力的区域，边境线几乎保持不变。

另外，尽管英国的治权已经扩展到整个地球的各个区域，然而，它始终都在英吉利海峡西边。最靠近该海峡的地区是最不受英国权力影响的区域。这种状况不是由英国政治家颁布的法令决定的，也不是由英国人民的意愿决定的，而是由上述自然法则决定的。英帝国的扩张不能按照国家的意志去向前推进，反而与该意志相反。

同样是由于该法则起作用的结果，德国的扩张获得了其最基本的动力。只是其扩张的方式以及动力的大小是由德国人民的意愿来确定的。英国对于德国扩张的理解中，最根本的错误在于认为这种扩张是某些暂时的计划而导致的结果，是个人为了在德国民众中获得短暂的声望而导致的。

形势而非个人决定了国家的扩张行为。个人而非形势，决定了国家扩张的方式以及所拥有动力的大小。当能促使扩张产生的形势在某个人生活的时代里具备了，而这个人的天赋和才能使其领悟了该形势的重要意义，这个人在国家中的地位使得他能够利用他的发现，于是，在国家的历史中就出现了那些剧烈变动的年代，那时在一个国家的残骸中另一个国家诞生了。其例证就是彼得大帝与俄国的结合、拿破仑与法国的结合、俾斯麦与德国的结合。对这种结合而言，这个人所拥有的天赋就是该结合所具有的激情。

通常而言，激情是短暂的。

而在德国却并非如此。

虽然俾斯麦的精神已经逝去了，但是它已经融进了整个民族的天赋之中。尽管其他国家必须等到形势调整到适合人类天赋的发挥，而德国只需要等待机会。

在对德国扩张及其后导致的英国统治权瓦解进行审视时，英帝国不需要研究德国的民众，而只需要研究那些决定德国是否扩张的形势。德国民众就像俾斯麦一样，等待的仅仅是造就他们的那些形势。这个民族已经如此深深地被灌输进了他的理念，整个民族可以在没有俾斯麦天赋和激情的情况下仍旧继续向前迈进。它已经俾斯麦化（Bismarckian）了。他的铁血精神已经融入整个民族之中。该民族保持着俾斯麦的怒火。它已经拥有了他的残忍，正如它已经拥有了他的伟大一样。它已经承袭了他对事实的德国式的评判标准：他对正义的无视，那就是野蛮；他对国家的理解，那就是追求卓越。

这个国家在自己对日耳曼民族的赞美声中已经忘却了上帝的存在。

从德国的发展以及由此导致的它与世界的关系来看，德国的未来与英帝国的未来是联系在一起的，英帝国一直都在德国发展道路的一旁，但就要位于德国发展道路之上了。

一个国家在其征服时代之后紧接着到达了其最富裕的巅峰状态，与此同时，伴随着对其最强大国力的限制。但是对于一个停止扩张的国家而言，那就只有倒退。国家的生命正如个体的生命一样，其中不存在永恒不变的事物。

对外是否软弱取决于其内部力量的强弱。

一个民族在最初的奋斗中，总是倾向于扩张。奋斗越是艰难，其所具有的扩张动力越是强劲。但是，当扩张停止了，导致扩张成为可能的那种战斗精神消失了，那么这个国家就到达了其政治生命的终点。德国和英国分别展现了上述状态的两个极端。英国的人民已经接受了英帝国扩张到达终点的事实；而德国则尚未进入其征服的时代，这种征服是既定的针对撒克逊人的。

德国力量的发展并不是最近的事情。其思想根源于意大利的国家哲学，后来经过腓特烈大帝（Frederic）的努力，德国国力得以增强，又因为俾斯麦的天才手段而使德国得以复兴。德国迄今为止所做的事情仅仅只是准备而已。这种准备工作尚未完成。因为德国还没有进行任何的征服活动。它的战争仅仅是为了民族的团结和巩固。从扩张的真正含义来说，它还没有超越自己的边境线，但是它已经比撒克逊的各个国家更加强大了。撒克逊的各个国家政治上不统一，地理上也是割裂的，然而德国就是一个整体。在奋斗和征服之后，正如其他民族曾追求过的那样，撒克逊人如今所追求的是远离世界的战场，但同时通过逃避和自我欺骗的方式继续保留那些从无数城市掠夺来的巨大财富。日耳曼人从其生存之战中脱颖而出，在其战斗精神达到巅峰的时候，踏入世界的上述同一个战争中，与此同时，其在财富、人口和潜在军力方面并不低下。一方面，我们看到一个充满迷惑的民族在迷宫似的发展道路上到处游荡；另一方面，我们看到一个军事强国，其国内没有理论学说和诡辩的藏身之处，该国只会朝着其目标一往无前地前进，其在发展的过程中不会因为精力的困顿和疲惫而游离其目标。这种国家的运动轨迹就像命运的轨迹一样，在演进的过程中充满确信。该国走近的声音宣告了许多国家的最终结局。

德国的扩张并不仅仅局限于欧洲大陆，而仅受限于日耳曼人国力的大小，对此，撒克逊人很难理解。这是由于海洋、辽阔的陆地或者不适宜的气候条件等自然障碍，无法再限制国家的征服和扩张行为。普鲁士的军队如今可以抵达世界战略圈的尽头，所用时间比100年前他们从柏林到巴黎所用时间还要少得多。正是由于时间和空间的这种缩减，同时各个国家基本都处于地理、政治和民族的分裂状态，于是德国在英帝国瓦解之后可以掌控英帝国统治下的世界，其难度不会比拿破仑那时掌控欧洲事务更大。

英帝国并没有认识到导致德国扩张动力产生的那些真正的形势和条件。这种认识之所以会缺失，是因为撒克逊人赋予了战争个人的特点。但是在日耳曼人的憎恨或者贪婪乃至傲慢中，都无法找到其扩张的动力来源。一个国家的憎恨不会比个人的憎恨更加强烈。

各个民族在其更伟大的运动中受到了他们最根本动力的影响，正如日耳曼人如今正在面对的一样。这种动力与个人感情远远不同。一般而言，这种动力来自必要性。

必要性对于民族而言，就像是神明。

从远古时代开始，这个神明就指引着各个民族跋山涉水，在海上给他们开辟出一条通道，用火柱在陆地上标记出通向他们目的地的路线。俾斯麦和德国的工厂再一次祈求到了该神明的帮助。

德国的扩张必然会与撒克逊人发生争斗，这并非俾斯麦的原因，也不是工厂冒烟的烟囱导致的，而是源于撒克逊人及其活动。德国的扩张只会与那些领土和统治权阻挡其发展的国家发生冲突。它们在多大程度上妨碍日耳曼人的扩张，就决定了德国用多大的力量去摧毁它们。如果撒克逊人的位置与德国的扩张轨迹相关联，正如西班牙和意大利一样，那么战争同样是不可避免的。西班牙和意大利已经从德国的扩张范围中去除了，德国的政治和地理扩张如今受到撒克逊人的包围和限制。如今在世界上已经不存在这样的地方，可以让日耳曼人扩张，而不会对撒克逊人事先占有的主权和权利产生侵害。

德意志帝国在面积上比得克萨斯一个州的面积还要小，而撒克逊人对地球一半的陆地以及所有海上荒岛拥有政治管辖权。然而德意志帝国的财政收入比美利坚合众国的多得多，是产值最多的国家，其人口比大不列颠联合王国的人口多了50%。而它实际拥有的军力比整个撒克逊人的大了好几倍。

德国受到了撒克逊人如此严密的包围，以至于德国若想对非撒克逊国家进行领土和政治权益的试探性扩张，必然会危及撒克逊世界的完整性。德国若要针对法国发动攻势，必然会在法国的毁灭中卷入或者导致英国的毁灭。德国若想在北边针对丹麦，在东边针对比利时和荷兰，或者在南边针对奥地利发动攻击，必然会将英国卷入，它会为撒克逊国家的继续存在进行最后的抗争。德国对于所有非英属国家的扩张，必然会首先导致英帝国在政治上的瓦解。同样的，日耳曼人在西半球的任何政治扩张，尽管针对的是非撒克逊人，并距离美国的领土非常遥远，但是它只有当美国在西半球的力量被瓦解之后，才能获得成功。

德国现在所处的位置及其成因，和由此而担负的责任，并不是历史中的新事物。德国并不是第一个国家——其国家的活动受到国力比自己弱小的国家的限制，它也不会是最后一个。这是一个古老的错位，并在民族扩张的进程中有一个确定的位置。它存在于新时代之前，而这些新时代的标志是衰败的国家灭亡、政治世界出现新的调整。正是这些因素及其效果的恒定性，以及它们必定会反复出现，不会受到时代或者地理隔绝状态的影响，使得我们可以相对精确地做出判断。

不幸的是，各个民族在涉及自身活动时，总是习惯于否认自然力量起作用的效果。他们相信，人类是遵循笔直的轨迹而不是日益增大的圆圈前进的，而且他们已经到达了一个点，在那里，过去所有的东西都不能对他们产生影响，因为他们已经创造出新的形势和条件，于是旧的法则就不再适用了。这种假设只是表明了他们貌似拥有的那些知识所具有的虚幻特性。在整个历史时代中，人类已经相信了人类进步所具有的这种直线性：人类不会再次踏上他自己的足迹。然而在现代社会，无论是从国家的诞生还是灭亡之中，我们都没有发现一个例证，可以证明那些起作用的基本原则与古代的不同。

相对于前人而言，人类只是在利用那些掌控人类活动的法则时表现得更加明智而已。日耳曼人和撒克逊人未来的关系取决于以下五种状况。

（1）一旦一个国家在其主权扩张的过程中，受到另一个国家的包围和限制，而同时它拥有相同或者更强大的军事力量，那么那个形成包围圈的国家就会被摧毁；因为一个军力相当或者更强大且占据内线的国家，比那个在包围圈上存在许多政治裂痕的国家强大许多倍。

（2）一个形成包围圈的国家，尽管领土更辽阔，但其根本弱点在于它在防守方面的表现。这种防守不是等同于那个最牢固地方的防守，而是脆弱得多。其脆弱程度与构成帝国的政治体数量及其分裂的程度成正比。

（3）那个形成包围圈的国家的军事力量必须总是超过了那个被包围的国家，以便确保将战场限制在被包围国家的领土内。

（4）那个形成包围圈的国家必须以战争胜利的方式，完成对被包围国家的镇压。然而，那个形成包围圈国家中某个处于割裂状态的部分的战败，可能导致整个国家的彻底沦陷。

（5）与日耳曼和撒克逊处于类似环境之中的国家之间发生争斗，那个战备能确保其抓住战争先机的国家，将会使自己获得战争胜利的可能性。

德国的扩张由两个独特的阶段组成：一个是德国主权或者政治控制力延伸到非撒克逊的国家；另一个是直接夺取了英国的领土。到目前为止，我们仅仅看到了德国的统治权扩展到了日耳曼国家之上，从这种统一之中，将会找到迫使德国向着肢解英帝国道路前进的原动力。如果英国以牺牲一半殖民地的代价，去阻止这种统一的产生，那么它就已经维持了英国的稳定，这种稳定比任何其他的牺牲所能带来的稳定要更加彻底。当英国把欧洲的中心地区交给了统一的德国，那么它就失去了欧洲的大本营。

除了通过各种方式吸纳欧洲的大陆这种途径之外，德国还可以通过其他手段最终让英帝国解体。

当一个欧洲的国家确保其国力达到了欧洲平均水平，那么它就可以免受任何联盟以及英帝国的影响。于是，英国对于整个世界的统治权就走到了尽头。

英帝国的存续主要取决于它能否在欧洲保持力量的均衡状态。为此，英国必须进行更多的争斗，甚至比为了它最有价值的领地所进行的争斗还要多，因为它所有领地的保存正是根基于其上。

英国为了保持欧洲的均势状态，有必要对任何其他欧洲国家的政治和领土扩张进行限制。

奥地利的统一、意大利的统一都是对英国的巨大打击；而当英国任由日耳曼民族实现统一，它就给自己准备好了石棺。

如果在拿破仑时代中，欧洲的国家数量不比现在多，而且如果拿破仑发挥他在 19 世纪初曾发挥过的同样的力量，那么英帝国早在《提尔西特条约》之后就解体了。

一旦德国完成了将欧洲日耳曼国家中存在的所有该民族的力量聚合起来的任务，那么英帝国将会发现自己完全处于欧洲政治圈之外，并且无法组建一个联盟，以对抗或者协助破坏德国的政治和军事机构。

目前，德国的统一忽略了 3 个地区——丹麦、荷兰和奥地利，就德国成就世界荣耀而言，它们在战略上、政治上以及经济上比德国所有其他附属的国家更为重要。直到这些地区被纳入德意志联邦之中，整个世界才会意识到德国具有的强大国力。

这些地区中的每一个对德意志帝国的未来而言都是至关重要的，就像普鲁士是日耳曼人统一的必备基础一样。这些地区对德国扩张如此重要，以至于德意志民族与生俱来就必然要拥有它们。因此，它们现在就可以被视为是德意志帝国的一部分，只需要对它们的归属权进行更改；这种改变将会发生在对盎格鲁－撒克逊战争之前，或者随着战争同时发生，其方式就像石勒苏益格－荷尔斯泰因（Schleswig－Holstein）成为德国一部分、普法战争之前是奥地利战争那样。在同英国的战争中，德国占领丹麦和荷兰是非常必要的，正如日本占据朝鲜那样。它们构成了德国的基础。除非英国有更好的军事准备并掌握战争的主动权，且其防御力量能够守住荷兰的东部边境地区以及丹麦的南部边境地区，英帝国的荣耀才会在经过这两场必然会发生的战争后继续存在下去。

德国要吸纳丹麦，不是由德国的贪欲决定的，而是受到自然力量的驱使。只是这种自然力量发挥作用的强烈程度，会受到日耳曼民族贪婪特性的影响。对于影响和掌控这次吸纳活动的那些形势和状况，我们陈述如下。

当一个弱小的国家拥有的领土从地理上而言应该归属于一个更强大的国家，那么基于以下情形，后者的域外扩张必然会以吸纳那个弱小国家为先导。

（1）如果弱小国家战略地位非常重要，以至于拥有它对于那个更强大国家的后续战争而言，是必不可少的；

（2）如果弱小国家的地理位置使得它的独立存在会妨碍那个更强大国家的经济发展；

（3）如果弱小国家的政治地位非常重要，以至于吸纳它对于那个更强大国家政治扩张而言是必不可少的；

（4）如果弱小国家的民众与那个更强大国家在民族上是同源的，而且互相联系。

丹麦占据了欧洲战略区域中最重要的地方之一，因此其对于德国在北欧的力量而言是至关重要的，正如占有直布罗陀海峡对于英国在地中海的力量而言是至关重要的一样。德国在扩张中不仅要考虑现在，而且要考虑未来，不仅要增加自身的财富，而且要增加那些具有战略意义的地区，这样它就能控制其他国家的财富和国力，从而在适当的时候造就那些形势和条件，以决定日耳曼民族的未来，并导致盎格鲁-撒克逊帝国的解体和俄国力量的削减。

正是德国扩张的这种二元性，拥有这些战略地区会使得德国的力量同时超越两个帝国，从而成为其未来扩张的一块永恒的基石。从这一点来说，丹麦对于德国的军事力量的发展而言，比这个区域当中的任何其他单一领土更为重要。

丹麦就是德国的延续。人们会说，丹麦就是日耳曼人的大拇指，通过它，德国将碾压最伟大的海洋和陆地帝国，在世界上留下这个拇指印，让各国永久地铭记日耳曼人的特性。

荷兰对于德意志帝国的价值，也是由上述法则决定的，而不是因为它的港口能够给德国提供进攻英国岛屿的机会。荷兰靠近英国，并不是荷兰对于德国而言的真正价值，这有以下两个层面的意思。

（1）它对于德国西部的经济发展以及日耳曼民族的融合统一是至关重要的；

（2）它对德国的战略价值不在欧洲之内，而在其外。

在夺取荷兰之后，德意志帝国随之扩张，不仅到达了西半球，而且跨越了太平洋，获得了一块面积是德国3倍的陆地，其本土人口相当于整个法国的人口。德国成为一个东方帝国，其对面就是欧洲和东亚之间的贸易线，并把澳大拉西亚隔离到了南太平洋的绝境之中。

在前一本书中①，我们已经论述了支配海军扩张的一些法则。这些法则对于德国而言，如同对于其他帝国一样，也是适用的。

（1）随着海军数量的增加，海军基地必须随之相应地增加。

（2）一旦海军基地的数量及容量，不能满足受到战争形势的迫

---

① 参见《无知之勇》。

使而必须依赖于这些海军基地的那些舰队的要求；海军的功能会被缩减。

（3）拥有数量过少或者不是广泛分散的海军基地，就意味着将海军的活动限制于一个确定的且或许不重要的战争区域之中，同时由于受到过度的限制，海军的活动处于完全的静止状态。

（4）海军的功能在这样的地方会相应地被削减：由海军基地中的 2 个、3 个或者多个构成的战略三角中，存在着属于敌人的有防御工事的阵地。

由于这些法则的作用，显然，当德国海军朝着与英国海军实力相当的方向发展时，其效果是根据欧洲之外的领土扩张行为来判定的。否则，其活动的范围就局限于北海。海军对于整个世界及其贸易的影响，不会超过海军活动的范围。

在创建德国现代海军时，以下 3 种情形中的一个必然会发生。

（1）将荷兰吸纳进德国，并利用它的殖民地作为海军基地；

（2）摧毁英国的海军霸权，夺取英国海外的领地作为海军基地；

（3）将荷兰及其殖民地吸纳进德国，与此同时摧毁英国的海上力量，并夺取其领地。

荷兰对德国而言所具有的最根本的价值，就在于德国能获得荷兰的殖民地。正如荷属东印度群岛（Dutch East Indies）能使德国在亚洲立足，同样的，位于南美洲北部海洋的荷兰属地以及加勒比海（Caribbean Sea）南部的荷属岛屿，使得本来不可能的事情成为可能——德国海军在那些区域的活动。通过在西半球获取荷属殖民地，德国步入了这样一个阶段，即去削弱——如果不是摧毁——撒克逊人如今施加于南美洲之上的模糊的统治权。

尽管《门罗宣言》在其发布之后，禁止欧洲国家获取领土，但是它不能干涉荷兰的统治权，即使荷兰成为德意志帝国的一部分。这是日耳曼人在西半球获得统治权的开始。

正如荷兰对于德意志帝国的价值不在于其本身，德国获得对奥地利的统治权也具有类似的意义。奥地利对于德国的真正价值不在于其 2000 万人口加入德意志民族或者奥地利领土方面的价值。其真正价值在于小亚细亚，在于它属于地中海。

这个日耳曼民族在明确了其使命、清楚地看到了其所具有的力量之后，已经跨越了博斯普鲁斯海峡。

正如德国通过占领丹麦而获得了一片海洋一样，占据奥地利将会给其带来另外一片海洋。在吸纳奥地利之后，地中海及其沿海地区就处于柏林的控制范围之中。

摧毁奥地利的主权，是为了到达一个更伟大的目标。从这一点来说，这种荣耀具有一定程度的野蛮性——将一个个帝国作为垫脚石。

撒克逊时代

下 篇

▽

所有的国家都处于无休止地与他国的争战之中。那个我们称之为和平的东西，只不过是一种空想。在现实中，自然的力量已经驱使所有的群落处于未宣告的永恒的彼此争斗之中。

——柏拉图（Plato）

第一章

英帝国与整个世界

英帝国和其他国家一样都受制于同样的法则——无法避免受到攻击——撒克逊人沿着原先扩张的轨迹衰退——军事扩张行为并不是随意决定的——太平洋是日本的特殊战略区域——俄国在中亚的扩张——保存由比利时、荷兰和丹麦组成的边境地区十分必要

在前文中，我们已经讨论了撒克逊人与世界其余部分的关系，发现英帝国并非如通常所设想的那样是一个如同世界本身那样会长久存在的帝国，而是与之前所有其他国家一样，都是脆弱的。

英帝国的不稳定性不是其创建方式导致的，而是因为否认了那些恒久不变的因素的结果，这些因素不仅决定了国家的形成，而且还会决定它们的发展和存续的时间。这个基奥普斯式①的帝国，依靠旧日的勇猛和种族的才赋，在世界的天涯海角等偏僻的地方建立起统治政权，而现今它已经到达了其顶点。尽管英帝国的影响力前无古人地到达了地球上更多的区域，然而英帝国的持久存在，不是依赖于其领土的宽广性，而是依赖于单个区域的防御力量。基于这一点，世界上的国家不畏惧英帝国对它们施加的巨大影响，日益聚集起来。当最后那个不坚实的堡垒被攻破，这个巨大的、倒置的撒克逊金字塔，就会被某个冈比西斯（Cambyses）的手指头推倒。于是像埃及那样，在英帝国自己的废墟中，出现了另外一个为人类自负和轻信所建的纪念碑。

在这种审视中我们发现，旧世界存在的那种广袤无垠已经消失

——————————

① 埃及的法老胡夫。——译者注

不见了。海洋变成了河流，王国变成了城市般大小。地球上荒僻的地方已经消失不见了，整个人类如今在这样一个狭小的区域中彼此争斗，该区域的范围与曾经划分给单个帝国的地域相当。稀疏的人口如今已经变成了庞大的规模，而且他们饥渴程度的增长不是与数量的增加相当，而是增长了上千倍，这种饥渴更多的是其文明的需求以及科技活动导致的。

科技革命已经洗礼了整个世界。曾经能供一代人存活的资源如今在一天之中就被消耗殆尽。而在剩余的自然资源中，撒克逊人占有了 7/10。这种状况导致的结果，就是整个世界的所有种族都朝着撒克逊人统治下的那些资源会聚。这种会聚既不是来自也并非朝向距离很远的区域，世界所有的种族如此拥挤地聚集在一起，以至于一个种族能清晰地听见另一个种族的私语声。私密性如同荒僻性一样，已经离人类而远去。

英帝国以前能够免于受到攻击和遭到瓦解，不是源于它自身所具有的实力，而是源于其他国家缺乏这样的实力。随着机器发明时代的到来，这种安全性就消失了。这时，科技将英国领土中最遥远的那部分，带到了欧洲可以触及的范围之内，与此同时增加了欧洲扩张的必要性。与这些形势出现的同时，欧洲王国的多样性（这是撒克逊安全所依赖的基本条件）消失了，通过融和兼并的方式，演变成了现在的大国。而在亚洲，那里的人们曾经世代忍受着撒克逊人的征服和统治，如今沉睡者已经苏醒，新的帝国已经崛起，要去打击或者摧毁撒克逊国家残存于亚洲的所有势力。

一个人若想把毕生所得保留给后代，将会比获得这些财富更困难，这对国家而言也是一样的。一个挥霍无度的人，毫不在意他的遗产，正如一个国家一样；而且那些大帝国若是觉得其权力似乎是无限的，那么它们会毫不吝惜地挥霍其遗产。

没有什么容器比一个继承人的棺材更狭小。

我们已经对那些法则进行了论述：它们决定国家之间的触碰；决定当国家的利益会聚于一点时，一国扩张而另外一国瓦解；决定这种会聚随后导致的战争。[①] 根据这些法则，我们发现，国家在其

---

① 参见《无知之勇》上篇第四章。

进行争霸战争区域的每一次收缩，都会增加战争临近的程度以及爆发的频率，正如国家会聚于一点的倾向性增加后会导致的效果一样。这一点对于英帝国的意义有三个层面。从军事角度来说，现今整个世界的大小并没有超过 100 年前的西欧。其每一个部分如今都处于一个大国的军事活动范围内。整个世界如今只是一个战场；而在这个世界之中，撒克逊帝国广泛分散地存在着，它对地球上的所有海洋以及超过半数的陆地拥有主权，未来战场中的大多数是由这些地区构成的，因为其他非撒克逊国家正会聚于它们之上。随着时间而改变的各种条件，或许会导致会聚发生变化，加速或延缓那些国家前进的速度，但是有一个因素恒定不变，从而导致它们最终越来越接近英帝国的解体并夺取它的领地，这个因素就是撒克逊人的战斗精神日趋衰落。一旦这种衰落降临于一个种族之上，正如它已经降临到撒克逊人之上那样，那么这个种族不仅停止了扩张，而且会沿着它曾经走过的轨迹衰退，相应地，会导致周边国家的会聚立刻变得敏锐起来，而且其速度会随着衰败帝国无防御状态的增强而相应增加。

各个国家绝不会朝着它们的末日前进，它们只会衰败从而到达那一刻。

从地域上来说，如今的英帝国比曾经出现过的所有帝国都要广阔；从世界范围来看，帝国的财富和国力在拿破仑战争之后就已经到达了顶点。国家的财富和力量仅仅是相对而言的。那时并没有现代化的德国、法国、美国、俄国或者日本。英国是至高无上的，但这种世界霸权是其他国家的弱小而不是英国的国力导致的，而且在这种霸权状态中，整个国家的战斗精神开始衰败了。

有些胜利导致帝国的诞生，有些则导致了帝国的灭亡，还有一些则导致衰落过程的产生。

滑铁卢（Waterloo）的胜利就属于最后一种类型。它是日耳曼人军事强大以及撒克逊人军事衰落的开始。

在拿破仑战争终结的时候，欧洲经济需求的基本特点，以及英国所有属地远离欧洲，使得英国和欧洲大陆的利益在一段时间内都获得了发展。到达英国众多属地的路径是通过海洋，而英国的海上力量牢牢地抓住了那条路径。到了 19 世纪中叶，不仅欧洲的政治诉求发生了改变，而且机器发明的时代来临了。随着时间的流逝，英国的安全性日益减弱。

蒸汽机以及欧洲的种族统一，成为英国的首要大敌。

军事扩张不是任由立法随意决定的，而是受到了那些它们无法掌控的形势的支配和影响。只有限制了这些危及国家安全的形势，一个国家才能自己决定军事扩张的程度。然而这种权力的施展，其先决条件是拥有对那些国家和形势的掌控权，它们在其发展和演进的过程中可能威胁撒克逊的霸权。滑铁卢的结局不应该导致英国军事扩张的衰退，它应该成为军事力量持续增长的开始，这种增长，不仅要去弥补帝国因其大陆组成部分被割裂而出现的脆弱，而且要去防备那些更大的危机，这些危机是源于欧洲种族的融合以及国际交通运输功能的不断增加而导致世界的缩小。

滑铁卢应该成为一个启示，然而它却成为一种记忆。对这种记忆进行凝思，将会让人战栗。

在前一卷中我们已经详细探讨了那些在西半球、亚洲、欧洲以及海上存在的导致英帝国瓦解的状况和形势，通过研究表明，这种可能性的崩溃不是非撒克逊国家那种旧式的征服需求导致的结果，而是自然力量迫使它们沿着有最大收益和最小抵抗的路线进行扩张。通过一个奇怪宿命的作用，这些路线正好与撒克逊萎缩从而导致权力真空出现的路径相重合，而撒克逊的萎缩则源于军力的衰落、种族的衰退以及政治的瓦解。

在整个世界之中，我们无法找到一个区域，使得其他国家针对该区域的扩张不会侵害英帝国的领土完整。这种情况甚至已经到了这样的程度，即它们力量的每一次发展，都同时会导致英帝国分崩离析的加剧。目前，这些国家的活动，一直都局限于所有的大战和征服阶段前必然会出现的两个准备阶段，即内部的巩固以及有限扩张导致的额外领土的获得。可以被视为历史中的一条公理的是，任何大国都不会将其特殊利益圈局限于一个衰落的国家，除了预先决定要将统治权最终延伸于其上。只有击败敌人才能避免这个结局。一旦一个衰落的被强加上有限或者完全主权的国家，挡在了征服者扩张的道路，那么其周边的国家如果防御能力不足以抵挡扩张者，就会和该衰败国家一样遭受同样的命运。

日本成长和胜利的过程，一直都是这个原则的基本特点所导致的自然结果。太平洋是日本的特殊利益和扩张的目标区域。这并不是一种野心，而是逼不得已。日本不得不这样做，是源于日本帝国的岛国特点，源于某些自然法则起作用的结果，对此我们陈述如下。

（1）一个岛屿帝国的安全，不在于防守自己的海岸线，而在于控制环绕其所坐落海洋的所有海岸线。

（2）一个岛屿国家的海上力量不是根据其所拥有战舰的数量来衡量的，而是根据其能阻止任何它所在海域彼岸的其他国家具有海军优越性来衡量的。这种能力主要源自陆军而不是海军力量。

（3）一旦一个大陆国家临近一个岛国所在的那片海洋，而且拥有与该岛国相当的海军实力，最终战争胜利的可能性将完全归属于那个大陆国家。

一旦日本在太平洋建立主权的可能性超越了日本活动的能力范围，那么该帝国的瓦解就开始了。在日本，整个国家已经凭直觉认识到了这些法则，因此才与俄国进行战争，这样做不是为了获得大陆的领土，而是通过阻止俄国到达太平洋的海滨而确保日本在北亚的海上优势地位。

作为这种进程以及日本帝国海上扩张的下一阶段，日本将与撒克逊人发生战争。日本的未来命运取决于这场战争的成功或是失败，随着该帝国霸权的建立，国家权力以及统治方面的所有撒克逊元素都远离了太平洋地区。

在中东、印度、印度洋以及周边地区，我们发现存在同样的基本法则，不利于英国人统治的继续。正如太平洋地区由于撒克逊人战斗力的衰落，如今已经成为日本扩张的范围，同样由于军事方面缺乏进步，中东的那些广大区域已经归属到俄国的征服区中。俄国并没有把撒克逊人赶出印度的边疆地区，只是英国力量的衰退导致扩张的渠道出现，俄国遵循这样的路径慢慢地前进且未遇到任何抵抗。中亚的发展，把它带到了大俄罗斯的范围内，一条铁路如今横亘东西，它是俄国试图向波斯扩张统治权的结果。中亚的发展具有内部和平发展以及巩固的所有特点。然而，这种发展同样是最全面和广泛的前期准备（这一点我们后面将会予以论述），以便一个明确的主宰去征服它，这种情况在现代经常发生。

欧洲的情况比太平洋以及亚洲的情况更甚，因为这已经成为一个众所周知的事实，即所有进一步的领土扩张都必须建立在英帝国的瓦解之上。随着小一点的欧洲国家的融合，英国对于欧洲的政治控制走到了尽头。随着英国未能履行应该对丹麦负有的责任，它在军事上无法保存那个国家的领土完整，英国的力量彻底地从欧洲国家的议事会中消失了。

当英国退回到它那荒凉的大海中，这不是如通常所认为的那样出于它自己的意愿。它被迫退回到世界上的这些荒凉之地，徒劳地希望，在那里建立起来的力量能横插于它的属地和欧洲的那些国家（它再也无法与它们竞争）之间。这不是一种前进，这是一种后退，而且充满了痛苦。海上力量，在过去、现在以及将来，都不可能对大陆国家的国内政治或军事发展产生任何显著的影响，因为它们的发展并不会受到海上力量的控制。英国的海上力量从没有做什么准备，以延缓或阻止欧洲国家的统一和发展，这样的做法到适当的时候会直接导致它自己的解体。这种阻止或延缓，只能依靠英国的军队在欧洲大陆上发挥作用才能够达成。英国直到最近几年才意识到，由于它的错误从而给好战国家的持续扩张提供了机会，由此而带来了危机。

这种降临于国家之上的古老而可悲的无知，不是缺乏远见或相关知识导致的，而是国民的傲慢和轻信带来的间歇性狂热导致的。

一般而言，国际政治和经济关系发生变化之后，会导致政治和领土的边界发生调整。但是在欧洲内部的发展以及种族融合的过程中，这种疆界的调整被延迟了。这种调整如今仅仅取决于最强大的欧洲国家对最强军事力量的运用效果。一旦政治融合之后旧的疆域被打破，由此带来了变化，其过程中不只是充满暴力，而且预示着拿破仑战争期间曾降临这个烦躁世界之上的频繁战争时代的到来。

一个国家或紧密结合在一起的国家联盟，其政治和军事的过度发展，如今通过德国的发展以及它野蛮地进入世界事务中得以展现。德国过去对欧洲国家以及世界上最遥远地域建立的试探性的统治权，如今即将演变成为要去终结撒克逊人曾经拥有的统治权。

在种族统治权的现代扩张活动中，军事力量的消耗，不是用于针对那些要被吸纳进来的弱小国家，而是用于针对意图保存领土完整和国家独立性的最强大的国家。当那个国家被摧毁之后，这些弱小国家自然而然地落入征服者的统治范围内，就像日本吞并了朝鲜半岛一样。

为了纳入比利时、荷兰和丹麦，德国必须摧毁英国。

英帝国比其他的国家更深地卷入了德国扩张的每一次行动之中。撒克逊人及其在每个大陆上拥有的属地，成为所有其他国家利益会聚的焦点；而德国的扩张则将所有这些各种各样的利益用单一且具体的形式表达出来，因为德国会聚的地点不仅是英帝国的边疆地区，而且还会聚于它的正中核心地带。然而，日耳曼人扩张的这种异常状况，使得撒克逊人可以自我欺骗，从而对这种扩张所带来的危机和灾难视而不见。撒克逊人带着军事衰落种族所特有的急切态度，充分领悟并利用了这种自我欺骗。

正如普鲁士夺取石勒苏益格－荷尔斯泰因，终结了英国给欧洲制定规则并塑造欧洲无数国家命运的那个时代，同样的，英国军事的继续衰落，导致它被赶出了欧洲国家的议事会。一个新的甚至比之前还要奇特的时代已经出现了。丹麦公国（Danish Duchies）的归附暴露了英国军事政策的软弱和虚假；而德国统治权向丹麦、荷兰及比利时的扩张，将最终从欧洲事务中去除英国的影响力。

英国在半个世纪之前没能意识到丹麦的南部边疆其实就是其自己的边疆，也没能意识到如果它没有能力去防守那些边疆地区，将必然会对英国的领土完整产生灾难性的影响，如今它自食苦果，出于同样的乃至更大的防御的必要性，它被迫要去防守的不仅是丹麦现在的边疆，而且包括荷兰和比利时的东部边疆。如果这个不可更易的责任，遇到了半个世纪之前曾经出现过的国家财政亏空和军事衰落，那么所遭受到的惩罚，不仅是撒克逊势力被逐出欧洲，而且还包括撒克逊帝国的最终解体。

在整个上一篇中，我们所讨论的都是世界各个地方所存在的威胁撒克逊人生存的那些基本危险。在这个问题中，我们将所有貌似会阻碍和危及英帝国存在的那些短暂的形势或者困难置于一边。我们仅仅考虑的是那些在所有时代决定国家存续和灭亡的基本力量与原则。而且我们仅仅从整体上讨论了英帝国的未来，探讨了它与政治体自然宿命的关系，以及那些记录其兴衰的悲惨现象。正如其他帝国一样，英帝国的宿命已经由国家兴衰以及个人荣辱的起落等反复出现的问题而予以说明了。

英帝国和它之前的所有其他帝国一样，暴露了其自身才具有的特质。正是这些世世代代会发生变化的特质，导致国家进行自我欺骗，认为只有它们的发展才是最明智的，而且只有它们的政府才是永恒的。这些转瞬即逝的特性，只是表明了前后相继时代所具有的短暂理想，我们没有对其进行探讨，而是仅仅探讨了那些在所有时代和所有种族中都会起作用的恒久不变的法则。

上帝并没有践踏这些法则，而他的子民则像那些根本不知晓上帝及其法令的人一样行事。

如今英帝国在悬崖之上犹豫（也许仅仅能持续一个短暂的时间）后的最终结局，是不是一个即刻出现的终结，取决于英帝国认同还是继续否认那些决定国家发展还是解体的法则。

如今我们将从探讨英帝国以及那些与其广袤同时并存的危机，转向探讨那些导致这些危险产生的原因。同上篇一样，我们将只讨论那些在影响帝国安全方面普遍存在的因素。正如我们已经所做的那样，远离政党政治的拳击场，远离政党那可悲的抱负以及那些受伤的小鼻子，我们将不带任何偏见和痛苦地审视撒克逊衰落的原因，尽管可能带有遗憾，因为我们看到了这个广袤帝国可能注定会走向的最终归宿。

第二章

海战的局限性（一）

国家的理想————战争中影响和支配海陆军的法则————岛国的海军以及大陆国家的陆军决定了敌国的扩张————海战和陆战————战争胜败所带来的灾难————战斗的种类和级别————交通的线路

国家的理想分为两种类型，即当前的理想和已经成为历史的理想。从理想所具有的特点，以及它们对国家所产生影响的程度，从某种意义上我们能够据此判断这些理想演进的方向。

当国家的理想脱离国家的历史，而完全只属于现在，正如那些依据政党政治或政治的权宜之计而产生的理想一样，那么这些理想就是转瞬即逝的，如同那些导致它们产生的形势一样。而且随着这些理想对于国家政策掌控程度的增加，国家的衰落状况也随之发展。

当国家的理想是仅存于历史中的事情导致的无用产物，结果就会导致政府僵化，最终导致国家的萎靡和衰败。

当国家的理想来源于历史事件（它们导致了国家最大荣耀的产生），并成为引导现在所有理想的法则，于是在这种情形中过去和现在更正确地结合在一起。只要这种延续下来的国家理想，没有转瞬即逝或者萎靡衰退，而是继续保持着，那么国家就会同时因此处于相对而言最强有力的阶段。

当国家的理想是建立在实际已经荡然无存的形势（人们因幻想而误认为其不朽）之上，它们不是可能，而是确实成为国家瓦解的原因。

正是这最后一种国家理想影响了撒克逊人，我们将就此去讨论

283

对英国海上力量的旧式理想所存在的错误理解，它在现有的形势下持久存在的不现实性以及其作用的局限性。

海上力量并不是一个实体。它无法自存或独立存在，而是始终受制于众多的基本形势和条件。这些基本的形式和条件，时常会决定在该大海或周边环境中存在的那些国家的崛起、存续和衰落。

海上力量是国家实力在那个特殊战场的发挥和运用，在该战场上，出于国家利益的考虑，需要依据不同的可能性去动用它。海上战争与陆地上进行的战争所不同的仅仅是使用海军的方式。无论战争是在陆地还是在海上进行，那些支配帝国扩张或是防守的基本法则仍旧是不变的。舰队和陆军一样，只不过是国家的工具，此时，国家的活动由维持和平转向了与他国战争。战争的目的、战场的特点以及所要获取的目标，决定了骑兵、步兵和大炮数量的多寡。同样的，战争的总体形势以及其最终的目标决定了战争中所使用的主要元素——陆军还是海军——的相对重要性。总体来说，它们受到以下三个原则的支配。

（1）在两个岛屿国家之间进行的战争，海军具有更高的重要性；

（2）在两个大陆国家之间进行的战争，陆军具有更高的重要性；

（3）在一个岛屿国家和一个大陆国家之间进行的战争，海军方面需要具有优势，再加上实力相当的陆军，这就是两种类型军队的正确构成比例。

前面两个原则是不言自明的，依据第三个原则，我们发现英国军事力量的发展只达到了其中的一个条件。其结果是，正如我们将在这一章以及后一章中论述的那样，当与一个实力相当的大陆国家进行战争时，英国的海军将会由于陆军的不足而归于无效。在这样的战争中，岛屿国家的海上力量是一个基准，决定了进入该场战争中的大陆国家应具备同等或者更强大的海军，而大陆国家的陆军力量以及设置于该国核心地区和海滨之间的防御工事，决定了该岛屿国家所应具备的陆军力量。

岛屿国家的海军力量对其大陆敌国的扩张具有决定作用，而大陆国家的陆军力量对其岛屿敌国的军事扩张具有决定作用。

在海战和陆战之间存在着固有的不同，对此，人类的进步是无法予以改变的。战争的原因和目标、战争双方所具有的相对实力或者脆弱性，对战场具有决定作用，而这些战场的特殊性又决定了战争的手段和特点。如果战争是在岛屿国家和大陆国家之间进行的，海洋就成为战争首先开展的区域。如果岛屿国家战败了，战争就到了终点；因为一个岛屿国家的陆地防御，对于一个控制了海洋的大陆国家而言，从政治、军事、经济角度来说都是不可能的。

如果大陆国家的海上力量被击败了，其结果只会导致战场从海上转移到了陆地，从海军之间的战争转向了陆军之间的战争；因为一个拥有陆地边疆地区的大陆国家，从经济上来说，是不受到该岛屿国家控制海域的影响。在该大陆国家国内经济或政治实力受到影响从而趋于求和前，其陆军力量必须被击垮。在日本这个岛屿国家与俄国这个大陆国家的战争中，这个原则体现得非常明显。如果俄国摧毁了日本的海军，那么战争早就在那一天结束了。

在现代社会中，侵略一个岛屿国家并不意味着就是去摧毁它。

日本这个岛国获得了海战的胜利，其结果仅仅只是战场从海洋转移到了陆地，日本不过是获得了同俄国相对而言平等的地位，确保了它的交通运输线。如果日本的海军强大一百倍，而它的陆军在数量以及构成上都比不上俄国，那么其可怕的海上战败则将意味着日本伟大时代的结束而不是开始。

在这场战争中，日本的海军及其使用，表明了一个岛屿国家针对一个大陆国家进行的海战的真正作用以及局限性。它起到了防守作用，是为了：①阻止大陆国家获得海洋的掌控权；②为了确保这个岛屿国家和大陆（在该岛屿国家获得海战的胜利之后，战场会转移至该大陆）之间的未来交通线。

现在无法精确地预测未来战争进行的方式，也无法精确地知道以前战争所获得的经验对未来战争的适用程度。对海战和陆战相对的重要性做出判断，而不是遵循前面所述的基本法则，是不切实际的，因为在任何两个时期内，战争所采取的手段和工具绝不会相同。然而就一个岛屿国家针对大陆国家所做的陆军准备，以及大陆国家针对岛屿王国所做的海军准备而言，起决定作用的法则，对所有这样的国家以及任何时期来说，都是恒定不变的，不论其战船是希腊时期的三层划桨战船，还是最强大的无畏战舰，也不论战士是持着长矛的士兵还是现代军队所使用的具有破坏力量的工程师。

违反上述法则的行为，有时候是出于公众的无知，在所有国家中，公众在很大程度上对于海军力量的发展还是衰落负有责任；有时候则是出于陆海军领导人的错误理解，其没能正确地理解这些法则，导致了异常状况的出现，使得支配其海军扩张的那些条件，偏离了那些应该掌控海军发展的法则。

随着一个国家海上利益的增加，该国会觉得有必要发展海军。岛屿国家正是在这一点上犯了错误。它们几乎都是从防守的角度来考虑海军力量增加的必要性的。然而，它们应该予以警惕的危机既不是来自也不属于大海，而是来自那些与岛国利益会聚在一起的另一个国家的政治支配地位。

一个岛屿王国的成功防守，会导致该国比受到攻击之前的境况更差。大陆国家的力量保持不变，与此同时，由该国产生的会聚倾向也没有变化。只是它运动的速度减缓了，这只不过是因为它受到海军损失（该损失可以弥补）的相应影响。除非这个岛屿国家如今已经准备好了，正如日本一样，去利用它在海上获得的安全保障发起攻击，接受战场转移至敌国领土的事实，否则它在海上获得的胜利将毫无价值。在现代社会中，其结果将不过是休战，这是一种可怕的拖延方式，由此首先被消耗的将是岛国自己。

由于这种错误理解，以及未能认识到战争的唯一目的是摧毁敌人进行战争的能力，岛屿国家在扩张海军力量的过程中，忽视了陆军的建设。然而在同一个大陆国家进行的战争中，海军最多能做到的只是保护海洋的交通线，战争的胜利只能够依靠陆军的运用而获取。

由这个致命错误所得出的推论是一种类似的误解，即岛屿国家的安全是自身实力确保了其在海上安全的结果。然而它实际上是大陆国家没有进行海上扩张导致的。

战争的目的是摧毁敌人的资源或者起掌控作用的政府。就是这个残酷而简单的事实，让国家感到迷惑，并使它们陷入了逃避的致命迷宫之中，由此而走向军事衰落。这个迷宫没有出口。

战争的胜利和失败都会导致灾难。战斗有以下 3 种类型。

（1）这种战斗使得明确的扩张行为成为可能，并确保了交通线的安全，例如维克斯堡（Vicksburg）战役和莱比锡（Leipsic）战役；

（2）这种战斗击败了敌军，甚至于可能导致其资源被破坏或者其政府被占领，例如瓦格拉姆（Wagram）和耶拿（Jena）战役；

（3）这种战斗破坏了敌军的资源或者占领了敌方的政府，例如阿贝拉（Arbela）战役和塞丹（Sedan）战役。

上述战斗中的第一种类型处于战争的开始阶段，第二种类型处于战争的进展过程中，最后一种是战争的结局。

海上的战斗则是一种例外情形，它一般属于战略冲突的第一种类型，其主要目的是为了切断或者保护特定的交通线。战斗的胜利只对被切断或被保护的交通线具有相对的效果，这种胜利的意义取决于该交通线路的价值。而其价值可以分为以下3个等级。

（1）当战争是在两个岛屿国家之间进行时，交通线的价值达到了顶点。于是彻底切断这些线路，其结果将导致控制海洋的那一方国家的胜利。

（2）当战争是在位于同一地区的两个大陆国家之间进行时，那么交通线的价值是最低的，因为它们最重要的战场并非位于海上，而且其交通线仅限于陆地。

（3）当战争是在一个大陆国家和一个岛屿国家之间进行，战争胜利的效果只对岛屿国家而言是至关重要的。正如在德国和英帝国之间的战争那样，如果英国舰队被摧毁，将导致其交通线的彻底断裂，从而导致英帝国的崩溃。而德国舰队如果被摧毁，只会导致回归战前的情形，除非英帝国像日本那样拥有足够的陆军力量，以在敌军退回到的陆地战场上继续进行战斗。

第三章

海战的局限性（二）

那些使得撒克逊人获得宗主权的形势和条件如今已经发生了改变——英国海军力量的不足——距离的缩减导致国际利益的会聚加速——海上帝国的海军力量不能用战舰来衡量——所有陆地大国对海上控制权的争夺——深陷和平之中的英帝国的初步崩溃

当致使某些形势产生的因素在数量或者潜在影响力方面出现削减，其结果是这些形势失去了它们相应的重要性。如果导致英帝国产生的那些因素继续存在，而且它继续保持其海上优势地位，那么撒克逊人对整个世界的控制将不受干扰地继续存在。但是，曾经致使撒克逊获得对整个地球霸权的以下五个同时共存的形势，都已经消失不见，或者悄悄地融合转变成了一种新的形势。

（1）从16～19世纪中叶，欧洲没有一个国家具备这样的实力或能力，以同撒克逊人争夺对海洋和新发现世界的掌控权。俄罗斯帝国、德意志帝国、奥地利帝国和意大利帝国都不存在。而葡萄牙、西班牙、荷兰和法国的衰落，致使撒克逊霸权产生。在所有后述国家的废墟之上，在那样一个原始的世界之中，英帝国的建立成为可能。

（2）在这个原始时代中，欧洲之外的世界呈现两种特殊的情形，有利于英国势力的扩张：①西半球的种族具有原始部落的特点，同时那里又拥有丰富的自然资源；②占据亚洲的那些大国在军事和政治上无能。

（3）西半球、海上的岛屿、黎凡特（Levant）和东方的地理位置，使得它们与欧洲之间的交通只能借助海洋。

（4）英国岛屿的位置非常具有战略优势，它们位于欧洲的出海口，以至于即使欧洲到海洋的路径不是被直接拦截，间接阻断的效果也是一样的，因为这些英国岛屿将欧洲所有的海洋交通线在最关键的点予以截断——那是它们会聚或者分散的点。如同置于水路中心点的一个岛屿工事掌控了从各个方向到海港的入口一样，从更广阔的层面来说，英国正是这样被置于欧洲之前的。

（5）英国海上的霸主地位到目前为止都源于那些地方没有海军力量存在。大西洋的范围到达了西半球鲜有人居住的地区以及非洲以南的荒凉之地。印度洋的范围到达了印度以及印度洋无人居住的岛屿那里。太平洋的范围到达了东亚那个文明被耗尽的地方以及那些贫瘠或者蛮荒的岛屿。能够对英国海洋霸权产生影响的力量，只能来自欧洲，但是这种力量一开始产生便瓦解了。

然而，上述所有形势都已经改变了。在大西洋西部地区，英国海军对那里的统治依存于当地蛮荒所带来的安全性，如今那里正被强大的海军巡守，这些海军在政治和军事上都与英国霸权相异。在大西洋东部地区，英帝国的根基就存在于这片海域，然而其他国家的海军实力正在日益与英国相当，并在反转那些曾经使得英国海军称霸的条件。如今欧洲在英国海军力量发源的地方挑战威胁其海军的控制范围，而地中海国家的海军扩张（曾经根本不存在），切断了英帝国的中心与其在太平洋边界地区的联系。在那片广袤的海洋中，正如在大西洋一样，那些荒凉的曾经成为英国海军海外基地的地方，如今已经荡然无存了。美洲的共和国已经掌控了太平洋的东部地区，正如它们掌控了大西洋的西部地区一样，而西太平洋已经处于一个亚洲国家的海军控制之下。

至此，英国海军优势地位取决于它对两个地方的控制，以维持它的霸主地位，这两个地方是欧洲西海岸（它们邻近大不列颠群岛）和地中海地区。只要这两个海军战场被英国控制，那么所有外部海域都归属于英国的控制。

这个早期海上强国的控制力与其说是源于其战斗力的卓越性，还不如说是源于其政治的专制主义，源于它没有受到外国的控制和限制。但是，随着旧有的形势改变，它在对广大而荒凉海域的控制中所具有的绝对性特点，在西方和东方的大国崛起之前就消失了。

于是，由国际干涉而导致的对岛屿国家海上特权的限制随之产生，并改变了曾经确保了英国海上权利的那些原则的表现形式。

欧洲、地中海、大西洋西部和东部、太平洋海军力量的同时发展，导致了这种灾难性状况的产生，即当欧洲国家的海军扩张达到了与整个英国海军力量相当的程度，那么英帝国的海外基地以及它们之间的交通线早已经被外国海军控制，以至于只有从英国本土防御中抽调主力舰队，才能削减这些遥远的国家在它们各自海域的海军优势。

英国海军力量的不足，不仅仅是由于缺乏相匹配的陆军力量，而且还由于其政策武断地决定了海军扩张需要依据欧洲两强理论的原则，即海军的发展必须由那些从整体上（包括其国外的交通线以及海军基地，同时还有本土）威胁到帝国的危机来决定。

因为战场远离英国，靠近敌军的主要基地，所以英帝国的海军尽管在数量上占有优势，但实力相应地出现下降。基于这个原则，远方海域外国海军扩张的威胁在持续增长。而且，随着坐落于英帝国国外交通线和基地所在海域国家的海军力量增强，其内部交通线的不安全性也在相应增加，不论欧洲海军发展到何种程度。因此，当英国的海军衰落到了这样的程度，以至于它无力去保护国外的交通线和海军基地（同时意味着它无法防御内部的交通线），那么，帝国的崩溃近在眼前。现代的国际关系非常复杂，以至于它要求同时对两个或多个边境地区进行防御。这种必要性对于英帝国而言尤其正确，因为所有国家不断地朝着英帝国的领土及其利益会聚。

同一片海洋的面积，在任何两个不同的时代，绝不会是相同的。随着人类智慧的发展，海洋的辽阔程度在缩减。在古代，海洋会聚成一大片辽阔而无边无际的区域。只有上帝才能够跨越它们。如今，人类偷盗了神灵曾拥有的东西。他们抢劫了天国（Olympus）。他们的窃窃私语越过了海洋。他们的声音到达了海洋的最深处，他们的呼喊在空中回荡。然而人类并没有意识到他们所偷盗之物的局限性。

当海洋缩减时，那些确保国家控制权的途径和手段必须同时增强。

与政治控制权和军事实力不同的是，海洋控制权所具有的重要性日渐下降，是源于人类尚未体验过的那些形势。它们可以被划分为两个主要阶段。机械发明的进步，以及由此导致空间距离的缩短，已经改变或者除去了军事上的限制，相关法则和公理如今已经不适用了。

距离的缩减也就意味着国家间利益会聚在一起的倾向增强。地理上和政治上的空间缩小，也就意味着将弱小的国家融汇成更强大的实体。其途径就是战争。统一的过程就是充满争斗的过程。人类就像钢铁一样，通过烈火和拳头被融合到一起。

当交通的方式和手段在数量、容量以及速度方面出现增长，整个世界会相应地缩小。这个收缩的过程自然会导致国家政治扩张剧烈程度的增大，它们会发展相应的军事能力，以躲避战争。就与战争的关系而言，科技对于距离的缩减，对海洋的影响更为显著，其效果更有决定意义。

海洋空间范围的缩减，相应地减弱了岛屿国家掌控海洋的能力。

在机械发明之前的时代，海洋的控制权落到了岛屿国家的手中，因为这些国家的发展主要依赖于在海洋上的扩张。而相反的情况决定了大陆国家的扩张行为，即它们帝国的扩张，几乎都局限于陆地上。海洋只是达到目标的途径。从整体而言，海洋就像沙漠一样，通向世界的扩张大道从其间穿过。到目前为止，大陆国家还没有必要去穿越它们，因为它们附近的资源不仅超过了其需求，而且与跨越尚不为人们所完全知晓的海洋荒凉之地相比，它们目前的生产活动在所需劳力、时间和应承担的风险方面的要求要少得多。

另外，岛屿国家被迫要跨越海洋，不仅是因为它们的资源有限，而且是因为它们最初的向外扩张活动就与海洋相关。对海洋的掌控力，其必要性伴随着岛屿国家扩张必要性的增强而增强。

现今，科技不但将跨越海洋所需要时间由用月计算缩减至用天计算，于是将所有国家都引入到对这种快速通道的争夺之中，而且它还将所有国家（不论是大陆国家还是岛屿国家）的欲望增强到这样的一种地步，以至于占有世界上未开发的资源，对于它们的发展以及生存是非常必要的。

在以前，因为人们跨越海洋的能力受到了限制，所以海洋越大，岛屿国家对它们的掌控权就越没有争议。然而，当科技导致海洋的广袤缩减，于是，大陆国家跨越海洋所需要的时间，相对而言，并不比它们跨越陆地边境的时间更长，而且经济需求迫使大陆国家向海外发展，于是大陆国家进入了对海洋控制权的竞争之中。这正是我们目前所讨论的争斗。

如果岛屿国家的优势地位仅仅依赖于海军的力量，那么这个国家即将被摧毁。

在迦太基的废墟之上，我们将找到由这种盲目亲信而导致的例证。

我们已经论述过，一个岛屿帝国的安全性，不在于对其自身海岸的防御，而在于控制其所在海域四周的海岸线。在许多情形中，这种防御归属于陆军而不是海军。现在，与撒克逊人争夺海洋控制权的所有大陆国家，都会聚于英帝国之上，因为，要从它们国家的海边到达海洋之中，必然会对英国这个岛屿国家所掌控的领地产生侵害。

一个岛屿国家的海上力量不是由其战舰的数量来衡量的，而仅仅是通过它阻止其所在海域四周海滨上的任何国家获得军事优势地位的能力来衡量的。这种力量主要蕴含在陆军而不是海军之中。一旦一个大陆国家毗邻一个岛屿国家所在的海域，并获得了与其相当的海军力量，那么最终胜利的结果将彻底归属于那个大陆国家。

人类用散漫而不负责任的方式去定义和看待形势，据此，我们发现那个无边无际、深不可测的沼泽日渐吞噬人类暂存的智慧，并终将吞噬它的帝国和神灵。我们将现存的对于"海上控制权"这个词组的误解归因于上述的错误定义。该词组仅仅意味着为了进攻或防守被海洋分离的陆地而去控制海洋。然而，当对这些地区的攻击如同攻击陆地边境那样容易时，那么"海上控制权"就只不过是一种毫无希望的幻想状态。对于一个军队而言，海上控制权的重要性仅仅意味着获得了在被海洋割裂开的战场之间进行交通的安全途径。掌控这些路线所带来的价值，不是由这些路线本身决定的，而是取决于路线两端领土的价值以及获得海上交通线后施加到这些领土上的军力的大小。在这个机器时代之前，海上控制权决定了海上国家的政治和经济优势地位，及其对海上所有周边地区的掌控权。

随着机器发明在移动和交通等方面的应用日益增多，海洋交通线丧失了它独有的重要意义，而陆路交通线的重要性增加了。今天，欧洲国家之间的交往通过陆路而不是海路进行。欧洲向着亚洲、俄国向着印度和远东的扩张活动，通过陆路而不是像之前那样通过海路进行。将来，亚洲和非洲以及西半球都将纳入陆上线路之中，据此大陆国家将向大陆上的那些弱小国家扩张统治权，而不需要考虑岛屿国家的海军活动。

正是基于这一点，我们将由此讨论一个对岛屿国家而言是奇特且不祥的异常现象，即所有陆地强国几乎同时地去夺取它们邻近海域乃至整个世界的海上霸权。这不是与岛屿国家海上力量相关的旧准则导致的，而是经济问题出现在原先的大陆国家，从而迫使它们向着未开发大陆的资源扩张的结果。

海洋空间的缩减使得大陆国家的联系更紧密，在岛屿的地位降低的同时，大陆国家之间争斗的普遍性和激烈性增强，它们夺取互相交错的海上线路（这些线路间的距离随着每一个发明时代的到来而缩减）的必要性增强。

随着跨越海洋的时间减少，海洋变得越来越小，岛屿国家对它们的控制力减弱程度几乎也呈相同的比例。这两个几乎同时发生但截然不同的变化，导致了第三种变化的产生，即大陆国家的军事力量闯入海洋之中，而与此同时，它们并没有减少自己在陆地上进行防御或扩张所需的军事力量。

正是由人类的进步而导致的这三位一体的变化，使得岛屿王国的国力变得越来越弱小。岛屿国家海军力量的削弱并不是战争导致的结果。它是和平的杰作，是大陆霸权取代海上霸权的一种发展和演进。这种变化在和平时期并不明显。它只能或多或少地通过战争的形式去表现自己，这取决于参战者的重要性。

英国霸权的初步破坏会发生于和平时期，蕴藏在战前的四种情形中，其中，两个是积极的，另外两个是消极的。

两个积极的情形是：

（1）大陆国家的经济日益不受岛屿国家掌控海域的影响；

（2）大陆国家在决定各国海军局限性和无效性时所具有的政治掌控力日益增强；

两个消极的情形是：

（1）岛屿国家对大陆国家产品的经济依赖性日益增加；

（2）岛屿国家在形成管控海战相关法令的国际法庭中的权力日益削减。

如今在世界上只存在两个岛屿帝国，其他所有国家都是大陆国家。随着大陆国家和岛屿国家数量上的不均衡日益增长，在就国际战争与和平制定宣言并达成一致意见的国际会议中，损害大陆国家海上权力扩张的相关法律会日益减少。

正是由于大陆国家在国际会议中力量的这种重大增长，我们会在每一次会议中，看到海军特权的减小，而这种特权对岛屿国家的国力和存续是至关重要的。那些更为强大的大陆国家，决心在和平时期继续剥夺岛屿国家在进行海战时所具有的特殊优势，直至大陆国家确保它们几乎不用再去考虑海上战争的国际规则了。

相对而言，这些变化会产生经济而不是军事影响，因为当战争在一个岛屿和一个大陆国家之间进行时，海战并不具决定性。海战的目的基本上是为了保存交战国在经济上的自由。因此，大陆国家会坚持限制中立方的货运，并扩大战争中的走私行为。当它们将走私活动扩展至把对一个国家生存而言至关重要的必需品（例如食物）纳入其中，与此同时限制中立船只的运输，以至于载有这些必需品到交战国港口的中立船只会遭到拦截和摧毁，那么一个岛国平等地进行战争的可能性就丧失了。

岛屿国家并不拥有中立的边境地区。

属于大陆国家的每一个货物进口港（除了位于海岸线的），都是中立的。

在现代经济形势中，对人类必需品的生产和需求如今都是一致的。这种经济上的全球性，加上跨大陆运输的发展，使得大陆国家因为有了中立的边境，可以不受海上相关法则的影响。这些法则对海外产品的唯一影响，体现在跨大陆运输通过穿越邻近中立国的领土进行。

在和平时期这种悄无声息的可怕冲突中，我们见证了撒克逊海军力量的初步崩溃。

第四章

撒克逊人生存斗争之俄国篇

根基于政治前景的国家伟大性——限制海军活动的原则——决定战争胜败的原则——通过控制大海而施展的影响力会随着跨大陆交通方式的增加而削弱——俄国进攻印度不需用海军——对印度防御起决定作用的法则

一个帝国的崩溃始于摧毁它的那场战争之前。这样的战争不是国家崩溃的原因，它只是帝国被毁的一个结局，熊熊大火和狂烈的喧闹声为它的生命画上了句号。

灾难性的战争是由和平导致的败局。

人们必须从国际冲突之前的那个和平时期去寻找冲突的原因，而不是从战争本身去寻找。这样做的错误，是未能将那些真正的和表面的原因（它们导致国家将自己投注于战争的幸运中）区分开来。然而原因和结果并不是色子，自然法则也不是一种依靠运气的游戏。

上帝从不赌博。

一个国家的防御，正如它的发展和进步一样，是由不受国家愿望或者特性掌控的那些形势决定的。社会的发展和演进是迅速而且灵活的，然而军事的转变却没有这种动力。随着军事精神衰退的每一次加深，军事的不灵活性没有消失而是加深了。未能认识到政府机构的易变性，经常会导致国家的瓦解。

国家防御的第一个要素，是防止由对国家军事的忽视而导致的国家衰落。而防止那些利益会聚于一点的国家扩张，则是第二位的。国家安全就是建立在这些相互关联的基本条件之上，而撒克逊人早在 10 多年前就已经将其抛弃了。

一个帝国最终的瓦解是它自己的衰退加上周边国家的军事扩张导致的，因此，防御的首要原则不仅仅是要阻止帝国的衰退，而且还要阻止那些政治以及领土利益正在或者可能会聚在一起的国家的相应扩张行为。仅仅依靠英国海军的军力，已经无法完成这些任务了。

其他国家现在的政治和领土扩张行为，是与英帝国最终而不是现在的萎缩或者崩溃程度成比例的。

国家的伟大性是建立在未来的政治前景之上的。若只着眼于现在就会导致国家的衰退；若着眼于过去就会导致国家的崩溃。

那些构成英帝国防御基础的因素，与那些导致其创建的条件是截然相反的。那时的决定性因素使得英帝国只需要建立一支强大的海军，同时由一支弱小的陆军做补充。然而，如今英帝国的存续及其发展是由这个时代的突出特点而不是300年前的决定的。

任何国家，其构成若与英帝国相类似，则没有安全性可言，除非积极地阻止其他国家因会聚而导致的扩张行为。这个任务一度是由英国海军来完成的，而且只要各国之间的联系和交流的主要手段，继续因跨大陆交通的不足，而仍旧局限于海上方式，那么任何对英国霸权怀有敌意国家，其试探性的扩张行为都会受到其海军力量的限制。如果陆路交通没有发展到它现在已经达到的那个地步，或者所有的国家都是岛屿国家，英国海军的霸权将仍旧存在，英国将继续保持昔日对世界的统治地位。

战争的重担转移到了英帝国的陆军之上，是因为它的海军无力延缓那些国家（其成长必须以摧毁英帝国为代价）的扩张行为。从西半球将英帝国的统治权去除、亚洲国家的扩张、德国在欧洲和小亚细亚地区的扩张，以及俄国向波斯和印度的扩张，所有上述这些正如我们其后将会论述的那样，与英帝国海军的力量没有任何关系。

现在，我们从讨论那些导致英国海军活动呈现局限性的原则，转而讨论这些原则的作用和影响，我们把对这些变化的审视局限于以下两种极端情况。

（1）由海军基地被夺取或者摧毁而导致帝国的瓦解。

（2）由帝国最遥远边疆地区受到入侵并被割走而导致帝国的

瓦解。

在这两种极端的战场中，仅仅依靠海军并不能保证英帝国领土完整。据此，我们展现了这些原则在所有受到同样形势掌控的中间战场上发挥作用时的不变性。目前，我们已经把某些现代因素当作了法则，它们对岛屿国家和大陆国家之间战争的方式和手段起决定作用。实际上，这些因素和战争本身的历史一样古老。只是现代科技的影响使得它们出现变形，于是对于人类的思维而言，它们呈现奇特的不合理的面貌。正是因为人类坚守既成的传统，不愿抛弃其祖先的理想，于是我们看到人类无法接受这些法则，尽管它们是从人类的传统劳作、成就以及灾难中演化出来的。而正是人类拒绝接受这些法则，使得他们继续建造其帝国，尽管只能在帝国的废墟之上建造。

从对伟大帝国灭亡前存在的那些和平因素进行的研究中，我们意识到了导致帝国崩溃的原因。而且，这些国家在灭亡之前是可以意识到这些原因的。然而由于这些国家在灭亡前夜对于自身所具有的力量比任何时候都要感到自负，因此这些认识和它们的自负一起落入了帝国毁灭的熔渣和灰烬之中。

我们无法对由短暂因素——它们是因人类及不同的时代和地域而造成的应急政策——导致的未来战争行为做出预测，但是我们可以对那些存在于特定战场中的明确的战争结果做出判断，弄清冲突前的和平时期中存在的那些基本因素的构成比例如何最终决定了战斗的胜败。对此存在以下三个原则。

（1）如果两个交战国在战前和平时期的战备情况是相反的，一个急着逃避而另一个急着奔向战争，那么战争的胜利可能就归属于那个好战的国家，并且与它们各自对于国家理想的影响程度成比例。这条原则是绝对正确的，历史中还未出现过反例。

（2）当同样的胜利并未导致同样的结果，也就是说，对于交战双方而言，同样的胜利具有不同的价值和意义，那么最终的胜利可能属于那个交战国——它的战略和军事优势使得胜利具有最大的价值和意义。这一点对于德国和英帝国之间存在的军事关系是适用的。英国海军获得的胜利只意味着将战场从海上转移到陆地，而德国的胜利则会击垮英帝国。

（3）当交战一方的军队由于其构成的原因，无法在战争的决定性战场上对抗敌方的军队，胜利就归属于具有这种能力的交战方。在英国和俄国之间爆发的战争中，如果起决定作用的战场是海上作战，我们会看到英国获得胜利；但是，如果最终起决定作用的战场位于波斯和印度，那么海军显然是无用的。

当我们搞清在不同的形势下什么是获取胜利所需的最有效的力量，然后获取该力量，那么我们将不仅能够确定通往终点的路径，而且还能对终点本身做出判断。俄国因为没能对战胜日本所需要的力量进行正确地预测，因此自己被打败了。另外，日本的判断则与俄国不一样。它没有让自己深陷于英国如今深陷的错误认识之中，即认为海军的胜利就是最终的胜利。日本确切地衡量了其海军所具有的局限性以及所能起到的特殊作用，因此建设了自己的陆军，其所具有的力量加上战略优势，将最终确保它更有可能获胜。

撒克逊人之所以没能意识到现代形势下海军力量的局限性，主要是军事理解能力的下降导致的。一个国家的治理水平，不会超过构成该国家的那些个人的综合智力水平。在对发展过程当中所涉及的复杂形势做出判断时，一个国家所具有的敏锐程度，是由其民众中具有支配地位的精神特质所决定的。一个商人的观点不同于一名士兵的观点；一名士兵的观点也不同于一位律师的观点。每个人在判断中所具有的敏锐度和精确度，是各自所处不同的思维环境、所受不同训练以及所具有的不同倾向性导致的结果。这对于由个人构成的国家所具有的综合智力水平而言，也是正确的，民众的倾向性决定了国家的认识和判断也具有相应的特点。

日本国家的思维特点是好战的。相应地，它对人类发展过程中军事状况的理解是敏锐而且精确的。另外，英国的现代思维已经将个人的突出地位取代了国家的地位，而且立法者的思维中已经看不见士兵。国家的荣耀已经让位于个人成就的获取。国家的力量和伟大已经不复存在，国家进入了自我欺骗的时代之中。在全民欺骗的这种境况中，大众不能认识到军事的作用，只有少数人意识到了唯有古老、全面的军事体系才使一个种族的存续成为可能。

好战精神是上帝曾经给予每一个种族的守护神，由此显示在上帝面前它们都是平等的。

一个非好战的大众思维所做的军事判断是无用的。日本和英国就各自帝国现代军事防御和发展所做出的不同判断就是明证。两国都是岛国，而且所面临的形势是相同的。日本人意识到了海军力量所具有的真正作用和局限性，然而撒克逊人却没有意识到这些。

对于一个岛屿王国而言，认识到那些对其海军扩张起限制作用的现代形势和条件，与此同时限制海军，也就意味着它认识到了只有好战国家凭借其所具有的综合直觉才能够认识到的矛盾现象。该矛盾现象对于商业国家的民众思维而言是不可理解的。

这个矛盾现象由以下两点构成。

（1）大陆国家在其扩张活动中越是脱离了岛屿国家的海上掌控，海上掌控力对于岛屿王国而言就变得越是重要，因为它们海军的作用由进攻转向了防御。

一个进攻型的活动，其失败仅仅意味着延迟。而一个防御型的阵地，其失败就是灾难。

（2）对海洋的掌控，并不意味着掌控那片海洋，而是掌控位于四周海岸上的国家。这意味着控制它们的交通线，并为了那个具有支配地位的海上国家而将一国与另一个国家隔离开来。

随着跨大陆国际交通线在数量、长度和效率方面的发展，通过控制海上路线而获得的权力相应地被削减。欧洲国家曾经需要经由大海到达世界其他地方，英国由于控制了海洋，从而限制和支配了它们的活动。

如今，欧洲通过陆路而不是海路向亚洲和非洲扩张。美国曾经受制于英国对大西洋的控制，如今通过铁路向西半球各处扩张。

俄国对远东和印度的扩张活动曾经一度被限制于海路，只要英国继续控制去往印度和太平洋的海路，俄国的扩张和战争就无法波及上述地区。但是现在一切都已经改变了。英帝国所拥有的海上力量对于俄国在东亚地区的扩张活动，以及它向着波斯和印度的推进活动，都不会产生任何影响。

除非一个国家的军力在战争的战略、经济和战斗层面中的一个或者多个中，能拥有特定且有效的影响力，否则这些军力就是无效的，这个国家必须寻找其他方式和途径进行战争。

正是在对国际冲突上述三个层面的审视中，我们发现用英国海军去阻止俄国对波斯和印度的征服或者在东亚的扩张活动是无效的。

从战略上来说，英国海军无法成为战斗的参与者，这仅仅是由这个事实导致的，即没有海洋存在于俄国和其未来征服对象的最远端之间。俄国的扩张绝不可能与海洋产生关系，除非当其完成扩张从而到达东亚、波斯、小亚细亚或者印度的海滨地区之后。只有当俄国完成了它对这些地区的征服之后，试图用其海军控制太平洋和印度洋时，英国的舰队才会成为战争中的一个因素。

英国的海军无力阻止苏伊士以东英帝国力量的崩溃，这一点只被人们部分地接受了，因为该事实受到了另外一种幻想的干扰，即英国的海军能导致俄国经济的崩溃，即使海军并未能参与到这场战争的作战领域中。

尽管自从英帝国建立之后，国际经济关系已经被彻底改变了，但是这样的认识（其刚产生的时候就是顽固不变的）仍旧没有发生变化，即认为同样的因素仍旧控制着世界的贸易，而且那些因素强大有效且不会改变，是归属于大不列颠群岛的。这些认识曾经是正确的，就像在现有形势之下它们已经不正确了那样。当大陆国家间的陆路交通效率达到了这样的程度，以至于它们之间的交通在速度、容量方面与海上的交通相当或者有所超越，那么大陆国家就免受海洋国家由于掌控海上线路而对它们经济产生的限制作用。原来的情形已经发生了变化，将来更是如此，大陆国家在战争中已经免于受到限制。现在发展到岛屿国家在战争中产生经济依赖性或者受到完全的限制。如今大陆国家所具有的这种经济方面不可侵犯的规律，在英国试图以控制海洋从而对俄国贸易产生破坏行为的尝试中体现得最为明显。

俄国进出口贸易中大约2/3是通过陆地边境地区进行的，从而使这部分贸易免受英国海军力量的影响。在另外的1/3（或者称为海上贸易）中，超过了90%是由其他国家的商船而不是俄国人经营的。俄国贸易中不到1%会在战时受到英国掌控海洋的影响，因为俄国贸易中只有1/3是海上贸易，而且几乎都是由中立国的商船经营的。如果俄国认为有必要放弃海上贸易路线，那么其对外贸易中的这1/3将通过中立的陆地边境转入海洋中，于是英国整个海军只能无奈和观望，无助地待在海上。

当一国试图在战时对其他国家进行经济封锁，它的这种企图必须根据敌国进出口情况做出判断。如果敌方的出口主要是商品，而进口的主要是食物，如果这些食物的进口线路被掌控了，那么对其进行经济封锁则是切实可行的。另外，如果敌国拥有大量食物，而其进口主要是工业商品，那么对它的经济封锁就是不可能的，即使商品贸易的所有路线都被控制了。

俄国与英帝国之间经济关系的特点，本身就暴露了英国的愿景是不可能实现的。俄国的经济是如此自给自足，以至于其出口商品的97.5%是食物和原材料。俄国的进口商品几乎完全是由工业制成品组成，其中的57%由德国提供。另外，英国的进口商品几乎完全是食物和原材料，而其出口则几乎完全是工业制成品。俄国出口到英国的商品是食物和原材料，英国出口到俄国的商品是工业制成品，其类型与从德国进口的相同。对于英国而言，即使可以阻断俄国的海上贸易，结果也会与预期的情况正好相反：它将关闭英国由此获得食物和原材料的一个源头。它将破坏英国对俄的出口贸易，并将德国对俄国的出口贸易提升50%，因为大不列颠给俄国提供的商品，没有一件目前是不能由德国提供的。

从战略角度，我们看到英国海军无力阻止或延缓俄国征服亚洲；在经济领域中，我们看到在这场战争中存在上述奇怪的矛盾现象，即大不列颠用海军去摧毁俄国的商业贸易，结果只会对英帝国产生灾难性的影响，而俄国的经济不会遭到损害，就好像英国的国旗没有飘扬在海上一样。

对印度及依存于其上的那些地区而言，其防御完全依赖于英帝国的陆军。然而对于印度的进攻和防守而言，其战略形势是基于俄国人和撒克逊人各自的位置，即他们分别位于兴都库什山脉（Hindu Kusch）的北坡和南坡，且各自都有自己的攻防线和基地。因此，英国的陆军按照目前的状况，除了暂时延缓俄国进攻之外，别无其他作用。

我们已经指出，在世界上存在某些地方，对于人类而言具有奇特而至关重要的意义，它们能够为人类的征服活动指引方向。在这些地方，胜利具有决定性的意义，而战败则意味着国家遭受毁灭。

这些地方就像大门一样，国家从其中来来往往：有时候它们是胜利之门；有时候，国家——正如士兵一样——穿过它们之后，就再也没有回来。在这些地方中，赫拉特（Herat）是其中一个，喀布尔是另一个。世界上的所有地方没有一个会像它们那样。那些较强大军队的负重声和较伟大征服者的胜利声仍在那里传诵和回响。2000多年以前，有传言说，谁控制了去赫拉特的通道，谁就封锁了去印度的门户，而现在尽管许多个世纪已经过去，情况仍旧与那时一样。

英国的攻防线在这个城市南边 460 英里处，而俄国的火车站在城市北边 80 英里处。尽管偶尔才会有一个撒克逊人偷偷凝望该城市的城墙，而该城市堡垒上的看守者们总能在城市的北方、东方、西方发现哥萨克人（Cossack）哨岗的营火。

俄国针对印度的扩张，可以通过两条路径：左翼经由阿富汗，右翼经由波斯。

俄国左翼扩张力量的主要基地是土耳其斯坦（Turkestan）地区。该基地人口不到 1000 万人，拥有一支 13.5 万人的俄国和平维持军。其中心位于撒马尔罕（Samarkand），它与赫拉特的距离，比从芝加哥到纽约的距离还要近。而穿越波斯进行扩张的俄国右翼力量，其主要基地是高加索地区，其人口是 1100 万人，拥有一支 12.5 万人的和平维持军。

上述两个区域的次要基地，左侧是萨拉托夫（Saratof）地区，其人口有 1600 万人，和平维持军有 17 万人；另一侧是哈尔科夫（Kharakof）地区，其人口有 4400 万人，和平维持军有 45 万人。这些次要区域对于左右翼而言，其地位都是一样的，它们与赫拉特的距离，不比从新奥尔良到纽约的距离远。

从这 4 个区域，俄国可以向战场投入 88 万人，而不会危及其在欧洲或者东亚边境地区军事力量的完整性，而且所处的形势与日俄战争中起支配作用的形势完全不同，因为那时的战场距离上述区域超过了 6000 英里。另外，俄国还可以在战场中投入超过 100 万人的当地居民。

进行印度征服之战的那个战场不再是广阔的，而且用军事意义上的距离（它们会影响军队的行军）去衡量，它反而变得比拿破仑著名的征服战中的战场更小且更容易行军。该战场被限制于一个不超过美国内战所在战场的区域之中。在该内战所进行的战役中，联军的食物和武器运输所要穿越的距离，比现今俄国与印度征服战中战略中心的距离还远了 1/3。

印度的防御受到两个法则的支配，它们都是撒克逊人无法掌控的形势的产物。

（1）俄国在除了印度和波斯以外的任何边境地区遭受失败，不但不会延缓其对印度的扩张活动，反而会加速该活动。

（2）印度边境地区的防御不应该根据英国的建议去设置，而应该由俄国进攻的能力和所取得的进展来决定。

印度的防御必须在施行的过程中随时进行调整，并与所面临挑战的强度成正比，与那些最原始的刺激因素一样持续存在。

第五章

撒克逊人生存斗争之德国篇

德国和英国之间的军事关系——德国扩张的根源和原因——为战争所做的特殊准备——海战的结果——与基地相关联的战场——比利时、荷兰和丹麦——英国对欧洲的政策——起支配作用的法则

国家总是容易进行自我欺骗，它们那些推论的错漏之处最明显地体现在它们就战争中机械手段的使用所存在的想法，以及它们赋予这些手段过分的重要性。只有这些手段被限定于战争的一方使用时，才会对战争的结果产生影响。人们总是只从科技发明中看待机械学方面所创造的奇迹，而不是从它们在战争中的实际用途去看待它们。在某个时间和地点，利用这些发明去影响敌军的进攻或防守力量以达到理想的目标时，人们并没有对破坏性和实际的可能性进行区别。在某种意义上，战争的机械手段主要是进攻方使用的工具，而士兵、地形以及所有的自然力量是防御方所使用的手段。

从人类在古老而广阔的荒凉之地削出第一个棍棒时开始，直至最后一艘战舰的发明，军事武器的制造和发明一直都是一种永无休止的劳动，以通过人为的手段确保进攻方对防守方握有掌控和支配的权力，试图用无生命的东西凌驾于自然的有生力量之上。这是绝不可能的。所有武器在使用中都有局限性，其设计是用来克服特定而不是所有的限制性环境和因素。只有士兵和自然条件才是战争中普遍存在且恒定的构成因子。

随着每一项新军事发明的诞生，人类总是幻想战争已经到了尽头。然而每一个后续的时代都证明这种愿望的虚幻性，即机械无法终结战争，也无法在特定的范围之外对战争发挥任何作用。

正是由于这个不正常的想法，英国夸大了其海军所具有的能力，认为它可以将其威力的影响范围扩展到它不能到达的地区，并在战争中发挥未知的作用。英国赋予了海军实际上根本不拥有的普遍适用性。英国凌驾于其他大国之上的霸权随着时间的流逝慢慢削弱，这种情形与其说是其他国家使用更伟大的战争武器造成的，还不如说是最初与和平事务相关的那些策略造成的。

只有当其他国家的扩张从海路会聚于英帝国之上，并威胁到帝国的领土完整时，英帝国的海军才能阻止帝国领土主权的削减或者帝国的瓦解。但是，如果其他国家的这种破坏性会聚行为是从陆路发生的，正如我们已经论述过的俄国针对印度、波斯和东亚的扩张行为那样，那么海军则必须让位于那些适用于陆地战争的方式和手段。

德国和英帝国之间的军事关系具有两个层面的含义。尽管撒克逊人只需从陆地与俄国或者从海上与日本交战，对德国的战争则既包括陆地也包含海上的战争。德、英双方争斗的这种激烈程度对战争中所使用的手段和军力的影响程度是相当的：从战略上来说，其所需军力和武器将是对抗一个像俄国那样的大陆国家或者一个像日本那样的岛屿国家的两倍。

只有在对岛屿国家的战争中，海军才具有突出重要的地位。在对俄国的战争中，海军一无用处。而且在与德国发生的战争中，海军具有次等作用。英国的海军只有一个任务，即在其所在的区域——海上——保持优势地位。自始至终，它只具有防守的作用。只有陆军具有决定战争胜败的力量，并在和平时期确保英帝国能持续存在。

对德国未来荣耀至关重要的是摧毁撒克逊人的统治权，并在英帝国的废墟上成长，因此英国的首要任务就是限制或摧毁德国的力量。

英国人未能认识到驱使德国人扩张的那些法则，这只是重复了前人所犯的同样错误，一旦国家在处理涉及自身的那些状况时往往会犯这样的错误。当它们尝试对不重要和不变的东西、短暂和永恒做出区分时，所有那些琐碎而短暂的东西总是能占据优先地位并支配国家的活动。

英国并没有认识到，德国的扩张活动不是由德国人的激情导致的，这些激情从破晓到日暮不断地在变化，也不是由政府大臣的野心导致的（这些野心会随着政党的兴衰而起落），而是由起源于自然力那些法则决定的，这些法则在起推动和促进作用时，不会受到时间或空间的限制，也不会顾及人类的愿望和恐惧、勇猛或是胆小。

当两个民族利益会聚的尖锐程度达到了现存于撒克逊人和日耳曼人之间的这种情形时，它毫无疑问会导致战争的爆发。在人类历史中无一例外的是，两个种族的政治关系，如果类似于英帝国和德意志帝国之间现存的关系（一方竭尽全力地去备战，而另一方则试图通过躲避和寻找借口以延缓战争的到来），那么终将导致那个具有决定意义的战争爆发，并由此将那个不尚武种族注定不变的结局载入史册。

由于国家对战争以及在不同条件下作战的方式存在误解，于是国家倾向于任意地利用其最强有力的手段保护自己，而不考虑利用这种手段所达到的实际效果或具有的实际力量，也不考虑对战争、战争的目的、战场等起指导或决定作用的那些条件和形势。就像以前的民族曾经做过的那样，在同样的形势下，英国将其帝国的存续都投入于其海军力量之上。

英国人对于德国人扩张的真正根源和促成因素视而不见。他们用看待国内事务的同样方式去看待它。对他们而言，德国的扩张就像他们的激情一样转瞬即逝，就像他们的理想一样变化无常。在他们眼中，这个即将到来的日耳曼人和撒克逊人之间的碰撞，是政治而不是种族原因导致的结果。

正是这两个错误（对即将到来的冲突，误解了其产生的根源、促成因素以及影响；错误地选择了进行战争的方式）导致了第三个具有决定意义的错误产生，从而致使撒克逊人战败和解体。这个错误就是对战场的选择，尽管是英国人自愿选择的，但是它却是英国人最不应该在那里进行战斗的地点。

英德战争的目的有两个层面：对德国而言，是为了摧毁英国的统治，并在英国的废墟之上，创建一个德意志世界帝国；对英国而言，则是为了防卫其领地，遏制德国的军事扩张，限制德国在欧洲的宗主权。德国的任务是简单的，而英国的则是困难的。随着英国军队被摧毁，英国进行战争的力量也消失殆烬。英国遭受入侵。这种入侵就是让英国人因饥饿而死。在作物收获之前，英国储存的食物只够维持几个星期；在收获之后，只够维持几个月。[①] 但是早在身体的饥饿发生之前，精神上的饥饿状态就已经完成了致英国人于死地的使命。

对于民众而言，勇气总是处于匮乏的状态。人们一直而且永远都将处于胆小懦弱界限的边缘。这种状态产生的原因及其影响是恒定不变的，因此我们非常清楚地知道其发挥作用的方式和产生影响的效果。

德国人能够轻易地征服英国人，是由以下 3 个因素造成的。

（1）在现代社会中，英帝国的岛国特点，是所有国家特质中最危险的。

（2）德国为一个已知且具有决定意义的战场所做的特定战备，使得它届时能够具有最强大的军力，并以最小的力气和最少的消耗达成目的。

（3）撒克逊战斗性的衰退；放弃了天然的边界；个人欲望凌驾于国家事务之上；种族不再团结统一；大众逃避对帝国应该承担的责任和义务。

鉴于以上因素，德国试图让英国瓦解的任务相对而言比较简单；而撒克逊人的任务则相对困难一些，不仅仅是因为上述原因，而且还由于军事方面的限制措施控制了相应的战备活动。我们已经论述过，如果德国人获得了海洋的掌控权，那么战争就因为这一个举动而结束了，英帝国也随之崩溃。另外，如果英国的海军摧毁了德国的海军，所导致的唯一结果就是形势还如战前一样，其唯一不同之处是英帝国免除了即刻遭受毁灭的命运。但是英国海军的胜利，并没有使得英国比战前更接近于其目标，即摧毁德国力量以及其向世界扩张的潜力。除了英国海军的毁灭，没有什么比德国军队的战败更能增强德国人在欧洲的统治权。

英帝国和德意志帝国一样，在这场生死攸关的战争中目标非常

---

① 参见英国皇家专门调查委员会（Royal Commission）的报告。

明确，因此，它们的战备应该具有同等的激情和耐心，就像德国现在所表现的那样。除非英帝国能采取那些军事措施，从而最终导致德国无力进行战争，否则英国海军获胜是没有任何意义的。

延缓必将到来的结果的这种做法，是人类的愚蠢所能达到的最高点。

英国军备所应达到的程度、特点和目标，是简单而明确的，对其并不需要讨论、争辩或者犹疑。德国军事力量的大小及其目标，就决定了英国的战备情况。这种战备不仅能够确保对德战争获得胜利，而且能够遏制德军力量产生的途径以及其所具有的潜力。

英国军事方面的错漏不仅仅是上述那些因素造成的，还由于错误理解了对战争的进程和终结起决定作用的法则，即没能区分战场和军事基地，没能理解对于参战一方而言是决胜性的战场，反过来对于敌方而言则具有高度的危险性。

在这场即将到来的战争中，正如所有其他战争一样，两个国家都有选择战场的权利，而且定然会出现一方的选择对另一方是不利的情况。此外，可以视为军事方面的一个公理（它在任何时代以及任何形势下都是正确的）是，对那个有能力决定战场并保持战争在该战场进行的那个国家而言，根据以往的历史来判断，其获胜的概率是70%。

战场与参战双方的关系比其他任何一个因素，更能准确地判定战争最终的胜败。在一个错误选择的战场中获得的伟大胜利，对于最终的战局影响很小，甚至没有影响；而在正确选择的战场中的一个具有战略意义的地点获得即使是微小胜利，都具有十分明确的意义。

我们已经论述过，海上的胜利对于德国和英国的意义是不同的：对德国而言具有决定性的意义，而对于英国而言则没有任何实质效果。因此，对德国而言，真正具有决定意义的战场是在海上，而对于撒克逊人而言，真正具有决定意义的胜利只能在位于或者邻近德国领土的陆地战场上获得。这是一个残酷的众所周知的事实，但是只要英帝国的希望完全寄托在其海军力量之上，这个事实就不会改变。

战争的基本原则在其发挥作用时是恒定不变的，尽管进行战争的手段会随着每一个时代、人类的每一次调整以及科技的每一次进步而变化。同样的，一个军事基地对于整个战场的相对价值是恒定不变的，它们的相互依存性仍旧受到以前的同样规律的支配。现代文明的复杂性在提升了军事基地的价值和脆弱性的同时，它通过增加单个战斗的决定性意义从而同样提升了战场的重要性。因此，现代文明最终导致了军事基地的脆弱性以及战场的决胜性同比例增加。这两个方面的发展使得为了确保更加安全而有必要提升军事基地的战备，同时相应地提升决定战场的能力。

战场距离基地越近越具有优势的这种认识如今需要被束之高阁了，因为只有当交通运输方式是有限的时候，它才是正确的。在战争中，距离不是用英里而是用时间和容量去衡量的。在现代的条件下，主要的基地或者参战国距离战场的地理距离越远，这个国家在进行战争时持续的时间越长，且遇到的困难最小，因为距离的最大值与交通运输工具的最小速度和容量（它们由战争爆发时的条件决定）之间的比率是一定的。

科技的每一次进步都会减少所有基地同战场间的距离；因此，相应地增加战场和基地之间的地理距离会增长该国抵御的时间和增强该国防御的能力，而其进攻力则不会受到限制，只要交通工具的运输能力是受到上述法则的影响。

军事作战只有一个正确的目标，即通过俘获或摧毁敌方的军队、政府或者资源，从而破坏敌方作战的能力。因此，当战争围绕主要军事基地展开，也就是说在该国领土上开战，在其他军事条件都不变的情况下，其战败的概率，是战场较远，甚至位于敌方领土上的那种情况的 3.5 倍。

在辽阔而分散的国家中——正如英帝国那样——在各个不同的区域中存在许多对该区域而言是主要的军事基地，但是对于整个帝国而言，它们都是次要的基地。英国本土与这些次要基地的区别在于，它不仅是唯一必然会对欧洲战争发出指令的基地，而且也是整个帝国的主要基地。

一旦英帝国中某个成员卷入与欧洲国家的战争中，整个帝国的利益都会受到影响。但是当英国人民认为英国本土自身才是对欧洲国家作战时的真正战场，并依据此原则进行备战时，那么撒克逊人的时代即将过去，他们的帝国即将成为历史。

在同欧洲国家的战争中，英国本土及其周边海域构成了撒克逊人的基地，因为，正如我们已经论述过的那样，一个岛国的边界不是它自己的海岸线，而是它所坐落的那片海域的外围海岸线。环绕在英国本土群岛的那片海域如同这些岛屿本身那样，都是英国基地的一部分。在英国本土或者其周边海域为一场对欧洲国家的战争备战，就是犯了一个重大的错误，该错误曾出现在军事史中。英国的军事基地延伸到了欧洲的海滨。英国的战场从那些海滨处开始，一直向东延伸到那个至关重要的中心点，如果那个点被夺取或者摧毁，那么战争就结束了。

相应地，德国军事基地的位置及其对于战场的选择与上述情况正相反。如果不是比利时、荷兰和丹麦介于中间，北海的海岸线就成为分界线。该线以东将会是德国人的军事基地，也就是撒克逊人的战场；该线以西将会是英国人的军事基地，从而也就是德国人的战场。① 沿着划分英德各自的基地和战场那条线，比利时、荷兰和丹麦分布于中间，只会在和平时期对英德产生影响，那时人们会根据各种复杂的形势去审视战争。这些复杂的形势限制了国家之间和平的结盟，且与战争的简单粗暴绝不相同。这三个中立国的疆界正好与德国人和撒克逊人之间的那条军事分界线重合，其中立的最终结果只会是它们正好用自己的领土去拓宽那条分界线。

一旦较弱小的国家被纳入大国之间交战的战场范围内，该国的中立将是一个异常现象。处于这种境地的王国一定会成为战场，最终某个交战国会将其吸纳进自己的军事基地中，并将战争推向敌国的领土。比利时、荷兰、丹麦这三个国家的中立不是减小而是增大了战争的可能性。只有它们从战略上被纳入英帝国的军事基地之内，它们的东部和南部边界构成了帝国在欧洲的军事边境，它们和英帝国才能继续存在。

英国对欧洲的政策受到以下 3 个原则的支配，该政策非常简单，因而不会产生错误的推论，同时该政策也非常直接，没有可供逃避的余地。

（1）一旦一个国家通过战争或者经济发展，获得了掌控欧洲的

---

　　① 参见《撒克逊时代》上篇第十章。

潜在力量或者军事实力，那么在适当的时候，它会利用这种霸权去摧毁英帝国。

（2）一旦一个欧洲国家或者种族结合体试图以上述方式称霸欧洲，它立刻会急于夺取英帝国的邦国，并利用可能的手段，以摧毁英帝国。

（3）只有通过控制以下两个战略性的区域，英帝国才能使欧洲臣服于它的意志。

①掌控地中海地区，其中包括了对英帝国产生影响的区域，即俄国的一部分、土耳其帝国（Turkish Empire）、奥匈帝国（Austria-Hungary）、意大利，以及法国和西班牙的一部分。该战场归属于英国的海军，其舰队的实力取决于能联合抗敌的所有合力的最大值。

②控制北部的战略区域，包括对丹麦、荷兰和比利时的军事控制在内。战时，英国对丹麦的军事占领，将使俄国限于陆路，禁止其走海路，于是俄国只有一条路径可以进攻英帝国，即通过印度边境地区。而且，这样一来，因为波罗的海变成了一个内海，于是基尔运河（Kiel Canal）就失去了其战略价值。随着对比利时和荷兰的军事占领，德国人通过海路的入侵被限制在易北河（Elbe）河口地区，这种战略限制将使得日耳曼人无法从海路向外扩张。德国要获得海军霸权，必须首先控制北海，而这完全取决于对丹麦的军事控制，对莱茵河以及斯凯尔特河（Scheldt）河口地区的掌控则只具有次要的作用。

（4）没有直接指向防御上述两个战略区的政策是错误的。若军事准备受到其他原则而不是基于实际军事控制力原则的支配，那么这种军事准备将没有任何意义。

第六章

备战与冲突

军备与国家生存——和平与战争之间没有明确的界限——
英帝国在对德关系中是不安全的——有必要采取主动进攻——
小国的中立——牵扯到中立国的战争的相关法则

在现代社会中，如果一个已极尽所能进行备战的国家，与一个
战备已经缩减到最小值的国家爆发战争，那么在双方军队交战之
前，战争的进程和结局就已经确定了。后续战斗的影响力很小或者
几乎可以忽略不计；它们无非用那些凄惨的里程碑标记出那条红色
的古老道路，沿着它，那些无知的国家急速地走向它们的终点。

战备的持续性以及战备的特点成为战争胜败的决定性因素。只
有两个国家在战前的准备是相当的，其后续的战争阶段才具有决定
性的意义。如今再也不可能依靠战争中的幸运因素了，因为它们和
神灵一样，早已经抛弃了人类。在这个机械化的新时代中，即使守
护神也会颤抖；人类的英勇和傲骨，尽管是高贵且具有英雄气质
的，然而再也不能用来弥补一个国家军备的缺乏，或者使其胜过另
外一个国家的军备。

在现代，军备与国家存续之间的关系如此密切，以至于由此而
形成了那些关乎国家发展和存续的法则。战争的准备不再是将部
族、临时征集的士兵、民兵或者志愿军无序地集合起来，也不是建
造军工厂或者在里面塞满武器。在由这个时代而导致的总体调整
中，旧式的想法只具有从属地位，而且这种调整完成的程度决定了
国家的生存期限。

撒克逊人在战备方面的错误源于他们对和平的误解。和平和战
争只不过是两个相对的词语，用以描述人类的争斗被划分成了两个

阶段。国家间纯粹的和平只存在于国家形成前的那段时期。当一国国民与另一国的国民之间的个人交往加深到了一定程度，以至于他们之间的贸易竞争出现，就会牵涉对国家政策具有决定作用的那些利益。从个人物质占有欲之间的冲突，转变成为国家利益间的争斗，其过程是缓慢而难以察觉的，正如个人的贪欲慢慢转变成国家的需求的那个过程一样。

　　和平与战争之间没有清晰的界限。在人类所有的冲突中，我们根本无法清晰地判断某场战争是何时开始的。战争与和平之间的区别不像宁静与噪声之间的区别那样截然不同。它们之间的区别只是方式与程度的不同。它们意味着个人之间的争斗暂时地演变成为群体之间的争斗。

　　只要人类在个人冲突和政治斗争中聚合成为一个整体，国家间的战争就既没有起点也没有终点。不管其究竟是正义的还是邪恶的，这种恒久存在的争斗成为人类欲望的必然结局。蛛网上的蜘蛛在树枝和树叶间爬动，与一个人在其家中从一个门槛走到另一个门槛，这二者间没有任何区别。同样的，小路旁的蚁巢与大路上的人类部族之间，也没有区别。

　　人与人之间的争斗是自私自利的写照，而战争则是宏伟的牺牲精神的聚合。

　　国家如同个人一样，总是处于潜在的争斗之中。这种潜在的争斗聚合在一起，不知不觉地由消极的状态——我们称之为和平，转变成为积极的状态——我们称之为战争。战争存在很长时间之后，公众才会意识到它，因为国家（尤其是那些战斗精神低迷的国家）总是尽可能地对自己隐瞒这种改变。那些战斗牺牲者可能在其意识产生之前就已经到达了战场，且实际上已经参战了一段时间。

　　一次战斗并不是从它正式开战的那天才开始的，随后的胜败也不完全是哪一天打仗导致的结果。一场充满了各种战役和战斗的战争与战前那段和平时期的关系，就如同战斗与战争中该战斗之前的那段时期的关系一样。一次战斗只是战争的一个组成部分，而战争则是和平的一个组成部分。我们无法判断一个从何处结束，而另一个从何处开始。一次战斗是人类剧烈活动的瞬间爆发，它是由那些在它之前依次发生的无数因素和活动导致的结果。于是战争只是在

313

时间和地域上有所扩展的战斗。战斗与战争的关系，就类似于战争与和平的关系。一场战斗的胜败，只会受到其战斗本身有限的影响。战争期间，在该战斗之前可能已经过去了数月，而为了迎接该战斗，整个国家已经持续地为应对所有突发情况而一直在做准备。在那个时期，一个国家为该战斗进行备战的态度，放大地说，必须与战前和平时期为战争做准备的态度一样。在和平时期拒绝为战争做准备，比在战争开始后拒绝为战斗做准备，所犯的错误更大。

以前，战备工作不但只需要民众中的一小部分人去从事，而且由于其性质简单而且只是牵扯那些已经基本上适应了战争的人们，所以战备对于国家而言既不需要很长的时间，也不需要花费很大的力气。然而，在现代社会中，战备以及战争本身会对整个国家产生影响。社会中的每一个部分、每一个行业、每一种职业如今都会与战争发生密切的关系。

在一个国家能够被动员武装起来之前，其精神首先必须是好战的。如果不是，那么它必须经历这样的转变。好战性与其他特质的不同之处在于，它不能被单个个人所拥有，它是集体的特质，而不是个人的。因此，一个国家首先要做的就是想方设法防止这种特质衰败，因为国家的存续建立在其上。现代生活对于一个种族战斗精神的衰败会产生明显的影响，而且随着文明复杂程度的增加，战斗精神会随之衰退。这种衰退导致的结果是明确的，于是那些没有进行强制军事训练的国家，无力与那些战备中包含了强制军事训练的国家作战。

我们已经论述过英帝国的安全赖以存在的那些因素，以及战斗必然会在那里打响的战场，它们不受英帝国统治范围的限制。一旦这些边境地区受到攻击，帝国的防御就走到了尽头。因此，英国的军事准备、其军队的组织和特点，一定不能只限于防卫帝国内部那些各自分散的领地。一个像英帝国那样构建的国家，如果其军队只注重进行本土的防御，那么这支军队必然会导致帝国的毁灭。

一支位于英国领土以及英格兰的外国军队，就是撒克逊人的掘墓人。

英国的军事准备以及其各个部分的军事组织构成了它所拥有的军事力量，不论这些力量位于英国本土、澳大利亚、加拿大、南非，还是英国的殖民地，都必须受到那些原则（它们决定了一支远征军所具有的特性）的控制和支配。

澳大利亚的防御基本上从属于印度边境地区的防御，因此澳大利亚就成为一个军事基地，军队从那里派往印度战场。加拿大、南非以及英国的殖民地依附于英国本土所具有的霸权，而这种霸权反过来又依赖于对比利时、荷兰、丹麦边境地区的防御。在欧洲战场上，英国本土成为主要的军事基地，而那些依附于其上的自治领和殖民地则成为次要的军事基地，军队从那里派往一般的战场。

英国的军事准备不仅需要彼此协调，而且需要将所有努力集合起来，对准一个目标，该目标如同整个世界那样广大。它不仅需要大量的运输工具，而且必须不断提升它们的效能，于是它们的速度和容量将会使得战争最初的战场与英国基地的距离并不比与敌方基地的距离远。如果不能用在最关键的时刻，或者真正的战场上，那么即使是最完备的军事准备也是无用的。

这些突出的需求一般会受到政治家们的控制，而他们并不知道什么才是军事实力。他们总是忽略了具有最大军事价值的时刻，而且很少能看清真正的战场在哪里。这种无知程度，会随着军事力量对国家各个部门掌控的削弱而增加。重塑政府的理想成为未来军事准备的前提条件，它会影响撒克逊人的存续以及未来。

撒克逊帝国的成长和国力的发展，与其说是撒克逊政治家的才能导致的，还不如说是如今已成为其领地的那些国家的领导人缺乏才能导致的。一旦撒克逊政治家们的智慧和活动比不上英国最强大敌国的政治家，或者在世界各国的发展大潮中因自身保持不变而被超越，那么英帝国的命运将会与那些被它夺取主权的国家一样。英国攻占那些国家，是为了获得具有巨大潜能的那种权力，然而该权力在维持帝国的存在这一点上却毫无用处。

如同个人一样，一个国家如果由于他国的无知而获得成功，或者由于自己的无知而没有采取任何措施阻止他国的成功，那么这个国家很少能够继续进步。

撒克逊的国力，不论是潜在的还是实际的，都处于一种衰败的状态中。这种状态与其说是那些具有更高超智慧国家的国力和耐力的消磨作用导致的，倒不如说是英国自身没能意识到对于一个国家而言，在国际发展大潮中静止不动，其结果就等同于倒退。从国家的角度来说，上述状况与国际关系早期阶段完全不同，那时的价值观已经彻底消失不见了。

国力和发展是两个相关联的概念。德国和英国国力增长的不均衡状态，与其说是德国发展速度更快导致的，还不如说是因为英国的发展处于停滞状态而导致的；与其说是因为德国人更聪明，还不如说是因为撒克逊人的漠不关心。德国之所以能够拥有对抗英帝国的那些基本的军事力量，是源于英国在所有有关战争事务中的无知而不是德国的聪慧，还由于英国的政治家们由此违反了 3 条战争原则，从而犯了如下错误。

（1）让错误的军事理念继续存在，且军事准备不再适合现代战争的形势；

（2）选择了一个错误的战场，并且把帝国的军事基地纳入该战场内；

（3）由于上述所有错误而致使战争的主动权掌握在敌方手中。

因此，只要政治家们为了支持和迎合大众而违背了这些基本的军事原则，那么所有其他的军事准备都是毫无意义的。陆军和海军，以及所有的英勇行为和遭受的苦难，在由人们的无知而导致的国家古老的献祭中没有丝毫的作用，那完全是由大众的自负而导致的旧式大屠杀，是大众出于英勇所做的最后且无效的牺牲行为。

一旦判明（这一点可以精确地予以判断）国际利益的会聚是急剧的，那么为战争所做的总体准备必须是特定的。当国家朝着触碰点移动的速度被确定了，就轮到国家的部长们对敌方的任何公然行为进行预测，并首先发动战争。

如果一个国家没有首先开战，那么它就违反了军事科学原则而犯下了第一个错误。若在宣战之后，它仍旧等着战争准备工作的完成，那么它只是在准备着自我毁灭。

对于战争获胜而言，先发制人的原则如此至关重要，以至于在过去的两个世纪里，从未出现过这样的例子，即给予敌人充分的警告，从而使得敌人能够进行军事准备。宣战的必要性只是现代社会的一种错觉。在过去两个世纪里，我们只能发现不到 10 个例子，证明在正式的战争行动开始之前先进行了宣战，尽管实际上战争已经早就存在了。在同一个时期，我们能找到 111 个例子，证明战争在没有任何通告的情况下就开始了。

没有哪个国家像英国那样曾经坚定地执行这个原则，即在没有提前通告的情况下便开战。英国人之所以这样做，正如其他民族那样，是因为战争中先发制人是一个最基本战略准则。

以前，军队是分批到达战场的，这是由于国家之间相距很远，而且交通运输方式落后和物资匮乏。军队从一个国家行进到另外一个国家的过程是缓慢的，且因为辎重行动缓慢，故而无法突击敌方。这种行军本身就是在宣战，使得他国有足够的时间从最初的阶段开始备战。于是，正式的宣战对于整个战争进程而言不会产生任何影响。然而，在现代社会中，由于科技的进步，交通运输手段已经如此发达，古老的自然屏障已经被打破了。在将来，可以被视为既定法则的是，国家会越来越多地在未提前宣战的情况下开战，因为现代的设施提升了它们突袭对手并在尽可能靠近主要基地的地方先发制人的能力。这一点已经为以下事实所证明了，即在没有宣战的情况下就发动进攻的战争数量，19 世纪比 18 世纪明显增多。在 18 世纪，有 47 场战争在未宣战的情况下开战，而在 19 世纪，则有 80 场战争在未宣战的情况下开战。这个原则必定会对未来战争的发动起决定性作用，因此撒克逊人必须依据该原则进行备战活动。正如德国和俄国做的那样，一旦它们意识到战争不可避免，而且战场距离它们的军事基地很远，它们便为战争进行特殊的准备，当它们到达了备战的巅峰状态，就会首先开战，占领那些主宰英帝国命运的边境地区。

在对俄战争之前，首先占领波斯和阿富汗边境地区，或者在对德冲突前，首先占领欧洲边境地区，会在英国引起巨大的抗议，因为侵犯了中立国的领土。这并不是真相，因为英帝国不会因中立的神圣性而动容。这只是逃避责任的一种方式，并将责任转嫁到这些国家之上，用中立声明神圣不可侵犯的这种观点去欺骗自己。实际上，没有哪个民族比撒克逊人更频繁地侵犯中立国的领土并侵害它们的权益。但是，当现今撒克逊的统治权取决于对这些边境地区的防御时，我们发现，撒克逊人却幻想着那些没有实际价值的信念会防护这些地区，于是让整个民族遭受毁灭的命运。

撒克逊人占领这些边境地区，只是领土层面的侵害，并没有违背道义，假如这些地方被俄国或者被德国占领，那么其后的结局都是一样的，都会在那两个种族制造的旋涡中走向悲惨的终点。

在上述形势下保持中立的国家，至今尚没有而且将来也不会在战时被纳入国际结盟组织中。这样的中立只是一种现代的幻想，它是多余的东西。

1801 年，马德拉岛（the Island of Madeira）被英国人占领，事前英国并没有与里斯本当局（the Court of Lisbon）沟通，这样做的目的是防止其落入法国人手中，从中可以看到对战争中类似行为真正起决定作用的那个原则。

1807 年，英国舰队在没有任何通告、没有得到任何有关敌方意图的暗示，也没有获得对丹麦不端行为抱怨的情况下，进入了波罗的海，捕获了丹麦的战舰，封锁了西兰岛（the Island of Zealand），而丹麦首都哥本哈根（Copenhagen）就坐落在该岛之上。当时，两国的大使都驻在它们各自的首都，而且两国的关系十分和睦。这次行动是由于预见到法国人会占领丹麦然后利用丹麦的舰队。这种先发制人的做法如此正确，以至于在撒克逊人所犯的数不尽的军事错误中，它就像黑暗中的一道闪光发出耀眼的光芒。

所以，英国在 19 世纪初仅仅为了阻止丹麦舰队被法国利用而攻占丹麦，如果这样做是正义的，那么在 20 世纪的和平时期为了保护两国并抵御德国的侵略而占领丹麦南部边境地区，则更加具有正义性。

如果认为这种先发制人的准则在 19 世纪初是适用的，而在 20 世纪的文明社会中却不适用，那么这种认识就是对支配各国冲突的那些原则的一种错误理解。19 世纪初，英国和其他国家破坏了和平和中立；而在 20 世纪初，我们发现俄国和日本在中国和朝鲜也做了同样的事情。

这些规律不遵从人类及其法令。然而人类正是凭借这些法令，试图在标记其聪明才智和乘风翱翔的那个阳光明媚的时刻，纺成轻薄纱线，然后利用它们缘绳爬下，以规避那些固有的规律。

那些牵涉中立国的战争受到以下 3 个原则的支配。

（1）一旦一个弱小的国家位于两个交战国军事基地之间，并成为后续战场的一部分，那么不论是为了己方的利益还是为了防止该国落入敌方手中，都有必要在战前或者战争刚开始时占领该国；

（2）当一个弱小的中立国构成了一个大国重要的脆弱点，那么那个脆弱的边境地区总是容易遭受军事强国的控制；

（3）当一个大陆上的小国家的中立或者独立威胁到了一个大国的生存，正如朝鲜威胁到了日本一样，那么该国要被剥夺其独立性从而被纳入该大国中。

第七章

战斗力量的团结

掌控帝国统一的法则——政治和军事权力必须掌控在一个单一的种族手中——派系差别必须予以消灭——独立国家组成的联邦是最脆弱的政府组织形式——军事团结对于帝国的存续十分必要

现在我们论述本书的最后一章。在前面我们所论述的内容中有不少令人感到沮丧的内容，然而我们的结论是无法逃避的。它不可能是另外一种情形。我们已经丢开了一切希冀和幻想、理论及其陷阱、托词及其导致的惨败。引导我们的，不是通常会导致人们激情产生的那些转瞬即逝的理想，而是由自然规律在其不可更易地起作用后最终导致的事实。

如果撒克逊人真的存在优越性，不论它是什么，都与撒克逊国家的存续没有任何关系，除非该民族所具有的卓越才智能遵循这些规律，并时刻意识到国家和民族生命相对于那些冷酷无情的永恒力量（它们对政治实体的发展和灭亡起着决定性的作用）而言都是转瞬即逝的。

英帝国是否能够继续存在，取决于是否能够弄清楚国家的荣耀和国家的实力之间的区别。当一个帝国的政府是部分党派政策（这些政策存在的时间不会比那些制定政策者的寿命更长久，也不会比民众激情中充斥的平庸性更高明）的产物，那么它就不是整个国民智慧的合成体，而只不过是由个人的无知和自私（正如在与暴民肆意性相关的那些疯狂野蛮的规律中所表现的那样）形成的更顽固的结合体。

英帝国的持久长存，首先取决于其军事力量的团结，其次取决于其政治方面的统一。由时代和地域所导致的派系主义必须让位于那些普遍的规律，这些规律绝不会对海外自治领和英国本土的居民进行区别对待。

团结统一的英帝国绝不能是由其各个组成部分构成的一个感情用事的结合体，也不能是各个独立政治单位的联邦。前者会消极地导致帝国解体，后者则会积极地促成解体。帝国的统一受到以下 4 个原则的约束。

（1）帝国在军事上必须是一个整体；

（2）帝国在政治上必须像一个单一的国家那样凝聚在一起；

（3）在其构成的各个部分中，撒克逊人拥有军事和政治上的支配地位；

（4）整个帝国彻底服从于团结统一的原则。

个人无法理解他自己与国家之间的真正关系，总是将那些不重要的予以夸大，而否认那些至关重要的。同样的，一个国家互相分离的各个组成部分无法意识到举国一致对于国家存在的意义，反而通过伸张它们自己欲望的方式去规避国家权力的影响。像撒克逊这样的帝国，由于四散于世界各地，上述情况就是真实存在的，它使得这个国家处于日益危险的境地之中，因为战争爆发的可能性，几乎一成不变地与海上国家被分割成块的数量及它们对其他国家的潜在价值成正比。

随着英帝国领土的日益扩大，其敌人的数量同时也在增多。在整个世界之中，如今已经不存在一个政治区域，位于其中的一个或者多个国家的利益不与撒克逊人的利益发生冲突；而且它们的利益会聚在一起已经达到了这样的程度，以至于每一个会聚导致的最终结果就是战争。

随着撒克逊帝国的地位日益上升，其国力却在逐渐削弱。这出于以下 3 个原因。

（1）在帝国地位日益上升的同时，没能随之相应地增加其国力；

（2）没能随着那些国家（它们与英国的利益已经或者即将会聚在一起）国力的提升而相应提升自身的国力；

（3）没能意识到现代交通手段的变化对于国际社会的影响：使

得整个世界缩小，让所有国家拥挤在一起，增加了国家间的争斗，并让整个广袤的世界（包括那些曾经荒凉偏僻的地区）都变成了一个大战场。

国家在防御方面所做的工作，必须根据战争爆发的可能性相应地进行调整。因此，谁能够凭借自己的力量从而减少撒克逊帝国相应的防御工作？谁的统治下即使太阳也无法逃脱？又是由于谁的统治而使得任何国家不敢采取行动？然而，撒克逊人始终没能领悟到帝国的广袤无垠以及永存的光辉荣耀中所蕴藏的真正意义。

人类社会并不像通常所认为的那样，会朝着统一的方向发展，而是会受到人们的个性及地域因素放大之后导致的分离倾向的影响和刺激。在过去的历史进程中，人类不断地聚集起来，形成越来越大的政治体，其原因是出于自我保护的必要性。一旦在国家扩张进程中出现了平静期，那么，不同民族以及不同地域的人们不再需要相互保护，其结果是地域和民族的因素占据主导地位，并最终导致分裂。

国家的分裂产生于和平时期，是政治和种族统一体瓦解之后的结果。

当一个国家由拥有自治权的各个部分组成，却并不具有约束各个部分使其团结统一的力量，其国家便缺乏了统一性，以至于其各个部分拥有彻底的自治权。

有些国家在政治上是同质的，而在民族上是由异质元素构成的。这样的国家，其团结统一性要比情况相反的那些国家要大。如果一个国家政治和民族方面都是同质的，那么它就是一个拥有最强有力、最自然政府的团结统一的国家。一个国家，如果不仅政治和民族方面是异质的，而且地理上也不存在任何凝聚因素，那么它就是最脆弱的国家，需要运用最高超的智慧，从国家层面不屈不挠且坚定不移地对抗这些分裂和瓦解国家的自然因素。

英帝国就属于最后一种类型的国家。

整个英帝国散乱地分布于整个世界之中，囊括了整个人类的1/3，而其中只有不到1/7是撒克逊人。统治整个帝国的责任就落在了这一小部分人身上。因为拥有这种统治的特权，撒克逊人必须同时担负整个帝国的防御责任。在一个民族异质的国家里，军事和政治权力必须掌控在一个单一同质的民族手中。一旦居于统治地位的民族，分享了其在政治和军事方面的权力，那么帝国的团结统一和持久性就开始削弱。

只要国家的政治和军事权力掌控在单一的民族手中，而且它们的权力超越了内部分裂因素以及外部利益会聚的那些国家腐蚀力量的影响，那么帝国将会持久存在。但是，如果该国家是由具有自治权的各个政治体组成的联邦，它们的自治权与英国自治领相似，且在地理上同自治领一样互相分隔，那么这个国家就易于遭受导致国家衰败的最快和最有效因素的影响，且当任何一个或多个国家比该国最强大部分还要强大时，该国的那些构成部分就易于被他国占领。

政治自治权对一个国家彼此分隔部分的人们产生的影响是不同的，尽管政治自治权都会对那些导致分裂的因素产生相同的影响。正如通常所理解的那样，爱国主义不是由上天所赋予的，而是人们所生活地域的产物，它仅仅是人们在其耕作的土地之上慢慢积累起来的情感。然而，正是人们对于其所生活环境的这种热爱，正是人们对于他们的帐篷和畜群的古老依恋，在这个年代中不仅没有任何用处，而且会成为政治分裂的焦点。

原始形态的爱国主义是具有地域性的，其要对这个年代产生积极的作用，必须经历相应的转变，正如一个种族的进化那样。对当地环境的那种狭小的爱国主义，如今必须永远抛弃。这不是将旧式理念钉在十字架上，而只是让其进行相应的改变，是将地域性融入整体大环境中，是将帝国的目光从脚下那些无望的发育不良的小草，转向头顶上的星空。并非很久之前，一些牧民正是将他们短浅的目光移向星空后，发现了一个宇宙。

只有在破坏了所有的地区差异之后，一个帝国才能够诞生，这是永恒不变的规律。一旦政治自治权使得各地方彼此区分，并导致地方权力凌驾于国家政策之上，国家的统一便不复存在，政治分裂便开始了。

随着帝国一个边远且处于分隔状态的部分具有的政治自治权的提升，爱国主义地方化的倾向会相应提升，由此产生的各种祸患也增多了。一旦政治自治权被增大到这样的程度，以至于它同帝国的法令发生冲突，那么地方的权力最终一定会获得优势地位。这会导致另外一种形态的政治解体产生。最初的影响将是政治统一性的缺失，爱国主义在整个帝国传播开来，它就像火药的颗粒四溅开来一样，可能发出许多烟雾和一些噪声，但是除了增加帝国毁灭的可能性之外别无他用。

帝国各个分隔开来的部分中存在的至高无上的爱国主义，会随着时间的流逝而慢慢消退。一个殖民地对其宗主国的忠诚度，会随着其地区自治的发展而相应地减弱。每一代人都会给当地留下一些传统和惯例。其后的一代会越来越依恋那片生养他们的土地。至高无上的爱国主义，这种抽象的理想会被具体的和本土的目标所取代。本土力量的支配地位以及当地日常事务对个人的影响如此强大，以至于那些在时间和空间上距离遥远的形势，或者那些抽象的理想，对他几乎没有任何影响。没有什么比让他抬一下眼皮更困难的了。他热爱他自己的那片土地，并为上帝创造了他而感到喜悦。

要想保持撒克逊民族的完整性，保存他们所有的领土和抱负，则主要依赖于将爱国主义去地方化，代之以另外的那种不知道地方差异性的民族忠诚。于是人们不再沿着嗅觉探寻到的由古老憎恨形成狭窄小道匍匐前进，而只从整体上来看待这个民族和帝国。

当地方的独立不影响帝国的团结和统一时，政治自治的要求才是合理的。一旦帝国与其各个不同组成部分之间的关系是联邦式的，其中，自治领或者殖民地拥有这样的独立性，以至于它们有权自己进行相应的防御工作，并自己决定是否援助帝国其他地方的防御力量，那么它们不仅摧毁了自己，而且也摧毁了整个帝国。

这些自治领中人口增长的速率，与那些国家（自治领恰巧位于那些国家的扩张范围圈内）的人口增速相当。因此，它们的军事潜力在发展过程中必然处于一个相对固定的劣势地位。欧洲和亚洲国家的经济发展，以及它们对这些自治领未开发资源的需求，呈几何级数增长。然而这些自治领的防御能力与那些国家相比，要么处于不变的状态，要么正日趋衰退。一个独立的澳大利亚，尽管自己做出了努力，但终究不能抵御日本，因为它们之间最初的国力差距非常大，最终澳大利亚会变得更加弱小，而日本则更加强大。印度相对于俄国，加拿大相对于美国，非洲相对于欧洲，以及大不列颠联合王国相对于德国而言，也是同样的情形。

对于一个由政治上自治的邦国构成的帝国来说，军事上的统一是国家存在的基础。一个联邦制的帝国，其显著特点是政治的不稳定性。英帝国政策的错误之处在于其对待联邦制政府的态度：不仅给予其各个构成部分自治的权力，而且让它们在军事上各自为政。

一旦殖民地的自治权包括了陆海军特权，而且从法律上获得了决定如何使用它们的权力，这样的国家将被证明只不过是由各个部分拼凑在一起的空壳。

当一个帝国是由自治的成员构成的，其中的每一个成员都无能力进行自我防御，那么它们的防御只能通过将其军事力量统一起来，并彻底地中央集权化。一国政府所具有的军事职能只能以最团结的形式才能存在，于是给任一组成部分（尽管它在政治上是自治的）以军事独立权，也就意味着整个帝国易于遭受外部力量的攻击或者因内部纷争而导致瓦解。

撒克逊民族的伟大性只存在于其内部，它只不过是无穷无尽种族链条中的一环，该链条囊括了整个世界，从时间上来看，既没有起点，也没有终点。

如果撒克逊人想要继续存在，它只有成为一个整体才行，这需要做到以下7个方面。①帝国的海陆军必须团结和凝聚起来；②将自治领和殖民地的市政管理系统与陆海军系统彻底分离开来；③在整个帝国中对撒克逊人施行普遍且强制的兵役政策；④整个陆军以远征军的建制模式组建；⑤整个帝国军队的规模和分布由其可能的敌国军队的规模和分布决定；⑥撒克逊民族的战斗精神，以及帝国的实际军事力量，随着那些国家（其自然扩张的轨迹指向现今处于英国统治下的领土和人民）军事方面的每一次增长而增长；⑦随着各个构成部分人口的增加，整个帝国的军事和政治统一必须相应地朝着更大的中央集权化发展。

在战争的实际接触中，不论该战争是进攻型的还是防御型的，联邦制的政府形式都是最脆弱的。尽管与管理自己或者他人的其他许多种族相比，撒克逊人更适合自治，然而他们的能力尚未达到这样的高度，从而可以使得他们否认那些基本的力量。这些力量根本不在意他们所具有的有限的统治权。

撒克逊人已经尝试建立了一个在军事和政治上都实行自治的联邦政府，而且已经发现它是有缺陷的。在美利坚合众国形成的过程中，在所有那些冲突和变迁（它们标记美国从诞生到现今的发展过程）中，这种形式的政府固有的脆弱性已经暴露了，而且表明它是不可能继续存在的。如果美利坚合众国在其独立的那天，就遇到了如今每一个国家都遇到的同样的危险状况（它是由国家之间的亲密交往，以及国家之间的距离缩短而导致的），那么该国的寿命不会持续30年。然而，当我们审视其政治系统方面出现的变化和转变时，我们发现，随着科技导致美国与世界其余部分的接触更加频繁，从而增加了它所担负的责任和所处的危险，它几乎同等程度地改变了其政治系统，去除了邦国的统治权。其过程一会儿是安静的，一会儿又充满了混乱和吵闹，有时候是在议会大厅里，有时候则是在战场上完成的。为了生存，美利坚合众国被迫放弃了联邦政府的形式。

联邦政府是由一种古老的无知而导致的。它是对于政治独立性的歪曲，在现代国家中不会继续存在，正如那些已经被国家永远抛弃的盲目错误一样。

战争预言者荷马李著作选译

附

录

▽

附录 1

第二次英日同盟协议

（1905 年 8 月 12 日）

英日政府希望用新的条款替代它们之间于 1902 年 1 月 30 日缔结的协议，并已经同意了以下条款，以达成它们的目标。

A. 在东亚和印度区域内，加强和维护总体的和平。

B. 通过确保中华帝国的独立与领土完整，以及各国在华工商业机会均等，来维护各国在华的共同利益。

C. 在由东亚和印度组成的区域内，维护缔约国的领土权益，并在上述区域内，捍卫它们的特殊利益。

第一条

无论英国或者日本认为在这个条约序言中提到的权利或者利益受到危害时，两国政府将充分且坦诚地协商，并采取一致行动，以捍卫受到威胁的权利或者利益。

第二条

一旦缔约一方为捍卫其领土或特殊利益而被卷入战争之中，另一方应该立即援助其盟友，双方将采取一致行动，在与该场战争中的某个或几个国家媾和时，英日两国应互相协商。

第三条

日本在朝鲜半岛有巨大的政治、军事及经济利益，英国承认日本有权采取它认为对于捍卫和提升这些利益是适当且必要的措施，以引导、控制和保护朝鲜半岛，只要所采取的措施不违背各国工商业机会均等的原则。

第四条

英国在有关印度国境安全的所有事务中有特殊的利益，日本承认英国在上述国境附近有权采取这样的措施，只要英国发现该措施对于捍卫其印度属地是必要的。

第五条

缔约双方同意，不经协商，不得与他国单独缔结危害序言所提目标的其他条款。

第六条

针对目前日俄之间的战争，英国将继续严守中立，如果某个或几个国家加入对日作战，英国应该援助日本，和日本采取一致行动，并在媾和时与日本互相协商。

第七条

在目前的协议提到的情形之中，一方应给另一方提供武力援助，其条件以及可提供的援助手段，将由缔约双方的陆海军部门安排，它们将时刻完全且自由地就双方利益的所有问题进行协商。

第八条

目前的协议应该从属于第六条，签字之日起立即生效，并从那时起，有效期为十年。一旦在十年有效期终止前的 12 个月内，没有任何一个缔约方把终止它的意向通告对方，它将继续有效，直到缔约一方宣布废止的一年之后失效；但是如果失效的日期即将到来，而任何一个缔约方在交战，那么该盟约根据事实将继续有效至媾和为止。

英方代表：

兰斯顿侯爵

（Lord Lansdowne）

日方代表：

林董男爵

（Baron Hayashi）

附录 2

  直到 1900 年美国民众才首次表达反日情绪，那时有一个民众的集会在旧金山举行。

  1904 年，在美国劳工联合会（the American Federation of Labor，有 250 万会员）第 24 届年会上，人们通过决议要永久地将日本人从美国及其附属岛屿驱逐。这个决议在 1905 年和 1906 年的年会上再次被予以确认。1905 年，12 个国家级的大型会议背书并采纳了同样的决议，同时还有 539 个其他组织（包括市民的、互助会的、政治的以及劳工的组织）也采取了同样的做法。

  1906 年，排斥日朝人联盟（the Japanese – Korean Exclusion League）建立起来。这个联盟在旧金山的成员大约有 12.5 万人，其构成如下：

工人团体……………………………………………169 个
互助会………………………………………………18 个
市民团体……………………………………………12 个
慈善团体……………………………………………3 个
政治和军事团体……………………………………3 个
总计…………………………………………………232 个①

这些数字不包括在旧金山之外的分支机构以及它们的附属组织。

  1908 年，在全体大会上，北美排斥亚洲人联盟（the Asiatic Exclusion League of North America）成立。它是由 1906 年的排斥日朝人联盟发展而来的。这个联盟在西部各州中都有分支机构。

---

  ① 原文数据如此。——译者注

在递交给国会的备忘录中，这个联盟陈述了它的诉求，该诉求反映了西部地区就这个问题所存在的总体情绪，它直接违反了条约权益。

附录 3

1900 年，在给加州议会两年一次的报告中，加州州长亨利·T. 盖奇（Henry T. Gage）提出将日本人从美国驱逐出去，这是首次由官方做出的这种提议。根据亨利的建议，加州议会通过了一个共同的决议案，要求驱逐日本人，并提交给国会。1905 年 3 月 22 日，加州议会再次全体一致投票通过决议案，参议院以及众议院都宣称："无限制的日本移民是对加州的一种威胁。"

内华达州的参议院和众议院也一致通过了一个类似的决议。从那时起，整个太平洋沿岸的各个州、郡县以及市政团体中都采取了类似的行动，最终导致旧金山教育委员会（San Francisco Board of Education）将日本人从美国的公立学校中驱逐出去，而这种做法险些产生非常严重的国际纠纷。尽管上述这些行为明显违反了所有的条约协议，加州最高法院（California Supreme Court）却宣布这些行为是合乎宪法的，于是，可以看出，当加州的大众情绪与联邦政府的政策相违背时，联邦政府试图与外国保持恰当且和睦的关系是困难的。

1906 年 12 月，罗斯福总统在给国会的报告中谈到了日本问题。作为对该报告的回应，加州州长帕迪（Pardee）于 1907 年 1 月向加州议会提交了一份报告，部分地表达了大众的情绪，其内容如下：

"我可以十分有把握地说，当总统在每年的报告中谈到加州学校对待日本人的方式时，总统并没有意识到沿海，尤其是加州的形势……总统并不了解日本人、中国人以及白种人之间存在的种族区别……我们的法律以及习俗认为与亚洲人通婚是杂婚……如果这些亚洲人和白种人之间在文明、思想、行为习惯以及风俗等方面的种族区别是可以消除的，那么我们的人民对他们表现出来的任何形式的不友好都会不知不觉地消失……不过这种期望是徒劳无益的：有一天，这些在种族以及文化上如此不同的人们，可以融入我们的人民之中，并吸收到我们的政治团体之中。亚洲人无法成为良好的美国市民，而试图让他们变成良好美国市民的做法也是徒劳无益的。"

于是可以预期，这样的公众情绪以及官方行为不久将会融入太平洋沿岸各地政党的抱负中，而且最终，随着这些情绪融入西方政治，并内化于某个既定的政策之中，它们将被吸纳到大政党的国家级政治纲领中。这些情况慢慢地都会发生，于是这种排日情绪就从一种局部的现象发展成为一个全国性的问题。1900 年之后，太平洋沿岸的所有市、郡、州中，所有政治党派的集会在数量和激烈程度方面都有所增长，且都已经在他们的决议中加入了彻底排斥日本人的声明。这种排日情绪已经如此深入地渗透于西方政治组织之中，以至于它已经被吸纳到两个国家级政党的宣言里。

独立党宣言

1908 年 7 月 28 日，由全国代表大会（National Convention）决议通过。

我们反对亚洲人移民美国，因为这些移民无法与我们的大众融合在一起，由此产生了种族问题以及排斥美国人的情形，从而导致工资的降低，进而导致高质量生活水平的降低，美国文明已经建立起来的高尚道德标准也降低了。

我们要求通过排斥法案，它将保护美国的工人免受亚洲廉价劳动力竞争的伤害，而且将保护美国的文明免受亚洲恶劣状况的污染。

民主党宣言

1908 年 7 月 10 日，由全国代表大会决议通过。

我们赞成国家以及州政府在它们各自的范围内按照条约全面地保护在美国境内居住的所有外国人，但是我们反对亚洲移民，他们不能与我们的大众融合在一起，或者说他们存在于我们之中将会产生种族问题，而且会使我们卷入到与东方国家的外交纷争中。

1907 年，日本外务大臣（Minister of Foreign Affairs）林董伯爵对美国排斥日本人以及反对日本人入籍的立法议案进行回应：日本帝国政府将继续依据条约协议要求美国政府赋予那些即将去美国及已经在美国居住的日本人与其他国家国民同样的权利、特权以及豁免权。

1908～1909 年尝试颁布排日法案的各州议会列表

加州议会

俄勒冈州议会

华盛顿州议会

内华达州议会

亚利桑那州议会

科罗拉多州议会

怀俄明州议会

爱达荷州议会

夏威夷州议会

迄今为止，在对各国海军进行比较时，想要找到一个合理的标准是非常困难的。而把各国海军所拥有舰船总数做成报表是没有任何意义的，因为各国舰船以及船上的人员不尽相同，导致这样的比较不具有任何意义。以武器的防御能力作为基准进行比较，同样是没有价值的，因为只在防御方面出色的舰队——例如一支有旋转炮塔的低舷铁甲舰队——在现代战争形势下是没有任何用处的；以速度为基准来进行比较，同样是不合理的，因为一支速度非常敏捷但只是适度配备了武器以及装甲的巡洋舰队，如果与一支由战船组成的舰队交战，则不具有任何作战的优势。而且，在对各国舰船进行各种比较时，必须要考虑这个问题：现今建造的战船其战斗力是几年前建造战船的四倍。

对马海战之后，新的情况出现了，使得对两支舰队的战斗力进行更加精确的比较成为可能。未来海战的最终胜利将归属于这样的舰队——它的作战战线最短且能够携带最大数量的重型枪炮。在这个比较中，所涉及的枪炮是那些能够在5000码（1英里 = 1760码）的距离里穿透重型装甲的大炮，即50口径9.2英寸型号的大炮、45口径10英寸型号的大炮、40口径11英寸型号的大炮、35口径12英寸的大炮、35口径13英寸以及13.5英寸型号的大炮。

建造于日俄战争之前的日本战舰以及从俄方那边缴获的船只，根据上述基准进行改造，并更换了它们的武器，以便增强它们的战斗力。三笠型（Mikasa type）战船（它们至今为止一直携带4门12英寸以及14门6英寸的大炮）将携带4门10英寸大炮，以取代6英寸的大炮，这样它们的主要武器装备得到升级并拥有8门大口径的大炮。俄国的战船同样重新装备了武器，拥有8门大口径大炮。

下面的表格展示了美日两国舰队的战斗力。

通过这些表格的对比，人们将发现，日方战舰配备的大口径大炮比美方多了近30%，而且其战线只是美方的一半多一点儿。

日方一等战舰表（1909 年）

舰船名	吞吐量（吨）	大口径大炮数量	速度（海里/小时）
敷岛（Shikishima）	15000	4 门 12 英寸，4 门 10 英寸	18.3
朝日（Asahi）	15000	4 门 12 英寸，4 门 10 英寸	18
石见（Iwami）	13566	4 门 12 英寸，4 门 10 英寸	18
肥前（Hizen）	12700	4 门 12 英寸，4 门 10 英寸	18
周防（Suwo）	12674	4 门 12 英寸，4 门 10 英寸	19
相模（Sagami）	12674	4 门 12 英寸，4 门 10 英寸	19
富士（Fuji）	12300	4 门 12 英寸，4 门 10 英寸	18.5
丹后（Tango）	11000	4 门 12 英寸，4 门 10 英寸	18
三笠（Mikasa）	15200	4 门 12 英寸，4 门 10 英寸	18
香取（Katori）	16400	4 门 12 英寸，4 门 10 英寸	19.5
鹿岛（Kashima）	16400	4 门 12 英寸，4 门 10 英寸	19.2
萨摩（Satsuma）	19200	4 门 12 英寸，12 门 10 英寸	20.5
安艺（Aki）	19800	4 门 12 英寸，12 门 10 英寸	21.5
伯耆（Huki）	21000	12 门 12 英寸	21.5
14 艘舰船		132 门大口径大炮	

美方一等战舰表（1909 年）

舰船名	吞吐量（吨）	大口径大炮数量	速度（海里/小时）
新罕布什尔（New Hampshire）	16000	4 门 12 英寸	18
阿拉巴马（Alabama）	11552	4 门 13 英寸	17
康乃迪克（Connecticut）	16000	4 门 12 英寸	18
佐治亚（Georgia）	14948	4 门 12 英寸	19
爱达荷（Idaho）	13000	4 门 12 英寸	17

舰船名	吞吐量（吨）	大口径大炮数量	速度（海里/小时）
伊利诺伊（Illinois）	11552	4 门 13 英寸	17
爱荷华（Iowa）	11348	4 门 12 英寸	17
堪萨斯（Kansas）	16000	4 门 12 英寸	18
奇尔沙治（Kearsarge）	11520	4 门 13 英寸	17
肯塔基（Kentucky）	11520	4 门 13 英寸	17
路易斯安那（Louisiana）	16000	4 门 12 英寸	18
缅因（Maine）	12500	4 门 12 英寸	18
密歇根（Michigan）	16000	8 门 12 英寸	18
明尼苏达（Minnesota）	16000	4 门 12 英寸	18
密西西比（Mississippi）	13000	4 门 12 英寸	17
密苏里（Missouri）	12500	4 门 12 英寸	18
内布拉斯加（Nebraska）	14948	4 门 12 英寸	19
新泽西（New Jersey）	14948	4 门 12 英寸	19
俄亥俄（Ohio）	12500	4 门 12 英寸	18
罗德岛（Rhode Island）	14948	4 门 12 英寸	19
南卡罗来纳（South Carolina）	16000	8 门 12 英寸	18
佛蒙特（Vermont）	16000	4 门 12 英寸	18
弗吉尼亚（Virginia）	14948	4 门 12 英寸	19
威斯康星州（Wisconsin）	11552	4 门 13 英寸	17
24 艘舰船		104 门大口径大炮	

日本装甲巡洋舰（1909 年）

巡洋舰名	吞吐量（吨）	大口径大炮数量	速度（海里/小时）
常盘（Tokiwa）	9700		23
浅间（Asama）	9700		22.1
出云（Idzuma）	9750		22
岩手（Iwate）	9750		22
八云（Yakumo）	9850		20
吾妻（Adzuma）	9436		20

巡洋舰名	吞吐量（吨）	大口径大炮数量	速度（海里/小时）
阿苏（Aso）	7726		22
春日（Kasuga）	7229	1 门 10 英寸	22
日进（Nisshin）	7700		20
筑波（Tsukuba）	13750	4 门 12 英寸	21
生驹（Ikoma）	13750	4 门 12 英寸	20.43
鞍马（Kurama）	14600	4 门 12 英寸	20
伊吹（Ibuki）	14600	4 门 12 英寸	23
	18000	4 门 12 英寸， 8 门 10 英寸	25
14 艘巡洋舰		29 门重型枪炮	

美国装甲巡洋舰（1909 年）

巡洋舰名	吞吐量（吨）	大口径大炮数量	速度 （海里/小时）
布鲁克林（Brooklyn）	9215		22
加利福尼亚（California）	13680		22
科罗拉多（Colorado）	13680		22
马里兰（Maryland）	13680		22
蒙大纳（Montana）	14500	4 门 10 英寸	22
纽约（New York）	8150		21
北卡罗来纳（North Carolina）	14500	4 门 10 英寸	22
宾夕法尼亚（Pennsylvania）	13680		22
南达科塔（South Dakota）	13680		22
田纳西（Tennessee）	14500	4 门 10 英寸	22
华盛顿（Washington）	14500	4 门 10 英寸	22
西弗吉尼亚（West Virginia）	13680		22
12 艘巡洋舰		16 门大口径大炮	

美日两国鱼雷艇及鱼雷驱逐舰对比表

单位：艘

	美国	日本
鱼雷艇（Torpedo - boats）	36	79
鱼雷驱逐舰（Torpedo - boat destroyers）	16	54

附录 5

下面的表格显示的是英国、法国、德国、日本以及美国海军中舰长和舰队司令的年龄以及他们在这两个级别的平均任职年限。

	舰长		海上舰队司令	
	年龄	任此级别的平均任职年限	年龄	在此级别的平均任职年限
英国	35	11.2	45	8
法国	47	9.5	53	14.2
德国	42	6.2	51	6
日本	38	8	44	11
美国	55	4.5	59	1.5

美日海军的人员构成数量

	美国	日本
舰队司令（Flag officers）	18	49
舰长以及指挥官（Captains and commanders）	182	185
其他指挥部队的军官以及工程师	697	1451
中层军官	254	311
军需官（Pay officers）	188	240
准尉（Warrant officers）	624	1064
士兵（Enlisted men）	32000	35312

附录 6

A

就美国的 12 艘战舰而言，在舰船上部建筑的末端一定可以找到完全没有被武装起来的一部分。因为正好位于后方回转炮塔的前面，这个大约有 50 平方英尺的未受保护的部分，将通向舰船辅助弹药库的竖井暴露出来。

B

就美国的所有战舰而言，当舰船完全装备好并准备出海时，其主要的装甲带距离水面不超过六英寸。而正是由于主要装甲带凹陷的这种状况，对马海战中许多俄国战舰沉没。这个装甲带应该高于水面几英尺，这是国外主要的海军中普遍存在的情形。在法国，它高出水面 5 英尺至 8 英尺，而在英国的现代战舰中，装甲带同样高出水面 5 英尺至 8 英尺。

C

美方 12 艘战舰的炮门非常大，致使大炮和炮兵都容易遭敌方炮弹命中。"奇尔沙治"号和"肯塔基"号的炮塔射击孔太大了，导致多个 12 英寸的炮弹可以同时射进它们里面。炮塔中这些大炮上下之间的空隙有 10 平方英尺。在某些战舰中，舷炮位于宽至 6 英尺的裸露开阔地域中。尽管外国海军遵循着将炮塔里次等威力的大炮成对分离的原则，或者单放在罩子里，美国海军却并没有这样做，除了新进的那 5 艘舰船之外。在"奇尔沙治"号和"肯塔基"号上，一个隔间中存有 14 门大炮。这个隔间中的一枚炮弹爆炸，不仅会使得所有的大炮无法正常使用，而且可能让驻守在那里的140 名士兵死亡或者受伤。

D

在大西洋舰队最近的发展演变中出现了这样的情况：海上鱼雷快艇或者驱逐舰在海上直接对抗由战船组成的舰队时，可以进入有利位置并消灭所有的战舰。为了保护这样一支舰队，显然那时就需要 48 艘鱼雷驱逐舰组成警戒带，以保护这支舰队免受敌方驱逐舰的攻击。①

E

正如海军上将埃文斯在有关舰队的太平洋巡游报告中所指明的那样，美国战舰低矮的特点严重地影响了它们的战斗能力。其中 3 艘战舰，船头只高于水面 11 英尺；另外 2 艘高于水面 13 英尺。最新舰船的船头仅仅高于水面 18 英尺，最新的巡洋舰只高于 20 英尺。在外国海军中，现代战舰的船头高于水面 22 英尺至 28 英尺，而配备武器的巡洋舰前端甲板高于水面 25 英尺至 32 英尺。

在海战中，高速行进是十分必要的，作为美国最新战舰之一的"弗吉尼亚"号，其试航过程生动地展现了大炮甲板位置过低而导致的灾难。战舰以每小时 19.04 海里的速度航行，而船头的海浪达到了 15 英尺，在不可思议的时候甚至高于水面 40 英尺。这艘战舰因为所有的船舱都被铁门关闭，在它从古巴到汉普顿的航行过程中，其前端炮塔中灌入了 120 吨水。如果为了作战而打开船舱，大量的海水将涌入船舱之中，并导致前端炮塔的所有枪炮都无法使用。太平洋巡航过程中的事实已经表明，战舰无论是在一个平静的大海中高速行驶，还是在一个汹涌的大海中中速航行，其前端炮塔的枪炮都将无法使用。这样一来，重型大炮这种主要武器装备的实际数量减少了一半，因为在美国舰船上，4 门重型枪炮中的 2 门是搭载在前端炮塔里的。

舷侧的大炮构成了美国战舰的辅助武器装备，它们位于更低一些的大炮甲板上。在最新的 12 艘战舰（"新罕布什尔"号、"康乃迪克"号、"堪萨斯"号、"爱达荷"号、"路易斯安那"号、"明尼苏达"号、"佛蒙特"号、"佐治亚"号、"密西西比"号、"弗吉尼亚"号、"内布拉斯加"号和"新泽西"号）上，它们仅仅高

---

　　① 参见附录 4 最后一节。

于水面大约 11 英尺。在每一艘新型的巡洋舰中，14 门中型大炮中有 10 门是位于同样的高度。当舰船以作战时的速度在平静的大海中或者以中速在汹涌的大海中航行时，这些大炮根本无法迎风开炮。外国舰船舷侧大炮高度一般来说是美国的两倍，有时候甚至达到了 3 倍。

附录 7

构成日本战时运输系统的船只（1909 年）

主要的舰队		
船名	总吨位（吨）	军官和士兵容纳量（人）
天洋丸（Tenyo Maru）	14000	4600
地洋丸（Chiyo Maru）	14000	4600
	14000	4600
加茂丸（Kamo Maru）	8600	3594
平野丸（Hirano Maru）	8600	3594
宫坂丸（Miyazaka Maru）	8600	3594
热田丸（Atsuta Maru）	8600	3594
北野丸（Kitano Maru）	8600	3594
三岛丸（Mishima Maru）	8600	3594
丹后丸（Tango Maru）	7463	3168
常陆丸（Hitachi Maru）	6716	2886
安艺丸（Aki Maru）	6444	2842
信浓丸（Shinano Maru）	6388	2916
伊豫丸（Iyo Maru）	6320	2965
阿波丸（Awa Maru）	6309	2854
加贺丸（Kaga Maru）	6301	2872
若狭丸（Wakasa Maru）	6265	2717
备后丸（Bingo Maru）	6247	2805
佐渡丸（Sado Maru）	6227	2740
因幡丸（Inaba Maru）	6189	2816
神奈川丸（Kanagawa Maru）	6170	2832
博多丸（Hakata Maru）	6161	2415
丹波丸（Tamba Maru）	6134	2794

船名	总吨位（吨）	军官和士兵容纳量（人）
镰仓丸（Kamakura Maru）	6126	2670
赞歧丸（Sanuki Maru）	6112	2700
河内丸（Kawachi Maru）	6101	2532
香港丸（Hong－Kong Maru）	6000	2600
美洲丸（America Maru）	6000	2600
日本丸（Nippon Maru）	6000	2600
土佐丸（Tosa Maru）	5823	2885
日光丸（Nikko Maru）	5539	2400
熊野丸（Kumano Maru）	5076	2396
锡兰丸（Ceylon Maru）	5068	2300
旅顺丸（Riojun Maru）	4806	2840
高崎丸（Takasaki Maru）	4747	2176
若宫丸（Wakamiya Maru）	4723	2292
影岛丸（Kageshima Maru）	4687	2070
择捉丸（Yetorofu Maru）	4166	2185
古伦母丸（Colombo Maru）＊	4709	1000
孟买丸（Bombay Mary）＊	4629	1000
40 艘船	总容纳量	114235

第一辅助舰队

船名	总吨位（吨）	军官和士兵容纳量（人）
鹿儿岛丸（Kagoshima Maru）	4405	1726
天津丸（Tenshin Maru）	4173	1670
乌帽子丸（Yeboshi Maru）	4098	2140
春日丸（Kasuga Maru）	3820	1800
八幡丸（Yawata Maru）	3817	1900
藻寄丸（Moyori Maru）	3773	1790
汐首丸（Shiokubi Maru）	3755	1842
辨天丸（Benten Maru）	3668	1680
远江丸（Totomi Maru）＊	3412	900
三池丸（Miike Maru）	3365	1790

船名	总吨位（吨）	军官和士兵容纳量（人）
山口丸（Yamaguchi Maru）	3321	1845
广岛丸（Hiroshima Maru）	3283	1500
松山丸（Matsuyama Maru）	3099	2010
三河丸（Mikawa Maru）＊	2932	800
西京丸（Saikio Maru）	2904	2400
神户丸（Kobe Maru）	2877	1680
立发丸（Tategami Maru）	2703	1640
武岛丸（Takeshima Maru）	2673	2372
博爱丸（Hakuai Maru）	2636	1750
弘济丸（Kosai Maru）	2635	1909
小仓丸（Kokura Maru）	2596	1520
山城丸（Yamashiro Maru）	2581	2480
筑前丸（Chikuzen Maru）＊	2578	700
筑后丸（Chiugo Maru）＊	2563	700
和歌浦丸（Wakanoura Maru）	2527	1500
荣城丸（Yeijo Maru）	2506	2260
近江丸（Omi Maru）	2501	1800
横滨丸（Yokohama Maru）	2373	2560
新潟丸（Niigata Maru）＊	2184	650
淡路丸（Awaji Maru）＊	2045	600
山东丸（Santo Maru）	2032	1800
营口丸（Yeiko Maru）	1966	1640
酒田丸（Sakata Maru）	1963	1944
萨摩丸（Satsuma Maru）	1939	2168
相模丸（Sagami Maru）	1934	1600
芝罘丸（Chefoo Maru）	1934	1670
长门丸（Nagato Maru）	1884	1718
伏木丸（Fushiki Maru）＊	1839	600
高砂丸（Takasago Maru）	1789	1477
小樽丸（Otaru Maru）	1571	1822
花咲丸（Hanasaki Maru）	1570	1822

船名	总吨位（吨）	军官和士兵容纳量（人）
上川丸（Kamikawa Maru）＊	1465	550
弘前丸（Hirosaki Maru）＊	1460	550
玄海丸（Genkai Maru）	1447	1952
兵库丸（Hiogo Maru）	1438	1890
住江丸（Suminoye Maru）	1425	1990
肥后丸（Higo Maru）	1420	1735
高松丸（Takamatsu Maru）＊	1335	500
大隅丸（Osumi Maru）＊	1335	500
石狩丸（Ishikari Maru）＊	1312	500
越后丸（Yechigo Maru）	1280	1000
伊势丸（Ise Maru）	1250	1480
十胜丸（Tokachi Maru）	1110	1642
钏路丸（Kushiro Maru）	1076	1190
济州丸（Saishu Maru）	2117	1637
55 艘船	总容纳量	85291

＊表示这些轮船主要是为了运货而建造，因此其军队运送量低。

	船数（只）	总运输量（吨）
主要舰队总计	40	114235
第一辅助舰队总计	55	85291
总　计	95	199526

说明：我们没有第二辅助舰队的数据。

1898～1900 年美国运输船（比较表）

船名	总吨位（吨）	军官和士兵容纳量（人）
尼克博克（Knickerbocker）	1642	945
布福德（Buford）	3039	1052
切罗基（Cherokee）	2557	1000
格兰特（Grant）	5590	1909
洛根（Logan）	5672	1796

船名	总吨位（吨）	军官和士兵容纳量（人）
沃伦（Warren）	4375	1292
托马斯（Thomas）	5796	1781
谢尔曼（Sherman）	5780	1888
谢里丹（Sheridan）	5673	2000
米德（Meade）	5641	2075

将美国最大的一艘运输船"米德"号与日本"天洋丸"级别的运输船进行比较（前者总吨位是 5641 吨，容纳量是 2075 名官兵；后者总吨位是 14000 吨，容纳量是 4600 名官兵），可以看出，美方的运输船每 2.95 吨可以运载一个人，而日方的船则需要 3.04 吨运载一个人。这表明美方的船只与日方相比，每一吨能运载的军队不是更少而是更多。

美国下一个最大级别的运输船是"沃伦"号，总吨位是 4375 吨，军队容纳量是 1292 名官兵。将它与日本下一个最大级别的运输船"加茂丸"（其总吨位是 8600 吨，军队容纳量是 3954 名官兵）进行比较，我们发现，在美国的船只中需要用将近 3.38 吨来运载一个人，而在日本船只中需要用 2.4 吨来运载一个人；这个例子表明，日方船只每一吨比美方能运载更多的人，尽管双方的区别非常小。

美国下一个最大级别的运输船是"布福德"号，总吨位是 3039 吨，军队容纳量是 1052 名官兵，与日本第三大级别的运输船相比较，总吨位超过了 6000 吨。在这个例子中，美国的运输船运载一个人需要 2.8 吨，而日方的运输船平均需要 2.44 吨左右。

然而，我们发现在日本更低吨位的舰船中，相对于轮船的军队容纳量而言，轮船的吨位数增加得很少，直到在某些情况下，运载一个士兵需要一吨或者更少。这是由于这些小一些的舰船几乎专门是为东方人的使用而设计建造的，东方人在居住方面的特点使得可以用最小的空间和吨位去容纳最大数量的乘客。

如果日本在上述表格所列出的两支舰队中，平均用容纳一个美国人通常所需的空间和吨位去容纳两个日本人，那么，这些舰队单次航程所能容纳的士兵数量将超过 30 万人，还包括这些士兵的武器装备和物资供给。这会是相当容易可行的，而且士兵不会感到困难，这已经由日俄战争中驻在满洲里的日本冬季营地的例子证明了。然而，我们根本没有将这种可能性纳入讨论之中，而是仍旧依据欧洲的测量方法来估算日本舰船的军队容纳量。

附录8

Ａ

下面的表格列出了在南北战争中被迫离开联邦军队（Union Ar-my）的军官数量。

兵种	开除			撤职	辞职
	名誉败坏	无能	原因不明		
常备军					
骑兵		1	25	1	97
炮兵			18		50
步兵		1	79	5	253
小　计		2	122	6	400
志愿兵					
骑兵	12	330	394	38	3055
炮兵	15	159	163	14	999
步兵	159	2569	1586	200	17036
小　计	186	3058	2143	252	21090
有色人种部队					
骑兵			5		34
炮兵		8	9		68
步兵	18	158	144	16	679
小　计	18	166	158	16	781
合　计	204	3226	2423	274	22271
总　计	28398				

最后一列中列出的辞职一项，与其他列中列出的因素相比，成为众多的例子中一个几乎无法忽视的因素。如此众多的辞职几乎总是出

于两个原因：①为了逃避由其他四个因素导致的免职；②每一次战败或大溃败会伴随出现大量的辞职现象。卡尔·舒尔茨（Carl Schurz）在他的《回忆录》（*Memoirs*）中特别提到了弗雷德里克斯堡（Fredericksburg）战败之后大量的团职军官立即离开了联军。

让不称职的军官辞职，而不是解雇他们，只是这场战争中军事当局仁慈地对待军事罪犯的一种体现。而最生动的展现该特点的例证则是对逃兵的处罚，因为在战时对逃兵本应处以死刑，然而在这场战争中，整个联军中出现了近20万名逃兵，只有7人被处以死刑。

B

弗雷德里克斯堡战败之后的短时间内，联军中有8.5万人逃跑了。这一事实在一定程度上表明了促使短期志愿兵中出现逃兵现象的动因，同时也表明一旦一个国家的军队在战场上战败会随之造成大灾难。

所有以联邦形式存在的政府只有在繁荣昌盛的时期才能够经久不衰；一旦遭遇灾难，这样的政府不是变得更加团结和紧密，而是四分五裂。如果美国的军队遭遇到连续的战败，正如日俄战争或者1870年的普法战争中出现的情形那样，那么最后的结局将是现有联邦形式的政府解体。

美国南北战争中逃兵人数表

兵种	逃兵人数	
	军官	士兵
常备军		
骑兵	2	1866
炮兵		3162
步兵	3	11332
小　计	5	16360
志愿兵		
骑兵	34	31856
炮兵	4	11942
步兵	149	126231
小　计	187	170029

兵种	逃兵人数	
	军官	士兵
有色人种部队		
骑兵	4	674
炮兵	2	1843
步兵	18	923
小　计	24	3440
合　计	216	189829
总　计	190045	

　　美国南北战争中出现的各种状况表明了民兵和志愿兵在战争中无法成为有效的军事力量，而美西战争和菲律宾独立战争则显示了民兵和志愿兵战斗力的进一步恶化。然而并不只是最近的这几场战争暴露出美国军事系统的无用性，实际上从美国诞生之日起，美国军事系统的这种特点就与这个合众国并存，正如下面的三个表格所显示的那样。它们是在 F. L. 惠德寇皮尔（F. L. Huidekoper）在《北美评论》（*North American Review*）上刊发的。

民兵逃跑

战役	日期	军队的编制或远征军名字
长岛	1776 年 8 月 27 日	帕森斯的旅
撤离纽约	1776 年 9 月 15 日	帕森斯和费洛斯的旅
布兰迪万河	1777 年 9 月 11 日	沙利文的师
南卡罗来纳州卡姆登	1780 年 8 月 16 日	弗吉利亚州和南卡罗来纳州的旅
北卡罗来纳州吉尔福德法院	1781 年 3 月 15 日	北卡罗来纳的团
印地安那州靠近韦恩堡的印第安人村庄	1790 年 10 月 22 日	哈马的迈阿密远征队
俄亥俄州达克县	1791 年 11 月 4 日	圣克莱尔的远征队
密歇根州法人街以及瑞森河	1813 年 1 月 18～20 日	温彻斯特的纵队
萨基特的港口	1813 年 5 月 29 日	布朗将军的指挥
纽约弗伦奇溪	1813 年 11 月 1～5 日	汉普顿将军的纵队

战役	日期	军队的编制或远征军名字
加拿大克莱斯勒的战场	1813 年 11 月 11 日	威尔金森将军的纵队
撤离尼亚加拉河乔治要塞	1813 年 12 月 10 日	麦克卢尔将军的纽约民兵
纽约布法罗和布莱克岩的大火	1813 年 12 月 30 日	麦克卢尔将军的纽约民兵
马里兰州布莱登斯堡	1814 年 8 月 24 日	马里兰州、弗吉利亚州以及哥伦比亚特区温德尔将军指挥下的民兵和志愿军
路易斯安那州新奥尔良	1815 年 1 月 8 日	驻扎在密西西比河左岸由摩根军统帅的 800 名民兵
佛罗里达州奥基乔比湖	1837 年 12 月 25 日	密苏里州志愿兵和间谍
弗吉利亚州布尔朗战役	1861 年 7 月 21 日	麦克道尔将军的整个民兵力量

民兵暴动

地点	时间	暴动者
新泽西州莫里斯敦	1781 年 1 月 1 日	宾夕法尼亚州线（6 个团），1300 人
新泽西州波普顿	1781 年 1 月 24 ~ 28 日	新泽西线
宾夕法尼亚州兰开斯特	1783 年 6 月	80 名新兵，还有 200 名其他不满者，行军到了费城，索要他们的薪水，于 1783 年 6 月 21 日把国会囚禁起来
从俄亥俄州厄巴纳到密歇根州底特律的行军途中	1812 年 6 月	赫尔将军的民兵
密歇根州底特律	1812 年 7 月	赫尔指挥下的 180 名俄亥俄民兵
从印第安纳州的哈里森要塞到沃巴什河和伊利诺伊河的行军途中	1812 年 10 月 19 日	霍普金将军指挥下的 4000 名肯塔基州骑马民兵

地点	时间	暴动者
经过莫米河的湍流	1812 年 10 月	哈里森将军指挥下的肯塔基州、弗吉尼亚州以及俄亥俄州的民兵
从纽约的普拉茨堡到加拿大的途中	1812 年 11 月	迪尔伯恩将军指挥下的约 3000 名民兵
皇后镇之战	1813 年 10 月 13 日	伦斯勒以及沃兹沃思两位将军指挥下的纽约民兵
佛罗里达州斯特罗瑟要塞	1813 年 11 月	田纳西州民兵和志愿兵
从乔治要塞撤退到布法罗	1813 年 12 月	麦克卢尔将军的纽约民兵
佛罗里达州威斯拉库奇河	1835 年 12 月 31 日	在州长考尔指挥下的佛罗里达州民兵和志愿军，克林奇的远征军
西弗吉尼亚州查尔斯镇	1861 年 7 月 16 ~ 18 日	谢南多厄的民兵

上述表格显示了从美国诞生之日起直至南北战争的大规模逃兵现象。南北战争爆发后的事件已经为人们所熟知了，因此没有必要在此赘述。人们一定记得在南北战争中，英勇的行为会对士兵的思想产生影响，于是经过一定的时间——大约服役 2 年或者 3 年之后——民兵不再是民兵了，而志愿军就变成了常备军。

实际上，早在美国独立战争（那时的科技和发明对于战争的影响相当小）时，那时的军事首脑已经完全意识到民兵和志愿军的无用性。华盛顿曾经说道："对于现代战争中的紧急状况而言，常备军在防御和进攻中都是必要的，而且当尝试寻找替代品的时候，将会证明这种做法是虚幻且具有毁灭性的。民兵永远不可能获得足以抵抗常备军的那些特质……真正的战斗中所需的那种坚定只有通过持续的训练和服役才能够获得。我从未见过有任何一个事例可以证明相反的观点，而且我最真诚地希望，美国的自由——从物质角度来说——不再依赖如此不靠谱的防御。"

拒绝给民兵提供物资并违抗美国中央政府命令的各州

州名	州长	时间	拒绝的理由以及原因
马萨诸塞州	斯特朗	1812 年 4 月	否认总统或国会有权在危机时刻召集民兵，声称"只有几个州的民兵司令才有这个权力"
康乃迪克州	格里斯伍德	1812 年 4 月	争论点基本与马萨诸塞州情况一致
佛蒙特州	奇滕登	1813 年 11 月 10 日	宣称"本州的军事力量和资源必须仅用于本州自身的防御和保护"
		1814 年 9 月	拒绝命令民兵去帮助麦科姆将军击退敌人
弗吉利亚州	莱彻		
北卡罗来纳州	埃利斯		
肯塔基州	马哥芬	1861 年 4 月	反叛
田纳西州	哈里斯		
密苏里州	杰克逊		
阿肯色州	雷克托		

附录9

华盛顿对民兵和志愿军的看法

1776年9月24日写给国会议长的信：

"在战争中依赖民兵，就如同倚靠一根腐烂不堪的拐杖一样。因为这些人刚被拽离了温暖的家庭，并不习惯于武器的嘈杂轰鸣，对各种军事技能一点都不熟悉（这种情况导致他们在面对受过正规训练、有纪律、有组织且在知识和武器方面更卓越的军队时，对自己缺乏信心），他们非常胆小，甚至试图躲避他们自己的影子。

此外，生活方式尤其是居住环境的突然改变，导致许多人生病，所有人对事情缺乏耐心，并在心中燃起了无法克服的想回到各自家中的欲望，这种欲望不仅使他们自己做出了丢人现眼的可耻的逃兵行为，而且还导致这种思想在军队中蔓延开来。另外，由于这些人已经习惯于过着无拘无束没有任何限制的自由生活，不能够忍受纪律的束缚，而这种约束对于军队的管理以及形成良好的秩序是必不可少的，如果没有这种约束，那么放荡不羁和各种形式的无序状态就会成功地占据上风。然而让士兵能够彻底地服从上级命令，并非耗费一天、一个月，乃至一年的时间就能实现……我可以十分肯定地说，维持5万人到10万人的常备军，比维持一半数量的常备军而另外一半靠临时征调民兵来补充的做法更省钱。因为民兵在到达军营集合前后及行军中都需要支付费用，他们会浪费武器弹药，会消耗物资储备，尽管国会有各种决议或者要求，但免不了给他们配备一些装备或者送他们回家的费用，再加上他们到来后以及在军营中的行为会产生其他无法避免的费用，所有这些会碾压一切理念，破坏一切规范和节俭，而所有的这些理念、规范和节俭都可以在常备军中树立起来。因此，我认为，如果坚持上述使用民兵的方案，那么它最终会导致我们事业的彻底毁灭。"

附录 10

A

美国南北战争中因为疾病而死亡的士兵数量无从稽考，因为有很多人是在身体残障被解雇之后才死去的。详细的调查表明，在离开战场和基地医院之后死亡的人数，与在战场或基地医院死亡的人数相比，如果不是更多，至少也是相同的。

仍旧在职但因病而亡的人数：

军官和士兵　　　199720 人

B

美西战争中美方的死亡人数如下：

	战死人数	病死人数
在菲律宾	17	203
在波多黎各（Puerto Rico）	3	262
在古巴	273	567
在美军军营		2649
合　计	293	3681

在这次战争中，美方军队人数大约是 17 万人。1898 年 9 月 10 日，获准去医院的人数超过了 15.8 万人，占整个军队的 90%。

这些人在几个月前刚经过医生检查，他们身体状况是非常好的，才能被选为士兵，因此，大量的疾病和因病而亡的原因并非是美国志愿军自身身体虚弱或不合格，而是美国军事系统的无用性。尽管只有大约 3.8 万人参加了美西战争的军事作战，而且战场上的死亡人数非常少，然而有 4.3 万人的抚恤金已被发出来或者正在美国养老保险办公室待定。

C

下面是日本帝国海军军医处预备处长（Surgeon – General ）高木男爵（Baron Takaki）给出的关于疾病导致日军伤亡的报告：

可以确定的是，我们的确由于疾病折损了士兵，但在整个人类历史上，从没有出现过像我们这样的纪录。我们创造了 4 人死于子弹而 1 人死于疾病的纪录。在美西战争当中，14 个人死于可救治的疾病而 1 人死于战场。下面的表格给出了甲午战争以及日俄战争中每 1000 个人里死于疾病的人数对照表：

甲午战争			日俄战争		
病名	病者数	死亡数	病名	病者数	死亡数
霍乱	82. 87	50. 96	霍乱	0	0
伤寒	37. 14	10. 98	伤寒	9. 26	5. 16
疟疾	102. 58	5. 29	疟疾	1. 96	0. 07

当日本在日俄战争中将 150 万各个类型的士兵投入战场上，伤寒病例的总人数只有 9722 人，最终导致 4073 人死亡。痢疾（Dysentery）的病例数量只有 7642 人，最终导致 1804 人死亡。

出于同样的原因，日本人移民到美国本土大陆也受到管制。

按照政治时期对日本移民进行划分，如下：

时期	人数（人）
1891～1900	24806
1901～1905	64102
1905～1906	14243
1906～1907	30226
合　计	133377

根据移民局的报告，在最近的 6 年中，已经有 90123 名日本成年男性移民美国。

在加州达到参军年龄的成年男性中，日本裔占了 1/7：

达到参军年龄的白人男性	262694 人
达到参军年龄的日本男性	45725 人

在华盛顿达到参军年龄的男性中，日本裔几乎占了 1/9：

达到参军年龄的白人男性	163682 人
达到参军年龄的日本男性	17000 人

附录 12

作者花了将近七个月的时间从军事的角度考察了圣哈辛托、圣贝纳迪诺、圣盖博以及特哈查比山脉、莫哈韦及其附近的沙漠，在1英里~2000英里的范围里来回考察，考察的结果体现在了这本《无知之勇》中。

《无知之勇》 译名对照表

A

亚丁（Aden）

罗杰斯特文斯基司令（Admiral Rojestvensky）

海军上将埃文斯（Admiral Evans）

阿德纳·R. 查菲中将（Adna R. Chaffee）

吾妻（Adzuma）

龙舌兰（Agave Americana）

安艺（Aki）

安艺丸（Aki Maru）

阿拉斯加（Alaska）

阿拉斯加半岛（Alaskan peninsula）

亚历山大（Alexander）

阿拉巴马（Alabama）

阿拉米达溪（Alameda Creek）

阿拉莫式的（Alamodian）

阿尔维索（Alviso）

亚美利加号（Amerika）

美国劳工联合会（the American Federation of Labor）

美洲丸（America Maru）

黑龙江（Amur）

澳大利亚和新西兰（the Antipodes）

阿波马托克斯（Appomattox）

阿拉伯沙漠（Arabian Desert）

朝日（Asahi）

浅间（Asama）

亚洲的提尔（Asian Tyre）

北美排斥亚洲人联合会（the Asiatic Exclusion League of North America）

阿苏（Aso）

众议院（the Assembly）

亚特兰大（Atlanta）

大西洋（Atlantic Ocean）

阿特拉斯（Atlas）

热田丸（Atsuta Maru）

奥地利（Austrian）

澳大利亚（Australia）

阿波丸（Awa Maru）

淡路丸（Awaji Maru）

B

巴尔干半岛地区（Balkans）

贝克（Baker）

巴里（Barry）

伊苏斯战役（the Battle of Issus）

班柯（Banquo）

361

班克斯将军（General Banks）

林董男爵（Baron Hayashi）

金子男爵（Baron Kaneko）

辨天丸（Benten Maru）

备后丸（Bingo Maru）

苦根山（the Bitter Root Mountains）

布莱克岩（Black Rock）

布莱登斯堡，马里兰州（Bladens-
burg, Md.）

蓝山（the Blue Mountains）

玻底加（Bodega）

玻底加湾（Bodega bay）

布尔人（Boers）

布尔战争（Boer War）

孟买丸（Bombay Mary）

波士顿（Boston）

布兰迪万河（Brandywine）

不来梅港市（Bremen）

布雷默顿（Bremerton）

英属哥伦比亚（British Columbia）

布鲁克林（Brooklyn）

布朗将军的指挥（General Brown's
command）

布朗伯格（Brunes – burgh）

布法罗（Buffalo）

布福德号（Buford）

布尔朗战役，弗吉利亚州（Bull
Run, Virginia）

伯恩赛德（Burnside）

邦克山（Bunker Hill）

C

卡廖斯特罗（Cagliostroic）

加利福尼亚（California）

加州最高法院（California Supreme
Court）

峡谷（Cajon）

州长考尔（Gov. Call）

卡姆登，南卡罗来纳州（Camden,
S. C.）

运河区（the Canal Zone）

克努特（Canute）

哈特拉斯角（Cape Hatteras）

合恩角（Cape Horn）

开普敦（Cape Town）

舰长以及指挥官（Captains and
Commanders）

迦太基（Carthage）

恺撒（Cæsar）

江湖的城堡（Castle of Yeddo）

契丹（Cathay）

桑塔利亚（Centralia）

赛尔维拉（Cervera）

迦勒底人的帝国（Chaldean Em-
pire）

巴林塘海峡（the Channel Balintang）

查理十二世（Charles XII）

查尔斯镇，西弗吉尼亚州（Charles-
town, W. Va）

海图（chart）

芝罘丸（Chefoo Maru）

切罗基（Cherokee）

奇黑利斯（Chehalis）

芝加哥（Chicago）

喀迈拉（Chimera）

中华帝国（the Chinese Empire）

奇滕登（Chittenden）

圣克莱尔的远征队（St. Clair's expedition)

克利夫兰（Cleveland）

克林奇（Clinch）

加勒比海（Caribbean Sea）

卡尔·舒尔茨（Carl Schurz）

中南美洲（Central and South America）

中太平洋（the Central Pacific）

锡兰丸（Ceylon Maru）

查特怒加市（Chattanooga）

迦勒底（Chaldean）

美国总统（Chief Executive）

筑前丸（Chikuzen Maru）

筑后丸（Chiugo Maru）

地洋丸（Chiyo Maru）

克莱斯勒的战场，加拿大（Chrysler's Field, Canada）

熙德（Cid）

交趾支那（Cochin China）

科罗拉多州（Colorado）

康乃迪克（Connecticut）

海岸炮兵（Coast Artillery）

科罗拉多河（Colorado River）

古伦母丸（Colombo Maru）

哥伦比亚河（the Columbia River）

哥伦比亚特区（District of Columbia）

共产主义（Communism）

顶峰（crest）

克里特（Crete）

水晶泉湖（Crystal Springs Lake）

水晶泉水库（Crystal Springs reservoir）

古巴（Cuba）

塞浦路斯（Cyprus）

D

达古潘（Dagupan）

多瑙河（Danube）

大流士（Darius）

达克县，俄亥俄州（Darke County, Ohio）

死人谷（Dead Men's Canons）

死海（Dead Sea）

迪尔伯恩（Dearborn）

死亡谷（Death Valley）

辩论社团（Debating Societies）

底特律（Detroit）

德意志号（Deutschland）

迪斯默尔沼泽（Dismal Swamp）

无畏号战舰（Dreadnaught type）

痢疾（Dysentery）

E

东印度群岛（the East Indies）

埃及（Egypt）

埃兰（Elamite）

老政治家（the Elder Statesmen）

第11团（the Eleventh Regiment）

埃利斯（Ellis）

士兵（Enlisted men）

团队精神（esprit de corps）

伊庇鲁斯（Epirus）

埃弗雷特（Everett）

F

福尔里弗（Fall River）

费洛斯（Fellows）

五位资深政治家

（Five Elder Statesmen）

野战炮兵（Field Artillery）

舰队司令（Flag officers）

弗兰肯斯坦（Frankenstein）

弗伦奇溪，纽约（French Creek, N. Y.）

法属印度支那（French Indo – China）

台湾海峡（the Formosan Strait）

腓特烈大帝（Frederick the Great）

弗雷德里克斯堡（Fredericksburg）

法人街以及瑞森河，密歇根州（Frenchtown and Raisin River, Mich.）

富士（Fuji）

伏木丸（Fushiki Maru）

G

成吉思汗（Genghis）

玄海丸（Genkai Maru）

政界元老（Genro）

元老院（the Genro）

佐治亚（Georgia）

乔治要塞（Fort George）

德国总参谋部（German General Staff）

吉比恩（Gibeon）

直布罗陀（Gibraltar）

山羊岛（Goat Island）

黄金时代（Golden Age）

金羊毛（Gold Fleece）

金门海峡、金门大桥（the Golden Gate）

哥特人（Goths）

格雷和威拉帕港口（Gray's and Willapa Harbors）

格拉古式的（Gracchian）

格兰特（Grant）

大北方铁路（the Great Northern）

格里斯伍德（Griswold）

墨西哥湾（the Gulf of Mexico）

鸟粪石（Guano Rock）

关塔那摩湾（Guantanamo Bays）

吉尔福德法院，北卡罗来纳州（Guilford Court House, N. C.）暹罗国以及海湾（the Gulf and Kingdom of Siam）

渤海湾（the Gulf of Pechili）

东京湾（the Gulf of Tong – King）

古斯塔夫斯·阿道弗斯（Gustavus Adolphus）

H

海牙会议（Hague Conferences）

博多丸（Hakata Maru）

博爱丸（Hakuai Maru）

汉堡 – 美国（Hamburg – American）

汉普顿将军的纵队（General Hampton's column）

花咲丸（Hanasaki Maru）

哈马的迈阿密远征队（Harmar's Miami expedition）

哈里斯（Harris）

哈里森要塞（Fort Harrison）

W. H. 哈里森（W. H. Harrison）

哈特福特（Hartford）

哈瓦那（Havana）

夏威夷（Hawaii）

亨利·T. 盖奇（Henry T. Gage）

肥后丸（Higo Maru）

喜马拉雅（Himalayas）

兵库丸（Hiogo Maru）

平野丸（Hirano Maru）

弘前丸（Hirosaki Maru）

广岛丸（Hiroshima Maru）

常陆丸（Hitachi Maru）

肥前（Hizen）

北海道（Hokkaido）

香港丸（Hong - Kong Maru）

霍普金（Hopkins）

伯耆（Huki）

赫尔（Hull）

匈奴人（Hun）

洪武帝（Hung - Wu）

F. L. 惠德寇皮尔
（F. L. Huidekoper）

I

伊吹（Ibuki）

爱达荷州（Idaho）

理想主义（Idealism）

出云（Idzuma）

生驹（Ikoma）

伊利诺伊斯州（Illinois）

伊利诺伊河（Illinois river）

帝王谷（Imperial Valley）

日本的内海（the Inland Sea of Ja-
pan）

因幡丸（Inaba Maru）

爱荷华（Iowa）

伊势丸（Ise Maru）

国际仲裁和裁军组织（International

Arbitration and Disarmament）

石狩丸（Ishikari Maru）

巴拿马运河（Isthmian Canal）

日本岛（the island of Nippon）

九州岛以及朝鲜（the island of Kin-
shu and Korea）

九州岛以及台湾岛（the islands of
Kinshu and Formosa）

石见（Iwami）

岩手（Iwate）

伊豫丸（Iyo Maru）

J

J. P. 斯托里（J. P. Story）

杰克逊（Jackson）

詹姆士河（James）

日本洋流（Japan Current）

排斥日朝人联合会（the Japanese -
Korean Exclusion League）

海约翰（John Hay）

K

加贺丸（Kaga Maru）

影岛丸（Kageshima Maru）

鹿儿岛丸（Kagoshima Maru）

恺撒·威廉号（Kaiser Wilhclm）

镰仓丸（Kamakura Maru）

上川丸（Kamikawa Maru）

加茂丸（Kamo Maru）

神奈川丸（Kanagawa Maru）

堪萨（Kansas）

鹿岛（Kashima）

春日（Kasuga）

春日丸（Kasuga Maru）

365

香取（Katori）

堪察加半岛（the peninsula of Kamchatka）

河内丸（Kawachi Maru）

奇尔沙治号（the Kearsarge）

肯塔基号（the Kentucky）

基韦斯特岛（Key West）

北野丸（Kitano Maru）

尼克博克（Knickerbocker）

诺克斯维尔（Knoxville）

神户丸（Kobe Maru）

小仓丸（Kokura Maru）

弘济丸（Kosai Maru）

熊野丸（Kumano Maru）

鞍马（Kurama）

库罗巴特金（Kuropatkin）

钏路丸（Kushiro Maru）

L

莱河（Laiho）

马里亚纳群岛（Ladrones）

奥西里斯湖（the Lakes of Osiris）

兰开斯特，宾夕法尼亚州（Lancaster. Pa）

加州议会（Legislature of California）

莱彻（Letcher）

辽阳（Liaou Yang）

林加延湾（Lingayan Gulf）

洛根（Logan）

长岛（Long Island）

兰斯顿侯爵（Lord Lansdowne）

洛杉矶（Los Angeles）

路易斯安那（Louisiana）

路易斯维尔（Louisville）

洛厄尔（Lowell）

吕宋岛（Luzon）

M

马卡沙和马六甲海峡通道（the Macassar and Malacca passages）

马其顿（Macedonia）

麦科姆（Macomb）

马哥芬（Magoffin）

缅因（Maine）

马来半岛（the Malay Peninsula）

马耳他（Malta）

满洲（Manchuria）

马尼拉（Manila）

毛里塔尼亚号（Mauretania）

马伦戈（Marengo）

圣西尔元帅（Marshal St. Cyr）

索尔兹伯里侯爵（the Marquis of Salisbury）

马里兰（Maryland）

松山丸（Matsuyama Maru）

莫米河（Maumee River）

麦克卢尔将军（Gen. McClure）

麦克道尔将军（Gen. McDowell）

米德号（Meade）

墨西哥（Mexico）

地中海（Mediterranean）

美索不达米亚（Mesopotamia）

门多西诺（Mendocino）

密歇根（Michigan）

迈达斯（Midas）

三池丸（Miike Maru）

日本天皇（Mikado）

三笠型（Mikasa type）

三笠（Mikasa）

三河丸（Mikawa Maru）

米尔沃基（Milwaukee）

密涅瓦（Minerva）

外务大臣（Minister of Foreign Affairs）

明尼苏达（Minnesota）

弥诺陶洛斯（Minotaur）

三岛丸（Mishima Maru）

密西西比州（the State of Mississipi）

密西西比河谷（the Mississippi Valley）

密苏里（Missouri）

宫坂丸（Miyazaka Maru）

莫哈韦沙漠（Mojave Desert）

门罗（Monroe）

摩尔人（Moor）

蒙古（the Mongol）

蒙大纳（Montana）

蒙特利湾（Monterey Bay）

莫里斯敦，新泽西州（Morristown, N. J）

莫罗城堡（Morro Castle）

藻寄丸（Moyori Maru）

奉天（Mukden）

N

长门丸（Nagato Maru）

那什维尔（Nashville）

国民议会（National Assemblies）

全国代表大会（National Convention）

内布拉斯加（Nebraska）

荷兰（Netherlands）

新罕布什尔（New Hampshire）

新泽西（New Jersey）

新奥尔良（New Orleans）

新西兰（New Zealand）

纽约市（New York City）

纽约（New York）

新西兰（New Zealand）

尼亚加拉河（Niagara River）

新潟丸（Niigata Maru）

日光丸（Nikko Maru）

奈尔斯（Niles）

日本丸（Nippon Maru）

日进（Nisshin）

《北美评论》（*North American Review*）

北卡罗来纳（North Carolina）

北德意志·劳埃德（Norddeutscher Lloyd）

北海（North Sea）

北太平洋铁路（Northern Pacific）

O

奥克兰（Oakland）

奥克兰摩尔（Oakland Mole）

大洋洲（Oceania）

奥唐纳（O' Donnell）

俄亥俄（Ohio）

奥基乔比湖，佛罗里达州（Lake Okeechobee, Fla. ）

鄂霍次克海（Okhotsk）

古老的神灯（the Old Lamp）

旧世界（Old World）

奥林匹亚（Olympia）

近江丸（Omi Maru）

俄勒冈短线铁路（the Oregon Short Line）

大隅丸（Osumi Maru）

小樽丸（Otaru Maru）

P

太平洋沿岸（the Pacific slope）

帕克托罗斯河（Pactolus）

帕迪（Pardee）

帕森斯的旅（Parsons' brigade）

军需官（Pay officers）

帕果－帕果港（the harbor of Pago－Pago）

盘古（Panku）

白河（Peiho）

宾夕法尼亚（Pennsylvania）

美国养老保险办公室（Pension Office）

佩里（Perry）

波斯（Persia）

波斯（Persian）

菲律宾（Philippines）

菲律宾群岛（Philippines Islands）

皮拉西托斯溪（Pilarcitos Creek）

皮拉西托斯蓄水池（the Pilarcitos）

普拉茨堡（Plattsburg）

概念点岗哨（Point Conception）

科斯塔岗哨（Point Costa）

费尔明（Point Fermin）

吉本岗哨（Point Gibbon）

波利略湾（Polillo Bight）

波普顿，新泽西州（Pompton, N. J）

朴茨茅斯港（Portsmouth）

《朴茨茅斯条约》（*Portsmouth Treaty*）

旅顺口（Port Arthur）

波特兰（Portland）

比勒陀利亚（Pretoria）

普罗米修斯的（Promethean）

法老萨姆提克（Psammetichus）

波多黎各（Puerto Rico）

普吉特海湾（Puget Sound）

紫色波斯（Purple Persian）

Q

皇后镇（Queenstown）

R

存在必要性（raison d'être）

拉皮丹河（Rapidan）

雷克托（Rector）

雷德兰兹（Redlands）

红海（Red Sea）

伦斯勒（Rensselaer）

预备队（reserves of regulars）

罗德岛（Rhode Island）

旅顺丸（Riojun Maru）

易北河（river Elbe）

里弗赛得（Riverside）

罗杰斯特文斯基们（Rojestvenskys）

罗马（Rome）

卢比孔河（Rubicon）

S

萨基特的港口（Sackett's Harbor）

萨克拉门托（Sacramento）

九段坡神殿（the Sacred Hillsides of Kudan）

佐渡丸（Sado Maru）

相模（Sagami）

相模丸（Sagami Maru）

西京丸（Saikio Maru）

济州丸（Saishu Maru）

酒田丸（Sakata Maru）

萨摩亚群岛（Samoa）

赞歧丸（Sanuki Maru）

圣安地列斯水库（the San Andreas reservoir）

圣安东尼奥（San Antonio）

圣贝纳迪诺（San Bernardino）

圣地亚哥（San Diego）

圣盖博（San Gabriel）

桑哥弓尼奥峰（Mt. San Gorgonio）

圣华金河谷（San Joaquin Valley）

圣哈辛托（San Jacinto）

圣佩德罗港（San Pedro Harbor）

圣克拉拉谷（Santa Clara Valley）

圣菲铁路（Santa Fé）

古巴圣地亚哥（Santiago de Cuba）

圣莫尼卡湾（Santa Monica Bay）

山东丸（Santo Maru）

圣安地列斯蓄水池（the San Andreas reservoir）

旧金山（San Francisco）

旧金山湾（San Francisco Bay）

旧金山教育委员会（San Francisco Board of Education）

旧金山半岛（San Francisco Peninsula）

圣马特奥河（San Mateo Creek）

圣马特奥山脉（San Mateo Mountains）

圣拉斐尔（San Rafael）

萨摩（Satsuma）

萨摩丸（Satsuma Maru）

索格斯（Saugus）

索萨利托（Sausalito）

上帝之鞭（the Scourge of God）

沙恩霍斯特（Schornhorst）

日本海（the Sea of Japan）

鄂霍次克海（the Sea of Okhotsk）

渤海滨（the sea – coasts of Pechili）

西雅图（Seattle）

少尉（Second Lieutenant）

战争部长（the Secretary of War）

色当（Sedan）

参议院（the Senate）

参议员洛奇（Senator Lodge）

山东（Shantung）

谢南多厄（Shenandoah）

谢里丹（Sheridan）

谢尔曼（Sherman）

敷岛号（Shikishima）

信浓丸（Shinano Maru）

汐首丸（Shiokubi Maru）

首领（Shogun）

暹罗（Siam）

西伯利亚（Siberia）

西伯利亚铁路（Siberian Railroad）

塞拉山（Sierras）

沉默的五角大楼（Silent Pentagon）

新加坡（Singapore）

锡斯基尤（Siskiyou）

南卡罗来纳（South Carolina）

南达科塔（South Dakota）

斯芬克斯（Sphinx）

招魂社（the Spirit – Invoking Temple

of Shokonsha）

斯波坎（Spokane）

南太平洋铁路（the Southern Pacific）

索诺马县（the county of Sonoma）

美西战争（the Spanish – American War）

西班牙战争（the Spanish War）

斯托克顿（Stockton）

马六甲海峡（Strait of Malacca）

对马海峡（Strait of Tsu – Shima）

斯特朗（Strong）

斯特罗瑟要塞，佛罗里达州（Fort Strother. Fla）

对马海战（the naval battle of Tsu – Shima）

苏伊士运河（the Suez）

苏比克湾（Subig Bay）

住江丸（Suminoye Maru）

沙利文的师（Sullivan's division）

巽他（Sunda）

湄公河（Sungoi and Me – Kong rivers）

军医处处长（Surgeon – General ）

周防（Suwo）

T

塔科马（Tacoma）

高木男爵（Baron Takaki）

高松丸（Takamatsu Maru）

高砂丸（Takasago Maru）

高崎丸（Takasaki Maru）

塔玛佩斯山（Mt. Tamalpais）

丹波丸（Tamba Maru）

丹后（Tango）

丹后丸（Tango Maru）

立发丸（Tategami Maru）

武岛丸（Tateshima Maru）

鞑靼（Tartary）

特哈查比（Tehachapi）

四十个浪人的神殿（the Temple of the Forty Ronins）

十诫（the Ten Commandments）

田纳西（Tennessee）

天津丸（Tenshin Maru）

天洋丸（Tenyo Maru）

德克萨斯（Texas）

托马斯（Thomas）

三趾龙（Three – Toed Dragon）

十胜丸（Tokachi Maru）

常盘号（Tokiwa）

土佐丸（Tosa Maru）

远江丸（Totomi Maru）

鱼雷快艇（Torpedo – boats）

鱼雷快艇驱逐舰（Torpedo – boat destroyers）

巴别塔（Tower of Babel）

特洛伊（Troy）

特拉基谷（Truckee Valley）

秦始皇（Tsin Chi – Hoangti）

筑波（Tsukuba）

孪生睡龙（Twin Sleeping Dragons）

土耳其（Turkish）

图图伊拉岛（the island of Tutuila）

提尔（Tyre）

U

联邦（the Union）

联军（Union Army）

联合太平洋铁路（Union Pacific）

英国（the United Kingdom）

普世主义（Universalism）

厄巴纳（Urbana）

V

瓦尔帕莱索（Valparaiso）

死亡谷（Valleys of Death）

圣克拉拉谷（the Valley of the Santa Clara）

坟墓谷（the Valley of the Tombs）

瓦列霍结（Vallejo Junction）

汪达尔人（Vandals）

《硃笔》（*The Vermilion Pencil*）

佛蒙特州（Vermont）

维克斯堡（Vicksburg）

弗吉尼亚（Virginia）

毛奇（Von Moltke）

W

沃巴什河（Wabash）

韦恩堡（Fort Wayne）

沃兹沃思（Wadsworth）

若宫丸（Wakamiya Maru）

和歌浦丸（Wakanoura Maru）

若狭丸（Wakasa Maru）

华盛顿（Washington）

准尉（Warrant officers）

沃伦号（Warren）

威尔士（Welsh）

西佛吉尼亚（West Virginia）

西方大陆（Western Continents）

西印度群岛（the West Indies）

威尔金森将军的纵队（General Wilkinson's column）

温彻斯特的纵队（Winchester's column）

威廉·H. 苏厄德（William H. Seward）

温德尔将军（General Winder）

威斯康星州（Wisconsin）

威斯拉库奇河，佛罗里达州（Withlacoochee River, Fla）

怀俄明州（Wyoming）

Y

八云（Yakumo）

鸭绿江（Yalu rivers）

山县有朋（Yamagata）

山城丸（Yamashiro Maru）

山口丸（Yamaguchi Maru）

八幡丸（Yawata Maru）

乌帽子丸（Yeboshi Maru）

越后丸（Yechigo Maru）

荣城丸（Yeijo Maru）

营口丸（Yeiko Maru）

黄海（the Yellow Sea）

黄祸（Yellow Peril）

择捉丸（Yetorofu Maru）

横滨丸（Yokohama Maru）

《撒克逊时代》 译名对照表

A

阿喀琉斯（Achilles）

阿德莱德（Adelaide）

亚丁湾（Aden）

埃俄罗斯（Aeolus）

阿富汗（Afghanistan）

亚历山大大帝（Alexander）

阿尔卑斯（Alps）

美洲（America）

黑龙江（Amur）

安格鲁－撒克逊（Anglo–Saxon）

阿拉伯半岛（Arabia）

阿贝拉（Arbela）

雅利安族（Aryan races）

小亚细亚地区（Asia Minor）

奥斯特利茨（Austerlitz）

澳大利亚（Australia）

澳大拉西亚（Australasia）

奥地利（Austria）

奥匈帝国（Austria–Hungary）

B

巴尔干半岛（Balkans）

波罗的海沿岸（Baltic littoral）

巴统（Batoum）

比利时（Belgium）

比萨拉比亚（Bessarabia）

俾斯麦化（Bismarckian）

黑海（Black Sea）

蓝山（Blue Mountains）

布尔人（Boors）

博斯普鲁斯海峡（Bosphorus）

大不列颠群岛（the British Islands）

布里斯班（Brisbane）

布格河（Bug）

缅甸（Burma）

C

冈比西斯（Cambyses）

开普顿（Cape Town）

加勒比海（Caribbean Sea）

迦太基（Carthage）

里海（Caspian Sea）

高加索（Caucasus）

中亚（Central Asia）

卡律布狄斯（Charybdis）

基奥普斯式的（Cheopian）

中国（China）

哥本哈根（Copenhagen）

哥萨克人（Cossack）

里斯本当局（the Court of Lisbon）

克里米亚半岛（Crimea）

腕尺（cubit）

塞浦路斯（Cyprus）

D

巴尔干半岛诸国（Balkans）

丹麦公国（Danish Duchies）

多瑙河（Danube）

丹麦（Denmark）

迪戈加西亚岛（Diego Garcia）

狄奥尼修斯（Dionysius）

德涅斯特河（Dniester）

奥列格和斯维亚托斯洛夫大公
（Grand Dukes Oleg and Sviatosloff）

荷属东印度群岛（Dutch East Indies）

E

东印度群岛（East Indies）

埃及（Egypt）

易北河（Elbe）

英吉利海峡（English Channel）

厄庇墨透斯（Epimetheus）

幼发拉底河（Euphrates）

欧亚大陆（Eurasia）

F

芬兰（Finland）

弗雷德里克（Frederic）

法国（France）

法国人（Frenchman）

弗里德兰（Friedland）

G

成吉思汗（Genghis Khan）

热那亚（Genoa）

直布罗陀海峡（Gibraltar）

H

夏威夷人（Hawaiian）

赫拉特（Herat）

兴都库什山脉（Hindu Kusch）

黄帝（Hoangti）

香港（HongKong）

荷兰（Holland）

南北荷兰省（Holland）

I

印度（India）

印度洋（Indian Ocean）

印第安部落（Indian tribes）马德拉岛（the island of Madeira）

西兰岛（the island of Zealand）

意大利（Italy）

J

日本人（Japanese）

日本列岛（the Japanese Islands）

耶和华（Jehovah）

耶拿（Jena）

约翰三世（John Ⅲ）

朱庇特（Jove）

K

喀布尔（Kabul）

卡利女神（Kali）

堪察加半岛（Kamchatka）

卡尔斯（Kars）

哈尔科夫（Kharakof）

希瓦（Khiva）

基尔运河（Kiel Canal）

青海湖（Koko Nor）

朝鲜（Korea）

库罗巴特金（Kuropatkin）

广东（Kwang‑tung）

L

莱比锡（Leipsic）

黎凡特（Levant）

小俄罗斯和白俄罗斯（Little and White Russia）

路易十四（Louis XIV）

M

马其顿人（Macedonian）

马德拉（Madeira）

马耳他（Malta）

满族人（Manchu）

马来半岛（Malay Peninsula）

毛里求斯（Mauritius）

地中海（Mediterranean）

墨尔本（Melbourne）

美索不达米亚（Mesopotamia）

墨西哥（Mexico）

墨西哥人（Mexican）

穆罕默德（Mohammed）

蒙古人（Mongol）

莫斯科（Moscow）

穆斯林（Moslem）

奉天（Mukden）

N

拿破仑（Napoleon）

纳尔瓦（Narva）

荷兰（Netherlands）

新奥尔良（New Orleans）

新西兰（New Zealand）

新南威尔士州（New South Wales）

北海（North Sea）

O

天国（Olympus）

P

巴勒斯坦（Palestine）

帕米尔（Pamir）

布雷多和平（Peace of Bredo）

波斯（Persia）

波斯湾（Persian Gulf）

珀斯（Perth）

秘鲁（Peru）

柏拉图（Plato）

波兰（Poland）

波尔塔瓦（Poltava）

塞得港（Port Said）

旅顺口（Port Arthur）

普鲁士（Prussia）

古迦太基人时代（Punicera）

布匿战争（Punic Wars）

Q

昆士兰州（Queensland）

R

莱茵河（Rhine）

罗马人（Roman）

英国皇家专门调查委员会（Royal

Commission）

S

撒马尔罕（Samarkand）

萨拉托夫（Saratof）

撒克逊人（Saxon）

斯凯尔特河（Scheldt）

石勒苏益格－荷尔斯泰因
（Schleswig－Holstein）

斯库拉（Scylla）

塞丹（Sedan）

塞舌尔（Seychelles）

斯拉夫人（Slav）

约翰·乔治·托勒马切·辛克莱
（Sir John George Tollemache Sin-
clair）

西伯利亚（Siberia）

湿婆（Siva）

俄罗斯南部（Sothern Russia）

西班牙（Spain）

西班牙人（Spaniard）

南美洲（South America）

圣彼得堡（St. Petersburg）

对马海峡（Straits of Tsu－Shima）

英属海峡殖民地（Straits Settle-
ments）

苏伊士（Suez）

瑞典（Sweden）

悉尼（Sydney）

T

日耳曼人（Teuton）

德黑兰（Teheran）

底格里斯河（Tigris）

巴比伦塔（Tower of Babel）

《提尔西特条约》（*Treaty of Tilsit*）

沙皇亚历山大（Tsar Alexander）

沙皇阿列克谢·米哈伊洛维奇
（Tsars Alexei－Michaelovitch）

沙皇鲍里斯·戈东诺夫（Tsars Bor-
is Godunoff）

沙皇约翰三世（Tsars John Ⅲ）

沙皇约翰四世（Tsars John Ⅳ）

沙皇费多尔·伊凡诺维奇（Tsars
Theodore－Ivanovitch）

瑟索城堡（Thurso Castle）

土耳其斯坦（Turkestan）

土耳其（Turkey）

土耳其帝国（Turkish Empire）

U

大不列颠联合王国（United King-
dom）

乌苏里（Ussure）

V

威尼斯（Venice）

维克斯堡（Vicksburg）

维多利亚州（Victoria）

W

瓦格拉姆（Wagram）

滑铁卢（Waterloo）

威海卫（Wei－Hai－Wei）

五台山（Wu Tai Mountains）

Z

西兰岛（Zealand）

图书在版编目（CIP）数据

战争预言者荷马李著作选译 /（美）荷马李著；陈
丹译. -- 北京：社会科学文献出版社，2021.7
ISBN 978 - 7 - 5201 - 8793 - 0

Ⅰ.①战…　Ⅱ.①荷…　②陈…　Ⅲ.①军事 - 美国 -
文集　Ⅳ.①E712 - 53

中国版本图书馆 CIP 数据核字（2021）第 168966 号

战争预言者荷马李著作选译

著　　者 /〔美〕荷马李
译　　者 / 陈　丹

出 版 人 / 王利民
责任编辑 / 李明伟　邓　翙
责任印制 / 王京美

出　　版 / 社会科学文献出版社·国别区域分社（010）59367078
　　　　　地址：北京市北三环中路甲 29 号院华龙大厦　邮编：100029
　　　　　网址：www. ssap. com. cn
发　　行 / 市场营销中心（010）59367081　59367083
印　　装 / 三河市东方印刷有限公司

规　　格 / 开　本：787mm × 1092mm　1/16
　　　　　印　张：24.5　字　数：365 千字
版　　次 / 2021 年 7 月第 1 版　2021 年 7 月第 1 次印刷
书　　号 / ISBN 978 - 7 - 5201 - 8793 - 0
定　　价 / 169.00 元